東歐諸國史 下

The History of Eastern Europe Countries: A Contemporary Edition

・當代完備版・　　　李邁先　著｜洪茂雄　增訂

編輯說明

　　李邁先教授與洪茂雄教授在東歐史研究領域擁有卓越成就，《東歐諸國史》為兩位教授的心血結晶，是研究東歐歷史最全面、詳盡的專著。

　　此次再版，為符合現代出版潮流，本書除了調整內文間距及字體編排外，也重新設計版式與封面，並將內容分為上、下兩冊，讓讀者能更輕鬆、舒適的閱讀本書。本書第五編「當代東歐變貌」也對2012年後東歐諸國的近況略作增補，期望讀者能更了解東歐的歷史發展，並擁有國際觀，以理解、應用於今日世界。

編輯部謹識

東歐諸國史 （下）

編輯說明

第四編　現代東歐

第五編　當代東歐變貌

第四編
現代東歐

第十九章　第二次世界大戰與東歐

一、德侵波蘭、點燃戰火

第二次世界大戰的導火線，是德國侵犯波蘭。二十一年以前爆發的第一次世界大戰，導火線是巴爾幹半島的薩拉耶佛事件。所以這兩次大戰，全是肇始於東歐。

希特勒在慕尼黑會議以後，就把侵略箭頭指向波蘭。捷克慘遭瓜分之後，波蘭已處於德國包圍之下。德國外長里賓特羅甫 (J. Ribbentrop) 即與波蘭展開秘密談判，要求將日耳曼人集居的但澤併入德國，並在德國本土與東普魯士之間，建立一條公路和鐵路，穿越波蘭走廊，但被波蘭外長貝克 (V. Beck) 拒絕。1939 年 4 月 28 日，希特勒再度公開提出上述要求，並將 1934 年雙方簽訂的〈德波互不侵犯條約〉宣布作廢，侵略野心已全盤揭露。自此時起，但澤與波蘭之間的邊境事端即連續發生，風雲日緊。

希特勒深知，德如侵波，英、法必然助戰。因為早在 1939 年 3 月 31 日，英、法已向波蘭提出保證，如其被外敵侵犯，兩國當予支援。是時，蘇聯的態度尚未明朗，莫斯科曾向英、法表示，願結盟以抗德，而英、法未即接受。如英、法、俄三國結盟成功，則一旦戰事爆發，德國勢將左右受敵，1914 年的情景又將重見。因此希特勒必須先將對俄關係釐清，方敢進兵波蘭。

蘇聯此時的外交路線，正陷於左右兩難之中。蓋自慕尼黑會議之後，莫斯科對於英、法的真正意向已起疑心。在史達林心目中，英、法、德、義在本質上全是西方資本主義國家，可能暗中另有陰謀，英、法可能默許或鼓勵希特勒以東進代替西進，致力打擊共產的蘇聯。故自 1939 年年初

起，莫斯科就改採騎牆式的兩面外交：一方面繼續與英、法磋商，一方面也試探德國的立場。是年 3 月 10 日，史達林在俄共第十八屆代表大會中致詞，表示願與直接鄰國和間接鄰國建立友好關係。所謂「間接鄰國」究何所指？希特勒立有反應，乃於 4 月 28 日宣布廢除〈德波互不侵犯條約〉，已如上述。5 月 3 日蘇聯外長易人，由莫洛托夫 (V. Molotov) 接替一向主張集體安全並走英、美路線的李維諾夫 (M. Litvinov)。8 月 19 日〈德蘇貿易協定〉簽字，跡象漸趨明顯。翌日，希特勒電告史達林，表示將派外長里賓特羅甫訪蘇，史達林立即接受。雙方一唱一和，一呼一應，至此告一段落。8 月 23 日德國代表團飛抵莫斯科，當天就簽訂了震驚世界的〈德蘇互不侵犯條約〉。

　　〈德蘇互不侵犯條約〉的主文，僅有簡略的幾條：約定雙方互不從事破壞及侵略行為；一方如與第三國作戰時他方應保持中立；以善意及和平方式解決雙方爭執；本約的有效期間定為十年。但主文之外，另有秘密的附約，通稱〈里莫議定書〉(*Ribbentrop-Molotov Protocol*)，雙方劃定了東歐的勢力範圍，波蘭首當其衝，再被暗中瓜分，瓜分界線大致為納茹河─維斯杜拉河─散河一線，德方所得約占 49%，俄方則占 51%。另在波羅的海方面，以立陶宛北界為界；在巴爾幹方面，蘇聯表示對比薩拉比亞有興趣，而德方則表示對該區並無興趣。8 月 30 日，德國要求波蘭指派一名全權代表前往柏林作最後的會商，波蘭鑑於不久之前奧國總理舒施尼格 (K. Schuschnigg) 於 1938 年 2 月，以及捷克總統哈察 (E. Hácha) 於翌年 3

圖 1　史達林與里賓特羅甫於簽訂〈德蘇互不侵犯條約〉中握手 (Attribution: Bundesarchiv, Bild 183–H27337)

月，先後訪德隨即被迫屈服的痛苦經驗，拒不前往。8 月 31 日〈德蘇互不侵犯條約〉經德、蘇政府批准換文生效。翌日，德軍即大舉進攻波蘭，點燃二次大戰戰火。

德國首先發動戰爭，是鐵一般的事實，但卻製造了一個可笑的藉口，強詞奪理，竟說是為了報復波蘭的挑釁。此一陰謀的代號是「馬口鐵罐」(Tin-Cans)。由納粹秘密警察率領一支由十二名罪犯組成的突擊隊潛入波蘭境內，罪犯換穿波軍制服，允於建功之後免刑或減刑。8 月 31 日深夜，突擊隊由波境越界攻占一處德國邊區的無線電臺，播放波蘭愛國歌曲，並鳴槍數響後退出。這些罪犯隨即被納粹秘密警察消滅。希特勒即以此為藉口，於 9 月 1 日清晨以閃電戰 (Blitzkrieg) 發動猛攻，出動兵力包括裝甲部隊四十四師，飛機一千五百架，分兵三路直指華沙。波軍八十萬奮勇抵抗，甚至以騎兵對抗坦克，犧牲極為慘重。英、法兩個盟邦雖於 9 月 3 日對德宣戰，但卻按兵不動，並未在德國西疆發動攻勢以牽制德軍。

華沙於 9 月 27 日失守，波蘭政府穿過羅馬尼亞逃往巴黎；法國戰敗後再逃倫敦，是為戰後第一個設於倫敦的東歐流亡政府。波蘭流亡政府由拉契凱耶維支 (W. Raczkiewicz) 擔任總統，西考斯基 (W. Sikorski) 將軍擔任總理。另組「國家委員會」(National Council) 代行國會職權，由馳名鋼琴家白德瑞夫斯基擔任議長。

二、波蘭的第六次瓜分 (1939)

德軍推進至議定的瓜分線後即停止前進，通知蘇聯照約行事。蘇聯此時正在東北亞與日本及其傀儡「滿洲國」發生邊境戰爭，乃將遠東方面的戰爭結束，在波蘭展開行動。9 月 17 日將波蘭東半部全部占領，然後劃為南北兩區。11 月初，將其分別併入烏克蘭及白俄羅斯，史達林聲稱這是尊重當地人民的意願。當俄軍向西推進時，波人不明究竟，還以為俄軍入波是助其抵抗德軍的侵略。及至發現蘇聯亦為侵略者時，乃陷於背腹受敵之

圖 2　希特勒在華沙檢閱德軍

境。東區的波人，或被殺害，或被驅入奴工營，發配到遠至西伯利亞東部的克里瑪河 (Kolyma R.) 流域、黑龍江下游的伯力和太平洋岸的馬加丹 (Magadan) 等地。輸運途中，均乘載運牲畜的密封火車，不見天日。奴工營設備極差，在攝氏零下六十五度的氣溫下伐木淘金，生活狀況一如索忍尼辛 (A. Zolzhenitsyn) 在其名著《古拉格群島》(Kulag) 中的描述。在這些死難的波蘭人當中，包括一萬五千名軍官，其中的四千名於 1940 年夏天即被俄人殺害，集體埋葬在白俄羅斯的斯摩連斯克附近的卡廷 (Katyn) 森林之中。到了 1943 年 4 月此一集體墓場被德軍發現，柏林電臺立即廣播，指其被紅軍殺害。蘇聯則指其死於 1941 年，顯係德軍殺害。波蘭流亡政府請瑞士國際紅十字會前往調查，引起蘇聯不滿，並以此為藉口與流亡政府斷絕邦交。據日後資料透露，屍體均著波軍夏季制服，顯示必為紅軍所殺。

　　波蘭的西半部被德軍占領後，也劃分為兩部分：西部之波森 (Posen)、北部之但澤及波蘭走廊等地均正式併入德國版圖；中南部（包括華沙、克拉科、盧布林等地）則設一「總政府」(General Government) 統轄。

希特勒將波蘭視為一個奴工營，軍事占領完成後，黨衛隊首領希姆萊 (H. Himmler) 即驅車巡視全境，決定大量屠殺波人，揚言必將日耳曼民族的生活圈向東推進五百公里。希姆萊把波蘭人口分為四組：第一組是在德國出生而在波蘭定居的日耳曼人，第二組是上推三代均為德人的日耳曼人，第三組是「非日耳曼人」，包括波蘭人和立陶宛人，第四組是猶太人。所有人民均須註冊，按照等級配發食物，較好旅店或高級住宅只准德人住用，種族歧視達於極點，因此較有教養或自重自愛的德國公民均不願前往波蘭服務，波蘭變成了虐待狂充斥的園地。

受害最慘者為猶太人，多數死於集中營內，其中以設於西里西亞境內的奧什維茨 (Auschwitz) 集中營最為惡名昭著，據戰後紐倫堡戰犯大審時的供詞顯示，在這座集中營中，約有四百萬猶太人被害。運送人犯的列車不斷湧到，每天平均可以屠殺二萬人，男女老幼均被送入煤氣室內毒殺。據主管該營的侯伊斯 (R. Hoess) 日記記載，該營且被列為「生產單位」，產品包括黃金（死者之金飾及金牙）、肥料（骨灰）、肥皂（人體脂肪提煉）、地氈（人髮）等等。

總計在六年戰爭中，波蘭人民共死亡約六百萬人，其中包括猶太人三百四十萬人。波蘭是東歐諸國中猶太人口最多的國家，1945 年大戰結束時，僅餘九萬人。

德、俄在波蘭的瓜分界線，在軍事行動結束後，里賓特羅甫於 9 月 28 日再去莫斯科，就瓜分範圍重作調整。德方將波羅的海方面的界線向南移，把立陶宛劃入俄方。反之，蘇聯則將波蘭中部一片地區讓予德方。此一新的瓜分線稱為「里莫線」(Ribbentrop-Molotov Line)。總計蘇聯所得，比 1920 年的「寇松線」尤多，約有十九萬四千平方公里，人口一千二百萬❶，這是波蘭史上的第六次瓜分。

波蘭亡國後，成立了兩個政府組織，一為設於倫敦的流亡政府，一為設於本土的地下政府。流亡政府由西考斯基領導，法國境內並有十萬之眾

---

❶　參閱 Roucek, J. S. *Central Eastern Europe*. N.Y.: Prentice Hall, 1965, p. 286.

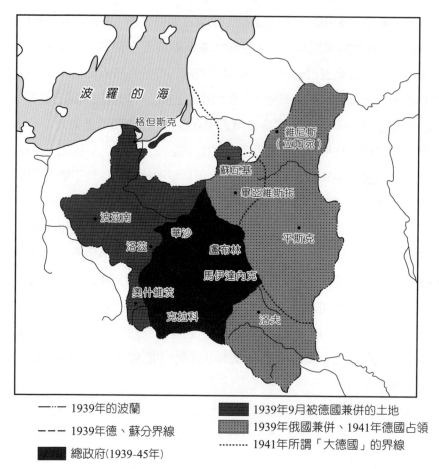

——·—— 1939年的波蘭　　　　　█ 1939年9月被德國兼併的土地

－－－ 1939年德、蘇分界線　　　▒ 1939年俄國兼併、1941年德國占領

█ 總政府(1939-45年)　　　　……… 1941年所謂「大德國」的界線

圖 3　波蘭被分區占領（第六次瓜分，1939–1945）

的波蘭部隊。地下政府亦設內閣，受流亡政府的指導監督，波蘭境內另有一支「本土部隊」(Home Army)，最多時人數約有四十萬人，由包爾·科莫洛夫斯基 (T. Bor-Komorowski) 將軍指揮，從事游擊戰。此外，波蘭共產黨也有一支「人民軍」，但人數較少。

蘇聯深知，〈德蘇互不侵犯條約〉不過是一時的權宜之計，德、蘇戰爭終將難免。希特勒於 1940 年席捲丹麥、挪威、荷蘭、比利時，並擊潰法國占領巴黎，英軍撤離歐陸，英國本土三島亦岌岌可危。史達林深恐英國一

旦不保，德軍即可揮兵東向，蘇聯必將成為次一目標。為了制敵機先，爭取優勢，蘇聯乃於 1939 年 10 月至 1940 年夏季之間，分向左右兩翼擴張領域：

1.發動蘇、芬戰爭（1939 年 10 月至 1940 年 3 月），奪占卡累利亞地峽。

2.兼併波羅的海三小國（1940 年 8 月）。

3.侵占羅馬尼亞的比薩拉比亞省及布庫維納北部（1940 年 6 月）。比省原於 1812 年被俄奪去，1918 年 4 月又被羅馬尼亞收回。1940 年 6 月 26 日，莫洛托夫突然要求羅國將比省連同西鄰的北布庫維納一併割予俄國。此時羅國的靠山法國業已敗降，呼救無門，只得求助於柏林，而德國正與蘇聯交好，不願施援，甚至德國駐羅大使反而勸請羅國接受蘇聯的要求，兩地遂被俄軍占領，計土地四萬九千平方公里，人口三百五十萬。

三、戰火燃及巴爾幹

巴爾幹各國，在第二次大戰初期，暫時維持安定。因德軍攻擊目標，最初為波蘭，波蘭被瓜分後，1940 年春又轉向西北歐，分別占領丹麥、挪威、比利時與荷蘭，6 月德軍攻占巴黎，7 月起英倫戰役開始，但因希特勒缺乏海軍，無法完成征英的「海獅 (Sea Lion) 計畫」，8、9 月間的瘋狂轟炸，也未使英國屈服。乃將「海獅計畫」暫時擱置，調轉箭頭，指向巴爾幹。

巴爾幹各國，除阿爾巴尼亞已於 1939 年被義大利兼併之外，其餘四國皆盼置身事外，不願早日捲入漩渦。但自 1940 年冬季起，情勢陡變，或則被迫加入軸心集團，或則被德、義軍占領瓜分。在 1941 年 6 月德、蘇戰爭爆發的前夕，整個巴爾幹均已納入軸心勢力範圍。

㈠羅馬尼亞

東北方的比薩拉比亞被俄國奪占之後不久，匈牙利也繼之提出割讓西疆外息爾凡尼亞的要求，羅國政府雖願作部分的讓步，但匈方則堅持全部，雙方爭持不下之際，德、義插手「仲裁」，召喚羅國外長前往維也納會商，會中決定：將外息爾凡尼亞的北部（約占全境的五分之二）割讓給匈牙利，計土地四萬三千一百零二平方公里，人口二百四十萬，羅國所獲代價則是德、義將保障其現有邊界，是即所謂「維也納獎賞」（1940 年 8 月 30 日）。在此之前，保加利亞迫羅割讓多布魯甲南部（8 月 23 日）。總計在兩月之間，羅國損失土地十萬平方公里，人口四百萬，各約占全國的三分之一，無異被瓜分。舉國騷然，羅王凱洛爾二世退位逃亡（9 月 6 日），子麥可一世第二次繼位 (1940–1947)，以迄淪入鐵幕為止。

德國為了實踐對於羅國疆域的「保障」，1940 年 10 月起，派軍進駐羅境，11 月 23 日羅國加入軸心集團。翌年德、蘇戰爭爆發，德軍右翼即以羅國為前進的基地。

㈡保加利亞

保王包利斯三世為日耳曼人，自實行君主獨裁後，比較傾向納粹。1940 年秋，希特勒進軍巴爾幹的意圖漸趨明顯，包利斯希望藉德之助，從希臘手中收回馬其頓和愛琴海北岸的失地，乃於 1941 年 3 月 1 日前往維也納，簽約加入軸心集團，德軍遂即湧入保境，同時通知俄方，強調德軍入保的目的，意在抵制防阻英軍之入侵。

蘇聯一向視保加利亞為其「安全地帶」(Security Zone)，德軍入保立即引起俄方的不滿。早在 1940 年 11 月間，莫洛托夫訪問柏林時，曾將上述意向向德表明，並請德方同意由俄、保簽立盟約，以確保其「安全地帶」。今德軍公然進駐保境，顯已侵入蘇聯的安全範圍。德、蘇的對立，此亦原因之一。

㈢南斯拉夫

　　南斯拉夫於大戰爆發後，立即宣告中立，企圖避免捲入漩渦。小協約集團在 1940 年 2 月於貝爾格萊德召開最後一次會議後，事實上已經解散。但自法國敗降，英軍西撤，義大利出兵攻擊希臘、德軍入駐羅馬尼亞等一連串事故發生之後，情勢日趨險惡。1941 年 2 月，希特勒邀請南國總理蔡維考威契 (Tsvetkovich) 偕外長前往伯克特斯格登 (Berchtesgaden) 會商，要求加入軸心，南國攝政保羅 (Prince Paul) 陷於兩難之中。保羅深知南軍實力不足以保衛國土，不如俯從德方要求，如此或可避免德軍越境，甚至或可維持領土的完整。是時英國外相艾登訪南，企圖勸阻保羅倒向德方懷抱，保羅拒絕接見。延至同年 3 月 25 日，南國總理在維也納簽約加入軸心。

　　南國政府加入軸心，引起全民反抗，軍人領導政變，推翻政府，保羅退位，彼得二世繼位為國王，各政黨組成聯合政府，英、俄等國均表歡迎，邱吉爾甚至盼其參戰，逐退巴爾幹的義軍。但新政府徘徊歧途，忽左忽右，甚至又向德國表示願意維持 3 月 25 日在維也納的協定，繼續參加軸心陣營。希特勒對於南國的反反覆覆已感不耐，4 月 6 日德軍開始轟炸貝爾格萊德，繼之分由匈、保、羅三方面向南斯拉夫展開攻擊，南軍投降（4 月 17 日），南王彼得率政府輾轉逃往倫敦，全境被德、義、匈、保、阿等國占領瓜分：

　　1.德國兼併斯洛汶尼亞北部，並占領塞爾維亞，建立奎斯林式的傀儡政府。

　　2.克洛琪亞建為「克洛琪亞國」(State of Croatia)，名為獨立，實同附庸，其地位相當於捷克被瓜分以後的「斯洛伐琪亞共和國」。

　　3.義大利兼併斯洛汶尼亞南部，及達爾瑪什亞沿岸。並將斯庫塔里湖和科索沃平原併入阿爾巴尼亞。黑山國由義大利統治。

　　4.匈牙利兼併瓦伊瓦迪納大部。

　　5.保加利亞兼併馬其頓東南部和塞爾維亞東部。

圖 4 第二次大戰期間的南斯拉夫——圖示南國被德、義等國分區占領情形

德、義在南的占領政策並不一致，德國比較支持克洛琪亞而排斥塞爾維亞，義大利則比較支持塞爾維亞而排斥克洛琪亞，此種歧見，對日後地下軍的活動頗有影響。

㈣希　臘

希臘最初亦盼維持中立，但義大利突於 1940 年 10 月由阿爾巴尼亞向其發動攻擊，希望奪取薩羅尼加海港，將勢力伸入愛琴海。但攻勢不久即被希軍遏阻，且節節敗退，潰不成軍。1941 年 2 月英國派兵六萬開入希臘助戰。希特勒為了挽回軸心集團的頹勢，決定攻希，實施早已擬妥的「馬瑞莎計畫」(Operation Maritsa)，並於 1941 年 4 月下旬越過南斯拉夫和保加

利亞，攻入希境。希總理柯瑞西斯 (Koryzis) 自殺，希軍投降，希王喬治二世率政府由雅典逃往克里特島。5 月間德軍以滑翔機部隊攻占克里特，希王再逃往倫敦，成立流亡政府。英軍在此役中損失四萬人之眾。

截至 1941 年 5 月止，東南歐已完全被軸心集團控制，希特勒攻擊蘇聯的準備工作業已完成，6 月下旬，德、蘇戰爭爆發。

四、德、蘇戰爭

1941 年是第二次世界大戰的轉捩點，正好像 1917 年的美國參戰是第一次世界大戰的關鍵年代一樣。1941 年間，戰局擴大：首先是 6 月 22 日德、蘇戰爭爆發，蘇聯參戰；繼而於 12 月 7 日日本突襲珍珠港，美國參戰。由是增添了俄國戰場和太平洋東南亞兩處戰場。俄、美兩國，人員多，幅員廣，資源富，參戰之後，優劣形勢隨即改觀。

前文業已指出，〈德蘇互不侵犯條約〉的簽訂，本是雙方的一時權宜之計。兩國的意識型態尖銳對立，無法調和。因此一旦時機成熟，勢必干戈相向。總計此約的壽命，只有二十個月。

促使德、蘇關係由友而敵的近因，是德國在芬蘭和巴爾幹的積極介入，引起蘇聯的不安。在 1939 年 8 月 23 日簽訂的〈里莫議定書〉中，對於巴爾幹區的勢力範圍並未明顯劃分，德方只表示對該區「並無特殊政治興趣」。而蘇聯則自帝俄時代起就對該區特感興趣，將塞爾維亞、保加利亞和羅馬尼亞視為它的勢力範圍，塞、保這兩個斯拉夫國家也有長期和深厚的親俄情緒。1940 年冬，德國進攻希臘的意圖日益明朗時，蘇聯即多次向德方表明：保加利亞是攸關俄國利益的「安全地帶」。是年 11 月中旬莫洛托夫訪問柏林時，更將上述意旨坦白的告知對方。但希特勒對巴爾幹另有意圖，1940 年 10 月派兵入駐羅馬尼亞，以「保障」其現有疆域的不被侵犯；繼又於 1941 年 3 月迫使保加利亞加入軸心，德軍亦源源開入保境。德軍入保，俄國認為違反了上述 1939 年的約定，向柏林提出抗議。德國則辯稱，

只有比薩拉比亞是當時承諾的俄方勢力範圍，除此之外並無約定。雙方關係裂痕漸顯。

1940 年 9 月 27 日，德、義、日在柏林締結「三國軸心」，德國於簽約前一天方始通知蘇聯，莫洛托夫乃於 11 月 12 日遄往柏林探詢詳情以瞭解對方的意圖。希特勒竟以將波斯灣一帶於戰後劃為俄國勢力範圍為代價，邀請蘇聯也加入軸心。莫洛托夫隨即提出下列極高的加盟條件：

1. 德軍撤出芬蘭。
2. 將保加利亞列入俄國勢力範圍，由俄、保另簽互助條約。
3. 承認波斯灣以迄印度洋西部為俄國勢力範圍。
4. 允俄使用黑海海峽，並在海峽區內租用一處長久的基地。
5. 勸請日本停止在庫頁島北部的煤礦石油開採權。

希特勒面對如此廣泛的要求，已對俄方野心充分瞭解。乃於同年 12 月 18 日下達作戰命令——「巴巴羅薩計畫」(Operation Barbarossa)，準備攻擊蘇聯。

蘇聯亦知戰禍逼近，必須預作準備，為防將來與德、日兩個軸心國家同時作戰，背腹受敵，乃乘日本外相松岡洋右訪德路經莫斯科的機會，與日本簽訂〈日蘇友好中立條約〉（1941 年 4 月 13 日）。消息傳出，柏林震動，蓋出其意料之外也。

德、蘇戰爭自 1941 年 6 月 22 日德軍展開攻勢起，至 1944 年 4 月俄軍收復全部失地止，歷時將近三年。德軍主要攻勢分為兩波，第一波在 1941 年下半季，出動兵力約三百萬人，其中包括芬蘭以及東歐各國的部隊在內。德軍開始攻擊行動後，羅馬尼亞與義大利（6 月 22 日）、芬蘭（25 日）、匈牙利（26 日）、阿爾巴尼亞（27 日）先後對俄宣戰，其中芬蘭與羅馬尼亞尤為踴躍，因為芬蘭希望收回剛剛被俄奪去的卡累阿及白沙摩等地，羅馬尼亞則盼收回新被奪去的比薩拉比亞。在此第一波攻勢中，德軍雖然占領了俄國西疆的廣大地區（包括波羅的海三小國、白俄羅斯和烏克蘭等地），但並未攻陷列寧格萊德和莫斯科兩個預定的目標，而寒冬已屆，攻勢受阻。

　　第二波攻勢於 1942 年夏季展開，列寧格萊德與莫斯科依然未能攻下，但南路則頗有斬獲，已由聶伯河流域推進到頓河流域，攻擊焦點集中於史達林格萊德 (Stalingrad)。史城為一戰略要衝，位於頓河與窩瓦河兩個河灣之間，有鐵路連接南部的高加索石油區與中部的莫斯科區，一旦失守，德軍即可占有窩瓦河谷，接近烏拉山區。故俄軍全力防守，於是展開史城的攻防戰。

五、戰局的轉變

　　1942 年秋冬之交，是軸心集團普獲勝利的巔峰時期。亞太戰場的日本已經占領整個東南亞，前鋒到達緬甸北部，印度已受威脅。非洲戰場的義大利軍與隆美爾 (E. Rommel) 所部德軍正盤據東北非的衣索比亞和利比亞，埃及西陲已見烽火，蘇伊士運河岌岌可危。如俄國戰場之德軍能攻下史城，即可由裏海而進入中亞細亞，德、義、日三國在中東地區會師的夢想可能實現。果如此，則大局將不堪設想。

　　聯軍的轉敗為勝、轉守為攻，是自 1942 年冬季開始。在北非方面，美軍於是年 11 月間在摩洛哥和阿爾及利亞登陸，然後會同埃及方面的英軍，東西夾攻，將隆美爾部隊逐出利比亞及突尼西亞，1943 年 5 月，北非敵軍已全部肅清。8 月聯軍攻占西西里島，9 月 3 日義大利停戰投降，軸心三強已去其一。在俄國戰場方面，史達林格萊德之圍於 1943 年 1 月底解除，紅軍開始反攻。同年秋，進抵聶伯河一線。11 月收復基輔，12 月列寧格萊德解圍。1944 年初夏，已將德軍全部逐出俄境，並越過邊界，攻入東歐。

　　東歐諸國，北起波蘭，南至巴爾幹，乃在 1944 年夏到 1945 年夏的短短一年之間，除希臘外，全部被紅軍占領。

　　是時，第二戰場已在西歐開闢。1944 年 6 月 6 日英、美聯軍由英國攻入北法，在諾曼地登陸，8 月 25 日收復巴黎，9 月突破德軍的「西城」(West Wall) 防線；1945 年 4 月 25 日，西來的美軍與東來的俄軍在柏林南

方的托高 (Torgau) 會師，5 月 2 日柏林失守，5 月 8 日德軍投降。

以上對於 1941 年以後大戰經過的簡略敘述，意在說明東歐各國在大戰末期淪入共產鐵幕的背景。下節再分析攸關東歐各國命運的戰時外交折衝。

六、攸關東歐命運的戰時高峰會議

自 1943 年起，聯軍轉敗為勝，轉守為攻，中、美、英、蘇等國，一則為了協調作戰計畫，擊敗強敵，二則為了規劃戰後的政治問題，於是連續舉行多次的國際會議，其中且有多次是由各國元首親自參加的高峰會議。

與東歐各國命運密切相關的會議，主要是德黑蘭 (Tehran) 會議、史達林與邱吉爾的莫斯科會議、雅爾達 (Yalta) 會議和波茨坦 (Potsdam) 會議。在這些會議中決定的有關東歐的重要問題是：

1.第二戰場的開闢地點和時間。

2.蘇聯與西方民主國家在東歐的「勢力範圍」的區劃。

3.波蘭的疆域和新政府的建立原則。

4.德、奧等國的分區占領和管制計畫。

5.對於被解放後的歐洲的重建原則。

㈠德黑蘭會議與「第二戰場」的開闢問題

開闢「第二戰場」問題，是史達林在 1942 年首先提出的。史達林抱怨當時俄國戰場承受德軍的壓力過重，英、美既已結為盟邦，理應另闢第二戰場，分擔一部分壓力。其實所謂「第二戰場」一詞，本身即與史實不符。第二次世界大戰自 1941 年俄、美兩國參戰之後，已將亞太地區與歐洲地區的戰爭合而為一，是中、美、英、蘇等聯合國共同抵抗軸心集團的全球戰爭。照此推論，則中國戰場應被視為第一戰場；波蘭、丹、挪、荷、比、法、英戰場應被視為第二戰場；巴爾幹區應被視為第三戰場；俄國戰場只能算是第四戰場。當中國獨自承受日本的侵略，波蘭、西歐及巴爾幹承受

德、義的侵略時，蘇聯正以德國的「友邦」的姿態，置身事外。直到德軍炮口轉向東轟時，蘇聯才淪為戰場。此一史實，讀史者不可不察。

關於蘇聯所提的「第二戰場」的開闢時間與地點，英、美與蘇聯雙方頗有爭執。史達林首先在 1942 年 11 月 7 日利用紀念「十月革命」第二十五週年的機會，發表演說，強調德軍在俄國前線配置的兵力多達二百四十師，而德軍全部兵力不過二百五十六師，暗示俄國承受了過大的壓力。邱吉爾隨即解釋英、美部隊在歐洲登陸的困難，並向其保證一俟適當時機到來時，當可在歐洲開闢另一戰場。與此同時，美軍在艾森豪統率下，正在西北非登陸，1943 年夏更越過西西里島向義大利半島反攻。惟史達林並不承認這是他所要求的第二戰場，他所要求的第二戰場是在西歐。

邱吉爾對於反攻歐洲大陸的登陸地點，另有見地。他在 1943 年 8 月的魁北克會議中，曾向美方建議，不妨考慮在東南歐的巴爾幹或近東的土耳其展開行動。其後又在多次會商中提出上述觀點。按照邱吉爾的構想，東南歐是歐洲脆弱的「小腹」，如能由巴爾幹西北隅的亞得里亞海北端登陸，或由愛琴海北端的薩羅尼加登陸，即可輕易的攻占維也納，進入中歐。果如是，則東南歐各國，自巴爾幹以迄匈、奧，均將被英、美等民主國家的部隊解放，戰後新建的政府，也必是和日後在義大利所建立的政府一樣，同為民主政權。換言之，不會淪入共產鐵幕。所以邱吉爾的構想，既具戰略價值，更具政略價值。

可惜當時英國的實力有限，無論人力與裝備，多需仰賴美國的供應，力弱自然言輕。美、英兩國尤其是羅斯福總統與邱吉爾首相之間，關係雖極密切，但邱氏亦十分謹慎，不敢堅持自己的主張。這在邱吉爾所寫的《二次大戰史》和美方有關官員留下的回憶錄中，均可尋繹其中的線索。總之，美、英、蘇三方討論的結果，最後決定是第二戰場將於 1944 年夏季在法國西岸的諾曼地半島開闢。

獲致上述決定的高峰會議，是羅斯福、邱吉爾與史達林在伊朗舉行的「德黑蘭會議」，時在 1943 年 11 月 28 日至 12 月 1 日。會中所獲協議，除

上述在諾曼地半島開闢第二戰場之外，並就戰後歐洲的勢力範圍，有了廣泛的諒解：東歐的芬蘭、波蘭、捷克、匈牙利、羅馬尼亞、保加利亞、南斯拉夫等地大致屬於蘇聯的勢力範圍；在此以西以南的其餘地區則大致屬於西方國家的勢力範圍。此外，三國更保證戰後仍繼續合作，西方國家接受蘇聯為國際社會一員，不再有在蘇聯西界建立「防疫線」的敵視心態。

德黑蘭會議是決定東歐命運的關鍵，也可以說是美、英戰時外交的一大敗筆，因為此時紅軍尚未進入東歐，美、英仍有爭辯迴旋的餘地。等到年餘以後雅爾達會議舉行時，東歐幾已全部被紅軍占領，事實早已鑄成，那時再作爭論，也就回天乏術了。

㈡英、俄的〈百分比協議〉

俄國的反攻部隊，於 1944 年秋，以風捲殘雲之勢進入巴爾幹，8 月攻占羅馬尼亞，9 月再占保加利亞，軍事占領之後，立即建立共產政權。希臘境內的共黨游擊隊十分猖獗，看來亦將不保。邱吉爾鑑於情勢危急，乃於 10 月 9 日偕外相艾登逕自飛往莫斯科，與史達林及莫洛托夫緊急會談。雙方互以開門見山的坦率態度，就東南歐各國的今後命運交換意見，在當天短短時間之內，完成所謂〈百分比協議〉(*Percentage Agreement*)。

依照邱吉爾在其所著《二次大戰史》的記載，邱氏首先在半張便條紙上寫出俄國和「其他國家」(The others，意指英、美) 在東歐各國各自所占的「優勢地位」(Predominance) 的百分比，然後在桌面上將便條紙推向史達林，史達林在停頓片刻之後，即以粗藍鉛筆在紙上劃一 "V" 形記號，表示同意。所謂劃分勢力範圍之會談就此結束。邱吉爾對於此項攸關東歐數以百萬計人民命運的問題，如此決定，也覺得過分草率魯莽。但邱吉爾解釋這是基於戰時的臨時安排，所有重大問題仍須留待戰後和會席上再行詳加討論。

邱、史〈百分比協議〉的內容如下：

1.羅馬尼亞——俄占 90%，英、美占 10%。

2.希臘——俄占 10%，英、美占 90%。

3.南斯拉夫與匈牙利——均為各占 50%。

4.保加利亞——俄占 75%，英、美占 25%。

上述協議的詳細數字，邱吉爾並未告知羅斯福，也一再強調這並不算是劃分勢力範圍。但東歐各國的命運自此更為確定，因為在德黑蘭會議中，只有原則性的諒解，並未作如此明確的劃分。不過，事後的發展，尚不止此，除了希臘一國之外，其餘各國全都 100% 的納入了蘇聯的勢力範圍。

㈢雅爾達會議與波茨坦會議

雅爾達會議於 1945 年 2 月 4 日至 11 日舉行，時在德黑蘭會議之後十五個月，邱、史〈百分比協議〉之後四個月。在此期間，東歐局勢更有激烈的變化：波蘭共黨的「臨時政府」已經成立，且已由盧布林遷往甫由紅軍占領的華沙；巴爾幹方面除希臘外，羅、保、南等國均已被紅軍攻占，大軍正指向匈牙利。凡此種種，均足以表示蘇聯處處已占上風，英、美再想扭轉乾坤，就萬分困難了。

雅爾達會議討論的主題是：

1.爭取蘇聯參加對日作戰。是時日、俄之間仍然締有〈中立友好條約〉，史達林乃以此為藉口，乘機索取極大代價，迫使羅斯福同意勸請中國讓予廣泛的權益，收回其在日、俄戰爭中失去的特權。

2.決定戰後德國的占領政策。

3.波蘭問題：一是決定波蘭的邊界，波蘭再被第六度瓜分。二是決定波蘭新政府的建立程序與方式。詳情容後討論。

4.發表〈對於被解放後之歐洲宣言〉(*Declaration on Liberated Europe*)（2 月 11 日）。此項宣言表面看來十分重要，而實情並不如此。宣言草稿是由美方提出，討論時史達林一度要求西方國家承認共黨在解放運動中的特殊貢獻與地位，但為美方拒絕。宣言本身的內容，十分空洞，其中所使用的名詞又含混不清，以致日後雙方各有不同的解釋，反而造成歧見與誤

解。例如宣言中提到某國「人口中的所有民主分子」均應參加選舉。蘇聯所謂「民主分子」認為只限於共產黨人及其同路人，其他均被視為納粹分子或通敵分子，自然沒有參與選舉的權利。又如所謂「自由選舉」，蘇聯也有迥異於西方的解釋。再則，美方雖要求在宣言中強調列強不得於戰後在歐洲建立自己的勢力範圍，而且對於此點十分堅持，但蘇聯則不作此想，仍盼維持它與邱吉爾所作的〈百分比協議〉，將羅、保、南、匈等國視為禁臠，不容他人染指。

受到雅爾達會議傷害最重的國家，在亞洲為中國，在歐洲為波蘭。

波茨坦會議是最後一次的高峰會議，當其舉行時（1945 年 7 月 17 日至 8 月 2 日），義大利已於 1943 年 9 月、德國已於 1945 年 5 月先後投降，僅餘日本尚在頑抗。因此波茨坦會議的主題，一是如何加速日本的投降，二是決定德國分區占領的原則，三是德國的疆域如何重劃。

戰後德國的疆域問題，與東歐關係十分密切。因英、美、法等國均未對德提出領土要求，故德國疆界的變動只限於東界，亦即德、俄的邊界和德、波的邊界問題。原屬德國的東普魯士，北半部割予蘇聯，科尼斯堡改稱加里寧格萊德；南半部連同但澤均割予波蘭，但澤改稱格但斯克。此外，德國的東疆，也就是奧得河與西尼塞河以東的一片廣大條形地帶，也割予波蘭，用以補償波蘭將其東疆割予蘇聯的損失。奧得河口大港史泰汀改稱史塞辛 (Szczecin)，也併入波蘭版圖。

上述高峰會議，劃定了戰後東歐的藍圖，也決定了東歐億萬人民的命運。英、美既已將東歐劃入蘇聯勢力範圍，所以後來解放東歐的部隊是蘇聯的紅軍，隨之而來者是一批共產黨人，東歐遂被赤化。

紅軍進占東歐的時間，極為短暫，前後只有一年左右，也就是 1944 年秋季到 1945 年夏季之間。

紅軍進展如此順利的主因，是西方盟軍的龐大反攻部隊已自 1944 年 6 月起在法國的諾曼地半島登陸，正以排山倒海之勢向德軍西線發動猛攻，東線德軍大批抽調馳援，實力大減。紅軍乃得所向披靡，源源進入東歐。

第二十章　蘇聯控制東歐的一般政策

攸關戰後東歐各國命運的關鍵性年代，是 1944 年到 1945 年。此期間，在外交方面，由於德黑蘭、雅爾達和波茨坦等高峰會議已將東歐劃入蘇聯勢力範圍，莫斯科乃得放手施為，不必顧慮西方國家的干預。在軍事方面，由於德軍節節敗退，紅軍順利攻入東歐，在短短一年之間，占領了東歐諸國，除巴爾幹半島南端的希臘之外，北起波羅的海，南至巴爾幹，全部淪入蘇聯的掌握之中。

英國戰時首相邱吉爾於 1946 年訪問美國，3 月間在密蘇里州的富爾敦城發表了一篇重要演說指出：「北自波羅的海的史泰汀起，南至亞得里亞海的特里雅斯特止，已經降下了一道縱貫歐洲大陸的鐵幕。」呼籲西方民主國家，尤其是英、美兩國，亟應密切合作，共組聯盟，阻止蘇聯勢力的繼續擴張。由是產生了「鐵幕國家」一詞，東歐的鐵幕國家，又稱為蘇聯的「附庸國家」或「衛星國家」。自北而南，包括波蘭、捷克、匈牙利、南斯拉夫、羅馬尼亞、保加利亞和阿爾巴尼亞等七國。此外，德國分裂，東德亦成為鐵幕國家，但因東德位於中歐，故不在本書討論之列。

1944 年到 1989 年東歐淪入鐵幕的經過歷程，與蘇聯政局的變化息息相關，約可分為以下五個階段：

1. 「人民民主」(People's Democracy) 政權的建立 (1944–1947)。

2. 史達林主義 (Stalinism) 的統治時期 (1948–1953)。

3. 共產一元帝國的分裂 (1953–1968)。

4. 布里茲涅夫主義 (Brezhnev Doctrine) 的統治時期 (1968–1985)。

5. 戈巴契夫 (M. Gorbachev) 時代 (1985–1989)。

以下各章，將就二次大戰以後東歐諸國的發展過程，分章詳述。不過在分章介紹各國以前，應該先將蘇聯控制東歐的一般政策作一總括的說明。

一、蘇聯對於東歐的基本戰略

　　基於戰略和政略的考慮，蘇聯對於東歐的基本政策約有下列兩點：

　　1.俄國自十九世紀初年起，迄至第二次世界大戰為止，百餘年間，三度遭受來自西方的侵略，一為 1812 年的拿破崙；二為 1914 至 1917 年的德意志帝國；三為 1941 至 1943 年的希特勒，均曾占據俄國半壁河山，兵臨首都城下。此一痛苦經驗，形成了俄國的基本戰略——防衛西疆，保障安全。

　　東歐位於俄國與西歐之間，是俄國的外圍屏障，克里姆林當局為了預防再有第四次的侵略，必須嚴密控制東歐，將其納入自己的勢力範圍。因此戰後史達林堅持，今後東歐各國不僅必須將納粹勢力消滅，而且必須建立親俄的政權。此一防衛性觀點，邱吉爾頗為同情，所以在大戰末期的歷次高峰會議中，英、美在東歐屢向史達林讓步。

　　戰後的〈華沙公約〉，蘇聯在東歐的駐兵權，一直到布里茲涅夫主義的宣布，全是基於上述戰略的考慮。

　　2.蘇聯是一個信仰共產主義的國家，一方面反對資本主義，一方面更想向外推銷馬列主義。所以對於東歐附庸的資本主義制度和所謂封建制度的殘餘勢力，必須掃除，以免日後變成西方向俄國進軍的橋樑。同時為了擴大共產主義的範疇，也希望在西鄰各國建立社會主義國家，盼以東歐為跳板，更向中歐及西歐躍進。

　　戰後情況，對蘇聯推行上述兩項政策極為有利。第一是西方國家已將東歐劃入蘇聯的勢力範圍，不願多加干預；第二是進入東歐的紅軍仍然繼續駐留，在坦克與刺刀的威脅下，極易消除反對分子，建立傀儡政權。

二、「人民民主」政權的建立

　　戰後東歐附庸國家所建的政權稱為「人民民主」，所以這些國家的國名均為「人民民主共和國」(People's Democratic Republic)。就其性質而言，既非英、美式的民主政體，亦非俄國式的蘇維埃政體。照共產黨人的說法，既非資產階級的獨裁，亦非無產階級的獨裁，而是一種特殊的政治體制。

　　很多人對於這種政體的出現感到奇異難解。因為依照常識來說，蘇聯當局和一般馬列主義者，一向以輸出革命，完成世界革命為目標，希望所有共產國家一律加入以莫斯科為核心的蘇維埃聯邦。二次大戰初起，蘇聯即將波羅的海三小國（愛沙尼亞、拉脫維亞、立陶宛）於 1940 年 8 月一一兼併，兼併的程序是，紅軍進駐，迫使三小國議會通過議案，派遣代表向蘇聯的最高蘇維埃提出申請，要求加入蘇聯，再經最高蘇維埃同意接受後，三小國即成為蘇聯所屬的 「加盟共和國」 (Union Republic)。截至 1945 年大戰結束時止，蘇聯共有十六個加盟共和國❶，如果戰後的波蘭、捷克、匈牙利、南斯拉夫、羅馬尼亞、保加利亞、阿爾巴尼亞等七個東歐國家也仿照愛沙尼亞、拉脫維亞、立陶宛三小國的前例，加入蘇維埃聯盟，則蘇聯的加盟共和國將由十六個擴大到二十三個，蘇聯的國界亦將西移到中歐和巴爾幹。但上述情況並未出現，東歐七國至少在理論上仍然是個別的獨立主權國家。

　　為什麼會有這種結果呢？這是由於當時的下列客觀環境所造成。第一，東歐附庸政權，是在紅軍卵翼之下強制建立的，並非由於各國內部發生革命所產生。共產黨的勢力，在東歐諸國（南斯拉夫除外）並無廣泛的群眾

❶　蘇聯的十六個「加盟共和國」是：俄羅斯、烏克蘭、白俄羅斯、愛沙尼亞、拉脫維亞、立陶宛、莫德維亞、喬治亞、亞美尼亞、亞塞拜然、哈薩克、烏玆別克、土庫曼、吉爾吉斯、塔吉克與卡累阿・芬蘭 (Karelo-Finnish Rep.)。其後卡累阿・芬蘭共和國於 1956 年降級為自治共和國，故蘇聯共有十五個「加盟共和國」。

基礎，新政權未能獲得人民的支持。第二，東歐各國的歷史背景、經濟條件、民族成分、宗教信仰等等，均有極大的差異。就以政體而言，有王國（匈牙利、南斯拉夫、羅馬尼亞、保加利亞、阿爾巴尼亞），也有民主共和國（波蘭、捷克），無法一體處理。第三，各國的資產階級、地主階級和一般農民的勢力，十分強大，戰爭期間的主要政黨，並非共產黨，而是農民黨、自由黨和社會民主黨。所以最易建立的政府，並非一黨獨裁，而是由許多政黨聯合組成的政府。第四，東歐附庸政權建立時，正當大戰末期，蘇聯和英、美仍為盟邦，友好關係尚未破裂，冷戰尚未開始。當時英、美的態度，尚未十分明朗，它們固然承認東歐是蘇聯的勢力範圍，但在雅爾達會議中，依然要求東歐新政權建立時，必須容納所有民主政黨參加大選，不容共黨一手包辦。而且此時只有美國擁有原子彈，史達林有所忌憚，恐怕引起西方國家反感而插手干涉，所以不敢明目張膽的將東歐一口併吞。

　　基於上述客觀環境，蘇聯只能採取和緩漸進、彈性妥協的戰略，「人民民主」政權由是產生。

三、「人民民主」的意義

　　然則，何謂「人民民主」？

　　共產黨人對於他們實行的任何政經制度，必有一套理論的基礎。有時是先有理論，後有制度；有時是制度已經存在，再為它創造一套理論，藉以詮釋它的意義。「人民民主」一詞即屬後者。

　　首先提出「人民民主」一詞者為南共領袖狄托，狄托於 1945 年在「南斯拉夫祖國陣線」(Yugoslav Fatherland Front) 代表大會上首以此詞說明南共政權的性質，史達林也表同意，於是此詞乃被普遍接受。

　　惟蘇俄和東歐共黨，對於人民民主的詮釋，並不一致。茲舉幾個不同的說法，加以比較：

　　波蘭共黨領袖曾任第一書記的戈慕卡 (W. Gomulka) 指出：「波蘭的人

民民主，和蘇維埃民主不同，正如我們的社會制度也和蘇維埃社會制度不同一樣。」他又說波蘭的人民民主並非無產階級的獨裁，波蘭將要避開這一階段，另闢蹊徑，走向社會主義。另一波共領袖曾任戰後首任總統的比魯特 (B. Bierut) 同時強調：「此一特殊體制，並非以現存任何體制為模式，它既不同於蘇維埃社會制度，也不同於西方的傳統經濟制度。」

匈牙利共黨領袖郝爾瓦茨 (M. Horváth) 就其對於生產工具之持有問題指出：「人民民主事實上並不破壞人民持有生產工具的權利，所以我們可以視為一種最進步的資產階級民主政治。」❷

保共領袖曾任第三國際秘書長的季米特洛夫 (G. Dimitrov)，對於人民民主提出了最詳細的解釋，他在 1948 年向保共第五次代表大會中發表長篇演說時指出：

人民民主的性質，由下列五項主要因素決定：

㈠人民民主政治代表勞動人民的力量……意即資產階級和地主的統治，已被來自城鄉的勞動人民推翻，勞動人民在政府和公共生活方面開始扮演主要角色……在勞動人民對抗剝削者企圖重建資本主義統治的鬥爭中，國家和政府將成為一項工具。

㈡人民民主政治是一個過渡時期，用以保證國家走向社會主義的途徑……意即資本家和地主雖被推翻，他們的資產也已經交給了人民，但資本主義的根基仍未完全摧毀，他們仍然企圖恢復資本家的統治。因此如欲繼續走向社會主義，就必須對資本家進行無情的階級鬥爭，將其徹底消滅……人民民主政權只有繼續向社會主義建設的途徑前進，才能使它穩定，完成歷史使命。如果停止戰鬥，剝削階級終必重占上風，人民民主政權亦將為之瓦解。

㈢人民民主政權必須建立在與蘇聯合作和友誼的基礎之上……。

㈣人民民主政權必須隸屬於民主陣營、反帝國主義陣營之內：

---

❷　參閱 Brzezinski, Z. K. *The Soviet Bloc*. Cambridge: Harvard University Press, 1967, pp. 26–27.

1.只有加入由強大的蘇聯所領導的民主的、反帝國主義的統一陣營之中，人民民主政權才能保障它的獨立的和主權的地位，才能有效抵抗帝國主義勢力的侵略。

2.在法西斯侵略國家軍事失敗，在資本主義危機正在尖銳化，在蘇聯和新民主國家密切合作所形成的龐大勢力等情形之下，我國和其他新民主國家才能不必建立蘇維埃政制，只要透過人民民主政府，就可以完成由資本主義轉化為社會主義的任務。不過，人民民主必須倚靠蘇聯和其他新民主國家，先求自身的鞏固與發展。

3.人民民主政權，為了實現勞動人民領導之下的統治，必須執行無產階級的獨裁，去消滅資本主義，組成社會主義經濟。

4.新民主政府，包括保加利亞在內，已經開始走向社會主義……現在正在創造建立社會主義社會的經濟和文化基礎。

這是「新民主」和勞動人民及其領導者共產黨的中心任務。此項中心任務，包括下列各點：

1.鞏固在共產黨領導下勞動人民在政治、經濟及文化生活各方面業已掌握的重要職位。

2.在勞工階級領導下，加強勞工階級與勞動農民之間的聯盟。

3.加速發展國家經濟之中的公共事業，尤其是重工業。

4.消滅農村經濟之中的資本主義因素，先予孤立，最後將其肅清。

5.全面發展農民的生產者合作社，由政府透過農機、曳引機站、農機貸款、種籽貸款等方式，協助貧農及中農，加強農民與勞工階級的聯盟，勸導他們加入合作農場，並對其實行再教育，使其對資本主義因素採敵視立場。

㈤人民民主政權代表國際主義，國家主義與人民民主絕不相容。本黨認為國際主義，也就是在史達林同志領導下的國際合作，是使國家獨立生存、經濟繁榮和走向社會主義的保障。我們認為國家主義，無論其如何掩飾，全是共產主義的敵人，這在南斯拉夫狄托集團所表現的反共行動中已

獲明證，因此反抗國家主義乃是共產主義的首要任務❸。

　　蘇聯對於人民民主政權的立場，最初採取保留態度，到了後期才提出克里姆林的觀點。俄共理論刊物《布爾什維克》(*Bolshevik*) 指出：東歐各國現在興起了一種遠比舊日資產階級議會民主政治更為新型的、更加具有較高形式的民主政治，它們透過工農大眾參加政府的方式，使民主政治的權益傳送到廣大群眾手中。俄共特別強調，不可把「無產階級民主政治」與人民民主政治互相混淆，前者意指無產階級的獨裁，無產階級並不和其他政黨分享政治權利，而人民民主政治則採聯合政府方式。

　　依照以上各種說法，我們對於「人民民主」的意義，可獲下列結論：

　　1.人民民主政權和 1930 年代第三國際所倡導的「人民陣線」(Popular Front) 相似，全是採取聯合政府的形式，共產黨與其他「非法西斯」政黨共組政府，擔任閣員。不過，在「人民陣線」中，共黨的地位並不如其他政黨顯著，只居於附從地位。而在人民民主政權中，因有紅軍的支持，共黨乃轉居優勢，通常占據內政部（主管地方政府和國家安全）、國防部（武裝部隊）和宣傳部等重要部門。

　　2.就經濟社會的發展過程而言，人民民主政權是由資本主義社會走向社會主義社會的一個過渡階段。由共黨控制的人民民主政府，積極整肅資本主義的殘存勢力，實行工業國有化、農業集體化，經過一段時間，即可更上層樓，由人民民主國家升格為社會主義國家。東歐國家，如捷克、羅馬尼亞等國的名稱，已由「人民民主共和國」改變為「社會主義共和國」。

　　3.經過二次大戰的衝擊，東歐各國民族主義（或國家主義）的意識極為強烈，蘇聯和共黨均不敢明目張膽的加以壓制。人民民主國家特別強調它們的獨立主權地位，絕不承認是其他國家的附庸，更談不到放棄獨立，加入以莫斯科為中心的蘇維埃聯盟。就蘇聯來說，這些東歐國家雖未被其兼併，但是透過共黨的統治，紅軍的占領，事實上等於臣屬於自己的附庸。

---

❸　譯自 Evans, S. G. *A Short History of Bulgaria*. Norwich: Jarroed and Sons Ltd., 1960, pp. 185–187.

就東歐各國的共黨領袖來說，對人民民主的現狀也頗感滿意，因為黨政大權均在共黨領袖自己手中，憲法仿照蘇聯模式，國防受紅軍保護，不虞西方國家的攻擊，而且在名義上依然保持獨立主權國家的地位。

四、共產情報局的成立 (1947-1956)

東歐的人民民主政權，只維持了三年左右，到了 1947 年即起變化。自此時起蘇聯的政策，突然由比較放任的彈性政策，轉變為加強控制，俄羅斯帝國主義的面貌重新出現，形成所謂「史達林一元帝國」(Stalinist Monolith Empire)。史達林不僅是蘇聯的獨裁者，也是東歐諸國的太上皇；莫斯科不僅是蘇聯的首都，也是東歐的政治司令臺。共產黨的理論，定於一尊，一切均聽克里姆林的指示。在此期間，東歐各國的獨立地位，表面上雖仍維持，實質上則已成為蘇聯的附庸了。

史達林一元帝國的統治，歷時七年，由共產情報局 (The Communist Information Bureau, Cominform) 成立開始 (1947)，至史達林逝世結束 (1953)。

蘇聯東歐政策轉變的背景，主要由下列三點造成：

1.在國際方面：1946 年以後，蘇聯與英、美之間的關係日趨惡化，冷戰開始。1946 年邱吉爾在美旅行演說時，公開指責蘇聯的擴張野心，指控東歐業已淪入「鐵幕」。1947 年 4 月「杜魯門主義」宣布，開始對蘇聯執行「圍堵政策」(Containment Policy)，同年 6 月，美國提出「馬歇爾計畫」(Marshall Plan)，經援歐洲，抵制共產主義的泛濫。馬歇爾計畫宣布後，波蘭與捷克原本準備參加，接受美援，但是立即引起蘇聯的驚懼，乃予威嚇阻止。上述情勢，提高了莫斯科當局的警覺，於是決定加強東歐的控制。

2.在東歐方面：人民民主政治實行的結果，產生了東歐各國的「本位主義」(Domesticism)。東歐共黨領袖，大多來自第三國際，曾受蘇聯的卵翼，對莫斯科也極為效忠，但執掌本國政權之後，就難免受到本國特殊環

境的影響，轉而忘掉或無心忽略掉共產世界的國際立場，以本國利益為優
先，為友邦帶來損害。

這種早期的　「本位主義」，和日後方始產生的　「國家共產主義」
(National Communism) 不盡相同，二者之間仍有一段相當的距離。雖則如
此，但已造成東歐集團內部的糾紛，影響到共黨世界的團結。具體事例屢
見不鮮。例如波蘭與捷克之間，為了爭奪德欽地區，曾生齟齬。匈牙利與
羅馬尼亞之間，為了外息爾凡尼亞問題，屢起爭執。莫斯科居中調處，往
往顧此失彼。因此，必須修訂政策，以防本位主義的繼續增強。

　3.就思想意識而言：戰後東歐各國的傳統勢力，如地主階級、資本主
義、君主封建制度依然存在，共產主義並未被普遍接受。在俄國本身方面，
五年之久的德、蘇戰火，使一般人民乃至俄共分子的觀念發生了很大的變
化，戰時為了鼓勵人民作戰，激發同仇敵愾，政府必須暫時停止馬列主義
的宣傳，轉而提倡民族主義和愛國情操，過去被抨擊的帝王將相，現則成
為民族英雄。進入中歐的紅軍，與西方多所接觸，思想亦受感染。成千上
萬的黨員菁英死於沙場，新黨員陸續補充入黨，而黨的訓練、組織、紀律、
精神皆趨於渙散。凡此種種，戰後亟須重加組訓，恢復舊觀。

早在 1945 年 8 月，蘇聯最高蘇維埃主席加里寧 (Kalinin) 即已提出警
告，指出俄國以外的敵人雖已擊敗，而俄國內部的敵人則仍待肅清。翌年
2 月，史達林又重彈舊調，認為資本主義一日存在，戰爭即無可避免。因
此警告幹部，必須洗除戰時感染的資本主義毒素，加強淨化思想，於是展
開了由日丹諾夫 (A. Zhdanov) 主持的「日丹諾夫運動」(Zhdanovshchina)。
此一思想整肅運動的對象，一方面是俄國本身，另一方面也是針對東歐
諸國。

基於上述三點需要，乃使史達林改變了他的東歐統治政策。改變的首
一具體行動，便是成立共產情報局。

共產情報局 (Communist Intormation Bureau, Cominform)，成立於 1947
年 9 月，成立會議召開的地點，在波蘭西南部的一處休假勝地——史克拉

斯卡‧波里巴 (Szklarska Poreba)。除了阿爾巴尼亞以外，其他東歐諸國及法、義等國的共產黨均派代表參加，俄共由日丹諾夫及馬倫可夫 (G. Malenkov) 代表出席。

日丹諾夫發言時強調，美國正在利用戰後德、日的崩潰和英、法的衰弱所造成的國際新形勢，爭奪世界霸權，由是世界將分裂成兩個陣營。共產主義國家面對此一威脅，必須加強合作，應付危機。日丹諾夫繼稱：自從 1943 年第三國際解散以後，很多同志誤認共黨兄弟之間的聯繫已經中斷，「但是經驗告訴我們，此種共黨之間的彼此孤立，不僅錯誤有害，而且事實上也是一種極不自然的現象」，必須加以改善。於是通過決議，成立共產情報局。

由此可見，共產情報局就是「第三國際」的化身，表示俄國即將放棄早先的寬容放任政策，仍圖恢復一元領導，對東歐各國加強控制。

成立共產情報局的建議，是由史達林授意狄托提出，因為狄托是當時最為狂熱最為親俄的東歐領袖，南共也是東歐最大的組織。情報局的局址，也因此設於南國首都貝爾格萊德（1948 年俄、南決裂後，局址遷往羅馬尼亞首都布加勒斯特）。

依照當時的決議，共產情報局的任務，是「交換工作經驗，如有需要，並在相互同意的基礎上，協調各國共黨的活動」。換言之，就是莫斯科要透過情報局控制東歐。情報局發行的公報，稱為「為了持久的和平，為了人民民主！」(For a Lasting Peace, for a People's Democracy!)

惟事後的發展，出人意料。共產情報局成立之後僅僅二年，俄共與南共即起衝突，當初倡議成立的狄托，反被排除於情報局之外，此後情報局的積極功能就漸漸削減，變成了只是對付狄托主義的機關。正式會議不再經常舉行，第四次也是最後一次的全體代表會議於 1949 年 11 月在布達佩斯召開之後，即成絕響。1956 年 4 月，赫魯雪夫為向南斯拉夫示好，更將情報局正式解散。由成立到解散，為時只有九年。

俄、南衝突是共產一元帝國首次出現的裂痕，經過此次打擊以後，史

達林對於共產集團的控制，就必須另闢蹊徑了。

五、蘇聯對於東歐的政治控制

莫斯科對於東歐諸國的政治控制方法，具有多端。有些是習見的正規途徑，如條約的簽訂、集團的組織、憲法的模仿等等，有些是隱密不彰的非正式途徑，如黨與黨間的聯絡和密謀的滲透監督等等。

㈠條約簽訂與集團組織

蘇聯與東歐之間，結有無數雙邊條約，有的稱為〈友好合作互助條約〉，有的稱為〈文化合作條約〉，最後則簽有多邊的〈華沙公約〉(*Warsaw Pact*)。史達林強調，各國社會經濟結構相似，理論基礎相同，所以可以透過條約網，將東歐與蘇聯結為一體，成為區域性的統合。

〈華沙公約〉的全名為〈友好、合作、互助華沙條約〉(*Warsaw Treaty of Friendship, Cooperation and Mutual Assistance*)，簽訂於 1955 年，最早的會員國是蘇聯、波蘭、捷克、匈牙利、羅馬尼亞、保加利亞、阿爾巴尼亞等七國，東德於 1956 年加入，阿爾巴尼亞自 1961 年起即不再參加活動，1968 年正式退出，故正式會員國仍為七個。此外，蒙古人民共和國（外蒙）則派觀察員參加。

〈華沙公約〉成立的動機，最初是對於「北大西洋公約組織」(NATO) 重整西德武裝，並准西德加入北約所引起的反應。戰後蘇聯和東歐各國由於曾遭納粹占領，反德情緒強烈，華約的目的，是共組安全體系，防範德國的攻擊，所以保衛性較強。到了後來，才兼具侵略性與攻擊性。

〈華沙公約〉的第二個目的，是為了應付〈奧國條約〉(*State Treaty of Austria*) 簽訂後的國際新情勢。奧地利戰時曾被英、美、俄三國分區占領，和德國的情形相似，戰後幾經交涉，蘇聯始同意自奧撤兵，恢復奧國的獨立主權地位。過去紅軍駐留匈牙利和羅馬尼亞，是以維持供給駐奧紅軍補

給交通線為藉口，奧國獨立之後，上述藉口即失依據。蘇聯為了繼續維持在匈羅等國駐軍的原狀，必須另外安排一個合法的基礎，於是乃有〈華沙公約〉的簽訂，華約簽字於 1955 年 5 月 14 日，〈奧國條約〉簽字於 5 月 15 日，由此可見端倪。

華約的第三個目的是想把東歐的現狀加以合理化。另一附帶目的則在向世界表示，東歐是一個由信仰共產主義的國家所組成的共同體。

華約中最重要的兩個部分，一為 「政治諮商委員會」 (Political Consultative Committee)，一為「武裝部隊聯合指揮部」(Joint Command of the Armed Forces)，性質和北約組織的相似部門相同。前者經常集會，協調有關政治問題；後者經常舉行聯合軍事演習，配合國際情勢，達到某一政治目的。

布里茲涅夫於 1965 年 9 月 ，建議成立一個多國參加的機構以協調合作步驟，包括武器的標準化、交換戰鬥經驗以及聯合演習的計畫等等，但羅馬尼亞總統西奧塞斯古 (N. Ceausescu) 表示反對，翌年並發表聲明，認為不應將歐洲分成兩個軍事對壘集團，構成人民合作的障礙，而且此種觀念已經落伍，不符國家主權獨立的原則，有害於國際關係。西奧塞斯古甚至分函各國，指責蘇聯在各國駐兵並無必要，也有欠公平。各國如需紅軍駐境，可以另行單獨訂約，不必由華約統一規定。1966 年 6 月 6 日，時在北大西洋公約組織成立二十週年的前夕，布里茲涅夫利用機會，在莫斯科召開華約外長會議，會中對西德加以譴責，要求北大西洋公約組織解散，羅馬尼亞外長曼尼斯古 (C. Manescu) 重提反對之意，東德外長溫索 (O. Winzer) 怒斥羅方「背叛共產路線」，曼尼斯古即欲退席，但被布里茲涅夫勸止。稍後，華約領袖又在羅京舉行政治諮商會議，轉變話題，發表「加強歐洲和平與安全聲明」，要求召開 「歐洲安全與合作會議」 (Conference on Security and Cooperation in Europe, CSCE)，以緩和緊張的國際情勢。

(二)憲法之模仿

共黨對於憲法的觀念，不像一般國家將其視為規定立國原則、政府組織、權力分配、人民權利義務的基本大法，而將其視為促進社會變革的工具。憲法兼具消極與積極兩種功能，消極上它是現存政治經濟狀況的反映，積極上另有指導約束其他仿行國家的作用。

東歐諸國在 1947 年下半年起，紛紛召開制憲議會，另訂新憲。保加利亞新憲首先頒布（1947 年 11 月 4 日），羅馬尼亞（1948 年 4 月 13 日）、捷克（同年 5 月 9 日）、匈牙利（1949 年 8 月 20 日）、波蘭（1952 年 7 月 22 日）亦相繼頒行。

這些憲法的內容，在本質上千篇一律，大致均以蘇聯的《史達林憲法》(Stalin Constitution) 為樣本，只有少數的不同：一是東歐並未採取蘇維埃式的政府形式。二是國家元首的稱謂有所差異。三是國家的名稱一律稱為「人民民主共和國」。四是在前言或條文中一概列有對蘇聯歌功頌德的詞句，開世界憲法之先例。五是強調國家的權力建築在「勞動工農無產階級獨裁」的基礎之上，勞動工人的地位更高於農民，而保護勞工和領導勞工者則為各國的共產黨。

此外，在人事配置上也仿照蘇聯史達林的前例，一人兼任黨政雙方的領袖，如：

波蘭：比魯特 (B. Bierut) 以波共第一書記兼任總統。其後，總統職位取消，乃兼任內閣總理。

捷克：高德華 (K. Gottwald) 以捷共第一書記兼任總統。

匈牙利：拉科錫 (M. Rakosi) 及日後之卡達 (J. Kádár) 均以匈共第一書記兼任總理。

南斯拉夫：狄托以南共第一書記兼任總理及總統。

1953 年史達林逝世後，蘇聯進入「融解」(The Thaw) 時期，黨政領袖不再由一人兼任，東歐諸國立即聞風響應，紛紛效響。

(三)黨際聯繫

「第三國際」和「共產情報局」雖已先後宣布解散，但俄共始終保持它在共產世界當中的領袖地位，而且經常號召各國共黨領袖前往莫斯科舉行共黨代表大會。1960 年代以後，集會的地點輪流在東歐各國首都召開，不再局限於一處。透過此種代表大會，推行蘇聯的政策。

在較早的史達林時代，東歐各國共黨中央委員會或政治局當中，多由過去曾在莫斯科第三國際系統或安全系統中工作多年的老幹部擔任，一切聽命於克里姆林。俄共又常派遣「聯絡專使」，到各國巡迴訪問，指示機宜。反之，東歐共黨領袖也經常前往莫斯科朝覲，接受史達林的耳提面命，甚至以此為無上榮寵。

不過，此種黨與黨間的接觸，在史達林時代，只限於「縱」的聯繫，亦即只限於莫斯科與東歐諸國之間的聯繫。至於「橫」的聯繫，則被禁止。東歐甲國的領袖，除非透過蘇聯的居間操縱，否則不易與乙國領袖會晤諮商，甚至甲國共黨的政治局委員也無法看到乙國的報紙。依據匈牙利共黨領袖納吉 (Imer Nagy) 的指證，不僅在東歐與西方世界之間有一道蘇聯築起的「長城」，甚至在東歐各國之間也有無數座「長城」居中阻隔。蘇聯的目的，在使東歐各國一一孤立，以便蘇聯得以為所欲為。

六、蘇聯對於東歐的經濟控制

蘇聯視東歐諸國為其經濟殖民地，一切以本身的利益為優先，極盡壓榨利用之能事。莫斯科透過下列方法，使東歐成為經濟附庸：

(一)戰後索償及掠奪資產

俄國在二次大戰期間，經濟建設受到嚴重破壞。戰後重建，必需大量的資金和機器設備，俄國希望由交戰國家獲得賠償。除德、義外，匈牙利

和羅馬尼亞等國也是德、義的盟邦，所以在俄國與匈羅等國簽訂的〈停戰協定〉和以後的和約中，均列有鉅大的賠款數字。其中規定，匈牙利應於六年之內賠款美金二億元，占匈牙利 1946 至 1947 年總預算的 26.4%。羅馬尼亞應於八年之內賠款美金八億元，占羅馬尼亞 1946 至 1947 年總預算的 37.5%。波蘭並非俄國的敵國，而是它的盟邦，不應向波蘭索償，但德國給予波蘭的賠償則須透過俄國，俄國由是從中奪取利益。依照 1945 年 8 月的〈俄波協定〉，波蘭自 1946 年起，第一年交與俄國煤炭八百萬噸，以後四年每年各交一千三百萬噸，以後再年交一千二百萬噸，直到俄國占領德國終了時為止。煤炭作價，另由雙方協訂，僅及國際市價的十分之一。照此核計，波蘭由 1946 至 1956 年間，因交煤而給予俄國的利益，約值美金五億元。

　　除賠款外，蘇聯更大量拆遷東歐各國的工業設備，運往俄國，協助重建，其情形與戰後拆遷中國東北地區的工業設備相同。遭受拆遷損失最重者，為東德、捷克、波蘭和羅馬尼亞等工業比較發達的國家。在戰後十年之間，東歐附庸遷往俄國的資產，共約二百五十億美元。

㈡合營公司與國際貿易

　　合營公司（Sovrom，或 Joint Company）是蘇聯戰後在東歐各國經濟榨取的方法之一，以合作為名，行剝削之實，合營公司的資本，由雙方各占二分之一，但俄方資金並非來自本國，而是將沒收的當地德國投資抵充。

　　成立合營公司的國家，主要是羅馬尼亞、保加利亞、南斯拉夫、匈牙利、捷克和東德，波蘭自始即加以抗拒。合營的項目包括石油、採礦、造船、航運、空運、發電、林業等等，合作期限為五十五年。在羅馬尼亞成立的合營公司有十六個，在保加利亞有七個，在匈牙利有六個。據日後南斯拉夫透露，資本額雖雙方各半，但主持人均為俄人，大批技術顧問派往各個部門，技術雖然並不比他人為高，但待遇則優於同輩。合營公司的作法，受到東歐的反對，俄國與南斯拉夫的交惡，這也是原因之一。

在國際貿易方面，戰前東歐的貿易對象以西方國家為主，尤以德、義兩國為多。戰後的東歐市場即被蘇聯壟斷，雙方貿易數額逐年增加。以 1951 年的數字為例，東歐各國與蘇聯之間的直接貿易額，約占匈牙利的 29%、保加利亞的 58%、波蘭的 25%、羅馬尼亞的 51%、捷克的 28%。反之，蘇聯與東歐的貿易額，1951 年約占蘇聯對外貿易總額的 80%。

不過貿易貨品的價格，蘇聯輸出的作價往往比國際市場價格為高；反之蘇聯的輸入則遠比市價為低，一出一入之間的差額龐大驚人。換言之，就是蘇聯在國際貿易上由東歐榨取了鉅大的利益。

㈢經濟互助委員會

經濟互助委員會（Council of Economic Mutual Assistance, CEMA，或 COMECON）成立於 1949 年 1 月，是用以對抗「馬歇爾計畫」和「歐洲共同市場」的東歐經濟統合組織。總部設於莫斯科。

最初成立時有六個會員國，即蘇聯、波蘭、捷克、匈牙利、羅馬尼亞與保加利亞（並無南斯拉夫和阿爾巴尼亞），其後又有阿爾巴尼亞 (1949)、東德 (1950)、外蒙古 (1962)、古巴 (1972) 等四國加入。南斯拉夫要求參加，初未批准，至 1965 年始准其有限度的參與活動。此外芬蘭 (1973)、墨西哥 (1975) 和伊拉克 (1976) 均與其簽有〈合作協定〉，但非準會員國。安哥拉 (Angola)、寮國、北韓與越南則派觀察員列席參加。經濟互助委員會的名稱，並未冠有「東歐」字樣，所以成員也不限於東歐國家，但其活動則以東歐為主。

經濟互助委員會成立之初，並不受史達林的重視，所以也較少積極活動，僅於 1949 和 1950 年間開會兩次，著重於貿易的互惠，至於工業發展則由各國各自為政，不在合作範圍以內。史達林逝世，赫魯雪夫執政之後，它的活動才逐漸加強，成為共產集團的一個重要經濟機構。赫魯雪夫於 1956 年向經濟互助委員會提出了一套規模龐大的「專業分工」計畫，建議將各國的原料、人力、設備、技術和資金，加以統籌運用，再按各國的特

殊條件專業分工，只有蘇聯一國不受分工的限制。1958 年初，舉行全體委員會議於莫斯科，由各國總理出席參加，決定長期 (1959–1975) 合作計畫。翌年通過正式憲章，將委員會的目的、功能、權限、組織等等加以明確規定。1962 年起設置「執行委員會」，由各國副總理代表參加，每二、三個月即開會一次，以加強計畫與協調。

1961 年委員會通過 「國際社會主義分工基本原則」 (International Socialist Division of Labor) ， 訂定五十多個 「專業協定」 (Specialization Agreement)，包括六千多種機器製造項目。最初的分工計畫是：

捷克——集中生產重機器、精密機器和自動車輛。

東德——除重機器外，並著重造船、電化工具、化學和精密科學工具的製造。

波蘭——除機器外，著重於煤礦和硫磺礦的開採。

匈牙利——柴油機、火車、公共汽車、輕工業和食品加工業。

羅馬尼亞——煉油工業（油管、鑽探設備）和糧食生產。

各國的經濟建設，大多配合蘇聯的五年計畫，以俄國的利益為優先，較少顧慮各國本身的需要，因此引起若干國家的不滿。羅馬尼亞反對最烈，它不願扮演只是提供原料和糧食的次等角色，希望積極推動重工業建設，躋身於工業國家之林。羅馬尼亞於 1962 至 1963 年間提出抗議，認為應該先把各國的基礎拉平，方為合理。依照羅國的分析，目前的工業化情形是：東德為一百，捷克為一百一十，波蘭六十，匈牙利五十五，羅馬尼亞三十六，保加利亞三十三。如在這樣不平等的基礎上實行「專業分工」，則獲利者是已開發國家（如捷克、東德），受害者是開發中國家（如羅馬尼亞、保加利亞），後者將永無進步翻身之一日。但捷克與東德等工業先進國家對分工計畫也有所不滿，它們主張自行發展，與西方國家技術合作，依市場需要決定生產內容，並且希望建立一套整體的資金和貨幣的交流兌換制度。

蘇聯鑑於西歐共同市場經濟合作的成績斐然，故亦加強經濟互助委員會的活動，自 1961 年起至 1980 年止，擬有「二十年長程計畫」，其中有多

國參加的聯合計畫，有兩國之間的雙邊計畫。較為重大的多國聯合計畫有：多瑙河委員會、「友誼輸油管線」(Friendship Oil Pipeline)、「和平電力分配體系」(The Peace Electrical Power Distribution System)、「兄弟瓦斯管線」(Brotherhood Natural Gas Pipeline)、鐵路貨車車皮調車場、特快列車系統、「國際金屬鋼鐵共同體」(Intermetal Steel Community)，另由八國集資成立「國際經濟合作銀行」。在莫斯科附近的杜布納 (Dubna) 建立聯合核子研究中心。

　　「德魯什巴一號」(Druzhba I) 油管，自 1964 年起開始興建，計畫將三億三千七百萬噸的石油，由窩瓦‧烏拉 (Volga-Ural) 油田輸往東歐的波、捷、匈、東德等國的煉油廠，另由羅馬尼亞興建「友誼輸油管線」，將該國所產石油輸往上述四國。德魯什巴管線全長三千公里，由蘇聯的古比雪夫 (Kuibyshev) 經俄國西部的莫西兒 (Mozyr)，穿過波蘭的普洛克 (Plock)，而至東德的施維特 (Schwedt)，另有支線經布洛狄 (Brody)、烏日格羅德 (Uzhgorod) 而至捷克大城布拉提斯拉瓦，再有支線通往匈牙利的薩沙羅巴塔 (Szaszhalombatta)。

　　布拉茨特沃 (Bratstvo) 瓦斯管，於 1970 年已由蘇聯境內輸送一億二千七百萬立方公尺的瓦斯到捷克與奧國，1978 年再增建由俄境奧倫堡 (Orenburg) 通往烏日格羅德的支線。

　　米爾 (Mir) 發電系統，由蘇聯與羅、保合作，將烏克蘭西部的電力與羅、保聯接，1971 至 1975 年之間約輸電八百億瓩小時。

　　東歐各國聯合投資開發俄國境內的原料，然後按照投資比例獲得成品，如烏斯特‧伊犁姆斯克 (Ust-Ilimsk) 的纖維素廠和琪姆巴耶夫 (Kiembaev) 的石綿廠等。

　　南斯拉夫與羅馬尼亞合力建設的「鐵門」(Iron Gates) 水力發電大壩和航運系統業已完成，可供南、羅兩國電力一百億瓩小時。此一成就，鼓勵羅馬尼亞與保加利亞興建圖紐‧馬古瑞里 (Turnu Magurele) 及尼可堡 (Nikopol) 兩地電廠時又與蘇聯合作，另在普茹特河的史廷卡‧科斯德士提

(Stinca Costesti) 合建大型電廠。

東德與蘇聯合作，由德國將光、電機器設備運往蘇聯，交換俄方的石油、礦沙、棉花與木材。

在勞力輸出方面，保、俄合作，由保加利亞派遣工人前往西伯利亞伐林。波蘭勞工前往東德，南斯拉夫工人前往西德、奧、法等國，1967 年約有三十萬人。

經濟互助委員會亦積極興建東歐高速公路系統，計有莫斯科－華沙－東柏林線，華沙－布拉格線，華沙－克拉科－布達佩斯線，莫斯科－基輔－布加勒斯特－索菲亞線，東柏林－布拉格－布爾諾 (Brno)－布達佩斯－布加勒斯特線等。

一般而言，經濟互助委員會的建設工作頗有成就，各國工業建設也有長足的進步，最顯著的成果是工業成品的標準化、貨運及交通系統的加強、能源的開發、電力供應的通盤調整、電腦中心紛紛建立，並可部分聯線作業。

七、蘇聯對於東歐的軍事控制

二次大戰以後，紅軍仍繼續駐留在東歐各國境內，其後一度撤離，但自〈華沙公約〉於 1955 年簽訂後，蘇聯即取得在各國的合法駐兵權。

最初，蘇聯並不鼓勵東歐各國擴大建軍，故戰後東歐只有兩國擁有較大兵力。其一為南斯拉夫，但南軍忠於狄托，蘇聯不能自由調動。另一為波蘭，但又分為共黨和非共黨兩支。

蘇聯首先授意各國裁軍，然後利用裁軍的機會排除其中的不穩勢力，如波蘭的畢蘇斯基派分子和捷克的「捷克兵團」分子。整肅之後重建新軍時，即由共黨分子大批滲入，俄國顧問也加入陣營，如匈牙利國防部長法卡斯 (M. Farkas)、捷克國防部長史比施卡 (A. Čepička) 均為共黨親信，史比施卡且為捷克總統及共黨領袖高德華的女婿。波蘭國防部長羅科索夫斯基 (K. Rokossowski) 元帥甚至是一個原籍蘇聯的將領。

　　蘇聯在東歐各國，大多派駐軍事代表團，團長與各國國防部長有密切聯絡，有權過問軍事布署及國防設施。另在蘇聯自己的國防部中，亦設有「軍事聯絡局」，與各國派駐莫斯科的聯絡官經常接觸，接受調遣。

　　東歐各國部隊的編制、訓練、軍階、軍徽、制服等，大多仿照蘇聯的紅軍。

　　華沙公約組織之下設有「武裝部隊聯合指揮部」，總司令一職一直由俄國將領擔任，首任總司令為二次大戰時的紅軍名將康涅夫 (I. Konev)。此種情形，與北大西洋公約組織武裝部隊首任總司令由美國的艾森豪將軍擔任如出一轍。

　　〈華沙公約〉中原無授權任何國家出兵干涉其他會員國的條款，匈牙利革命 (1956) 及捷克自由化革命 (1968) 發生時，紅軍均曾入境鎮壓。蘇聯為了加強駐軍他國的合法性，後來又與各國分別簽訂〈武裝部隊地位條約〉(*Status-of-Forces Treaty*)。約中規定：

　　1.紅軍有在地主國境內的調動權。

　　2.紅軍在地主國境內享有司法權。

　　3.蘇聯有權控制並使用地主國內的軍事設施。

　　上述條約，只有羅馬尼亞駐屯的紅軍，透過羅共領袖喬治歐・戴伊 (G. Gheorghiu-Dej) 的巧妙外交運用，已於 1958 年 6 月撤離羅國。後來蘇聯雖曾多次企圖派兵入境，均為羅國拒絕，這是東歐諸國中唯一的例外。

　　蘇聯透過軍事的控制，足以左右東歐的政局，當某國出現反共運動或自由化運動時，〈華沙公約〉部隊即在該國舉行聯合軍事演習，以恐嚇手段使反抗分子就範。此種事例，1953 年起已先後出現於東德、波蘭、匈牙利和捷克。

第二十一章　鐵幕之內的波蘭

一、紅軍占領全境

紅軍最先侵入的東歐國家是波蘭，其先鋒部隊於 1944 年 1 月 4 日由烏克蘭越過邊界，進入波蘭東南部的瓦林尼亞。主力部隊則於稍後由斯摩連斯克越過尼門河攻入波蘭東部，7 月 22 日到達華沙東郊。

在未敘述今後的軍事行動以前，應先插述當時的俄、波關係。1939 年 9 月俄、德瓜分波蘭，紅軍攻占東波蘭後，雙方斷交。及至德、蘇戰爭爆發後，在英國調停下，波蘭流亡政府即與蘇聯恢復邦交，簽訂〈友好互助條約〉（1941 年 7 月 30 日）。

1943 年 4 月中旬，柏林電臺連續廣播，指稱德軍在斯摩連斯克附近的卡廷森林中挖掘工事時，發現了一座萬人塚，其中有四千三百二十一具波蘭軍官的屍體，必是 1940 年 4 月間被紅軍所殺❶。波蘭流亡政府聞訊，極為憤慨，因為在俄軍於 1939 年 9 月侵入東波時，確曾俘擄了波蘭軍官一萬五千人東去，迄今下落不明，這批屍體必為其中的一部分。乃向國際紅十字會要求派員調查，以明真相，並暗示紅軍涉有重嫌。蘇聯立即反駁，指係德軍於 1941 年冬季所殺。但檢視屍體所著制服，皆為波軍夏令制服，顯為紅軍所害。此時蘇聯正在準備進軍波蘭，乃以此為藉口與波蘭流亡政府斷交（1943 年 4 月 25 日）。

流亡政府在波蘭國內，此時還有一支實力強大的「本土部隊」(Home

---

❶ 卡廷事件，參閱 Zawodny, J. K. *Death in the Forest: The Story of Katyn Forest Massacre.* London: Macmillan, 1971. 以及 Fitzgibbon, L. *Katyn: Crime without Parallel.* London: Tom Stacey Ltd, 1971.

圖 5　卡廷森林中被紅軍集體謀害的波蘭將士

Army)，相當於法國的地下軍，司令官為包爾·科莫洛夫斯基將軍，受倫敦指揮，這也是流亡政府的一支實力。蘇聯為了打擊流亡政府，乃設法消滅這支反共武力，為此故意掀起所謂「華沙起義」，借刀殺人：當紅軍攻抵華沙東郊時，莫斯科電臺於 7 月 29 日向華沙市民廣播，呼籲市民立即起義。廣播宣稱：「請華沙注意！立即起來打擊敵人！華沙必已聽到即將為它帶來自由的炮聲……現在已到作戰的時刻……你們要在街頭、住宅、工廠和店鋪奮力作戰，使解放的時刻提早降臨！」地下軍於請示倫敦後，下令於 8 月 1 日下午五時全面行動。他們原以為近在東郊的紅軍必會同時進攻，裡應外合，不料東郊炮聲反趨沉寂（今後三週之內紅軍靜止不前），而增援之德軍則將華沙包圍，展開大規模屠殺。英、美雖欲空投彈藥接濟，但蘇聯拒絕運輸機在俄境降落，地下軍彈盡糧絕，只得向德軍投降。投降之後，紅軍攻勢又再展開。

　　所謂「華沙起義」，歷時六十三天（1944 年 8 月 1 日至 10 月 2 日），除了數以萬計的地下軍慘遭殺害之外，同時遇難的市民尚有二十萬人之眾。後來紅軍進入華沙時，戰前擁有一百三十萬人口的大城，竟所餘無幾❷。

❷　華沙起義，參閱 Bor-Komorowski, T. *The Secret Army.* N. Y.: Macmillan, 1949, pp. 211–212, 376–377.

紅軍於 1945 年 1 月越過維斯杜拉河，華沙（1 月 17 日）、克拉科（1月 19 日）、波茲南（2 月 23 日）、但澤（3 月 30 日）先後陷落，是年初夏，波蘭全境均為紅軍占領。

二、波共政權的建立

波蘭共產黨在 1918 年成立於克拉科，最初的領導人是羅莎‧盧森堡和齊任斯基 (F. Dzierzynski) ❸等人，受「第三國際」的指揮。在波蘭「第二共和」時期，波共內外受敵，在國內受到畢蘇斯基政府的壓制，在蘇聯也受到史達林的迫害，1938 年即被第三國際解散，數約五千名波共分子均以「托派分子」罪名被殺。所以波共和南斯拉夫的共黨不同，在國內並無深厚基礎。

到了二次大戰中期，當德、蘇戰爭爆發後，史達林決定重建波共組織，1942 年 1 月在華沙秘密成立，稱為 「波蘭勞工黨」 (Polska Partia Robotnicza, PPR)，戈慕卡於翌年起擔任第一書記，組成「人民軍」(Armia Ludowa, AL)，與倫敦流亡政府指揮的「本土部隊」(Armia Krajowa, AK) 併肩對抗德軍，這是一支「本土派」的波共勢力。

戰後建立政權的波共分子，主力來自蘇聯，以比魯特為首，他們是在大戰末期 (1944–1945) 隨紅軍進入波蘭者，後來被稱為「外來派」。蘇聯為了控制波蘭未來的命運，1944 年 7 月 22 日在波蘭東南部的盧布林成立「波蘭民族解放委員會」(Polish Committee of National Liberation, PKWN)，日後通稱為 「盧布林委員會」 (The Lublin Committee)，其任務是協助紅軍接管收復地區，由比魯特為主席。「7 月 22 日」遂成為波蘭的國慶日，取代了過去的「5 月 3 日」。同日，盧布林委員會發表聲明，否認倫敦流亡政府及

---

❸ 齊任斯基，猶太人，為一國際共產主義者，其後轉往德國，組織德共，稱為「斯巴達庫斯」 (Spartacus)，1919 年發動革命失敗，再轉往蘇聯，成為 「赤卡」 (Cheka) 的負責人，助列寧屠殺異己。

其國內組織的合法地位，儼然自命為波蘭的臨時政府。邱吉爾雖曾向史達林提出嚴重抗議，但在同年 10 月 9 日與史氏達成的〈百分比協議〉中，卻根本沒有將波蘭納入協議之內，這無異默認波蘭是百分之百的蘇聯勢力範圍。

邱吉爾鑑於情勢危急，於〈百分比協議〉之後，電催波蘭流亡政府總理麥考拉吉克 (S. Mikolajczyk) ❹ 由倫敦前往莫斯科，與比魯特會商波蘭政府的組織問題。史達林堅持新政府應由盧布林委員會和流亡政府以平等比率組成，但比魯特認為己方應占 75%，以是未獲協議。

麥考拉吉克返回倫敦後，流亡政府分裂改組，改由阿錫色夫斯基 (T. Arciszewski) 繼任總理。史達林則乘對方陷入分裂之際，在盧布林召開「全國統一委員會」，宣布將盧布林委員會改建為「波蘭臨時政府」（12 月 27 日），以比魯特為總統，奧索布加‧莫拉夫斯基 (E. Osobka-Morowski) 為總理，戈慕卡為副總理。1945 年 1 月 5 日，蘇聯不顧羅斯福和邱吉爾的勸阻，毅然加以承認。其時，雅爾達會議已經預定於二月初舉行，史達林意在先聲奪人，搶先造成事實，迫使美、英接受。事後證明，史計得逞。在雅爾達會議中，美、英對波蘭臨時政府最初雖一再反對，但鑑於木已成舟，最後也只好忍痛部分接受。

盧布林臨時政府於紅軍攻占華沙（1945 年 1 月 17 日）後，即遷往故都。蘇聯又於 4 月 21 日，與臨時政府簽訂〈友好互助合作條約〉(*Treaty of Friendship, Mutual Aid and Cooperation*)。

依照雅爾達會議的決定，波蘭的新政府除了共黨以外，還必須將一切民主政黨及反納粹分子包容在內，經麥考拉吉克與比魯特再三折衝，於 1945 年 6 月 28 日在華沙成立「全國團結臨時政府」(Provisional Government of National Unity)。這是一個包括多黨的聯合政府，總理仍由奧索布加‧莫拉夫斯基擔任，副總理除戈慕卡外，另增麥考拉吉克（農民

---

❹ 波蘭流亡政府總理，原由西考斯基擔任，1943 年西氏於飛行途中遇難死亡，乃由麥考拉吉克繼任。

黨）為第一副總理兼農業部長。閣員二十四人中，波共占十六席，國防、公安、貿易工業、食品等重要部長均在波共之手。理論上，這是一個過渡政府，在正式政府成立以前，代表波蘭，其後獲波茨坦會議的承認。

雅爾達會議有關波蘭和其他東歐國家的協議中，規定應於最近期間在各國舉行「自由而不受限制的選舉」(free and unfettered election)，所有「民主」政黨均應參加，以組織正式政府。波共深知它在國內並無群眾基礎，無法贏得將來的大選。於是一方面拖延大選的時間，一方面積極活動，分別成立工會、「陣線」(Front) 及其他群眾組織，並在地方上建立「人民委員會」(People's Council)，重配土地，爭取農民的支持。同時，共黨分子並滲入其他各政黨，促其分化，脅迫反共及中立分子辭去職位，代之以親共的左翼分子。1947 年 1 月，在英、美一再催促下，波蘭舉行大選。但候選人名單則由政府提出，稱為「民主集團」，其中包括共產黨、社會黨、農民黨左翼、民主黨等，唯一可以用政黨名義提出候選人名單的只有麥考拉吉克領導的農民黨。競選期間，波共處處阻擾，甚至將候選人逮捕下獄，然後在獄內具文申請退出競選。工人則由監工帶領投票，不用秘密投票方式，計票員亦由政府官員擔任。大選結果，政府提名當選者四百十七人（占80%），非政府提名當選者二十七人（占 20%）。英、美指責此種選舉不符雅爾達會議之協議而加以抗議，但蘇聯拒絕接受。

波蘭人民共和國政府遂即成立（2 月 6 日），比魯特為總統，以西蘭克耶維契 (J. Cyrankiewicz)（社會黨左翼領袖）為總理，副總理增為三人，除戈慕卡外，另增兩名波共分子，其餘重要閣員職位，大多均為共黨擔任。除共黨外，其他政黨均停止活動。麥考拉吉克免兼副總理，在西姆議會中屢受攻擊，甚至指其為外國間諜，麥氏在共黨恐嚇脅迫之下逃國求生（1947 年 10 月），當其逃抵倫敦晤及邱吉爾時，邱氏極表驚訝，告以「見君安全歸來，令人深感意外！」

1948 年 3 月，西蘭克耶維契訪問莫斯科，與史達林會商決定，將「波蘭社會黨」(PPS) 融入「波蘭勞工黨」(PPR) 之中，改稱「波蘭聯合勞工

黨」（Polish United Workers' Party, PZPR，亦即波共）。此外，波蘭民主黨
亦融入「農民黨」之中，改稱「聯合農民黨」（United Peasant Party）。其他
非馬克思主義的知識分子和職業團體則合併為「民主黨」。1951 年，各黨
聯合成立「全國統一陣線」（National Unity Front），為政府御用工具。實際
上政權均由波共一黨控制，是即所謂「人民民主政權」。

三、戰後波蘭疆域人口的變化

　　波蘭的疆域，在第二次大戰以後發生劇烈變化。就整體而言，它的版
圖向西大幅推移，重又恢復十一世紀時的情況❺。面積較戰前縮小，所失
者是被蘇聯奪去的東部疆土，所得者則取自德國。

　　東疆的喪失，第一次發生於 1939 年 9 月，蘇聯依照〈德蘇互不侵犯條
約〉秘密條款以及日後「里莫線」的約定，出兵占領東疆。其後不久，即
將其分別併入白俄羅斯和烏克蘭兩個共和國，成為蘇聯的領域。是為波蘭
的第六次瓜分。

　　第七次瓜分發生於大戰末期，亦即由雅爾達到波茨坦會議期間 (1945)。

　　在雅爾達會議中，英、美曾代表波蘭流亡政府，再三爭取已失的東疆，
為此發生激烈的爭論，在雅爾達會議為時七天的議程當中，波蘭的疆界和
戰後政府的組織問題，占了極大的比例。史達林對此極為堅持，英、美只
好多所遷就，最後的協議，大致以「寇松線」為準，但俄方又在南區的東
加里西亞和北區的格羅得諾 (Grodno) 西方劃走了兩片土地。

　　波蘭於 1938 年奪自捷克的德欽區，在蘇聯主持下，又退還捷克。

　　以上波蘭在東疆和南疆的損失，則在北疆和西疆方面獲得相當的補償。
原屬德國的東普魯士劃為兩半，北半部由蘇聯兼併，南半部則劃歸波蘭。
原屬德國的奧得河和西尼塞河以東一片廣大的條形地帶（包括礦產豐富的
西里西亞），亦劃歸波蘭，波蘭稱之為「光復區」（Recovered Territory）。

---

❺　參閱本書第二章「一、波雅斯特王朝的建立」。

　　總計波蘭的戰前面積為三十九萬四千二百八十四平方公里，戰後面積為三十一萬六千三百三十八平方公里，兩相比較，戰後減少了七萬七千九百四十六平方公里，這是波蘭人民至今仍未忘懷的創痛。

　　前述奧得河－西尼塞河一線，就是波蘭人民共和國的西陲國界。最初提出此議者，是第一次大戰末期設於巴黎的「波蘭國家委員會」主席德莫夫斯基，二次大戰期間波蘭流亡政府總理西考斯基亦曾向英國提出此議，在雅爾達會議中美、英、俄三方對此頗多爭執，羅、邱雖原則同意波蘭國境向西擴張，但反對擴張過大，邱吉爾認為所謂尼塞河是指東尼塞河 (Glatzer Neisse)，而史達林則堅持是西尼塞河 (Lausitzer Neisse)，兩河間距二百公里，河間是一片廣大的地區，農產礦藏均極豐富，邱吉爾不願將此重要地帶劃入蘇聯勢力範圍。因此雅爾達會議對此未作具體決定，公報中只是約略提及，指出須俟戰後和會時再作最後決定。所以此線以東的德國領土，只是由波蘭暫時「治理」，並非割讓。換言之，波蘭對於這一片「光復區」只有管理權而無宗主權。為此，美國新任國務卿貝爾納斯 (J. F. Byrnes) 於 1946 年 9 月還在德國斯圖加特 (Stuttgart) 發表演說，主張取消雅爾達會議中對於波蘭西界所作的決定，引起蘇聯的驚懼。所以蘇聯對於波蘭的國界問題十分敏感，早在 1945 年 8 月與波蘭簽訂〈友好條約〉時就已明白表示承認奧得河－西尼塞河一線為波蘭西界，但此事並未獲國際認可。

　　由於波蘭西疆涉及德國，而德國又已分裂為東西，分屬兩個陣營，乃使承認問題更增困難。東德共黨政府雖然早在 1950 年 6 月舉行華沙會議時即已加以承認，但是過了二十年之後，僵局始解，西德的布朗德 (W. Brandt) 政府與波蘭（1969 年 12 月 7 日）和蘇聯（1970 年 8 月）簽約，正式承認奧得河－西尼塞河一線為波蘭西界。

　　戰前，波蘭原是一個多民族國家，除波蘭人外，少數民族占 30%。戰後，由於領域的變化和大規模的人口遷移徙置，波蘭現已變成一個單純的民族國家，少數民族只占 4%。

在過去的少數民族中，為數最多的烏克蘭人和白俄羅斯人（約四百三十萬）已併入蘇聯，次多的日耳曼人（約七十五萬）已強迫遷往德國。因為依照波茨坦會議的決定，所有居留外國的日耳曼人均須遣返德國，這些被遣的日耳曼人總數約為一千六百五十萬，除了上述原住舊日波蘭境內的七十五萬人以外，還有原住在「光復區」、東普魯士、但澤和捷克及匈牙利等國的日耳曼人，男女老幼均自住宅內趕出，然後集中分批遣送，途中鞭打強暴，飽受煎熬，其所受虐待與納粹或蘇聯對待異族之情形，不相上下。

「光復區」及東普魯士南部的日耳曼人遣離之後，所遺空間，則由來自波蘭東部（已被蘇聯兼併，波人必須遷離）的波蘭人填補，截至 1948 年止，遷入光復區的新人口約為四百五十萬人。

波蘭境內的另一少數民族——猶太人，戰前原有二百七十餘萬，是猶太人聚居人數最多的東歐國家。經過了納粹和蘇聯的屠殺，戰後已所餘無幾。

總計波蘭戰前的人口，約為三千五百萬人 (1939)，戰後波蘭的人口，減為二千五百萬人 (1950)，其後增至三千八百萬人 (1987)，仍是東歐人口最多的國家。

四、蘇維埃化的實施

波蘭史家諾曼‧戴維斯 (Norman Davies) 將戰後波蘭史分為三期：

1. 1944–1948（共產情報局成立）：人民民主政權時期。
2. 1948–1956（波蘭政變戈慕卡重掌政權）：實施「史達林主義」時期。
3. 1956 以後：「民族共產主義」(National Communism) 時期 **❻**。

我們現在將前兩期的重要發展在本節先行敘述。

前文中業已指出，波蘭勞工黨已將社會黨吸收，改稱「波蘭聯合勞工

---

❻　參閱 Davies, N. *God's Playground: A History of Poland*. N. Y.: Columbia University Press, 1982, 2 vols.

黨」，亦即波蘭共產黨的別稱。黨的第一書記由本土派的戈慕卡擔任。最初，蘇聯在東歐各國的勢力尚未鞏固，所以容許「人民民主」政權比較自由的發展，不同的意見和制度仍准存在，形成所謂的「本位主義」（Domesticism，或 Provincialism），本位主義是後來的「民族共產主義」的先聲。

到了 1948 年，形式轉變，美國提出杜魯門主義與馬歇爾計畫，東、西雙方的冷戰開始。與此同時，俄、南分裂，狄托被排除於共產情報局。蘇聯的立場至此突然明朗，決定不再容許分歧路線繼續存在，具有民族主義色彩的戈慕卡乃被罷黜幽禁，改由親俄的比魯特接任波共第一書記（1948 年 9 月），史達林主義乃積極實施。

1949 年任命俄裔波籍的羅科索夫斯基將軍為副總理兼國防部長，實施軍事統治，將波蘭部隊照俄制改編，武器由俄供給，訓練由俄國軍官主持。以防範美國帝國主義者東侵為藉口，封鎖邊界，重新徵兵。

在經濟活動方面，自 1950 年起推行「六年計畫」，以重工業為重點。在土地改革問題上，最初規定凡一人擁有的土地超過一百公頃以上者均無償沒收。政府由此獲得二百三十萬公頃的土地，再加上由德國地主手中沒收的三百七十萬公頃，合共六百萬公頃，由政府配與東區失去土地的波蘭農民耕作。不過，對於農業集體化的推行則力求審慎，不敢急進，以免招來激烈的反抗。截至 1953 年止，集體化的土地只占全部耕地的 20%（捷克則為 43%）。銀行、保險公司及大企業均由國家接管。社會主義的寫實主義是文藝活動的指導原則。

波蘭於 1949 年 1 月加入東歐共產經濟集團——「經濟互助委員會」。1955 年 5 月〈華沙公約〉簽訂，波蘭為地主國兼原始發起國之一。

「史達林主義」在波蘭的具體表現，是《1952 年憲法》的制訂，這是戰後波蘭的第一部憲法，籌議時間長達五年 (1947–1952)，內容仿照蘇聯 1936 年的《史達林憲法》，分為十章九十一條，國家名稱為「波蘭人民共和國」。在前言中特別強調波蘭共產黨是政治的最高領導者，蘇聯是波蘭的

保護者，波蘭對於蘇聯除了感激之外並應對其效忠。此一憲法曾經多次修正，在 1976 年的修正案中，增列條文為一百零六條，並強調波蘭已由「人民民主」政權過渡到「社會主義國家」(Socialist State)。

西姆議會 (Sejm) 為最高權力機關，行一院制，設議員四百六十席，任期四年，其功能為通過法律、國家預算、五年計畫及政府施政計畫，現在的西姆成員多為知識分子，純粹的工農代表反而減少，其中的共產黨員約占 55%。波蘭自 1952 年新憲實施之後不設總統，而由西姆選出「國務委員會」(Council of State) 行使總統職權，委員會設主席一人，地位相當於總統。主席之外另設副主席四人，委員四十一人。其職權為召開議會，舉辦大選，解釋法律，任免使節，監督地方的「人民委員會」。國務委員會之下設「部長會議」，相當於內閣，為最高行政機關，由西姆任命，向西姆及國務委員會負責。內閣總理之下設副總理七人（1983 年之建制），下設各部會，閣員多由西姆議員及波共政治局委員兼任。地方政府分為兩級，共有四十九省 (Voivodship)，三千餘縣 (Powiat)，省縣均設人民委員會，為立法兼行政機關。省設省長 (Voivod)，另華沙、克拉科、洛茲等三市則各設市長。

波蘭聯合勞工黨 （即波共） 黨員約二百二十萬人，約占成年人口的 8%，政治局委員十五人，為波蘭政權的實際控制者。

波蘭是一個信仰天主教的國家，教會勢力極大，其他東歐國家無與倫比。天主教徒占全國人口的 95%，常與西班牙、愛爾蘭互爭「最天主教的國家」 的榮銜。共黨為無神論者，自稱新波蘭是 「無產階級的羅馬城」(Rome of Proletariat)，對教會採敵對態度。1945 年將已有二十年歷史的〈政教協定〉作廢，繼即對教徒加以迫害，教會財產大半充公。教廷乃下令將支持波共的教徒開除教籍，雙方關係惡化。 1949 年維辛斯基 (S. Wyszynski) 奉派為波蘭大主教（不久即升任樞機主教）後，即設法與政府妥協，翌年簽訂〈暫時協議〉，教會不再參加反政府活動，政府則准許信教自由，並准在公立學校中維持宗教教育。但在 1952 年的新憲法中又將保護宗教的條款取消。翌年，更將維辛斯基樞機主教幽禁，教士多人被捕。

五、戈慕卡的民族共產主義 (1956–1970)

　　史達林於 1953 年逝世，赫魯雪夫接掌政權，俄共的內政外交政策均起變化，進入所謂「修正主義」(Revisionism) 和「融解」時期❼。1955 年赫氏訪問南斯拉夫，與狄托公開和解，蘇聯內部的「貶抑史達林運動」(De-Stalinization) 也熱烈展開，1956 年 2 月，赫氏在俄共第二十屆代表大會中發表秘密演說，揭露史某的種種罪行。蘇聯的政治動態立即在波蘭引起反應，他們也希望波蘭的史達林主義同時終結，有所改革。

　　波共第一書記比魯特（史達林派分子）適於此時逝世（1956 年 3 月），波共內部發生嚴重分裂。同年 6 月 28 日，波茲南發生罷工及暴亂，反對食品加價及增加工作配量，所呼口號，由「麵包與自由」、「自由選舉」，到「結束俄國占領」、「波蘭獨立萬歲！」，波軍鎮壓，死五十四人，傷數百人，情勢陷於混亂。贊成改革的波共分子，認為必須另舉一位新的領袖，方能統合黨內和一般民眾的要求。於是將久被幽禁的戈慕卡釋放，準備在即將召開的中央委員會中，推舉戈氏接任第一書記。戈氏屬於本土派波共，有濃厚的民族主義和修正主義傾向，一向反對史派作風，有「波蘭的狄托」(Polish Tito) 之稱。

　　戈慕卡的再度出山，受到波蘭人民的熱烈歡迎，波人深知，因受地理環境的限制，波蘭只有倚靠蘇聯的保護，並受共黨的統治。而在波共領袖之中，戈氏是比較可以接受的人物。因為他戰時曾參加地下抗敵活動，功在國家；他敢於違抗史達林的意旨，拒絕全盤接受史達林主義，且曾因此而被監禁多年。

　　在夏季動亂的高潮中，赫魯雪夫率領莫洛托夫等飛往波蘭，紅軍坦克亦向華沙開動。波共警告俄方，必須急令紅軍停止前進，否則恐將引發全

---

❼　蘇聯小說家愛倫堡 (I. Ehrenburg) 於 1954 年出版小說名曰 "Ottepel"，意即融解，正足以象徵史達林死後的復甦景象。

面衝突。幸好此時波蘭的保安部隊指揮官為戈慕卡好友柯瑪 (W. Komer)，態度曖昧，同時戈氏復向蘇聯保證，波蘭並無擺脫親俄路線和退出〈華沙公約〉的意圖，對於共產主義仍然服膺，赫氏亦不願與波蘭公開決裂，招致整個東歐的不安，乃同意波共要求，由戈慕卡接任第一書記。

戈慕卡時代歷時十四年，這是一段「民族共產主義」時期。戈氏於1957 年西姆大選前夕的演說中，警告波人，反對他和反對共產黨的統治，將會使波蘭又從地圖上消失，重嚐亡國滋味。他勸請同胞和同志，一致維持雙重任務，一方面要維護國家的獨立，一方面也要承認共黨的思想價值。結果波人大量投選「全國統一陣線」的候選人，以示接受。

戈慕卡當政之初，頗獲好評，他的重要施政是：對秘密警察的權力加以限制；迫使國防部長羅科索夫斯基辭職，改由波人擔任各級軍事指揮官；放寬書報檢查，准許藝術自由表現；釋放政治犯；與教會和解並釋放被囚教士；承認「茲納克」(Znak) ❽ 的合法地位；准許黨內民主；1957 年起實行「非中央化經濟計畫」，准許工人成立「勞工委員會」，實行工廠自治，以利潤與市場價值決定產銷；緩行農業集體化，准許農民退出集體農場，結果在 1956 年 10 至 12 月兩月之間，約有一萬零六百座集體農場被解散，約占全數的 80%。

1966 年為波蘭建國及接受天主教的一千年紀念，波共熱烈慶祝，波蘭教會藉機與西德聯絡，邀請西德教友前往參加，由是打開德、波的接觸，鋪下德、波簽約的基礎。

但是到了後期（以 1964 年為分水嶺），赫魯雪夫下臺後，戈慕卡失去靠山，同時改革的熱潮已退，戈慕卡惟恐改革措施最後會削弱共黨尤其是自己的權力地位，於是逐漸又開倒車。他拒絕接受經濟專家的警告，為了追求工業的快速成長，不惜重回嚴格的中央化路線，經濟與政治開始脫節。

1968 年 1 月，捷克發生危機，史達林派的諾瓦特尼 (A. Novotny) 被推

---

❽　「茲納克」意即「奇蹟」，是由一批信仰天主教的西姆議員出版的刊物，主張黨政分治，常在議會中扮演反對黨的角色。

翻，改革派的杜布西克 (A. Dubcek) 接掌政權，是為「布拉格之春」，波蘭立即受到衝擊，改革分子尤其是青年學生及知識分子十分嚮往捷克的自由路線，3月間也發動示威。波共內部原有一批右派分子，以內政部長莫沙爾 (M. Moczar) 為領袖，一向反對戈慕卡，於是乘此機會，對戈氏加以攻擊。戈氏受此壓力，一方面在國內大舉清黨，一方面配合莫斯科的強硬路線，參加華沙公約集團對於捷克的圍剿行動，出兵鎮壓，戈慕卡變成了「布里茲涅夫主義」的支持者。換言之，戈慕卡的內政外交又走回 1956 年以前的老路。

　　1970 年 12 月中旬，格但斯克港的「列寧造船廠」(Lenin Shipyard) 工人舉行示威，繼即發生暴動。暴動的原因是政府大幅提高食物價格（有些項目高達 30%），並在聖誕節前夕實施新的工資標準，引起工人強烈反抗，要求經濟改善，並准工人自己控制工會，暴亂迅即擴大到史泰汀港，遍及沿海一帶。戈慕卡對於下層的要求，未作積極反應，下令工人退出碼頭區，工人拒絕，於是軍隊奉命彈壓，遇害者三百人，傷者千餘人。暴動雖告平息，戈慕卡政府也隨之垮臺。12 月 18 日政治局開會討論對策時，戈氏由醫院衝入政治局欲加干涉，因激動過度而中風，翌日即辭去波共第一書記。

　　戈慕卡時代的重要外交成就，為西德總理布朗德的來波訪問，布朗德在「納粹暴行遇難人士紀念碑」前獻花，長跪懺悔贖罪，雙方遂即簽訂〈華沙條約〉（1969 年 12 月 7 日），德國正式承認奧得河－西尼塞河一線為波蘭西界。此舉使波蘭掙脫被蘇聯控制的一根繩索。

　　波蘭在國際裁軍問題上此時常採主動，戈慕卡及其外交部長拉巴斯基 (A. Rapacki) 在聯合國大會不斷提議，將中東歐（包括波蘭、捷克及東、西德）建為非核子區，是為「拉巴斯基計畫」(Rapacki Plan)。

六、吉瑞克的十年統治 (1970–1980)

吉瑞克 (E. Gierek) 由波共政治局推舉為第一書記，1970 年 12 月 20 日

就職。原先當政的戈慕卡派分子紛紛下臺，久任總理的西蘭克耶維契辭總理職，改任虛位的國家元首。吉氏生於 1913 年，西里西亞礦工出身，1931 年加入法國共產黨，早年多在法、比等地活動，他是第一個未在蘇聯受過訓練的波共領袖，1957 年起擔任西里西亞地區的黨部書記。他並非死硬派分子，雖無新的創見，但政策較富彈性。吉氏代表技術人員派 (Technocratics) 與蘇聯同時當政的布里茲涅夫及柯錫金 (A. Kosygin) 等大致類似。

　　吉瑞克接事之初，頗有衝勁，他的經濟政策是吸引外國技術，購置外國機件（包括紡織、造紙、造船、採礦、肥料等），與外國廠商合作（如飛雅特 Fiat 汽車廠、利蘭 Lyland 機器廠、格隆迪格 Grundig 電子廠、福卡遜 Ferguson 中型曳引機廠等），吸收外國投資，以促成工業的快速發展。並盼以新的工業產品向外傾銷，利潤所得即用以償還外國貸款。吉瑞克的賭博性措施，最初頗具成果，西方國家包括美國在內，投資金額迅即高達六十億美元。但好景不長，旋又落入蕭條的深谷。1974 年的世界石油危機，固然對全球均有影響，對波蘭的傷害尤重。吉瑞克迫不得已只好又求助於蘇聯，而莫斯科本身此時亦陷於窘困之中，無力援助。波蘭因此自 1975 年起，又走回六年以前戈慕卡失敗的老路，大幅提升食物價格 60%，工資雖配合調整，但受益者只限於高所得階層。政府為了償還外債的利息，必須增加輸出，除工業產品外，並將糧食及消費品列入，以致食物漲價、肉類缺乏、電力減少，影響民生。於是全國騷然，暴動不斷，華沙尤爾薩斯 (Ursus) 曳引機工廠的工人，將鐵路軌道拆除，使巴黎通往莫斯科的快車中途被阻。拉丹 (Radom) 工人焚燬共黨黨部。

　　1975 年即將修訂憲法，反對分子乃乘機活動，1976 年發生大罷工。公開抗議的文件不斷出現，有所謂〈十一人陳情書〉(*Letters of Eleven*)、〈五十九人陳情書〉、〈十三人請願書〉，更有一批稱為「魯契」(RUCH) 的團體，為人權而呼籲。翌年，天主教知識分子也加入行列。因警察鎮暴，工人乃自組「勞工保衛委員會」(Workers' Defense Committee, KOR)。另有一

種由私人組成的「學術研究社」(Society for Academic Courses, TKN)，在各
大城市中秘密開辦「研究班」，其性質和十九世紀俄國流行的所謂「流動大
學」(Flying University) 相似，他們響應〈赫爾辛基人權條款〉，呼籲波共尊
重人權。

在對外政策方面，他們甚至提出建議，主張波蘭應該向「友好中立」
的路上發展，將波蘭變成「第二個芬蘭」。

凡此種種，表示波蘭正在逐漸走向自由和中立，雖不如西方國家所想
像的那樣樂觀，但已足使波共和蘇聯提高警惕。

不過，在反對陣營之中，意見也並不一致。碼頭工人、煤礦工人和煉
鋼廠工人絕對不願接受教授、記者、文藝作家等文人的領導，他們把知識
階級 (Intelligentsia) 視為「特權階級」(Priviligentsia)，是一批享受特權的
「搖椅抗議者」(arm-chair protesters)。而知識分子也把工人視同「泥土中
的鹽粒」(salt of the earth)，雙方格格不入。一直到 1980 年「團結工聯」
(Solidarność，或 Solidarity) 出現時，這兩支反對勢力──工人與知識分
子才合流為一股強大力量。

七、團結工聯 (1980–1989)

「團結工聯」首先出現於 1980 年至 1981 年之間，使波蘭的自由化運
動展現新的局面。

1980 年夏，物價激漲，6 月間肉價上揚一倍，而工資偏低不足支應生
活支出，引起工人的普遍不滿。8 月 14 日，格但斯克港的列寧造船廠發生
靜坐停工及工人占領工廠現象，工人最初的要求是改善生活現狀，繼之又
對黨與政府的濫用權力和死硬作風加以抨擊。大家原先以為，只要政府略
作讓步，允諾提高工資，並將黨政人事略加調整，罷工即可平息。不料此
次工人的騷動和要求，並不容易打發，格但斯克的地方當局雖向列寧造船
廠和碼頭工人讓步，但碼頭工會並未接受，他們認為如果就這樣單獨個別

解決，無異背叛了其他各地的工會，他們開始意識到，全國工人必須團結一致，方能對抗共黨的權勢，於是喊出一句口號：「所有企業的勞工朋友們，團結起來！」各地工會的代表群聚格但斯克，組成「全國獨立自治工會協調委員會」 (National Co-ordinating Committee of Independent Self-Governing Trade Union)，簡稱「團結工聯」，並推造船廠電機工程師三十七歲的瓦文薩 (L. Walesa) 為主席。

團結工聯提出了「二十一條要求」，拒與政府妥協，且獲全國各地工會的一致支持。雙方僵持達半月之久，政府最後被迫接受，8 月 31 日簽立〈格但斯克協議〉(*Gdansk Agreement*)。稍後，又在西里西亞簽立另一類似協議，工會獲得全面勝利。工會所以致勝的原因，在主觀方面，是領導分子的堅強而正確的領導：

1.他們絕對不准罷工者飲酒並有任何暴行，以免政府乃至蘇聯引為干涉的藉口。

2.反對分子包括勞動工人、中間階層僱員、工程師、管理者、知識分子和學生，緊密的團結在一起，未被分化。

在客觀的背景方面，則是長期種種不合理現象的積累：

1.波共幹部官僚的腐化，使黨與民眾之間的距離加大。

2.共黨理論的僵化和信心的破滅。

3.農工產量降低，生活日趨困難，尤以食物的缺乏更為嚴重。

4.政府無力應付不斷發生的經濟危機。

5.教會聲威和勢力的提高。

6.武裝部隊同情人民的痛苦，對政府並不絕對效忠。

7.反對勢力的擡頭等等。

以上種種不合理現象造成的環境，引起人民的失望、焦慮與不安，只要出現一個火花，發生一次偶然事件，就會激起人民的反抗情緒，響起全面改革的呼聲。

有人認為這一個激發全民情緒的火花，便是教宗若望‧保祿二世 (John

Paul II) 在 1979 年 6 月間為期五天的波蘭訪問。

　　若望‧保祿二世俗名卡珞‧瓦提拉 (Karol Wojtyła)，波蘭人，原任克拉科大主教，後升樞機主教，1978 年 10 月當選為教宗，已使波人受到鼓舞，翌年 6 月訪問祖國，更受國人的狂熱歡迎。在其訪問期間，共黨活動暫停，電視、廣播及報章等傳播媒體均為宗教節目占滿，彌撒的現場首次在電視畫面中出現，當巨形十字架在華沙的勝利廣場 (Victory Square) 上矗起時，聚集廣場的群眾數十萬人，歡聲震耳。波共分子也深受感染，向教宗同表敬意。教會的聲勢此時超過了黨和政府，人民對於國家的前途也充滿了希望和信心。

　　團結工聯與政府之間的協議，由主席瓦文薩和十七位主席團的委員和代表政府的內閣副總理雅傑爾斯基 (M. Jagielski) 共同簽字，雅氏向記者發表評論說：「我們的談話是以波蘭人對波蘭人的立場發言……根本談不到誰是勝利的一方，誰是犧牲的一方。」協議的主要內容是：

　　1.增加工資以抵償上漲的物價。

　　2.每月中有三週是工作五天，一週是工作六天。

　　3.工人有罷工的權利，也有組織不受黨政干涉的自治工會的權利。工廠自治，勞工委員會有權任免廠長；決定生產目標，參與財務決策。

　　4.放寬大眾傳播媒體的檢查，准許電視及電臺播放彌撒等宗教活動的實況。

　　5.在格但斯克建立 1970 年因罷工而遇難的烈士紀念碑。

　　協議完成，吉瑞克亦已身心俱疲，1980 年 9 月 6 日辭去波共第一書記職位，由主管國家安全的政治局委員卡尼亞 (S. Kania) 繼任。

　　團結工聯的影響力，後又由城市傳到農村，農民團體也紛紛成立「農村團結工聯」，與工人的「團結工聯」平行活動，迫使政府改善農業生產條件，重視「私圃」的經濟地位。1981 年秋，當團結工聯最盛時，參加人數超過一千二百萬人，約為全國人口的三分之一。

　　團結工聯的推動力量，除了經濟因素之外，愛國心和宗教信仰也分占

重要成分。他們並不幻想推翻共黨政權，只希望加以改造，目標和黨內的改革派相同，促使波蘭復興（Odnowa，或 Renewal）是波人一致的希望，教宗如此，瓦文薩如此，卡尼亞亦復如此。

團結工聯內部，意見亦不一致，瓦文薩代表溫和穩健的一派，他們公認外在的環境，絕不容許波蘭擺脫共產政權，改走西方的民主路線，他們只希望把現行的共產主義加以改善，使其具有人情味和民主性。團結工聯與波蘭天主教會關係密切，視教宗為保護人，視教會如保護傘。尤其重要者，是瓦文薩堅拒與非共黨的反對組織合流，儘量淡化它的政治性。瓦文薩也反對工聯建立中央集權系統，主張各地工會對於工聯的決議案，有權接受，也有權拒絕，完全聽其自主。如此作法，雖不易形成全國一致的政策，卻也不致招來外力的攻擊。波共與團結工聯之間，維持一種半友好半妥協的微妙關係，正和波共與教會之間的微妙關係相同。如此巧妙的運用，才沒有招來蘇聯的武裝干涉。

1981 年春，團結工聯的活動不斷加強，局勢日趨動盪不安，波共為了控制社會秩序，任命波軍總司令賈魯塞斯基 (W. Jaruzelski) 兼任內閣總理（2 月），10 月間更在蘇聯壓力下由賈魯塞斯基接任波共第一書記。同年 12 月，團結工聯因受內部激進派分子的影響，要求舉行全國公民投票，表決對於政府的信任案，12 月 13 日賈氏乃下令宣布戒嚴，以軍人集團為中心實行獨裁，個人的自由受到限制，大學關閉，所有非共組織包括團結工聯在內一律停止活動，瓦文薩亦同時被捕，但不久即獲釋。

瓦文薩旋即獲得 1983 年的諾貝爾和平獎，間接也提高了團結工聯的聲勢。

賈魯塞斯基於宣布戒嚴令時，特別強調全國必須團結一致，愛護祖國，暗示他的戒嚴令乃情勢所迫萬不得已的緊急權宜措施，其目的在於避免蘇聯躍躍欲試的軍事干預，使波蘭不致走上捷克 1968 年危機的境地。波蘭全境乃由熱潮澎湃突然陷入死寂狀態之中。

1982 年 10 月，西姆議會通過法案，解散一切全國性的工會聯合會，

改以每一工廠為單位自組小型工會。瓦文薩亦於 11 月間被釋放，但行動受到限制，禁止其在公共場合不斷出現。

此時，波蘭的天主教會開始扮演政府與工會之間的調人角色。維辛斯基樞機主教於 1981 年 5 月逝世後，由格蘭普 (J. Glemp) 大主教繼續領導。

團結工聯繼續奮鬥，於 1989 年 4 月卒獲波共政府正式承認，並在同年 6 月舉行的大選中，獲得國會多數席位，由瓦文薩推薦的馬佐維耶斯基 (T. Mazowiecki) 出任總理，組成以團結工聯為主體的多黨聯合政府。這是東歐鐵幕之內四十多年以來首次出現的並非由共黨一黨獨裁的民主政府。

上述波蘭政局的急遽變化，為東歐打開了一個新的紀元。大選的結果和新閣的組成，尤富戲劇性。大選前夕，各方面全沒有料想到會有如此出人意外的結果。在參議院一百個席位中，團結工聯獲得九十九席。在眾議院開放的一百六十一個席位中，團結工聯囊括了全部。波共面對如此結局，束手無策。此時蘇聯的戈巴契夫，並不主張施壓，反而勸告波共與工聯合作，共組新政府。瓦文薩退居幕後，推薦馬氏組閣。馬氏為一知識分子，是一個宗教性的月刊的主編，篤信天主教，對工聯一向支持。在他組成的新閣中，團結工聯出任大部分閣員，共黨只獲四席，不過主管部隊和警察的國防部和內政部部長則均讓由共黨擔任，賈魯塞斯基則仍任總統。新內閣並保證仍為華沙公約集團之一員。

八、波蘭的對外關係

在共產黨的統治下，波蘭的對外關係均以波、蘇密切合作為基礎。波、蘇之間有三個主要的雙邊條約或多邊條約：一為〈友好互助合作條約〉（1945 年簽訂，效期二十年，1965 年續約）；二為「經濟互助委員會」(1949)；三為〈華沙公約〉(1955)。

最初，波蘭的西界（奧得河－西尼塞河一線）尚未獲得德國的承認，必須仰賴蘇聯的保護方得維持，此一情勢一直到 1969 年底西德的布朗德政

府與波蘭簽約承認後，方始擺脫對於蘇聯的依賴。

在一般國際事務中，波蘭是蘇聯的忠實盟邦，一向追隨克里姆林的路線行動，例如在古巴危機和越南戰爭中，波蘭均親俄而反美。在 1967 年的中東戰爭中，波蘭支持阿拉伯國家而反對以色列。捷克危機 (1968) 時，波蘭參加華沙公約集團聯合出兵入侵捷克。當蘇聯侵入阿富汗時，波蘭認為紅軍是應阿富汗政府之邀，助其平定內部的封建叛亂。

波蘭對於東西雙方的「低盪」(detente) 和裁軍運動均表支持，波蘭外長拉巴斯基提出的「拉巴斯基計畫」，建議將中東歐劃為「非核子區」(Nuclear Free Zone)。

波蘭與西方國家的關係已日趨改善，70 年代中吉瑞克執政時期，與西方的技術與貿易合作大規模展開，並接受大量貸款。1981 年申請加入世界銀行及國際貨幣基金，但因實施戒嚴令而被延緩批准。波蘭與法國之間有多項文化及經濟合作計畫，吉瑞克訪法時雙方發表〈友好合作宣言〉(1972)。波蘭與西德的關係一向緊張，及至 1969 年西德承認波蘭現有邊界，並表示今後對波並無領土要求後，雙方關係才正常化，在 1970 至 1980 年的十年當中，德、波貿易量增加六倍，西德成為波蘭與非共國家之間貿易的第一位伙伴。

波裔美人約有一千萬至一千二百萬，是美國歐裔人口之中的多數，對美國政局頗有影響力。尼克森 (1972) 及福特 (1975) 兩位美國總統均曾訪問波蘭，吉瑞克亦曾答聘 (1974)。但波蘭於 1981 年宣布戒嚴後，雷根政府即指波蘭為警察國家，中斷與波蘭經濟關係，並一度停止運售糧食予波蘭，取消進出口銀行的貸款和最惠國關稅待遇。

1989 年由團結工聯組成了新政府之後，波蘭雖然仍是華沙公約國家之一員，但它和西方國家的關係已見改善。美國的布希總統於同年訪問華沙，允予大量經援，波蘭與美國的關係日見好轉。

第二十二章　鐵幕之內的捷克

捷克是最後淪入共產鐵幕的東歐國家。

1945 年 5 月上旬，是戰後捷克國運決定的時刻。首都布拉格究應由俄軍抑或美軍光復，關係重大。據邱吉爾回憶錄記載，在雅爾達會議中，對於柏林、維也納和布拉格三座首都的收復者，並未決定，言明哪支部隊先到，即由其捷足先登。1945 年 5 月初，美國猛將巴頓 (G. Patton) 所率的美軍，業已穿越南德，攻入捷境，迅速光復波希米亞西部各地，5 月 5 日收復工業重鎮匹爾遜 (Pilsen)，匹城距布拉格八十公里，只有兩小時的坦克車程，已呈垂手可得之勢。而此時俄軍尚在波希米亞東部，距捷京尚遠。

邱吉爾一向主張將中歐的捷克和奧國劃在蘇聯勢力範圍之外，所以贊成由美軍占領布拉格，曾將此意屢向艾森豪及杜魯門表明。5 月 5 日，布拉格人民發動抗敵起義，推派代表馳往巴頓司令部向其呼籲，狂熱歡迎美軍收復捷京。巴頓亦曾秘密派遣代表前往布拉格，與起義的捷克領袖接觸，表示如果捷方正式提出邀請，美軍即可開入首都。此時捷克總統貝奈施所組成的「民族陣線」臨時政府雖已成立，但尚未還都，在首都接見巴頓代表者恰好是一位名曰史莫考夫斯基 (J. Smrkovsky) 的共黨地下領袖　（日後於 1968 年「布拉格之春」時擔任捷克國會議長），因為受了「民族陣線」的影響，拒絕提出正式邀請。美國基於政治考慮，也未接受邱吉爾的主張，艾森豪乃下令巴頓停止前進 。 數日之後 ， 布拉格即由紅軍占領 （5 月 9日），捷克也隨之淪入鐵幕。

邱吉爾上述由美軍收復捷京的建議，和他主張在南歐開闢「第二戰場」的建議一樣，極具前瞻性。邱氏鑑於一年以來，紅軍已席捲東歐，波、羅、保、南、匈等國均由紅軍一手解放，隨之而來的共產政府即將西方勢力完全排除。其餘的德、捷、奧三國，如能由蘇聯和西方國家共同解放，則西

方國家仍可分享這三個中歐國家命運的決定權。日後的歷史發展，證明邱氏的遠見不差，德國只有半壁淪入鐵幕，奧國由於美軍參與解放，由分區占領而成為中立國家。只有捷克，因美國一念之差，首先是放棄攻占捷京，繼而又於同年 12 月將捷境美軍撤走，乃使捷克陷入魔掌。假設布拉格由巴頓捷足先登，而入捷美軍又暫不撤退，至少在捷克政局中，可以給予貝奈施總統一支堅強的助力，捷克也可能由此助力，建立原有的民主政權。

　　在戰後淪入共產鐵幕的東歐諸國中，捷克有幾個不同於其他國家的特點：第一是它的民主政治已在戰間期中建立，不似波蘭的將校軍事獨裁，不似南、匈、羅、保等國的「君主獨裁」，代表無產階級的社會黨和共產黨也是合法的政黨，並有議員出席國會。第二是捷克的經濟已經大部工業化，一般人民的生活水準也差強人意，不似其他東歐國家的貧富懸殊。第三是在戰時因為英、美、俄等國均視捷克如盟邦，所以並未受到重大的破壞。

一、「第三共和」(1945–1948) 的聯合政府

　　捷克的「第二共和」於 1938 至 1939 年間被希特勒瓜分以後，貝奈施總統即逃往美國，二次大戰爆發後，轉往英國，在倫敦建立流亡政府，旋即獲得英、美的承認。貝奈施的復國計畫，一是恢復瓜分以前的領土，二是恢復原有的民主共和。而此一理想，必須建築在美、英、俄三強戰後仍能維持友好關係的基礎上。

　　貝奈施為了未雨綢繆，在大戰尚未結束時即分頭爭取三強的友誼和諒解。捷克是一個西方式的民主政權，自易獲得美、英兩國的支持。至於蘇聯方面，捷、蘇之間在戰前原為盟邦，亦不難重拾舊歡，因而有〈捷蘇友好互助及戰後合作條約〉（1943 年 12 月 12 日在莫斯科簽字）的簽訂，史達林並向貝奈施當面保證，對戰後捷克內政絕不干涉❶。蘇聯甚至欲以捷、

---

❶　參閱 Benes, E. *Memoirs of E. Benes.* Boston: Houghton Mifflin Co., 1954, pp. 184–185.

蘇盟約的模式誘使波蘭也如法炮製，但為波蘭拒絕。貝奈施又曾向波蘭流亡政府總理西考斯基建議，戰後波蘭與捷克合組邦聯，獲得波蘭同意，雙方並簽協定（1942 年 1 月）。但此項建議未獲史達林同意。

及至 1944 年冬，紅軍攻入捷克東陲的魯森尼亞以後，莫斯科的態度就突然轉變，竟然鼓動當地居民（魯森尼亞人就是西支的烏克蘭人）脫離捷克，併入蘇聯的烏克蘭共和國。此種行為，顯然違悖了剛剛簽訂的盟約，貝奈施於震驚之餘曾向蘇聯嚴重抗議，但無結果。另一使貝奈施憂心的問題，是斯洛伐琪亞的共產黨 (Communist Party of Slovakia, KSS) 意圖在戰後仍然保持半獨立狀態，和捷克人的「波希米亞‧摩拉維亞」維持平等地位，共組「波希米亞‧摩拉維亞－斯洛伐琪亞聯邦」。斯洛伐琪亞共產黨的代表正在莫斯科與捷克共產黨 (KSČ) 的代表進行會商。

捷共領袖高德華向史達林請示時，史達林勸他勉強接受貝奈施的總統地位，因為此時莫斯科當局的政策，還比較謹慎溫和，要求各國共黨不妨參酌本身的不同歷史背景和特殊環境而各自發展（此一政策到了 1947 年杜魯門主義宣布以後才完全放棄）。

捷克共產黨成立於 1921 年，高德華自 1928 年起擔任書記長，慕尼黑會議時，捷共約有五萬人。因為捷克共和國是一個民主國家，共黨是合法的政黨，而且吸收了很多高級知識分子加入，所以原本具有相當的基礎，這是捷克與波、羅、匈、保等國不同之處。及至 1939 年捷克被瓜分後，共黨成為非法組織，轉入地下活動。1941 年德、蘇戰爭發生後，捷共即與貝奈施的流亡政府合作。1945 年捷共只有二萬七千人，勢力並不雄厚，所以高德華等人也不敢貿然獨占政權，立即全面推行共產制度。他們只希望先利用解放戰爭的機會，逐漸奪取政權，政治第一優先，社會經濟的改革不妨留待稍後。但在 1944 至 1945 年間，紅軍進展迅速，半年之內即攻占全境，捷共的勢力也隨之水漲船高（1946 年 3 月間，黨員人數增至一百萬人。1948 年初，再增至一百三十萬人）。反之，貝奈施所領導的西方民主勢力則日見萎縮。貝奈施鑑於大勢所趨，同意容納共黨參加流亡政府。

　　貝奈施於 1945 年 3 月 22 日偕同流亡政府外長詹・馬薩里克 (Jan Masaryk) 由倫敦飛往莫斯科，與捷克及斯洛伐琪亞的各黨代表開會討論未來政府的組織問題，　捷克方面參加者有捷共、　國家社會黨 (National Socialist Party)、　社會民主黨 (Social Democratic Party)、　人民黨 (People's Party)；斯洛伐琪亞方面參加者有斯洛伐琪亞共產黨、民主黨 (Democratic Party)。雙方折衝結果，　通過由高德華提出的方案，　組成 「民族陣線」 (National Front)，除參加此次莫斯科會議的六個政黨各推代表三人入閣外，另由無黨無派之專家三人及國務委員 (State Secretary) 四人，　合共二十五人組成內閣。除此以外，另設「核心內閣」(Inner Cabinet)，由總理及五位副總理合併組成，為行政之中心，總統一職仍由貝奈施擔任。是為「第三共和」。

　　莫斯科會議結束後，貝奈施總統即率同「民族陣線」內閣飛往剛剛光復的科西契 (Košice)，建立臨時政府（4 月 4 日）。科城位於捷克的東南部，為斯洛伐琪亞第二大城，在布拉格光復（5 月 9 日）之前，科城即是捷克臨時政府的所在地。新政府是一個共黨較占優勢的聯合政府，於 4 月 5 日發表「科西契施政計畫」(Program of Košice)：在內政方面，表示將在短期之內召開制憲會議，決定國體。政府將尊重人民的政治權利，並無將捷克立即徹底改行社會主義之宣示。所謂人民的政治權利，包括「個人或團體的自由，演說、寫作、新聞等表示意見的自由，住宅和通信的隱私權，思想與信仰的自由等。」斯洛伐琪亞的自治地位和魯森尼亞的歸屬問題，留待人民意願決定。原在捷克境內居住的日耳曼人、馬札耳人等少數民族，亦依其意願選擇歸屬，惟不忠於捷克政府的分子則將強制遷出，所遺土地置於「國家土地基金」之下，分配給耕地不足的捷克人民。重要工業、煤礦、銀行、保險公司將予部分國有化。對私人企業則加以支持。在外交方面，一方面將與蘇聯在 1943 年互助條約的基礎上密切合作，一方面與西方國家及奧、匈、波蘭等鄰邦維持友好關係。至於通敵的波希米亞・摩拉維亞保護國總統哈察 (E. Hácha)、斯洛伐琪亞總統提索，則依叛國罪交付國

民法庭審判定罪。一般而言，「科西契施政計畫」的立場極為溫和，頗似英國工黨的政綱，極少馬列主義的氣味。

新政府的總理一職，在捷共支持下，由社會民主黨左派的費林格 (Z. Fierlinger) 出任，費氏曾任捷克駐蘇大使，一向親俄。在二十五個閣員之中，捷共及斯洛伐克共黨合占閣員八席，除高德華擔任副總理外，其餘分任內政、新聞、教育、農業、社會福利等部部長，故警察及宣傳業務均在共黨手中。國防部長由史瓦波達 (L. Svoboda) 將軍擔任，史氏曾任俄境捷克兵團司令，與俄方頗有淵源。內閣中唯一值得注意的外交部長一席，則由親西方的民主分子、前總統之子詹·馬薩里克擔任。

1945 年 5 月 9 日，布拉格由紅軍光復。10 日，捷克政府由科西契市遷往布拉格，貝奈施亦於稍後（16 日）抵京。為了加強新政府的地位，貝奈施首先將戰時的地下反抗組織——捷克民族委員會 (Czech National Council) 和斯洛伐克民族委員會 (Slovak National Council) 先後解散。後者雖要求建立聯邦，但未如願，不過斯洛伐琪亞的自治地位則獲保障。

1945 年 8 月 25 日成立全國性的臨時議會，除確認貝奈施的總統地位之外，並承認在過渡期間總統所發布的各項行政命令，惟正式的大選則遲遲不予舉行。因為當前的首要工作，並非大選，而是其他亟待優先處理的問題。

捷克在二次大戰期間損失嚴重，死亡人數高達二十五萬人，交通癱瘓，廬舍為墟。納粹的殘酷迫害，尤令捷人亟圖報復。政府為了順應民情，由總統於 1945 年 6 月 21 日下令將境內的全部日耳曼人、馬札耳人、連同本國籍的通敵分子，一律強迫離境，財產無償沒收。總計強制離境的日耳曼人約有二百七十五萬，馬札耳人約有二十餘萬。馬札耳人所以較少的原因，是蘇聯的照顧，因為蘇聯想把匈牙利列為附庸，故予寬待。蘇臺德區日耳曼人遷移後，遺下約六百畝的田地，即由捷克政府安置捷克人和斯洛伐克人耕種。此時的農業部長正好由捷共分子擔任，乃得利用職權，以配給土地為餌，誘使農民加入共黨陣營，捷共人數隨之大量增加。

關於領域問題，戰前的失地大部分均收回，只有東疆的魯森尼亞被迫割予蘇聯（1945 年 6 月 29 日）。北疆的德欽區，在慕尼黑會議期間曾被波蘭奪去，已如前述。但在 1939 年秋大戰爆發後，希特勒又將德欽區給予傀儡「斯洛伐琪亞國」。戰後波蘭即出兵占領該地。蘇聯為了彌補先前奪占捷克的魯森尼亞，乃向捷克示好，強制波軍撤離德欽，由是德欽區西部又在蘇聯壓力下重歸捷克。截至 1945 年底，捷克的領域問題已告一段落。進入捷境的美軍和俄軍也全部撤出，一切恢復常態。

二、二月政變與共黨奪權 (1948)

第三共和由貝奈施總統領導的聯合政府，由 1945 年一直維持到 1948 年。他希望透過議會的運作，維持民主政治，並盼作為東西雙方的橋樑。高德華的政策則另有主張，他希望以漸進的方式，將捷克變成一個共黨獨裁的國家。

1946 年 5 月 26 日舉行制憲代表會議大選，這是捷克第三共和最後一次的自由民主選舉。共有六、七個政黨參加。捷克人民由於慕尼黑危機時曾被英、法兩國出賣，對西方國家並無好感，反之，由於紅軍曾助其解放，戰前又曾表示支持，故對蘇聯頗有好感。再則因為新聞部長是共黨，可以充分利用廣播和大眾傳播工具為共黨宣傳。共黨並向戰時稍有污點的分子脅誘，騙說如果加入共黨，即可免被懷疑。如其拒絕合作，即強指其為通敵分子而剝奪選舉權。投票結果，獲票較多者在捷克方面依次是捷克共產黨 (40%)、捷克國家社會黨 (23.5%)、人民黨 (20%) 和捷克社會民主黨 (15.6%)。但所有非共黨派的總席位，則占 60%，居於多數；在斯洛伐琪亞方面，得票最多者是斯洛伐克民主黨 (Slovak Democrats, DS, 62%)、洛斯伐克共產黨只占 30%。就全國而言，共產黨獲票率則占 38%，為最多數。貝奈施總統乃將政府改組，由共黨領袖高德華取代費林格為總理，在內閣的二十七位閣員之中，捷共占七席、斯洛伐克共產黨占二席、國家社會黨及

斯洛伐克民主黨均占四席、人民黨與社會民主黨各占三席。

1946 年下半年起，東、西方的關係開始出現裂痕，冷戰序幕展開。是年 7 月，莫洛托夫反對法國占領薩爾 (Saar) 區，指責西方國家意圖攫取德國利益。稍後 （9 月 6 日），美國新任國務卿貝爾納斯發表〈斯圖加特演說〉(Stuttgart Speech)，主張取消波茨坦會議中所協議的以奧得河與尼塞河作為德國與波蘭的邊界，而應重新考慮檢討。此一聲明，觸到蘇聯的痛處，引起莫斯科的強烈不滿。處於美、俄二者之間的捷克，乃成爭執焦點。

1947 年 4 月美國宣布「杜魯門主義」(Truman Doctrine)，同年 6 月「馬歇爾計畫」繼之提出，美國願以經濟援助，提供所有歐洲亟需救濟的國家。是時，捷克適逢旱災，政府又正推行「二年經建計畫」，需款孔亟，於是內閣通過決議 （7 月 4 日），決派代表前往巴黎，會同其他歐洲國家與美國洽商經援事宜。7 月 9 日高德華奉召飛往莫斯科，原期與蘇聯繼續談判商約。但當其抵達俄京時，史達林忽然向其提出最後通牒，令捷克在蘇聯與西方之間作一最後抉擇。捷克獲此警告，翌日即發表聲明，不再參加馬歇爾計畫，自此以後，即倒入蘇聯懷抱。

1947 年 9 月，「共產情報局」籌組成立，意圖加強控制東歐各國共黨，對抗西方國家。截至 1947 年秋為止，東歐各國均已納入蘇聯掌握，各建共黨獨裁政府，只剩下捷克一國仍然維持多黨聯合政府，蘇聯自然意圖早日除去此一眼中之釘。捷共在克里姆林當局授意下乃積極活動。

旱災帶來的經濟危機，再加上蘇聯對接受美援的橫加阻撓，捷克人民的反共情緒高漲，動亂可能隨時發生。而捷克新的大選，已定於 1948 年 5 月舉行，捷共深恐失去人民支持，減少席次，乃運用各種手段爭取人心。捷共提議開徵所謂「百萬富翁稅」(Millionaries' Tax)，凡收入在一百萬捷幣 (Crown) 以上者均納特別稅，所得用以救濟貧困的農民。繼又製造事端，散布謠言，指控流亡國外的非法分子以郵包炸彈企圖謀殺政府官員乃至貝奈施總統。捷共的攻擊目標，首先是斯洛伐克民主黨，各非共黨派領袖被捕者數百人。主管警察的內政部長諾西克 (V. Nosek) （共黨），利用機會，

大批更換警察首長，改派共黨分子接任，引起非共黨派領袖們的一致抗議。

　　1948 年 2 月 13 日內閣舉行會議時，國家社會黨籍的閣員們首先發難，要求諾西克部長立即恢復新被免職、調職的八位警官，其他各非共閣員亦一致響應。因諾西克並無反應，為了向共黨施加壓力，國家社會黨、人民黨和斯洛伐克民主黨的各位部長乃於 2 月 20 日突向政府提出辭呈，雙方正式攤牌。這些非共黨派犯了兩項錯誤，一是並未與貝奈施事先磋商，二是並未積極爭取民眾的支持，就貿然行動。翌日，高德華在首都的舊城廣場 (Old Town Square) 向事先籌組的群眾大會發表演說，指控辭職的部長們組成「反動集團」，企圖阻撓政府的改革計畫，並圖破壞即將舉行的大選，因此政府必須准其辭職，另派新人。大會即席推出代表，向總統陳情，要求支持改組內閣的計畫。同時，共黨發動所有工具——包括黨員、警察、工人組成的民團和所謂「行動委員會」(Action Committee) 等，於 2 月 24 日全面騷動，布拉格的景象，一如俄國十月革命時期的彼得格萊德。

　　當此緊要關頭，非共人士及大多數人民一致期望總統能以大無畏魄力當機立斷，採取強硬措施。但貝奈施左右徬徨，也許是恐怕招來蘇聯的軍事干涉，竟於 2 月 25 日向共黨屈服，接受非共閣員的辭職，批准高德華提出的新閣名單。新閣雖仍勉強維持民族陣線聯合政府的形式，但非共各黨的入選閣員全是捷共預先安排的妥協分子。外交部長仍由詹·馬薩里克擔任，但兩週之後馬氏突然陳屍於外交部庭院之中，據日後於 1968 年所作的調查顯示，外長是由蘇聯派人殺害。布拉格的中央政府為共黨把持之外，斯洛伐琪亞方面也如法炮製，由斯洛伐克共黨領袖胡薩克 (Gustav Husak) 輕易取得政權。

　　1948 年 5 月 9 日，共黨控制的制憲會議通過新憲法，史稱《五九憲法》，高德華特請貝奈施總統簽署，但遭拒絕。僵持多日，貝奈施於 6 月 7 日提出辭職，悽然退隱於鄉野小鎮，9 月 3 日逝世。

　　以上這一段共黨奪取政權的史實，史稱「二月政變」(Coup d'état of February)。政變之後高德華繼任總統，即將《五九憲法》簽署生效，捷克

第三共和至此終了。這個唯一倖存的東歐民主國家，也淪為共產附庸。

三、史達林主義之實施 (1948–1968)

由「第三共和」終了 (1948) 到「布拉格之春」(1968) 這二十年間，是捷克史中另一個黑暗時代。名義上是所謂「人民民主」，仍有由多黨組成的「民族陣線」(National Front)，而實際上則是由少數共黨專權的寡頭政治。操縱黨政大權者三人：高德華擔任總統，沙波托斯基 (A. Zapotocky) 擔任總理，司蘭斯基 (R. Slansky) 擔任捷共書記長。這三人全是在蘇聯受過訓練的外來派，本土派的共黨領袖則屈居次要位置，包括日後擔任國會議長的史莫考夫斯基和日後接任共黨書記長的諾瓦特尼等人在內。1953 年起，另外組成了一個「核心內閣」，或稱「主席團」，由高級共黨領袖組成，負責將黨的決策透過內閣一一推行。

這二十年間的施政準則，是推行「史達林主義」，一切以蘇聯的榜樣為依據，史達林的意旨有無上的權威。蘇聯秘密警察國家安全部 (MGB) 主腦貝利亞 (L. P. Beria) 的魔掌，伸入捷克每一部門，多次的清算鬥爭，充滿了血腥恐怖，整肅行動的規模和手段，和 1930 年代史達林在俄國的大整肅，前後如出一轍。

由於共黨在捷克並無深厚基礎，所以鼓勵人民大批申請入黨，使黨員人數由二萬七千人 （1945 年 5 月） 增至一百十五萬九千一百六十四人（1946 年 5 月），增加四十五倍。這種廣收黨員的目的，是助長聲勢，加強洗腦，以利控制。過了一段時間以後，再將其中不合格者淘汰，只剩下一批唯命是從而又野心勃勃的忠實分子。社會民主黨和其他左派小黨，均併入捷共之內，造成徹底的一黨獨裁。

1949 年捷克加入東歐集團的「經濟互助委員會」，1955 年加入「華沙公約組織」，均為發起國之一。

在經濟政策方面，也凡事師法蘇聯，把俄共那一套工業國有化和農業

圖6　捷共領袖高德華（右二）及司蘭斯基（左三）

集體化的制度原封搬來，截至 1985 年止，先後推行了七個「五年計畫」。
殊不知俄、捷兩國國情不同，蘇聯資源豐富而工業程度落後；反之，捷克
則資源貧乏而工業水準極高，一味模仿抄襲，反而造成損害，尤以農業生
產為甚。而高德華等人則向外炫耀，誇稱已將國有化和集體化兩項改革在
短期內就百分之百的完成，為東歐各人民民主政權之冠。

　　這一段經濟改造的過程，不知造成多少悲劇，其所使用的手段，極為
陰險卑鄙，拒抗的工商企業，加之以違犯稅法和「反社會」(Antisocial) 的
罪名而迫其就範。對農民則以不配給種籽、肥料和限制動力供應而迫其屈
服。多人不經審訊，或雖經審訊而以偽造的罪證將其判刑，監獄無法容納，
即送往勞動營中擔任奴工。而工業生產之所得，則被蘇聯榨取以去。

　　在文教政策方面，新聞文化部部長高別斯基 (V. Kopecky) 成為文化界
的沙皇，以「社會主義的寫實主義」為文藝創作的最高準則。下令將全國
圖書館和私人的藏書一律徵集，然後加以清理，七百萬冊被撕毀，四百萬
冊被封存。教育部長尼耶德利 (Z. Nejedly) 宣示：「將照我們的需要來改變
人性。」大學教授及各級學校教師均遭清算革職。並下令在各級學校之中
增授馬列主義課程，強制灌輸共產思想。

　　史達林主義統治時期最令人驚心動魄的事件是慘極人寰的「大整肅」
(Great Purge)，為了進行政治整肅，政府頒布了一個〈保護共和國法〉(*Act on the Protection of the Republic*)，作為法令的依據。繼之又修改或制訂了一套新的民法、刑法及民、刑訴訟法等，舊日的法官均被撤換，改由共黨充任；特設「國家法庭」處理政治犯案件；為了安置罪犯，設立了四百二十二座監獄和集中營。整肅的高潮歷時五年 (1949–1954)。據統計屠殺的人數，超過東歐各國的總和，只是不如史達林在蘇聯屠殺的人數而已。

　　大整肅分為三個階段：第一階段為 1950 年的上半期。自從俄、南分裂，「狄托主義」(Titoism) 興起以後，修正主義的潮流也衝到東歐諸國，史達林為了攔阻這一支狂流，乃以恐怖手段將附庸各國加以整肅。首先遭殃者是匈牙利內政部長雷克 (L. Rajk)，以狄托分子罪名受審處死，匈共領袖拉科錫將雷克的供狀交與捷共高德華，於是整肅的箭頭也由匈牙利轉到捷克。受此案株連者是捷克外交部長克里門提斯 (V. Clementis)，克氏於 1948 年詹·馬薩里克遇害後即接任此職，此時正在紐約出席聯合國大會，奉召返國，旋被免除外長職務，二年後處死 (1952)。在第一階段中另一被整肅者為史瓦波達將軍，史氏原在紅軍麾下作戰，1945 年起即任國防部長，現亦受到株連被當局免職（1950 年 4 月 25 日），改任與其職業毫無關聯的體育部長，翌年被捕，但未遇害。蘇聯和捷共的目的，是整肅捷克的軍隊指揮官，同案被免除職務者無數。

　　大整肅的第二階段自 1950 年 5 月開始，科普利瓦 (L. Kopriva) 出任新近成立的國家安全部部長，直接受蘇聯國安部貝利亞的指揮，整肅對象除了狄托分子以外，還包括所謂具有資產階級意識的民族主義分子。所謂民族主義分子主要是指斯洛伐克共黨，多時以來，斯洛伐克共黨一向具有分離意志，而且是自由派知識分子的大本營。首當其衝者就是斯洛伐琪亞的部長會議主席胡薩克博士。

　　大整肅的第三階段自 1951 年 9 月開始，同年年底進入高潮。是年 9 月 6 日捷共中央委員會決議，免去司蘭斯基的書記長職務，由高德華總統兼

任，此舉出人意料之外。司氏於二十餘歲即加入共黨，追隨高德華左右，戰時在俄國工作，1944 年才奉派回國，一向遵隨莫斯科路線。共產情報局成立時 (1947)，司氏代表捷共參加，而且是開除狄托案上的簽名者。1951 年 11 月司氏以「從事反政府活動」罪名被捕，同案被捕者多人，多為黨政高級幹部。高德華與科普利瓦等人隨即在俄國特務協助下，羅織罪證，準備大審。大審延至 1952 年 11 月舉行，同案受審者十四人，其中十二人（包括司蘭斯基在內）為猶太人。與此同時，克里姆林正在醞釀所謂「醫師陰謀案」(Doctor's Plot)，貝利亞指控猶太醫生陰謀毒殺俄共政要，引起軒然大波。審訊結果，十一人判處死刑，三人無期徒刑。死刑犯中除了司蘭斯基和前任外交部長克里門提斯之外，尚有副書記長、國防部、公安部、財政部、外貿部的副部長等。罪名為「叛國幫」，並將其與匈牙利的雷克、保加利亞的高斯托夫 (T. Kostov)、波蘭的戈慕卡和阿爾巴尼亞的霍雪 (K. Xoxe) 等東歐領袖列為一丘之貉❷。

　　經過了這些年的整肅，捷共黨員人數由二百五十萬人（1948 年 3 月）減為一百三十八萬人 (1960)。

　　籠罩捷克上空的陰霾，到了 1953 年突然發生兩聲巨響：其一為史達林的逝世（3 月 5 日），高德華於參加葬禮返國後不久，即亦追隨其主人於泉下（3 月 14 日）。高德華逝世之後，捷克政局由三人集體領導：諾瓦特尼接任捷共書記長，原任總理的沙波托斯基接任總統，斯洛伐克領袖席羅基 (V. Siroky) 接任總理，其中以諾瓦特尼為核心。

　　1953 年的第二聲霹靂，是抗俄暴動的爆發。政府因受經濟不景氣影響，實行貨幣改革，取消食物配給，影響人民生活，引起強烈不滿。5 月 31 日各地發生暴亂，首先是工業重鎮匹爾遜的斯科達 (Skoda) 工廠工人五千人，包圍市政府，焚燒檔案，拆毀史達林和高德華的銅像，撕毀俄旗，高懸貝奈施像及捷克國旗和美國國旗，並高呼「自由選舉」口號，民團及

---

❷　大整肅經過，詳見 Szulc, Tad. *Czecho-slavakia since World War II*. N. Y.: Viking Press, 1971, Chap. 6, pp. 79–110.

警察鎮壓無效,最後軍隊及坦克出動,始將暴動敉平。此時政府的對策,意見分歧,沙波托斯基總統主張改革,推行類似匈牙利的伊默·納吉政策,頑固分子諾瓦特尼則主張強硬壓制。雙方爭執不下,翌年 4 月,俄國出面干涉,在莫斯科支持下,強硬派的諾瓦特尼獲勝。

諾瓦特尼當政,歷時十四年 (1954–1968),繼續推行保守的、教條式的政策,是所謂「沒有史達林的史達林主義」(Stalinism without Stalin)。沙托波斯基總統逝世 (1957) 後,諾氏兼任總統,集黨政大權於一身。

1960 年頒行新憲法,宣稱捷克已由「人民民主」政權進步為「社會主義國家」,是東歐共產政權中第一個進入此一階段的國家,僅次於蘇聯。

史達林死後,蘇聯由赫魯雪夫繼掌政權,改行修正主義,赫氏於 1956 年的俄共第二十屆代表大會中,發表秘密演說,貶抑史達林主義,攻擊偶像崇拜,黨政不再由一人領導,貝利亞被殺,秘密警察的活動受到限制,外交政策改唱和平共存。這些新政措施,東歐諸國多受影響。獨有捷克以諾瓦特尼為中心的史達林派分子,依然保持舊日作風,壓制改革運動。1956 年發生了兩次騷亂,其一是「作家代表大會」(Writers' Congress) 的反叛,其二是五一勞動節學生的示威,但均被政府鎮壓平定。1958 年的捷共代表大會仍然通過了諾瓦特尼提出的「新史達林主義」(Neo-Stalinism),繼續推行保守路線。但是為了緩和來自國際和國內的抨擊,也採取若干安撫性的措施。例如:1962 年下令拆毀矗立在列特納山 (Letna Hill) 上的史達林銅像 (是世界上最大的一座史像),以示反對偶像崇拜。同年又成立委員會,由高爾德 (D. Kolder) 主持,調查 1950 年代「大整肅」案的是非曲直,以平民怨。高爾德一向是親俄的保守分子,但他基於良知於 1963 年所提出的調查報告,卻對政府不利,指控大審不公,罪證多是偽造。高爾德報告引發了人民的憤怒,尤其是知識分子的抨擊,指責政府是「集體犯罪」。諾瓦特尼乃以 1952 至 1953 年間擔任國安部長的巴席利克 (K. Bacilek) 為代罪的羔羊,將其免職,所遺主席團委員及中央委員兩項要職,改派杜布西克接任,杜氏地位陡升,數年之後就成為「布拉格之春」的領導人。其他

代罪羔羊則是總理席羅基和當年擔任司法部長，日後轉任國防部長的史比施卡。同年，早被處決的司蘭斯基、克里門提斯以及多位著名作家獲得平反，其中包括世界馳名小說家卡夫卡 (F. Kafka) 在內。席羅基去職後，由列納特 (J. Lenart) 繼任內閣總理，副總理則由索尼克 (O. Cernik) 擔任，並兼國家計畫委員會主席，主管經濟事務。

在 1963 年專門討論思想問題的會議中，捷共對於馬列主義的詮釋發生了基本的分裂，一派仍然堅持史達林派的信念，一派則認為社會主義除了追求「公正」以外，還應追求「自由」和「不同意權」，每一國家的共黨應該有權決定自己的路線。由是產生了社會主義不同路線的「多元論」(Polycentrism)。與此同時，義大利共黨領袖托格里亞提 (P. Togliatti) 也在 1964 年的一份備忘錄中提出同樣論調。

蘇聯共黨第二十二屆代表大會 (1961 年 10 月) 中，赫魯雪夫擊敗「反黨集團」，修正主義戰勝了史達林主義，東歐的史派分子如諾瓦特尼等也同受嚴重打擊。1962 年 9 月，蘇聯《真理報》刊布經濟學者李伯曼 (Y. Liberman) 教授的論文，指責史達林主義的經濟政策，捷克經濟此時正陷低潮，於是捷克經濟學者錫克 (O. Sik) 教授等人也向捷共提出改革建議，要求廢棄中央控制的經濟計畫，鼓勵企業競爭，改行自由市場經濟，以盈虧評定企業的經濟績效。這些改革計畫，稱為「新經濟標準」(New Economic Model)，在黨內自由派分子支持下，竟獲中委會通過。

捷克著名的馬克思主義專家史特林加 (T. Strinka)，批評捷克的政治社會過分僵化，主張應有一個合法的反對黨，以資抗衡。此議受到知識分子尤其是大學青年的熱烈支持，1965 年的全國學生代表大會中，有人建議將十八歲以上的共青團團員組成一個政治團體，作為「民族陣線」的一員，參加普選，出席國會。

捷克工會也發生動搖，在 1966 年的全國工聯中央委員會中，主張工會應該脫離政府而獨立。

捷克「作家聯盟」也加入反對陣營之中，在 1967 年 6 月舉行的代表大

會中，痛擊政府的高壓政策，要求修改舊的出版法，准許寫作自由。政府
乃將三位著名作家開除黨籍，並將其機關報改隸於文化部管制之下。1967
年是捷共和知識分子關係惡化的轉捩點。作家為民喉舌，成為改革運動的
主要動力。

　　總之，到了 1967 年底，諾瓦特尼已經失去了各方面的支持。

四、捷克的自由化運動
——「布拉格之春」(1968)

　　捷克各界，包括捷共內部的自由分子、知識分子、經濟學者、文藝作
家乃至工會領袖，對於諾瓦特尼的頑固保守統治，普遍表示不滿，發出反
對的呼聲。此種反叛浪潮，到了 1967 年底已經達到高潮。諾瓦特尼為了自
保，向布里茲涅夫求援，但遭拒絕。

　　1968 年 1 月 5 日，中央委員會通過諾氏辭去第一書記（但仍保留總統
職位），改由溫和的改革主義者杜布西克繼任。杜布西克為斯洛伐克人，生
於 1921 年，曾在蘇聯接受長期訓練，1966 年出任斯洛伐克共黨第一書記。
他雖是忠實的共產黨員，但反對僵硬的教條主義，主張改行「帶有人性化
面孔的社會主義」(Socialism with a Human Face)，這句話後來成為世界流
行的名言。

　　1968 年的捷共中委會，同時通過「新路線」(New Course)，決將捷共
人性化、民主化和民族化。「寧靜的革命」(Quiet Revolution) 於是開始，以
迄同年 8 月華沙集團出兵干預為止。

　　「新路線」之下的新措施，列舉如下：

　　1.捷克共產黨的各級幹部全面改組，由進步分子取代保守分子。此種
變動，大多出於自動自發，尤以下層為然，並非來自上級的命令。中央委
員會主席團的成員也日趨自由化，中央委員的決策權比以前提高。

　　2.過去，政府施政一切聽命於共黨，4 月間政府宣布，「核心內閣」（由

總理及五位副總理組成）今後將直接指揮各部部長，督導政務。外交、國防及安全等重要政務今後將由黨部移交「核心內閣」接管，並將原來負責監督政府的中央黨部第八組撤銷。

3.國會於3月間通過對內政部長及檢察長的不信任案，兩人於二十四小時內即呈請辭職。繼之國會又頒布〈平反法案〉(Rehabilitation Act)，准許人民伸冤告訴，將過去整肅案中判刑的罪犯，重新調查審理。如屬無辜被害，即予平反。獲得平反者數以萬計。

4.國會議長改選（4月18日），親杜布西克的自由派史莫考夫斯基在秘密投票中以壓倒多數當選，顯示了民主的作業程序。

5.杜布西克是斯洛伐克人，他的當選提高了斯洛伐克人的信心，要求自治的呼聲四起，有人主張將捷克與斯洛伐克共組「邦聯」，立場較為溫和者則主張採用「聯邦」制，庶不失捷克斯洛伐克的統一性。1969年1月，最後決定改組捷克為「聯邦共和國」(Federal Republic)。

6.取消預防性的書報檢查，另訂新的出版法，將「保密項目」由原來的四百頁減為三十五頁。不僅帶有改革精神的黨內報刊銷路大增，甚至「國家社會黨」和「天主教人民黨」的日報也普遍流傳。廣播電視的內容也面目一新。

7.捷共中央委員會於1968年4月通過「黨的行動計畫」(Party Action Program)，准許各利益團體（如工會、作家等）自行組織協會，言論自由，共同參加黨的決策。黨的領導人在電視上面對民眾，坦誠檢討國家面臨的問題，並對過去所犯的錯誤公開道歉。

8.但捷共仍堅持一黨統治，也反對派系的分裂。由一批非共分子受害者所組成的「三二一俱樂部」(Club 321) 要求承認其合法地位時即被拒絕。

9.在外交政策方面，有逐漸走向獨立自主的趨勢。杜布西克於2月間向中委會致詞時，強調捷克的外交重點應以整個歐洲為目標，即使和非社會主義國家之間，也可發展關係。在3月間的布爾諾演說中，除再強調繼續維持與共黨集團之間的關係外，對於世界性的問題捷克應有自己的觀點，

暗示不能一味聽從莫斯科的指揮。杜布西克亟願與西德改善關係，2月間互相交換貿易團，捷克政府認為這是雙方關係正常化的一個重要步驟。

捷克政府的以上措施，使僵硬的共黨統治，展現一片生機，經濟立見復甦，每名工人的平均生產量和工資，均比以前增加 6%，日常消費品的產量增加 13%，人民的生活日見改善，這種種改革和樂觀的現象，稱為「布拉格之春」(Prague Spring)。

五、華沙集團出兵干涉與「布里茲涅夫主義」(1968)

「布拉格之春」運動的領導人杜布西克，原來充滿信心，認為絕對不會受到蘇聯和華沙集團的干涉。因為他們對外並無脫離華沙公約集團之心，對內亦無實行多黨政治之意，他們只想把史達林式的專橫共產主義，轉變為比較人性化、自由化的共產主義，排斥集權，有伸縮性，這只是溫和的改革運動，何致重蹈 1956 年匈牙利的覆轍！

自 1968 年 3 月起，蘇聯就不斷向杜布西克施加壓力，布里茲涅夫與柯錫金多次與杜氏會談，向捷共提出警告。但捷克人民，尤其是知識分子，則渴望改革，對杜氏強烈支持。杜氏愈受國人擁護，就愈增蘇聯的疑忌，杜氏陷在夾縫當中。3 月 15 日發生錫納 (Sejna) 將軍（諾瓦特尼親信）逃亡出國事件，激起人民對諾氏的不滿，諾氏被迫辭去總統職務（3 月 22 日），捷共中委會一致推舉史瓦波達將軍繼任，並由索尼克組成中間性的新內閣。閣員中有很多改革派分子，經濟學者錫克教授出任副總理。國會亦於 4 月間改選，熱心改革的史莫考夫斯基當選為議長。

5 月 8 日，華沙公約集團在莫斯科舉行高峰會議，會後，蘇聯、波蘭、東德、匈牙利和保加利亞等五國紛紛出兵，進入捷克境內，舉行軍事演習。

捷共內部，仍有一批史達林派的保守分子，如高爾德、印德拉 (A. Indra) 和畢拉克 (V. Bilak) 等，蘇聯亟思加以利用，但苦於找不到一個類似

匈牙利的卡達 (Kádár) 的領袖人物。捷共兩派為了爭取即將舉行的第十四屆代表大會席位，互相抨擊。自由派著名作家瓦庫里克 (L. Vaculik) 於 6 月 27 日發表〈二千字宣言〉(*Two Thousand Words*)，要求以罷工、示威、集會批評等方式，甚至準備組成「保衛言論自由委員會」，來對抗濫用權力的舊勢力，由於內容過於激烈，引起莫斯科的公開反擊。《真理報》於 7 月 11 日著論斥責捷克正圖改變 1948 年以來的社會主義路線，否定捷共的領導地位，要求杜布西克強力對付。但蘇聯的壓力愈強，捷人的團結愈緊，各界紛紛簽名，一致支持杜布西克。立場強硬的捷軍司令普契立克 (V. Prchilik) 將軍主張修改華沙公約集團結構，仿照羅馬尼亞模式，擁有比較獨立的軍事自主權。但在各方壓力下，普契立克被解除軍職，顯示捷克並無軍事抵抗的意圖，間接也增加了蘇聯出兵干涉的信心。

蘇聯、波蘭、東德、匈牙利、保加利亞等五國又在華沙聚會（7 月 18 日），致函捷共當局，強調如果他們認為捷克已經違反了社會主義路線的話，他們有權干涉捷克的政局。翌日，捷共中央委員會緊急集會，發表聲明，支持杜布西克的改革運動。

華沙集團又於 7 月 29 日在捷邊西爾納 (Čierna nad Tisou)、繼又於 8 月 3 日在布拉提斯拉瓦連續舉行高峰會議，指稱捷克已經叛離了社會主義路線，並有脫離社會主義國家集團的危險。情勢發展至此，就已經不是捷克一國的問題，而是所有共黨和所有社會主義國家的共同問題。這些國家既已結為盟邦，就應關懷捷克政局的發展。措詞雖如此強硬，但在此次布拉提斯拉瓦會議中，並未決定出兵干涉，反而下令已在捷克演習的部隊撤到捷克邊境。如此看來，大局仍有轉圜的餘地。

布里茲涅夫本人對於武力干涉最初也頗踟躕，因為當時俄共政治局和東歐各國的意見並不一致。蘇聯總理柯錫金因恐影響東、西方之間的和解以及俄共與中共之間的關係，反對出兵。東歐諸國中的南、羅兩國反對干涉，匈牙利保持中立。贊成武裝干涉者只有東德和波蘭，它們因為本身也遭遇同樣困境，局勢不穩，所以希望以武力鎮壓自由派，藉收殺雞儆猴之

效。此外，捷共本身的保守分子，深恐在 9 月間即將召開的代表大會當中遭受自由派分子的攻擊，也渴盼藉助外力，以求自保。

　　1968 年 8 月 21 日，局勢急轉直下，大批外國坦克湧入布拉格市區，占領捷共中委會，並包圍議會和科學院，杜布西克、總理索尼克、國會議長史莫考夫斯基均被捕。華沙集團侵入捷克一舉，據塔斯社同日廣播指出，是由於捷克黨政領袖的要求，但據當時捷克外長哈吉克 (J. Hajek) 在紐約向聯合國安理會表示，並無任何負責官員提出上述邀請，由此可見塔斯社消息全係捏造。

　　華沙部隊入侵之後，捷克親俄分子即假借捷共中委會名義，以匿名訓令指示各地黨部與入境外籍部隊合作，但均被拒絕。波希米亞北部的一個地方黨部甚至以廣播答覆上述訓令，要求入侵部隊必先離境，強調「我們是一個主權國家，力足保障社會主義的發展、國家的安全，並可克盡對於盟邦的責任。」繼又表示：「我們只支持由杜布西克所領導的中央委員會，由索尼克所代表的政府，由史莫考夫斯基所代表的議會，並擁護史瓦波達總統！」

　　8 月 22 日，各地方黨部代表一千零九十五人在首都舉行捷共第十四屆

圖 7　蘇聯坦克入侵布拉格（1968 年 8 月）

特別代表大會，他們在工人民團的護衛之下冒險出席，新選出來的中央委員和主席團當中，已將親俄叛國分子排除，所以決議由地下電臺向全國廣播。同時，捷克國會、政府、民族陣線、工會和各職業團體，也透過廣播，一致譴責外國的武裝干涉，要求立即撤出國境。

蘇聯仍盼有一線政治解決的希望，史瓦波達總統自動率領胡薩克及司法部長等人前往莫斯科會商，受到禮貌性的接待。但蘇聯要求捷克代表團中再增加一些親俄分子如印德拉等人。史瓦波達建議應將杜布西克、索尼克等人也一併列入，莫斯科同意，史瓦波達等人乃獲釋與會。經數日磋商，最後簽訂〈莫斯科協議〉十五條（8 月 26 日），協議內容迄未公布，必是一份類似〈慕尼黑協定〉的屈辱文件。10 月 16 日，蘇聯再迫捷克簽約承認蘇聯享有在捷克境內的駐兵權，而且駐紮時間之久暫並無明文規定。至此，捷克的地位已淪為蘇聯的保護國。杜布西克的屈辱作法，無異三十年前 (1938) 和二十年前 (1948) 貝奈施的作風：臨危退卻，避免犧牲。

因為蘇聯在捷共之中一時還找不到一個像「卡達」一樣的傀儡，所以無法建立「奎斯林式」的傀儡政權。在此過渡期間，只得仍由杜布西克維持殘局，以迄 1969 年 4 月。

蘇聯為了打破「布拉格之春」由杜布西克、索尼克、史瓦波達和史莫考夫斯基組成的四人聯盟，仍然採用匈共拉科錫那一套所謂「沙拉米戰術」(Salami Tactics)，製造矛盾，逐漸肅清自由派分子。首遭排除者是議長史莫考夫斯基（11 月），第二步再分化杜布西克與其他二人。自由改革派的勢力乃逐漸削弱。

在此次捷克危機中，產生了「布里茲涅夫主義」(Brezhnev Doctrine) 一詞。它的最完整的詮釋，見於布氏於 1968 年 11 月 12 日在華沙出席波共代表大會時所發表的一段講詞。他說：「當仇視社會主義的外在內在勢力，企圖扭轉某一社會主義國家的發展，使其走向恢復資本主義制度，危及該國社會主義路線，同時也危及整個社會主義集團時，這個問題就不再只是攸關該國人民的問題，而是一個共同的問題，也是一個所有社會主義國家

一致關切的問題。」換句話說，任何共產國家只能享受有限度的主權，內政外交不能踰越莫斯科規定的規範，如有違故，就要受到共黨集團的聯手制裁。

1969 年 3 月 28 日，捷克冰球隊在斯德哥爾摩的國際比賽中擊敗蘇聯隊，捷人心中視為對蘇聯入侵的報復，萬人空巷，狂熱慶祝，後來竟由慶祝演變為暴動，搗毀俄航公司，高懸國旗於「聖・文塞斯勞斯」銅像之上，全國各地的入侵紅軍司令部均受攻擊，情況陷於混亂。蘇聯國防部長葛列契科 (A. Grechko) 飛往布拉格，向捷警告，表示秩序如不立即恢復，紅軍又將出動彈壓，4 月 17 日杜布西克被迫辭去捷共第一書記職務 (1970 年辭去中委，出任駐土耳其大使，但旋即召回，並開除黨籍)，改由胡薩克繼任。背叛了杜布西克的索尼克亦於數月之後將總理職位交與史托格爾 (L. Strougal)。

杜布西克的失敗，在其立場不夠堅定，依違於兩個絕對衝突的勢力之間。在捷克共黨與人民之間，他試圖扮演安撫斡旋的角色；在蘇聯帝國主義者和他的祖國之間，他試圖扮演居中調停的角色。結果陷於進退失據兩面楚歌的境地，註定了失敗的命運。

蘇聯對捷克的侵略和「布里茲涅夫主義」的宣示，固然提高了莫斯科在東歐的威望，但也對它造成了很大的傷害，使它付出了極高的代價。綜而言之，它對蘇聯產生了下列不利的影響：

1. 加深了共產世界的分裂

史達林死後十餘年間，莫斯科力圖改變它的形象，由一人獨裁而集體領導，由肅殺而「融解」，此種新的作風，增加了各國共黨對它的向心力。但自捷克事件以後，克里姆林的猙獰面目又再顯現，使東歐附庸對它失去了信心，提高了戒心，也更加強了南斯拉夫、羅馬尼亞、阿爾巴尼亞等國的離心力。西歐各國共黨，除了同聲譴責以外，更加走向「多元社會主義」(Pluralistic Socialism) 之路，不再聽從莫斯科的一元領導。義共領袖伯林格 (E. Berlinguer) 甚至說：「幸虧我們是北大西洋公約的會員國，才不致像捷

克一樣的被蘇聯扼殺。」中共正在和蘇聯爭奪世界共黨的領導權，於是斥責布里茲涅夫主義是對其他國家內政的干預，充分顯露了蘇聯帝國主義的野心。中共一方面加強邊防，一方面積極改善它和美國的關係，以資制衡。蘇聯積極推動的第三世界各國共黨會議原訂 1968 年 11 月召開，本想糾合各國向中共施加壓力，捷克事件發生後即為之延期。

2. 有害於東西雙方的和解

　　1960 年代末期，東西和解的氣氛正濃，〈禁止核子繁衍條約〉、「限制戰略武器談判」(SALT) 和「歐洲安全與合作會議」等國際會議均在籌議之中，西德布朗德總理高唱的「東向政策」(Ostpolitik) 和蘇聯推動的「西向政策」(Westpolitik) 正在彼此呼應，雙方均盼達成和解，莫斯科尤盼藉此確定戰後的東歐疆界，但捷克事件使這些談判被迫延期。布朗德指稱，蘇聯的侵捷「好像發生了一場地震，改變了歐洲的景觀，震開了裂隙，震斷了橋樑。」北大西洋公約組織此時原有分裂現象，戴高樂主張西歐不能一味臣服於美國，應在法國領導之下組成歐洲聯盟，以「第三勢力」的姿態介於美、蘇兩強之間。捷克事件發生後，西歐驚懼，咸信仍需仰賴美國的支援，北約重歸團結。

　　不過，西方國家對於捷克的悲劇，並未伸出援手，它們仍和過去匈牙利 1956 年危機時一樣，只限於對俄的口頭抗議和譴責而已。驚怒哀悼的心情轉瞬即趨平靜，和解的氣氛又告復燃。為時不久，西德即與蘇聯、波蘭、捷克等國簽約 (1970)，承認了東歐現存的疆界。五年之後，歐洲安全與合作會議在芬蘭舉行 (1975)，簽訂了 〈赫爾辛基最後文件〉 (*Helsinki Final Act*)。

六、胡薩克時代 (1969–1987)

　　1969 年起，捷克進入胡薩克領導的所謂「正常化」(Normalization) 時期，也就是重新恢復「史達林主義」的統治。

　　胡薩克於 1969 年接任捷共第一書記之外，1976 年再兼任總統。執政之初，在蘇聯指示下，採取嚴厲的高壓政策，首先對參加「布拉格之春」自由化運動分子加以整肅。整肅的範圍極廣，上至中委會（在一百十五個委員中更換五十四人）、書記處和內閣部會的首長，下至各級地方的黨政幹部，經其拘捕審訊和判刑的犧牲者，數以萬計，和諾瓦特尼於 50 年代實行的大整肅一脈相承。由於犧牲人數過多，同時又有多人憤而脫黨，捷共乃於 1970 年換發新黨證，以資整理。捷共黨員人數，1968 年 1 月有一百六十九萬一千八百九十六人，整肅後只餘五十萬人，減少三分之二以上。

　　胡薩克在其接受捷共第一書記的演說中，首先指出在最近一年之間，捷克危機重重，如欲挽救危亡，必須先求安定，大家靜下心來，尋求解決之道。必如是，國家才能生存，內外問題才能正常發展。

　　胡薩克生於 1913 年，故鄉為斯洛伐琪亞的布拉提斯拉瓦，曾受良好教育，獲法學博士學位。二次大戰期間，參加抗敵活動，戰後出任斯洛伐琪亞部長會議主席。在諾瓦特尼當政時，曾因具有「斯洛伐克民族主義思想」而入獄九年 (1951–1960)。獲釋之後進入科學院從事學術研究工作。1968 年 4 月升任副總理，以迄翌年接任捷共第一書記。

　　胡薩克的高壓政策，招來人民的怨恨，匈共領袖卡達訪捷時，曾勸胡氏先忍一時的責罵，將來再圖補償。卡達於 1970 年向匈共中委會致詞時，曾說：「凡是不和我們作對的人，就是和我們站在一起的人。」胡薩克拾其牙慧，也有一句名言：「不反對我們，就是和我們站在一邊。」話雖如此，可惜在卡達和胡薩克的心目中，敵視共黨的人和共黨內部的異己分子，依然不計其數。

　　所謂「正常化」，就是恢復「布拉格之春」以前的狀態，史達林主義再度復活，書報檢查又趨嚴格，思想意識不容再有分歧，對於宗教信仰的自由又加限制，教會受到打擊。在經濟政策方面，取消過去的一切改革，經濟計畫仍由中央統籌，企業自治和以盈虧評定優劣的觀念完全放棄，不過由中央控制的生產項目則相對減少。

　　「布拉格之春」運動中唯一倖存的改革案，是國體的變革，1969 年 1月 1 日起捷克改為「聯邦制」，依照新的憲法修正案，捷克斯洛伐克社會主義共和國 (Czechoslovak Socialist Republic) 由兩個地位完全平等的國家組成，一為「捷克社會主義共和國」(Czech Socialist Republic)，一為「斯洛伐克社會主義共和國」(Slovak Socialist Republic)，除了各自的議會（稱為 National Council）以外，另設「聯邦議會」(Federal Assembly)。聯邦議會分設兩院：一為「人民院」(Chamber of the People)，由人民普選產生，一為「民族院」(Chamber of the Nations)，由捷克及斯洛伐克兩個民族推選議員組成。依照 1980 年的統計，人民院共有二百席，捷克人占一百三十一席，斯洛伐克人占五十九席，其他少數民族十席。民族院共有一百五十席，兩共和國各占七十五席。完全由聯邦政府主管的政務，包括外交、國防、國家資源等。公民享有雙重國籍。不過，上述聯邦制度不久就發現另有若干缺點，主要是兩國各有一套經濟制度，警察也各自為政，使政務窒礙難行。於是在 1970 年再度修改憲法，將上述政務合而為一。公民的雙重國籍制也一併廢止。

　　戰後捷克憲法，共有兩部，第一部憲法於 1948 年頒布，第二部憲法於 1960 年頒布，其後經過多次修改（1968、1970、1975）。依照這部現行憲法規定，總統由聯邦議會選舉產生，為國家元首，不設副總統，總統不能視事時由內閣總理代理。胡薩克於 1975 年由衰老的史瓦波達手中接任總統，以迄 1987 年止。內閣設總理及副總理（八人），為行政最高機關，均由總統任命，向聯邦議會負責。總理及副總理合組「主席團」(Presidium)，監督所屬部會。內閣部會的數目不定，1981 年時設十四部和四個委員會。

　　1970 年 5 月，捷克再與蘇聯簽訂新的〈友好合作條約〉，將布里茲涅夫主義中的「有限度主權」的條款加入，使蘇聯有權在捷駐兵，捷軍亦須接受華沙公約組織的指揮監督，捷克又成克里姆林的絕對附庸。

　　捷克是一個具有高度文化水準和狂熱反抗外力干涉傳統的國家，「布拉格之春」雖只曇花一現，但捷克知識分子嚮往自由的意志並未息止，鐵幕

之內，仍然時常傳出反對胡薩克政權的呼聲。特瑞士卡 (J. Triska) 在其〈來自捷克的訊息〉一文中，稱此為「墓中之聲」(Voices from the grave)，這些「墓中之聲」有的來自「布拉格之春」的重要人物。當時擔任國會議長的史莫考夫斯基因患骨癌，自知不久於人世，在其病榻之上接受義大利 *Gorni-Vie Nuove* 週刊總編輯拉郝洛 (D. Lajolo) (義共中央委員) 的訪問時，詳述 1968 年自由化運動被蘇聯武力摧毀的內幕，揭露布里茲涅夫等人的醜惡行徑，最後並斥責紅軍的繼續駐屯。史莫考夫斯基死（1974 年 1 月）後不久，週刊又刊出杜布西克（後在一處森林公園中擔任管理員）的一篇文字。除了讚揚史氏之外，並指責胡薩克出賣朋友，指現在的捷共政府已失人民的信任，蘇聯一味動武，並不能解決各地存在的問題。上述文字發表後，引起東歐和世界的重視。義共拉郝洛在刊出這些文字時，更著文強調：實行社會主義的同時，不能不要自由。義共反對華沙集團在捷境駐軍，要求出兵各國對此重加檢討。除了政治人物以外，文藝作家和其他知識分子也透過各種管道，在西方報刊上不斷發表反抗的文字──如〈十項宣言〉（見 1972 年紐約出版之 *New Politics*）等。

　　1977 年 1 月 6 日在西德的報紙上突然刊出一份稱為〈七七憲章〉 (*Charter 77*)❸ 的宣言，呼籲保障人權，立即引起全世界的注視，各國譯文分別發表。原始發起簽名者，據說有二百四十二人，大多是捷克共產黨中的自由分子和參與「布拉格之春」運動的鬥士，其中包括〈二千字宣言〉的作者──著名作家瓦庫里克，和 1968 年時擔任捷共中央委員的斯拉維克 (V. Slavik) 等人在內。到了 1981 年，簽名者已達一千人。他們強調他們只是一個鬆散的非正式的組合，鑑於 1975 年的赫爾辛基會議已經通過了保障人權的條款，規定簽字國家均應「尊重人權和基本自由，包括思想、良知、

❸　〈七七憲章〉參閱 Brisch, H. & Volgyes, I. (eds.), *Czechoslovakia: The Heritage of Ages Past.* N.Y.: Columbia University Press, 1979. 引用 *Problems of Commun-ism* （1975，11 月號），pp. 26–42. 另可參閱 "Charter 77": A Czech Dissident Manifest 刊於 *New Leader* 第六十期 (1977)，pp. 11–14.

宗教和信仰的自由」，捷克也是簽字國之一，自應遵照行事。宣言要求：國際間應該注意最近發生的侵犯人權的事件，並提出改善的方法；提出具體方案以加強人民的權利與自由；如果發生有關人權的爭執，應該出面協調解決。

胡薩克聲明，主權來自國家，內政不受國際條約的干涉。隨即將〈七七憲章〉的簽名者拘捕審訊，並撤免其所任職務。鼓勵這些不滿分子出國，但遭拒絕。

1978 年元旦，〈七七憲章〉的簽名者又發表週年紀念宣言，要求對於捷克政府侵犯人權的案件公開辯論，同年 5 月政府拘捕不滿分子三十六人繫獄，並加以「反革命」的罪名。

胡薩克政府為了應付反抗分子的壓力，也曾採取若干次要性的措施，用來安撫不滿的民眾，滿足他們在經濟方面的需求，設法提高生活的水準。這些撫慰性的措施，特別是經濟方面的進步，雖能緩和一部分的反抗情緒，但僅限於經濟層面，在政治方面依然無所助益。「布拉格之春」被武力壓制所造成的創傷，對國家的榮譽、民族的自尊和全民的團結，均有嚴重影響。捷共和胡薩克一直陷於左右為難之境，無異雙手被縛的囚徒。如果放膽改革，勢必引起蘇聯的再度干涉；如果一味敷衍，我行我素，又無法收拾渙散的人心。

如欲打破捷克的僵局，有人認為仍須借助外來的國際壓力。「布拉格之春」以後，「歐洲共產主義」(Euro-Communism) 陣營中的義、法、西、英、奧、荷、比、南、羅、瑞典以及日本等國共產黨，一致支持捷克的自由化運動，譴責蘇聯的武力干涉。這些「歐洲共產主義者」，更視捷共為先驅。其中尤以義共領袖朗哥 (L. Longo) 和繼任的伯林格，以及西班牙共產黨領袖卡瑞羅 (S. Carrillo)、法共領袖霍契 (W. Rochet) 等人，對「布拉格之春」的領導者更多讚譽。蘇聯為了維持它在世界共產陣營當中的領導地位，對抗中共的挑戰，迫不得已改變它的捷克政策，使捷共的「人性化面孔」再度展現。此外，蘇聯和東歐各國的領導人，由於人事的變更，鷹派下臺，

鴿派執政，而加速上述的變革。

　　捷克政局的變化，發生於 1987 年。是年 4 月，蘇聯領袖戈巴契夫訪問捷克，推銷他所提倡的「開放」(glasnost) 和「改造」(perestroika) 政策，此舉助長了捷克自由派分子的聲勢，傾向改革路線的內閣總理史托格爾更公開表示支持戈巴契夫的政策。胡薩克受此壓力，乃被迫辭去捷共第一書記的職務，改由傑克斯 (M. Jakes) 繼任。胡薩克時代告終，這是戈巴契夫執政以來第一個被迫下臺的東歐共黨領袖。

　　不過，捷共政局仍由保守分子把持，傑克斯依然採行傳統路線。史托格爾總理在翌年就又被反對改革的分子迫使辭職，改由阿戴米克 (L. Adamec) 接任。

第二十三章 鐵幕之內的匈牙利

一、共產政權的建立

在第二次世界大戰爆發前後，匈牙利政府在攝政的賀提 (N. Horthy) 將軍領導下，一向依附納粹德國。賴德之助，於 1938 年慕尼黑危機時從捷克手中奪得斯洛伐琪亞南部的一片條形地帶，又於 1940 年從羅馬尼亞手中奪得外息爾凡尼亞北部的一大片領土。匈牙利於 1939 年 2 月加入〈反共公約〉，1940 年 11 月再加入三國軸心，同意德軍越境攻擊南斯拉夫。匈、南之間剛剛由總理德萊奇 (P. Teleki) 簽訂〈永久友好條約〉，不料突然發生毀約行動，使德萊奇憤而自殺，由巴多西 (L. Bardossy) 及卡雷 (M. Kallay) 先後繼任總理。德、蘇戰爭爆發及珍珠港事件後，布達佩斯政府隨即對蘇聯及英、美宣戰（1941 年 6 月 26 日）。

到了大戰末期，當紅軍於 1944 年攻入巴爾幹半島，羅馬尼亞（8 月）和保加利亞（9 月）分別向聯軍投降後，匈牙利見風轉舵，也在 10 月 15 日向聯軍投降，聖誕節前夕，紅軍攻占布達佩斯，旋在紅軍支持下，組成匈牙利臨時政府。這個臨時政府仍屬保守性的多黨聯合政府，主要政黨為共產黨、小農黨 (Small Holders' Party)、社會民主黨與國家農民黨。總理一職由賀提的密友麥克勞士 (B. Miklos) 擔任，國防部長由原任參謀總長瓦沃斯 (J. Vövös) 將軍擔任，內政部長由國家農民黨的艾迪 (Erdie) 擔任，唯一與蘇聯有關的閣員只有農業部部長伊默・納吉，他是當時匈共的領袖。

臨時政府於 1945 年 1 月與聯軍在莫斯科簽訂正式的休戰協定，同年 4 月 14 日匈政府還都布達佩斯。此時有一插曲：匈牙利的國寶，也是最高統治權的象徵「聖・史蒂芬王冠」，原由斐塔士 (Paytás) 上校負責守護。當紅

軍入侵時，斐塔士上校恐被俄人獲得，乃攜帶王冠越界逃往奧國，將其交予駐在奧境的美國第三軍保管，美國隨即將王冠運往美國保存，1978 年方應匈牙利政府之請將此一具有悠久歷史的王冠歸還。

國會大選，經英、美一再催促，蘇聯始同意於 1945 年 11 月間舉行。此時駐紮在匈牙利境內的聯軍部隊，只有蘇聯的紅軍，因此一切政務均由蘇聯一手把持，「聯軍管制委員會」 (Allied Control Commission) 雖有英、美代表參加，但毫無地位，英、美屢提抗議，蘇聯均置之不理。占領軍司令紅軍名將伏羅希洛夫 (K. Voroshilov) 元帥，對於國會大選掉以輕心，以為紅軍既然控制全局，匈共必操勝算，因此未加干涉，聽其自由選舉。及至大選結果揭曉，令人均感意外，在全額四百零五個席位中，匈共只獲得 17% 的選票，而小農黨則獲得 57% 的選票。經過此番教訓，蘇聯在東歐各國再也不敢舉辦自由的選舉。

小農黨既在大選中獲得最多席位，所以新的政府仍是多黨聯合政府，總理由臺爾迪 (Z. Tildy) 擔任，入閣的共黨領袖，一為副總理拉科錫，一為內政部長伊默‧納吉。

1946 年 1 月，匈牙利改為「人民民主共和國」，結束了自 1918 年以來的「沒有國王的王國」的怪異局面。

匈共領袖拉科錫自此以後即嶄露頭角，成為匈牙利的主要人物。他為了消滅其他民主黨派的勢力，採取一種所謂 「沙拉米戰術」 (Salami Tactics)，意即利用對方矛盾，製造內鬨，然後聯乙以制甲，再聯丙以制乙，個別擊破，逐步消滅敵人。

拉科錫首先與小農黨合作，聯手打擊保守分子，得手之後就再聯合社會民主黨與國家農民黨共同對付小農黨，此時聯合政府的總統和總理均為小農黨人。拉科錫製造了一連串的 「叛國陰謀」，指控均受小農黨幕後鼓動，該黨秘書長考瓦契 (B. Kovács) 以破壞紅軍罪行被捕，送往西伯利亞。然後乘總理佛倫克‧納吉 (Ferenc Nagy) 赴瑞士渡假時，捏造理由加以抨擊，並將其子拘捕為人質，迫使納吉自動請辭，小農黨由是瓦解。小農黨

瓦解之後，匈共的頭號敵人已除，乃在 1947 年 8 月的大選中獲得全勝。各個民主黨派均被解散，社會民主黨則併入共黨之中。國會選舉的候選人名單，均由共黨把持的「愛國人民陣線」(Patriotic People's Front) 提出。到了 1948 年，匈共已成為匈牙利最有權力的政黨，改黨名為「匈牙利社會主義勞工黨」(Hungarian Socialist Workers' Party)。在新的內閣中，除總理一職暫由殘存的小農黨人達比 (D'obi) 擔任外，其餘重要部會首長均為共產黨人，計有內政部長卡達、外交部長雷克、國防部長法卡斯等。

至此，匈牙利已經成為百分之百的共產國家。時為 1948 年年底。

二、拉科錫的高壓統治 (1948–1956)

自 1948 年起，至 1956 年止，這八年時間是拉科錫的當政時代。

拉科錫的權力，一方面來自蘇聯的支持，一方面來自匈共和秘密警察的擁戴。他以匈共第一書記兼任政府總理，集黨政大權於一身。

此時匈牙利仍是「人民民主」政府，一切施政完全仿照蘇聯的模式，以史達林主義為準繩。在 1947 年開始的「三年計畫」和第一個「五年計畫」(1950–1954) 當中，全力推行工業國有化和農業集體化，工業建設以重工業為優先，希望先把以農業為主體的經濟結構轉變為農工各半的平衡，然後再變為一個「鋼鐵國家」(Country of Iron and Steel)。實行結果，反而造成經濟衰退，農業減產，民生消費品供應不足，生活水準下降，引起人民強烈的不滿。

匈牙利的疆域，在與納粹合作期間，一度曾將外息爾凡尼亞收回，但在第二次大戰以後簽訂的〈巴黎和約〉(1947) 中，又恢復到第一次大戰以後〈特瑞嫩條約〉(1920) 中原有的疆界。面積約為九萬三千平方公里。

共產黨統治下的匈牙利憲法，頒布於 1949 年 8 月 20 日，是日為「聖·史蒂芬日」，原是紀念匈牙利王國開國君主的節日，此後即訂為「行憲日」。這部憲法曾經多次修正，最後一次修正為 1972 年，稱為《修正憲

法》 (Revised Constitution)。匈牙利的國名稱為「匈牙利人民共和國」(Hungarian People's Republic)，是由勞工和勞動農民組成的國家。憲法的內容仿照蘇聯的《史達林憲法》，不過它的國會 (National Assembly) 只設一院，共約三百五十個席位，為國家權力最高機關，有權制訂法律，擬訂國家經濟發展計畫、擬訂並執行預算、監督政府行政。國會選出二十一位委員組成「總統委員會」(Presidential Council)，相當於蘇聯的最高蘇維埃主席團，兼具立法、行政乃至部分司法的權力，委員會設主席一人，地位相當於總統，另設副主席二人及秘書長一人。內閣稱為「部長會議」，由總統委員會提名，經國會通過後任命，向國會負責，現有閣員二十五人，部長會議亦設主席團，主席團主席即內閣總理，其下設副總理四人，下設十六部和四個委員會，部會的數字時有增減。總理由匈共第一書記卡達兼任。

國會、總統委員會和部長會議這三個主要權力機關的職權和相互之間的關係，憲法中並無明確規定，所以權力常有混淆。好在所有高級行政主管均由匈共中央委員或政治局委員兼任，匈共第一書記仍為一切權力的主宰者。

史達林於 1953 年逝世後，改行集體領導，黨政分掌，不再集於一身，匈牙利亦同受此影響，拉科錫兩度被召前往莫斯科，被迫將兼任的內閣總理一職讓由伊默‧納吉接任，拉科錫仍任匈共第一書記。伊默‧納吉為一比較開放和自由化的共黨領袖，在其執政期間 (1953–1955)，對於僵化的工農業政策、言論出版的限制、秘密警察 (AVO) 的活動、天主教會的迫害，均曾大肆改革。這些改革統稱為「新路線」(New Course)。新路線實行的結果，消費物資增加，人民生活改善，集中營（是時囚禁十五萬人）撤銷，政治犯獲釋，很多農戶退出集體農場，呈現一片祥和景象。

「新路線」實行的時間極為短暫，因為伊默‧納吉的靠山蘇聯總理馬倫可夫失勢下臺，同時匈共內部的史達林派分子也全力反擊，拉科錫乃於 1955 年重掌政權，將納吉的總理職位撤去，並將其排除於政治局之外，最後甚至開除黨籍，一切又恢復舊時狀態，進入所謂「沒有史達林的史達林

主義」時期。

　　拉科錫的八年統治，和比魯特之在波蘭、諾瓦特尼之在捷克一樣，全是一段令人震撼的恐怖時代。這種現象，在共產黨奪得各國政權以後的初期階段，大致相同。在國家安全部（AVO，其後改稱 AVH）的協助下，將反共的「階級敵人」和共黨內部的異己分子，大規模整肅屠殺。在 1952年的整肅行動中，同志被殺害者高達二十萬人，其中包括很多高級幹部和親密的朋友。

　　第一波整肅，發生於狄托反叛及俄、南分裂以後，史達林惟恐新的狄托再度出現，令東歐附庸大舉清黨，清除的對象就是本土主義者和修正主義者。曾任匈牙利內政、外交部長的雷克慘遭殺害就是一個鮮明的事例。雷克為德裔匈牙利人，曾參加西班牙內戰，二次大戰時並未離開匈牙利，所以屬於本土派的共黨領袖，不像拉科錫及伊默‧納吉等人是來自俄國的莫斯科派。雷克於 1946 年出任聯合政府的內政部長，俄、南分裂後兩月即被免職轉任外交部長（1948 年 8 月），翌年 6 月被捕入獄，繼之舉行大審，

圖 8　拉科錫

罪名為狄托分子及托派分子。依據匈牙利政府發表的審判紀錄，雷克供認在西班牙內戰期間和以後，曾與法國、南斯拉夫及美國情報機關聯繫合作，企圖不利於共黨運動和蘇聯，是狄托集團埋伏在匈牙利的一個棋子。惟供詞內容顯係偽造，其中充滿自相矛盾之處。拉科錫將雷克判刑處死，一則取悅於蘇聯，二則鞏固本身的地位。雷克的整肅，產生兩重影響，一是蘇聯以此為藉口，斷絕了它與南斯拉夫的同盟關係；二是由此引發了捷共的大整肅，其規模之大尤甚於匈牙利。

三、布達佩斯的反俄革命 (1956)

1956 年 2 月 14 日及 24 日，赫魯雪夫在俄共第二十屆代表大會中連續發表兩次演說，強烈抨擊史達林的個人崇拜和「史達林主義」的種種錯誤，展開所謂「貶抑史達林行動」。此一行動立即對東歐附庸政權發生嚴重影響。

第一個反應是波蘭的叛亂。6 月 28 日工業大城波茲南工人舉行示威，與警察發生衝突，稍後，騷亂蔓延到華沙及克拉科等大城。在示威群眾中，出現由「麵包與自由」、「自由選舉」到「結束俄國占領」和「波蘭獨立萬歲！」的標語。軍警鎮壓，多人傷亡。在一片混亂之中，具有濃厚本土色彩、一向反對史達林主義的波共領袖戈慕卡由幽禁中獲釋，並有接任波共第一書記的可能。赫魯雪夫親往處理，紅軍也蠢蠢欲動，但經折衝之後終獲妥協，蘇聯讓步❶。

第二個反應便是匈牙利的反俄革命❷。波蘭和匈牙利這兩個運動，背景相同，原因相同，目的也相同，而結果則互有差異，前者以妥協結束，後者則發生流血衝突。吉凶的關鍵，均在一髮之間。波蘭之所以能夠獲得俄方讓步的原因：一是波共本身具有較大的凝合力，且深受人民的支持；二是波蘭所提要求，和蘇聯的基本政策並不違背；三是波蘭堅定表示，在外交關係上仍然完全依附蘇聯，並無脫離華沙條約集團之意。反之，匈牙利之所以引起武力干涉，是因為匈共內部並不團結，以拉科錫為首的保守勢力仍強，蘇聯足可個別擊破。再則匈共所要爭取的目標過高，如欲退出華沙集團、欲成立包括其他黨派的聯合政府等等，均非蘇聯所能接受。

匈牙利悲劇的始作俑者，是拉科錫的反應過度。當波蘭的波茲南暴動

---

❶　參閱本書第二十一章「五、戈慕卡的民族共產主義」。

❷　匈牙利革命的經過，參閱 Fejtö, F. *Behind the Rape of Hungary.* N. Y.: McKay Company, 1957. 及 Meray, T. *Thirteen Days that Shook the Kremlin.* N. Y.: Praeger Publisher, 1959.

發生後，匈牙利立受傳染，7 月初街頭出現示威行列，高呼「我們要向波蘭學習！」拉科錫立即對自由派施壓，利用工人打擊知識分子，並將自由派領袖伊默・納吉逮捕（7 月 12 日）。這種作法與克里姆林的現行政策並不相符，蘇聯乃派米高揚 (A. Mikoyan) 及蘇斯洛夫 (M. Suslov) 前往布達佩斯（7 月 17 日），迫使拉科錫辭匈共第一書記職，改由吉羅 (E. Gëro) 繼任。吉羅亦為保守分子，繼續排斥納吉，因此反而提高了納吉的聲望，各方紛紛要求將其復職。

在 7 月初到 10 月 23 日之間，匈牙利政情不穩，匈共之中的保守分子與自由改革派互相猜忌傾軋，在群龍無首缺乏領導中心的情況下，群情激盪，逐漸不可收拾。9 月初，作家聯盟 (Writers' League) 要求寫作完全自由，「比托菲俱樂部」(Petöfi Clubs)❸和大學之中的討論會不斷舉行，鼓吹自由思想。匈共應輿論要求，將 1949 年被整肅處死的前外交部長雷克平反，並為其舉行國葬。國葬之日（10 月 6 日），首都街頭有三十萬人遊行，群眾之中除了知識分子、學生、工人之外，尚有黨政官員在內，納吉走在隊伍的最前方，擁持雷克遺孀，顯示他已成為反對陣營的領袖。

吉羅此時如能出面與國人溝通，情況可能趨於和解，但吉羅及其左右卻滯留莫斯科，與赫魯雪夫、米高揚等人磋商大計，赫某甚至將他介紹給狄托，盼其妥善解決自己的問題。吉羅訪問南斯拉夫（10 月 14 日）後返回布達佩斯，此時波蘭危機正在高潮，戈慕卡的勝利使匈牙利受到鼓舞，認為蘇聯不願動用武力來打擊由人民支持的革新運動，他們盼望匈牙利也可以像南、波一樣，有一位匈牙利的戈慕卡，有一條「通往社會主義的匈牙利路線」。

10 月 22 日，「比托菲俱樂部」提出「十項計畫」，要求另組「愛國人民陣線」，實行工廠自營，排除拉科錫，公審前國防部長及國家安全部負責人法卡斯，與蘇聯依絕對平等原則建立更親密的關係。而學生所提要求，

---

❸　比托菲為一十九世紀的匈牙利愛國詩人，極受匈人推崇，參閱本書第十四章「一、獨立革命 (1848–1849)」。參加「比托菲俱樂部」者是一批知識分子。

則較比托菲集團更加激烈，要求紅軍撤出匈牙利、准許各黨參加大選、修改現行經濟制度等等。最後，更呼籲於 10 月 23 日舉行大示威，以示與波蘭團結一致。

10 月 23 日的大示威最初由內政部下令禁止，比托菲集團、作家聯盟及學生代表趕往匈共中央要求取消禁令，當雙方爭論不休時，遊行群眾已在街頭集結。是時，吉羅方自貝爾格萊德訪問歸來，原擬強硬對付，但經勸阻，示威乃得解禁進行。參加民眾愈集愈多，好似萬人空巷，群聚於首都比穆 (J. Bem) 銅像廣場之前 ❹，高呼口號。最初秩序井然，並無騷亂，稍後行動逐漸不可控制，占領廣播電臺，摘下人民共和國國旗，改懸舊時國旗，並火焚史達林像。此時吉羅忽發表廣播演說，一再強調匈牙利獲得解放，多賴蘇聯援助，示威反俄，是匈牙利沙文主義的表現。演說之中，並未提出解決危機的具體方略，局勢乃更加惡化。

入晚，廣播電臺附近發生槍聲，安全警察多人同情改革，無法將群眾驅散。匈共中央委員會緊急集會，通過兩項相互矛盾的決議案：一方面推舉在 1953–1955 年間一度組閣的伊默‧納吉重新擔任內閣總理，一方面又要求紅軍協助恢復各地秩序。紅軍坦克於是開入首都，布滿街頭。

10 月 24 日晚，蘇聯代表米高揚及蘇斯洛夫到達匈京與納吉商獲協議，表示調動紅軍為一錯誤，並將匈共第一書記吉羅免職，改由卡達接任。作家聯盟見有轉機，於是要求示威群眾放下武器和旗幟，等待納吉與卡達會商解決之道。但首都的騷動已經蔓延到城鄉村鎮，到處發生巷戰，黨已分裂，政府也已癱瘓，示威演變成全國性的總罷工。各地政權落入「工人委員會」手中，他們發出呼籲，願意支持納吉的領導。

伊默‧納吉陷於左右兩難的困境當中。一方面，他是一個久受莫斯科訓練的忠實共產黨員，所以極願維持他與米高揚等所獲之協議；但在另一方面，他又承受來自全國人民團體和黨內自由分子的壓力，要求自由與獨立及紅軍離境。由於後一壓力過大，使其逐漸向反抗陣營屈服。

---

❹　比穆為 1848 年匈牙利獨立革命時的民族英雄。

　　10 月 27 日伊默‧納吉宣布新政府成立，30 日宣布新政府將是一個像
1945 年時代的聯合政府，容許非共黨派參加。同日，蘇聯發表聲明，仍強
調與其他社會主義國家的友好合作，尊重對方領土完整，主權獨立，對各
國內政絕不干涉。繼又表示願考慮撤出各國境內之紅軍。由此可見蘇聯態
度此時尚在猶疑未定。依照赫魯雪夫在 1969 年的陳述，蘇聯政治局中意見
並不一致，部分主張和平解決，部分主張動用武力。所以匈牙利的領導集
團此時如能妥善應付，或可獲致和波蘭同樣的結果。

　　但在此關鍵時刻，突起變化。納吉於 10 月 31 日發表聲明，表示匈牙
利即將退出華沙公約組織，11 月 1 日又正式宣告外交改採中立路線。至
此，莫斯科始決定出兵干涉。另一促使蘇聯決心干涉的原因，是此時中東
發生危機，英、法及以色列突然攻擊埃及，蘇聯認為在此世局緊張之際，
西方國家對東歐事務不會積極干預。

　　11 月 4 日清晨，俄軍向布達佩斯集結，坦克開入市區，匈牙利部隊受
制於保守派軍官，拒不迎敵，匈牙利人民赤手空拳對抗坦克，死傷累累，
革命迅即敉平。部分匈人渴盼西方國家能予支援，但希望終成泡影。

　　匈共第一書記卡達，立場原本曖昧，因其過去亦曾被拉科錫政府囚禁，
有人認為他是改革派分子。大局激變前夕，卡達曾秘密應召前往烏克蘭與
俄方洽商，返國之後即於 11 月 4 日發表廣播，指斥納吉的作法已危及國家
生存，決定另組革命工農政府，並向蘇聯求助，打擊「反動的邪惡勢力，
恢復秩序與安寧」。納吉及其革命夥伴見形勢危險，逃往南斯拉夫大使館，
對方允予庇護。稍後卡達表示願將納吉等人無條件釋放，並派員護送回家，
但當其離開南國使館之後，即被解往羅馬尼亞，1958 年被處死。

　　參加革命的「自由鬥士」(Freedom Fighters) 死難者二萬五千人，送往
西伯利亞者六萬餘人，另有二十萬人逃亡出國。

　　匈牙利革命的失敗，表示蘇聯絕不容許已被納入牢籠的東歐國家脫離
控制。南斯拉夫的舊例不容重演。十二年之後的捷克「布拉格之春」自由
化運動發生時，莫斯科依然採取武力干涉的方式。所以蘇聯在 1956 年匈牙

利革命時所採的政策，正是「布里茲涅夫主義」的前奏。

四、卡達時代 (1956–1988)

匈牙利於 1956 年革命失敗之後，卡達以匈共第一書記兼任總理（1956 年 11 月 4 日）。卡達生於 1914 年，父為農民，1932 年加入共產黨，大戰期間均在國內活動，並未接受莫斯科的訓練，所以算是一個本土派的共黨。1948 年擔任匈共副書記長，曾以狄托派罪嫌被囚將近三年。卡達事實上深受赫魯雪夫的影響，也頗贊成修正主義，不過到了匈牙利革命期間，叛離納吉，在烏克蘭境內的烏日格羅德另建親俄組織，邀請紅軍鎮壓革命，遂在蘇聯支持下接掌政權。

卡達政府在執政初期，全力整肅自由派和所謂「民族共產主義」(National Communism) 分子，但將保守僵化的拉科錫和吉羅派分子亦予清除。1962 年匈共第八次代表大會之後，卡達改變作風，小心翼翼的逐漸推行實際性的改革。官方自稱是走「中間路線」(Centrism)，是「雙線奮鬥」(The struggle on two fronts)，意即一方面不再重犯拉科錫等人的舊式教條主義的錯誤，另一方面也不再重蹈納吉等人修正主義的偏差覆轍。卡達有句名言：「凡是不和我們作對的人，就是和我們站在一起的人。」(He who is not against us is with us.)

卡達的目的是先求內部的安定，緩和人民的敵視心理，聲稱今後將放棄史達林主義，不再堅持思想的正統，以合乎人性與人情的原則，確定「社會主義的合法性」(Socialist Legality)，於是大赦 1956 年革命時期的政治犯，放逐出國的史達林派分子吉羅等人亦准其返國。原在卡達左右的教條主義分子道吉 (Dogei)、馬如山 (Marsan) 均被悄悄免職，另在政治局中任命了一批新人，包括經濟計畫專家尼耶斯 (R. Nyers)、阿伊泰 (M. Ajtai) 等人在內。在 1970 年代的匈共政治局中，真正代表城市或農村無產階級的委員只有二、三人，其他均為各種專家和中產階級的技術人員（匈共黨員人

數，70 年代中約有五十萬人，占全國人口 5%，其中知識分子占 40%，工人亦占 40%）。拉科錫時代惡名昭著的國家安全部被撤銷，改由內政部主管，秘密警察的活動受到約束。言論自由的尺度大幅放寬，准許人民對現實問題就不同觀點進行辯論，甚至政府全力推行的新政，也可成為嘲笑的對象。

在經濟政策方面：革命之後的十年之間，卡達不聽經濟專家的勸阻，一度恢復過去的保守政策，工業生產計畫由中央統籌制訂，農業又加強集體化。但實行結果並不理想。集體農場的面積雖又增加（占全國耕地 80% 以上），而產量的增加則微乎其微，反而是農民私有「私圃」的產量大幅提升，成為農產品出口的主力。

1968 年起，卡達改弦更張，開始實行所謂「新經濟策略」(New Economic Mechanism, NEM)，這是受了蘇聯經濟學者李伯曼的新經濟理論的影響。「新經濟策略」由一批匈牙利的經濟學者設計，並由計畫專家尼耶斯主持推動。

「新經濟策略」還談不到走向自由企業，只是不再堅持傳統的制度而開始有所更張。要點是將生產計畫、工業投資和市場控制的責任，由中央轉移到地方，由地方轉移到企業經理人手中，由他們依照市場需要及價格來擬訂本身的計畫。物品價格採三重制 (Three Tiered Price System)：一為由政府規定的價格，二為定有最高上限的價格，三為自由市場價格。其目的在逐漸開放，達到自由貿易的目的。企業的主管人員，過去均由黨方上級派下，對生產消費事務毫不瞭解，現則改由學有專長的技術或管理專家擔任。企業或工廠在繳納捐稅及再投資之後所得的剩餘利潤，即以獎金方式分配工作人員，經理或廠長可獲比正常工資多出 80% 的獎金，專家可獲 50%，工人可獲 15%。不過由於高低配額過於懸殊，一度引起工人不滿，旋即修正。新的〈勞工法〉制訂後，工會的權力提高，工會對於工廠的工作環境、生產運轉，乃至經理人員的任免，均有否決權。所謂否決權，意即罷工的權力。

在農業方面，集體農場的基本形式雖仍維持不變，但賦予農場較大的自治權，將「價格三重制」也行之於農場，准許部分產品以自由市價出售。農戶「私圃」的面積較前增加，政府並提供更多的輕便農業機器供應農民利用。

為了加強匈牙利在國際貿易上的地位，包格納 (Bognar) 提出了一套改善「經濟互助委員會」內部貿易的計畫：

1.透過商品品質與價格的關係，使共產集團之間的國際分工更加有效。

2.擴大各國工業市場互相競爭的範圍。

3.准許各國企業之間直接合作。

4.建立東歐集團可以互相折換的貨幣制度，增加貿易的數量和範圍。

「經濟互助委員會」的貿易關係，由於缺乏多邊付款和可以互相折算的貨幣，一直無法順利展開。所謂「社會主義的勞力分工」(Socialist Division of Labor)，因羅馬尼亞堅決反對而窒礙難行，多方合作不成，只有發展雙邊合作計畫。匈牙利與外國合作的聯合計畫有與波蘭合組霍爾德克斯公司 (Haldex Company) 發展煤礦業，與奧、南合作治理多瑙河航道，另有鋁加工業、能源合作計畫等。

在政治結構方面，卡達已將黨與政府分開，1965 年將總理職務讓由卡萊 (G. Kallai) 接任，擴大並提高政府機能，國會不再只是扮演應聲蟲的消極角色，而是表現民意的場所。對於信徒眾多的天主教會和羅馬教廷也設法和解，1956 年革命時曾逃入美國大使館避難的樞機主教敏德申提 (Mindszenty)，在幽居十五年之後終於獲得釋放，聽其出亡羅馬 (1971)。

1988 年 5 月，卡達政府因經濟失敗而崩潰，首先將匈共總書記職務讓予格羅茲 (K. Grosz) 接任，僅保留黨主席名義，數週之後，此一榮譽職位亦被取消。卡達時代至此終結，總計卡達的統治，歷時三十二年，是狄托以外執政最久的東歐領袖。經過近年以來的開放性政策，經濟情況及國民平均所得僅次於東德與捷克，是東歐比較自由的共產國家。

在匈共新領袖格羅茲和新總理尼米茲 (M. Nemeth) 等人的領導下，匈

牙利的政治、經濟正積極展開自由民主化的改革。亦將繼波蘭之後，走向聯合政府和多黨政制。最令世人注目的變化，是外交政策的大膽改革，將毗鄰奧國邊境的「柏林圍牆」式的鐵絲網拆除，並將其中一段剪贈前往匈牙利訪問的美國總統布希 (G. Bush)。1989 年 9 月，將匈、奧邊界開放，准許由東德逃往匈境的德籍難民穿越邊界，經奧國而去西德，一月之間，投奔自由的東德人民數以萬計。

　　1945 年起建立的東歐「鐵幕」首先在匈牙利出現缺口。投奔自由的東歐人士，並不限於東德，其他各國的逃亡分子，也把匈牙利視為通往天堂的孔道。

　　1989 年 10 月 7 日，匈共代表大會以壓倒性多數決議更改黨名，由「匈牙利社會主義勞工黨」 (MSZMP) 改稱 「匈牙利社會黨」 (Hungarian Socialist Party)。改名的原因，是為了應付預定於 1990 年舉行的全國普選。匈共希望藉此掃去令人厭惡的醜惡形象，改以新的政綱、新的面目爭取人民的支持。這是第一個更改黨名的東歐共黨。

第二十四章　共黨治下的南斯拉夫

第二次世界大戰以後，南斯拉夫建立共產政權，實行一黨統治。南斯拉夫的國情十分特殊，有人用「一至七」七個數字，分別標示它的特殊性：一個政黨（南斯拉夫共產黨），兩種字母（拉丁字母與錫瑞字母），三種宗教（東正教、天主教與伊斯蘭教），四種語文（塞爾維亞語、克洛特語、斯洛汶語和馬其頓語），五種民族（塞爾維亞人、克洛特人、斯洛汶人、馬其頓人和阿爾巴尼亞人），六個加盟共和國，七個鄰國（奧、匈、義、阿、保、羅、希）。

茲先述南共政權建立的經過。

一、兩支地下的抗暴運動

二次大戰期間，南斯拉夫被德、義、匈、保、阿五國占領瓜分。克洛琪亞和波士尼亞·赫塞哥維納則成為一個半獨立的國家，稱為「克洛琪亞國」(State of Croatia)，名義上由一位義大利薩伏衣王朝的親王擔任元首，而實際統治權則操在巴維里契手中，巴某是一支克洛特的法西斯組織——稱為「烏斯塔沙」(Ustaše) 的領袖，他們具有強烈的克洛特民族沙文主義的色彩，與德、義合作，犯了很多恐怖暴行。

在另一方面，南斯拉夫全境同時展開了反抗軸心的地下抗暴運動。抗暴運動分為左右兩支：右派的一支稱為「國民軍」(Chetniks)❶，由原來任職於南國參謀本部的麥海洛維支 (D. Mikhailovich) 上校領導，麥氏在 1942 年被逃往倫敦的南國流亡政府任命為國防部長，統領留在國內的南國部隊。麥氏為塞爾維亞人，而且是一個塞爾維亞民族主義者，忠於王室，既反共

---

❶　Chetnik 原義是指反抗土耳其的游擊鬥士。

也反克洛特，立場較為保守。麥氏深恐招來德軍的大舉報復，行動比較審慎，暫擬保存實力，俟時機成熟時再對敵攻擊。這種消極的作風，引起人民的反感，紛紛倒向另一支地下軍。這支活動積極的地下軍稱為「游擊隊」(Partisans)，是由共黨控制的地下武力，領袖名叫狄托 (Tito)。

　　狄托原名布魯茲 (Josip Broz)，是克洛特人，俄國十月革命時，即在俄國鄂木斯克 (Omsk) 參加赤衛隊，1930 年代中期，在列寧國際政戰學校任課，波共戈慕卡即其生徒。1937 年經第三國際派任為南斯拉夫共產黨書記長。在東歐各國共黨之中，南共是最大的一支，其他各國無可倫比。南共成立於 1919 年，是年 4 月 20 日至 23 日在貝爾格萊德舉行第一次代表大會，最初稱為「社會主義勞工黨」，翌年 7 月在弗科瓦 (Vukovar) 舉行第二次代表大會，改稱「南斯拉夫共產黨」。在 1920 年的南國大選中，獲得五十八個議會席位，成為南國的第三大黨。1921 年因為涉及暗殺國王及內政部長一案，被政府列為非法組織，乃轉入地下活動，領袖多人被捕或逃亡，黨員人數銳減（1932 年僅有二百人左右），內部意見亦有分歧。在西班牙內戰初期，南共書記長原為高琪契 (M. Gorkić)，狄托則受命在歐洲各地招募志願軍前往西班牙為「人民陣線」政府作戰，地位較低，所以在史達林於 1937 年發動的大整肅中，狄托不僅未遭波及，反而受命繼任南共書記長，以迄二次大戰爆發。自此時起南共組織加強，黨員人數增加，由 1937 年的一千五百人增至 1940 年的一萬二千人。

　　德、蘇戰爭開始後，南國兩支地下軍的活動更趨活躍。麥海洛維支首先受到英國的重視，派哈德遜 (Hudson) 上校與其聯絡（1941 年 10 月）。狄托要求雙方合作抗敵，但被麥氏拒絕，因麥氏固然反軸心，也更反共。其後，這兩支立場不同的地下軍即自相殘殺，發生內戰。在「國民軍」對「游擊隊」的攻擊中，有時甚至得到德、義占領軍的協助。狄托即以此為口實，向聯軍指控麥氏及其「國民軍」是一批通敵的叛國分子。

　　南共的勢力在狄托領導之下，擴展迅速，他把游擊隊擴建成一支龐大的武力，普受各民族、各教派和各黨派的支持，1942 年起，改稱「人民解

放軍」(Peoples' Army of Liberation)，實力已增至十萬人。狄托另一成功的策略，是每當游擊隊占領某地後，即將該地列為「解放區」，同時建立以共黨為主幹的地方政權，稱為「奧得堡」(Odbor)，奧得堡類似蘇聯的地方蘇維埃，等到解放區逐漸增加以後，就開始建立全國性的政府。

1942 年 11 月狄托在波士尼亞的比哈奇 (Bihač) 地方召開全國代表大會，成立「南斯拉夫反法西斯民族解放委員會」(Antifašističko Viječe Narodnog Oslobodenja Jugoslavije，或 Anti-Fascist Council for the National Liberation of Yugoslavia, AVNOJ)，參加者除以共黨為主體外，並包括「克洛特農民黨」等非共黨派，所以也是一個「人民陣線」式的臨時政府。這個民族解放委員會由五十四位代表組成，相當於臨時議會。它所提出的政綱，並無明顯的共產色彩，只是泛泛指出：全國各民族一律平等，首重私有財產制度，至於南斯拉夫的國體和社會經濟結構，則留待戰後舉行自由選舉時再作決定，不過國體將採聯邦形式。

1943 年是南斯拉夫國運的關鍵年代，因為是年發生了三件大事：一是英美的立場轉變，由支持麥海洛維支轉而支持狄托，英國撤回駐在麥氏總部的軍事代表團，另派麥克琳 (F. MacLean) 率代表團駐在狄托總部，並以武器供應游擊軍。第二件大事是義大利向聯軍投降（6 月）後，遺下了大批武器由游擊隊接收。第三件大事是德黑蘭會議於 11 月 28 日至 12 月 1日間召開，將東歐劃入蘇聯的勢力範圍。由於以上三件大事，狄托的命運乃否極泰來，出現轉機。

狄托為了爭取有利地位，特於 1943 年 11 月 29 日在波士尼亞的雅西 (Jajce) 地方召開「民族解放委員會」第二次大會，決定成立臨時政府，狄托被推為主席兼解放軍總司令，官階升為元帥。他們向國際強調，這個臨時政府才是真正代表南斯拉夫的政府，一切有關南國前途事宜，均須以臨時政府為交涉對象，而非遠在倫敦的流亡政府。此外，雅西會議更明白宣示反對黑喬治王朝重返南國，王室的存廢問題也須等待全國解放之後再由人民公意表決。

　　雅西會議的呼聲，立即受到德黑蘭會議的重視，但英、美、俄三國的立場並不一致。邱吉爾主張仍然維持舊王室，並擬將南國劃分為兩個勢力範圍：東半部（即塞爾維亞）劃入王室控制地區，西半部（即克洛琪亞及斯洛汶尼亞等地）劃入狄托控制區。史達林大致同意英國的立場，因史達林對狄托並不十分信任。羅斯福則反對劃分勢力範圍，而且支持狄托的立場。

　　雅西會議舉行時，也正是德黑蘭會議的召開時刻，此時蘇聯正在爭取英、美，盼其同意在西歐開闢第二戰場，因此極恐得罪羅斯福與邱吉爾。所以史達林對於狄托召開的雅西會議並不支持，而且對於狄托的冒失行徑深表震怒，恐其引起英、美的反感。不料英、美反而迅速承認了雅西會議的決定，大出史達林意料之外。史達林曾說：「美國承認蘇聯，是在十月革命以後的十六年之後，而承認狄托政權，反而如此輕而易舉。」

　　德國為了消滅反抗勢力，乃以恐怖手段對付抗敵分子，希特勒曾頒「夜霧」(Night and Fog) 指令，規定如有一名德軍被殺，即將以五十到一百名南斯拉夫人抵命。南國除了人民的生命財產損失以外，經濟亦受嚴重破壞，工業損失約為戰前的三分之一，煤礦損失約為二分之一，房舍化為灰燼者約占六分之一，戰後景象滿目瘡痍。

　　德軍曾向狄托的游擊隊發動多次攻勢，最後一次發生於 1944 年 5 月 25 日，德軍以降落傘部隊突襲狄托總部，狄托自匿藏的山洞中逃出，僅以身免。當時有一趣聞，即狄托逃出時因過於匆促，忘著其所深愛的元帥制服，乃又冒險折返攜出。狄托總部乃由波士尼亞山區遷往亞得里亞海岸的維斯 (Vis) 島。是年 6 月 14 日至 16 日，流亡政府的總理蘇巴什契 (I. Subašič) 與狄托會晤於維斯島上，雙方協議在蘇氏即將籌組的政府中，將「進步民主分子」也包括在內，並公開聲明承認民族解放委員會的合法地位，至於王室的存廢問題則留待全國解放後再作決定。8 月 12 日至 13 日間，正在義大利巡視聯軍前線的邱吉爾邀請狄托前往義大利的那不勒斯會晤，邱氏曾勸狄托在內政外交上均採溫和立場，狄托也一再重複聲明他無

意在南國實行共產政治。

　　1944 年秋，整個歐洲戰局激變，由諾曼地登陸的聯軍正順利向東推進，由俄境反攻的紅軍已攻占羅馬尼亞與保加利亞。9 月 21 日狄托突由維斯秘密飛往莫斯科，向史達林請示機宜。史達林要求狄托撤銷雅西會議的決議，並與南王妥協，但遭拒絕。對於兩國在南境的軍事行動，則獲協議，由紅軍協助狄托驅逐境內德軍之後，即穿越南境北上，攻擊匈牙利。9 月 28 日紅軍湧入塞爾維亞，10 月 20 日，狄托的游擊隊會同紅軍收復貝爾格萊德。但戰爭仍持續進行，延至 1945 年 5 月南軍才收復札格瑞伯，將德軍全部逐出國境。

　　南斯拉夫的抗敵戰爭，經歷了四年的苦難歲月，德軍一再有計畫的進行殲滅，而南人奮勇抵抗，有時一城一鎮的得失，往返四十多次，多數村舍化為灰燼。總計南人死亡者，多達一百七十萬人，而且大多是十六歲到二十一歲的青年。此外在德國境內的南籍戰俘，有二十四萬，另有三萬餘人在集中營中，在義大利境內的也將近二十萬人。

二、南共政權的建立

　　邱吉爾與史達林對於東歐勢力範圍所作的協議中，將南斯拉夫列為「50：50」的對等比例。邱氏原有派遣已在義大利作戰的英軍，由亞歷山大將軍率領，在南國西岸登陸的計畫，此時即已放棄。邱氏日後在回憶錄中曾說，如果英軍登陸，則狄托的共黨政權早已瓦解。

　　貝爾格萊德收復後，狄托與蘇巴什契商獲第二協議 （1944 年 11 月 1 日）：在全國公民投票之前，南王彼得二世暫不回國，另設一個由三人組成的攝政團攝政；民族解放委員會的成員擴大，將戰前的若干議員也包括在內，惟委員會所作之決定，必須得到將來的立憲議會的批准。此項協議，南王拒絕接受，要求蘇巴什契辭職，但三強領袖在雅爾達會議中，卻支持狄托與蘇氏的上述協議，並在公報中正式宣布，南王遂被犧牲。

　　三位攝政均由狄托推舉，但均非共黨。1945 年 3 月 6 日，由流亡政府與民族解放委員會組成的聯合政府成立，狄托為總理兼國防部長，葛羅爾 (M. Grol)（民主黨）為副總理，蘇巴什契（農民黨）為外交部長，閣員二十八人中僅有八人為非共黨分子。在正式制憲代表大會舉行以前，這是南國的過渡政府，迅即獲得英、美、俄三國的承認。

　　依照雅爾達會議的決定，南斯拉夫民族解放委員會的成員必須擴大，將戰前的議會議員（也就是非共產黨人士）包括在內，以期符合雅爾達會議宣布的「對於被解放後之歐洲的宣言」的宗旨。狄托為了適應當時的環境，以免受到西方國家的指責，特別在 1945 年 8 月間組成了一個包括不同政黨的「人民陣線」(People's Front)，並在原有的民族解放委員會代表之外，另外增加了一百二十一位代表（其中包括舊日議會的議員三十九人、六個非共黨派的代表六十九人，以及其他知名人士十三人），共同組成「全國臨時議會」(National Provisional Parliament)。臨時議會於 8 月 10 日召開，通過制憲議會代表選舉法，凡共黨反對的候選人均被目為「通敵分子」，排除於候選人名單之外，共黨並以恐怖暴行操縱選舉，外交部長蘇巴什契與副總理葛羅爾乃憤而辭職，各非共黨派也一致抵制選舉。雖則如此，大選仍於 11 月 11 日如期舉行。因為只有政府提出的候選人名單，所以選舉結果自然是共黨大獲全勝。

　　制憲議會於 1945 年 11 月 29 日舉行，首先通過決議，指斥南王彼得為通敵分子，廢除王國，改建「南斯拉夫聯邦人民共和國」(Federal People's Republic of Yugoslavia)。繼即進行制訂憲法，第一部新憲於 1946 年 1 月 30 日通過，制憲會議隨即搖身一變而成聯邦人民共和國的「人民議會」(People's Assembly)。狄托的臨時政府也變成了正式的政府。新政府旋即獲得英、法、美等國的承認。在二十一人組成的內閣中，共黨分子占十一人，其餘十人為共黨的同路人。從表面上看來，南斯拉夫仍是由多黨組成的人民陣線聯合政府，人民陣線至少包括七個黨派，除共產黨以外，還有六個非共黨派，不過這些非共黨派並沒有自己的黨部，只是一批與共黨合作的

靠攏分子而已。

　　南斯拉夫和波蘭、匈牙利、羅馬尼亞或保加利亞等國不同，它是一個多民族國家，所以採用「聯邦」的形式。依照 1946 年憲法的規定，聯邦的成員包括六個共和國、一個「自治省」和一個「自治區」等共八個單位。六個共和國是塞爾維亞、克洛琪亞、斯洛汶尼亞、波士尼亞‧赫塞哥維納、黑山國和馬其頓。因為原來的塞爾維亞面積過大，和其他五個共和國過於懸殊，所以把位於它的北部並有少數馬札耳人聚居的瓦伊瓦迪納 (Vojvodina) 劃為一個獨立的自治省，又把位於南部有少數阿爾巴尼亞人聚居的科索沃‧米托希亞 (Kosovo-Metohija) 劃為一個獨立的自治區。

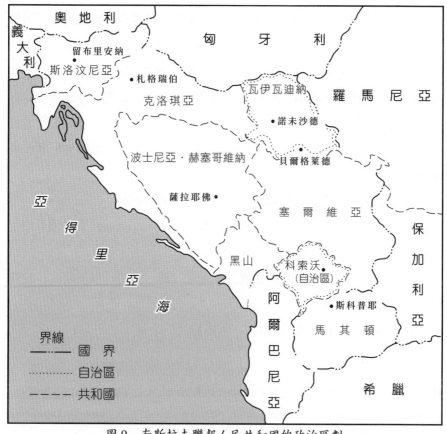

圖 9　南斯拉夫聯邦人民共和國的政治區劃

　　南國這部憲法，是以蘇聯的《史達林憲法》為藍本制訂的，它的「人民議會」相當於蘇聯的「最高蘇維埃」(Supreme Soviet)，分設兩院：

　　1.聯邦院 (Federal Chamber) 的代表由普選產生，每五萬人選出一位代表，共得三百四十八席。

　　2.民族院 (Chamber of Nationalities) 的代表由各共和國及自治區與自治省產生，每一共和國有代表三十人，自治區有代表二十人，自治省有代表十五人，合共二百十五人。兩院地位平等，議員的任期均為四年。

　　人民議會兼具立法與行政權力，設「主席團」(Presidium)，由兩院聯席會議選出，在議會休會期間代行其權力，成員約在三十人以內。設主席一人，副主席六人，主席的地位相當於一般國家的總統，但無實權。第一任主席為李巴 (I. Ribar) 博士，並非共黨，但為狄托親信。南國的內閣下設各部會，也和蘇聯一樣，「部」分兩種：一為「聯邦部」，掌理屬於全國性的政務，如外交、國防、外貿、交通等；一為「聯邦共和國部」，配合各個共和國內相關部會，處理有關內政、司法、財政、工礦農林等政務。除各部外，尚有聯邦企劃委員會 (Federal Planning Commission)、聯邦監察委員會 (Federal Control Commission)，和教育、宗教及科學藝術文化等委員會❷。

　　基層權力機關為「人民委員會」(Savet，或 Peoples' Committee)，相當於蘇聯的蘇維埃。最下層的行政單位為「村社」(opština)，其上為「區」(srez)，再上為人民共和國及聯邦。

　　南斯拉夫也和蘇聯及其他東歐共產國家一樣，透過「以黨馭政」的管道，大權操在共黨手中。

　　南共在短短數年之間，就掌握了南斯拉夫的政權。其所以成功之原因，約有下列各點：

---

❷　南斯拉夫聯邦人民共和國的政府組織，參閱 Wolff, R. L. *The Balkans in Our Time.* Cambridge: Harvard University Press, 1956, pp. 269–271. 及 Auty, P. *Yugoslavia.* London, 1974, pp. 107–109.

1. 戰爭的影響

戰爭常為共黨帶來擴張的機會，於此又獲一次證明。戰前，南共受政府嚴禁，迫取守勢。戰時即可明目張膽的活動，從事游擊戰，在愛國抗敵名義下，獲得民眾的協助。南斯拉夫人有一狂熱反抗外力入侵的傳統，南共的活動正好符合傳統，不似在狄托之前高琪契時代的畏縮作風。

2. 對於國內民族問題採兼容並包政策

狄托為克洛特人，但其發源地為塞爾維亞。狄托在 1920 年代後期建黨期間，在各國民族區皆有少數親信，如卡德里 (E. Kardel，曾任 AVNOJ 之副主席，狄托死後的可能繼承人，斯洛汶人)、吉拉斯 (M. Djilas，南共政治局委員、議會議長等，黑山國人)、蘭柯維支 (A. Rankovich，曾任秘密警察總監、內政部長，亦為狄托可能繼承人之一，黑山國人) 等。南共之目的，只在擴張實力，對於民族問題乃至宗教信仰均不重視，甚至在克洛琪亞犯過屠殺塞人罪行的「烏斯塔沙」黨徒，一度參加麥海洛維支游擊軍的官兵，一律歡迎，只是另加監視並施以思想訓練而已。

3. 狄托的堅強領導

在東歐諸國的共產黨中，南共是最大的一支。狄托自 1937 年接任書記長後，其所吸收或一向合作的幹部，一律來自狄托的援引，而且自始至終，堅持「以南人領導南共」的原則，抵制外國勢力的把持。蘇聯此時正忙於清算國內的異己，全力抵抗德軍的猛攻，無暇顧及南國的活動。在比哈奇會議 (1942 年 11 月) 和雅西會議 (1943 年 11 月) 以後狄托出任臨時總理，並被授以元帥名銜兼國防部長，將黨政軍大權集於一身。

4. 西方國家的支持

南國流亡政府的命運，極似波蘭。英國原本支持設於倫敦的流亡政府及彼得二世，並派代表團駐在麥海洛維支總部。因受南共宣傳的影響，和麥氏「保存實力等待時機」的戰略錯誤，自德黑蘭會議後，邱吉爾即轉而支持狄托。

蘇聯對於南共之援助則微乎其微，即使最感迫切之要求亦被拒絕。蘇

聯之援助，只限於 1944 年秋的最後階段，紅軍於橫掃巴爾幹向西進軍途中，順便賜予援手，逐退德軍，完成了狄托的最後意願：收復貝爾格萊德。

總之，南共的成功，三分之一來自西方國家的支援，三分之一來自蘇聯的協助，三分之一來自本身的實力。因此南共政權自始即與其他鐵幕國家有別。

南共政權的初期措施，大多遵循蘇聯範例。重要施政如下：

1. 土地改革，規定私人田地不得超過四十五公頃，教會的教產不得超過一百公頃。農民的舊債一律取消。

2. 大企業於 1945 年全部國有，翌年私人工廠亦由政府沒收。

3. 所有「國敵」（指德籍南人及戰時之通敵分子）的財產一律沒收。

4. 透過秘密警察 (UDBA) 實行恐怖統治。

5. 開始實行第一個五年計畫 (1947–1951)，加速工業發展及農業集體化。

6. 在蘇聯壓力下，籌組「聯營公司」，首先成立者為航空公司及航運公司，此外當擬合辦石油，合組銀行。

三、蘇聯與南斯拉夫的分裂

南斯拉夫共產黨和其他國家的共產黨一樣，同為俄共一手建立。狄托政權也和其他東歐附庸一樣，得力於紅軍的支持。俄國和南斯拉夫的關係，遠自十九世紀起即異常親密，塞爾維亞是俄國所倡「泛斯拉夫主義」的主要伙伴。在東歐附庸中，南共最受莫斯科重視。同時，南共亦以蘇聯為仿效的範本、效忠的對象，一惟蘇聯馬首是瞻。

但事有出人意料之外者：第一個叛離蘇聯的國家，竟是狄托領導的南斯拉夫，1948 年俄、南分裂。

㈠俄、南分裂的原因

俄、南分裂的原因，狄托在衝突業已公開、塵埃業已落地之後，曾作下列的評述。狄托稱：「此次俄、南之間的衝突，純粹起於蘇聯對於南斯拉夫的侵略霸權政策，蘇聯企圖在經濟上和政治上孤立南國，推翻南國的獨立，將其變為殖民地。」此說雖接近事實，但係狄托一面之詞。除此以外，南共方面也有引起蘇聯攻訐的理由。茲以客觀立場，列舉雙方分裂之原因如次：

1. 南斯拉夫民族與南共的特殊性

南斯拉夫人，尤其是塞爾維亞人、克洛特人和黑山國人，全具有一種執拗而狂熱的反叛傳統。在他們反抗土耳其人、匈牙利人、日耳曼人和威尼斯人的長期奮鬥中，養成了不屈不撓的革命精神。塞爾維亞反抗土耳其的「科索沃之役」，一直是一首民族史詩，此役雖遭慘敗，卻代表民族精神。黑山國人當嬰兒受洗時，常以手槍一柄令嬰兒親吻，然後置槍於床側，親友舉杯祝賀時的祝詞是：「此子千萬不要死在他的床上！」二次大戰期間南斯拉夫人的勇敢抗敵行動，更加發揚了此一反抗傳統。因此對於蘇聯的仗勢凌人，自亦無法心悅誠服的接受。

南斯拉夫共產黨，絕大多數是土生土長的黨員，幹部均為狄托的死黨。狄托出任南共書記長時，史達林的大整肅風雨已過，故南共內部立場較為統一，無所謂「托派分子」、「支派分裂分子」的存在。東歐各國共產黨雖於 1919 年以後在俄國扶植下成立，但大都未獲東歐各國政府的承認，除捷克外，均受迫害而轉為地下活動，人數寥寥無幾。所以當紅軍開入東歐時，只有南共是一支龐大的力量。

東歐其他共產政權，均在紅軍刺刀掩護下建立。重要幹部大多隨紅軍進入祖國，此輩在一夜之間突然變成顯赫人物，如總理、部長、共黨總書記，過去均前所未聞。他們或是早年即在莫斯科第三國際活動的分子，或是在戰時被俘接受訓練的新貴，其地位自然不足與狄托等人同日而語。

狄托等人強調，南共的得勢，完全由於本身奮鬥的結果。不似其他東歐共黨，大半借助於他人。所以當史達林強調保加利亞共黨的戰績優於南共時，自難為後者接受。南共分子大多具有極強的驕傲性與優越感，這是造成俄、南衝突的主要心理因素。

2. 南斯拉夫在東歐的擴張野心

南斯拉夫和波蘭一樣，具有極大的擴張野心。狄托的狂妄計畫，第一步是聯合巴爾幹半島國家，合組「巴爾幹聯邦」(Balkan Federation)；第二步則是聯合東歐的其他國家，合組「東歐邦聯」(East European Confederation)。而此二組織的領袖，則均為狄托。

所謂「巴爾幹聯邦」的成員，除南國外，包括阿爾巴尼亞、馬其頓，乃至保加利亞與羅馬尼亞。其中之阿爾巴尼亞早已成為南國的附庸，阿共建黨於 1941 年，完全出於南共之培植，其重要領袖如霍查 (E. Hoxha) 及謝瑚 (M. Shehu) 等皆聽命於狄托。阿共與俄共並無直接關係，而是透過南共接受莫斯科的間接領導。馬其頓區介於南、保、希三國之間，以斯拉夫人占多數，所以狄托希望在馬其頓區建立一個獨立的國家，領土則包括希臘北部和保國西部。狄托希望將阿爾巴尼亞和擴大的馬其頓，一律包括在「南斯拉夫聯邦人民共和國」之內。換言之，就是南斯拉夫的進一步擴大。保加利亞也是一個南方的斯拉夫人建立的國家，所以極盼將南斯拉夫與保國聯為一體，使保加利亞也變成「南斯拉夫聯邦人民共和國」之中的一個加盟共和國。狄托的夢想，頗受保共領袖季米特洛夫的支持，二人在 1944 至 1948 年間曾多次會商。季米特洛夫甚至更進一步，盼將北鄰羅馬尼亞亦納入聯邦之內，首先建議由保、羅兩國建立關稅聯盟。透過保國的居間聯繫，狄托與羅馬尼亞亦有所接觸。

1947 年 11 月，狄托訪保，簽訂〈友好條約〉，並聲稱：「我們將建立如此廣泛而密切的合作，所謂聯邦只是一種合作的形式而已。」❸翌年 1 月，當季米特洛夫訪羅時，曾在記者會上坦率發言，聲稱：「當問題成熟時

---

❸　參閱 Wolff, R. L. *The Balkans in Our Time,* p. 319.

（此一問題無可避免的必將成熟），我們這些人民民主國家（羅、保、南、阿、希）的人民，將會設法解決此一問題。只有這些人民才能決定解決的形式，也只有他們才能決定何時成立及如何成立。我現在可得而言者，是我們的活動已大大有助於此一問題的將必解決。」❹

「東歐邦聯」的計畫，則不如巴爾幹聯邦計畫具體。但在 1947 年間，狄托曾遍訪東歐諸國，由波蘭而捷克，由捷克而匈牙利、而保加利亞與羅馬尼亞，到處受到熱烈歡迎，狄托漸成東歐的領袖。在共產集團中，地位僅次於史達林。

史達林對於南斯拉夫的聯邦計畫，最初尚能容忍，甚至默認阿爾巴尼亞與保加利亞的加入。但當計畫擴大到羅馬尼亞乃至波、捷、匈等國時，即忍無可忍。1948 年 2 月 10 日，史達林召集南、保代表在莫斯科會商，即席表示對南保簽訂〈友好條約〉不滿。翌日，在俄國壓力下，南國代表被迫簽訂〈俄南協議〉，聲明自今以後，南斯拉夫的所有外交問題，一律必先諮詢蘇聯的意見。

3. 蘇聯對於南國的經濟壓迫

戰後，蘇聯對東歐附庸大肆搜括，藉以重建其殘破之經濟。蘇聯雖未要求南國賠款，亦未拆遷其機器設備，但仍視南國為其榨取之對象。其中最令南國無法忍受者，為「聯營公司」之設立。1946 年狄托訪俄時首次提出討論，指責蘇聯的目的只在壟斷南國的原料，不在扶植工業化的建設。蘇聯代表率直告訴對方稱：「你們建立重工業有何必要？我們在烏拉山區已有你們一切需要的東西。」❺

蘇聯首先要求將石油合營，並將所有石油一律輸往蘇聯，石油公司且不受南國一般法令的約束。除石油外，又要求採礦及煉鋼合營。為了控制這些合營公司的財務，蘇聯又要求成立「俄南銀行」，但遭南國拒絕。在談

---

❹　參閱 S. Ionescu, *The Brea-kup of the Soviet Empire in Eastern Europe.* London: Penguin Books, 1965.

❺　參閱 Dedijer, V. *Tito Speaks.* London: Weidenfeld & Nicolson, 1953, p. 278.

判過程中，南國已經察覺到，蘇聯的目的，不在協助友邦，而是純粹帝國主義式的經濟侵略。

　　1947 年 2 月，兩個俄、南合營公司正式成立。一為經營空運的「尤斯達」(Justa) 公司，一為經營內河航運的「尤斯伯德」(Juspad) 公司。雙方各投資半數，由聯合董事會指派總經理一人主持，總經理由俄人擔任。隨之俱來者是大批的俄籍顧問，薪津遠較同級之南人為高，但技術則並不均較南人為優。抑且氣焰萬丈，頤指氣使，決策時尤漠視對方意見，顢頇自用。空運公司的飛機和機械設備由俄方供給，南方提供場地。空運公司的俄方主管甚至不將外國飛機之起降時間通知南國主管人員。經營內河航運的合營公司，蘇聯原允撥來新船參加營運，事後一概食言。而船運的貨物費率及關稅，亦不平等。經過了一段痛苦的經驗以後，南國即拒絕再辦合營公司。

　　在俄、南破裂前夕，俄原允與南簽訂價值二十億南幣的商約。南國的五年計畫即是根據此約所得的原料（石油、棉花等）而擬訂，但蘇聯忽然中途變卦，臨時取消，使南國措手不及。

4. 理論的爭執

　　俄、南分裂的另一原因是理論的歧見，情形與日後俄共、中共的分裂相似。依照俄共的看法，東歐各國的政治發展過程，依其經濟及社會基礎的進展，應分三個階段，順序前進。第一階段是「人民民主」政權，第二階段是「社會主義政權」，第三階段才是「共產主義政權」。戰後初期，東歐各國均在「人民民主」政權階段，尚未進步到社會主義政權，所以和蘇聯仍有一段距離，不可同日而語。此種解釋，南共拒絕接受。南共認為南斯拉夫在 1941 年至 1945 年的革命，其性質與蘇聯的十月革命相同。換言之，南國自 1941 年起，業已進入「社會主義政權」的階段，不應予以低估。

　　南共強調，南斯拉夫新憲法已於 1946 年制訂頒布，其內容與精神與 1936 年蘇聯的《史達林憲法》完全相同。蘇聯一向視《史達林憲法》為社會主義建設完成的里程碑，因此狄托堅信南國在 1946 年亦已進入社會主

建設完成的階段。

此外，南共對於所謂「人民民主」政權的解釋，也與蘇聯不同。蘇聯認為它是一種聯合政府，因為除了共黨以外，還有其他民主黨派參加。而南共則認為「人民民主」政權也是無產階級獨裁的政權，並非人民陣線式的聯合政府。南共黨人皆以共產黨一詞為榮，常常譏笑波蘭、羅馬尼亞、保加利亞、東德等國的共黨，不用「共產黨」名，反而改用「勞工黨」等名稱，是缺乏自信，是自欺欺人。

5. 蘇聯密諜對於南斯拉夫的滲透顛覆活動

南共雖然對俄共效忠，惟命是從，但史達林對狄托仍存疑忌。自 1944 年起，即在南共、南國政府、武裝部隊以及經建單位之中，有計畫的布置了大批密諜，建立嚴密的情報網，隨時將南共動態，直接向莫斯科提出報告。及至共產情報局成立後，又向該局報告。

俄諜監視之對象，並不限於中下階層，甚至中央委員會、內閣部長、狄托親信亦在偵察範圍之內。俄共吸收的分子，部分是戰時被俘的南斯拉夫官兵，部分是早自 1917 年革命之後即已遷居南境的「白俄」。蘇聯派來南國協助經建的技術顧問，竟在鐵路員工之間布下了一個分散極廣的諜報網。較為著名的事例，是戰時曾任克洛琪亞共黨書記、戰後出任全國經濟計畫局局長的海布朗 (A. Hebrang)，竟然也是蘇聯的密諜。另一著名人物則為財政部長祖約維契 (S. Zhuyovich)，祖氏在游擊時代是狄托的密友，較海布朗更與狄托接近，但祖氏立場較狄托親俄，甚至期望南斯拉夫也加入蘇聯，成為另一個「加盟共和國」。因此經常將情報供給蘇聯大使館，其中包括南共中央和內閣的重要決策。

蘇聯的密諜活動，自然激起了南共的反感。於是採取抵制行動，而抵制行動又招來蘇聯的反感。相互激盪的結果，一俟時機到來，隨即全面惡化。

總之，俄、南分裂的主因，是俄國希望維持一元帝國的統治，視南共如附庸；而狄托則堅持獨立路線，是「民族共產主義」的前驅。

(二)共產情報局的設置與功能

　　共產情報局成立於 1947 年 10 月，就某一意義而言，它是「共產國際」（又稱第三國際）的化身。

　　二者雖同為蘇聯運用和主宰的機關，但其任務並不完全相似。第三國際的任務：一在籌建各國共黨組織，二在向新信徒灌輸共產思想，三在保衛新興的蘇聯使其免受資本主義國家的圍剿。上述任務，在其二十餘年的活動中業已大半完成。二次大戰德、蘇戰爭爆發後，英、美隨即變成蘇聯的盟邦，軍經援助源源而來，史達林在羅斯福與邱吉爾的壓力下，必須以事實表示其合作之誠意與決心，因此乃於 1943 年將第三國際解散。

　　蘇聯籌建共產情報局的背景，則有如下列：

　　二次大戰末期，蘇聯在東歐建立了大批的共產政權，西方國家如法國與義大利的共黨勢力亦扶搖直上，極可能出掌全部或局部的政權。在這樣一個新的環境之中，重建共產國際組織確有必要。此其一。

　　在東歐新建的共產政權之中，內部分子頗有歧異。一部分是留居本土，在軸心占領期間從事秘密地下活動，戰後始露頭角的共黨幹部。另一部分則是在俄境接受訓練，參與第三國際工作，戰後方隨紅軍榮歸故國的新貴。前者在本土具有深厚的根基，但對蘇聯的政策則較少瞭解。後者雖有莫斯科的背後支持，但對國情則極為生疏。因此在二者之間，有一頗大的差距。如何使其凝為一體，一致遵行克里姆林的路線，亟需有一共產國際機構予以協調。此其二。

　　東歐是一個民族複雜、宗教歧異、經濟結構不同、歷史文化有別的地區，小國林立，各具特殊背景。戰後只在年餘之間，便一一落入蘇聯懷抱。其得來雖易，但治理則難。尤其在 1944 年至 1945 年間，波蘭問題和羅、保問題已經引起英、美與蘇聯之間的尖銳爭執，西方國家對於莫斯科的疑慮日深，而原子武器之專利權此時仍在美國之手，因此史達林不敢貿然放手行動，對東歐只能採取漸進乃至寬容的政策。所謂「人民民主政權」即

係此一政策之產物。1944 年至 1947 年是一段過渡時期。在此期間，有些共黨領袖竟然得隴望蜀，步步趨向自由，或則事先未獲莫斯科批准就率然發表主張，或則明知不容於上級竟亦大膽採取行動。此類事例，如捷克、波蘭之擬接受馬歇爾計畫，如保共領袖季米特洛夫在記者會中擬組巴爾幹聯邦之聲明，如狄托之分訪東歐倡議合組東歐邦聯，皆屢見不鮮。1947 年「杜魯門主義」和「馬歇爾計畫」先後宣布後，東歐附庸立起波瀾。蘇聯為了加強控制歐洲各國共黨，乃有共產情報局之建立。此其三。

過去，因第三國際總部設於俄京莫斯科，不僅使西方國家產生敵意，即使是略具民族意識的西方共產黨人亦有反感，而此種民族意識又正是戰後歐亞各國共黨的普遍潮流，不能忽視。因此，新的共產國際組織，不便再把第三國際死灰復燃，必須另起爐灶，一如「聯合國」之取代「國際聯盟」。此其四。

1947 年 9 月，在莫斯科授意下，波蘭勞工黨（實即波共）邀請俄、南、波、匈、羅、保、捷、義、法等九個共黨的代表，在波蘭集會，並於 10 月 5 日宣布成立「共產情報局」，局址設於南斯拉夫首都貝爾格萊德。同時強調，該局之任務，不在決策，而在情報之交換。為了符合後一旨趣，所以定期出版一份半月刊，名曰「為了持久的和平，為了人民民主！」。代表俄共出席者為當時極可能成為史達林繼承人的日丹諾夫和馬倫可夫，代表南斯拉夫出席者則為狄托左右手卡德里和吉拉斯。

日丹諾夫是共產情報局籌組的幕後主持人，在他發表的演說中，除一再強調參加各國的平等地位以外，並特別指出情報局成立後即可洗刷過去因第三國際而引起的對俄誤會，因為情報局不再是一個干涉他人內政的機關。

除義、法代表外，東歐各國代表一致致詞讚揚紅軍對於解放祖國的輝煌貢獻，獨有南共代表卡德里則另有說詞，強調南共早在 1941 年起即已開始對敵作戰，對人民民主另作不同的解釋，並未向紅軍之助戰表示謝忱。

共產情報局成立的真正企圖，日丹諾夫最初故意輕描淡寫，但為時不

久即顯露原形,成為公開的秘密。其目的在使東歐諸國的行動路線和行動進度,由「各自為政」改為整齊劃一,一切聽命於蘇聯,接受史達林的最高領導,加強史達林一元共產帝國的團結。所以共產情報局和第三國際的任務,前後如出一轍。

　　蘇聯對於附庸國家的駕馭,有其容忍的最高限度;附庸的政治自由,有其最大的活動範圍。 在共產情報局成立之前, 羅馬尼亞的曼紐 (I. Maniu)、波蘭的麥考拉吉克全是被蘇聯整肅的對象;及至情報局成立之後,首遭打擊者是捷克的貝奈施聯合政府 (1948 年 2 月),繼之,狄托又成為第二個打擊的目標。

㈢俄、南分裂的經過

　　俄、南之公開決裂日期雖為 1948 年 6 月 28 日,但自是年年初起已露端倪。在是年 2 月 10 日的莫斯科會議中,史達林除當面斥責保加利亞季米特洛夫的巴爾幹聯邦談話外,更於翌日迫使南共代表卡德里簽字保證今後南國的一切外交問題必先徵詢俄方之意見。12 日巴黎報端刊出消息一則,指出羅京謠傳羅共當局已下令拆除公共場所的狄托肖像。

　　此時俄、南間簽訂貿易條約之談判正在莫斯科舉行,南國代表團早於年初抵達待命,但遷延多時,談判遲遲尚未進行。正企盼間,俄國突於 2 月底通知南方表示商約不再簽訂。

　　3 月 18 日,蘇聯駐南軍事代表團團長聲稱,接奉蘇聯國防部長布爾加寧 (N. A. Bulganin) 命令,飭即撤回全部軍事顧問,理由為無法在「充滿敵意」的國家執行任務。其後不久,俄駐南代辦通知南國,所有俄國文職顧問亦將返國。

　　此後二、三月間,俄、南雙方即相互展開攻訐,關係日趨惡化。莫洛托夫指出,減少俄國軍事顧問 60% 之請求曾由南方提出,吉拉斯且曾批評俄國軍官的道德水準不如英軍。俄共批評南共領袖頗多具有「托派」色彩,是一批「有問題的馬克思主義者」和「孟什維克派」的機會主義者。更指

南國外交部次長魏列比 (V. Velebit) 為英方間諜，因此在魏某未被調離之前，俄方無法與南國外交部通訊。南共對於俄方的指責，特別是指其為托派、孟什維克派、修正主義者等等，十分困惱。被俄共明白攻擊的四位南共領袖曾向狄托提出辭職，但為狄托拒絕。狄托告訴四人：「他們想要摧毀我們的中央委員會，如我同意諸君辭職，我將如何獨力應付此一局勢？」4 月 12 日，南共舉行中委會全體會議，狄托將當前嚴重局勢提出報告，普獲支持。翌日狄托乃以堅定語氣致書史達林，對其上月 27 日來函提出答辯。辯稱俄共所據以指責南國之情報，皆由海布朗及祖約維契（均親俄分子）提供，絕不正確。南共一向敬愛蘇聯，親俄思想不僅是沙皇時代的南斯拉夫傳統，今仍遵行不輟。繼即聲明南共為一民主黨派，俄方的抨擊當係來自駐南大使拉甫倫提耶夫 (Lavrentiev) 的情報，拉氏身為大使，無權調查南共黨內的活動。狄托繼稱：南國雖然正在學習蘇聯的制度與經驗，但亦須顧及本身的特殊情況而酌予修改。

其後，南共再提出以下反擊：第一，南國不能容許蘇聯在該國建立諜報網；第二，蘇聯有經援南國之義務，因南國位於資本主義世界的邊緣，南國如受威脅，其他人民民主國家亦將同受威脅，甚至蘇聯本身亦將受到影響。最後，狄托聲稱：我們雖然敬愛蘇聯這個社會主義的國家，但亦同樣愛護我們自己的祖國，我們曾經為祖國犧牲了數以千計的同胞。

當南共覆函由駐蘇大使面交莫洛托夫時，莫某心情十分緊張，至此方始發現他們對於南共作了錯誤的估計，因為南斯拉夫不像羅、保共酋一樣，是一批惟命是從的奴隸。

5 月初，蘇聯函邀南共領袖出席共產情報局會議，由國際共黨檢討南共的錯誤，南共拒絕。據戴迪耶 (V. Dedijer) 稱，鑑於過去史達林邀請烏克蘭共黨赴莫斯科開會然後一律拘捕槍決之前例，狄托深恐一去難返。而蘇聯則藉此指責南共之拒絕出席，是因為明知犯錯而逃避檢討。

共產情報局於 1948 年 6 月 28 日發表公報，將狄托等四位南共領袖的錯誤一一列舉，指其採取「民族主義路線」，將南斯拉夫變成一個「資本主

義的國家，淪為帝國主義的殖民地」。最後號召南共之中的「健全分子」，挺身而起，迫使狄托等人承認錯誤，或則「取代他們，進而另建一個新的領導核心」❻，意在鼓動南共掀起內鬨，推翻狄托，改建親俄傀儡政權。

情報局公報的發布日期選定 6 月 28 日，實在極不明智。因為是日適為紀念 1389 年科索沃抗土戰役的「聖・維塔士節」，也是 1914 年塞人暗殺奧匈帝國王儲斐迪南大公的紀念日，均帶有反抗外力維護自主的民族主義意味，極易激起南斯拉夫人的反抗情緒。他們的祖先既敢在五百六十年以前抵抗土耳其大軍，又敢於三十四年以前向奧匈帝國挑戰，則其後代子孫自然敢在二十世紀的 40 年代抵制蘇聯沙文主義的威脅。

狄托面臨成敗存亡的考驗，成敗的決定因素，端視能否獲得南共黨員和南斯拉夫人民的支持。

南共第五屆代表大會於 7 月 21 日舉行，出席代表二千三百餘人，狄托發表長達九小時的演說，詳述南共建黨以來的歷史、戰時游擊戰的輝煌戰績，最後揭述共產情報局對於南共的攻訐，繼又指出此項攻訐全係虛構，更不符合馬克思主義的精神。同時，南共當局將最近數月以來俄、南雙方的往返函件全部印發於會眾，聽取代表的裁決。大會進行六日，在此期間，俄共號召其他東歐附庸一致吶喊助威，從旁聲討，聲勢逼人，而其最後結果，則為狄托的勝利。狄托採取的立場普獲南人支持，蘇聯指責的問題人物全部高票當選，第五屆大會選出的中央委員全部都是狄托派。背叛狄托者為數極微，唯一顯著的事例是姚凡諾維支 (A. Yovanovich) 將軍的逃亡遇害事件❼。

史達林原以為在蘇聯及東歐附庸的聯合壓力下，南共必然屈服，殊不料適得其反，狄托反而變成了民族共產主義的象徵，受到南人的擁護。發

---

❻　參閱 Wolff, R. L. *The Balkans in Our Time,* pp. 363–364.

❼　姚凡諾維支為南軍參謀長，曾在俄受訓，已被俄秘密警察吸收。他確信俄、南一旦衝突，南必覆亡。乃在俄、南決裂之際，偕同兩名軍官逃亡，於 8 月 12 日在南、羅邊界被南國巡邏隊射殺。

動南共內部叛變的陰謀失敗之後，莫斯科隨即鞭策東歐附庸，在國際上對南斯拉夫圍攻。在 1948 年下半期至 1950 年間，南共成為眾矢之的，外交及經濟合作均陷孤立。首先是各國將「對南友好協會」關閉，將傾向南共的報章停刊，收容並協助南國流亡分子向祖國廣播宣傳，鼓動叛亂。1949年 9 月起，由蘇聯帶頭，匈、波、捷、羅、保諸國紛紛廢止與南國之間的友好互助條約❽。10 月，蘇聯驅逐南國大使。

　　在經濟方面，各國紛紛修正或廢除對南貿易協定，或則減少對南之輸出，或則違約停止交貨。例如羅馬尼亞自 1948 年 8 月起即停運石油與鋼板，捷克將應交汽車訂貨減交 40%，並在已交之汽車零件中故意短缺一部分，使其無法組合行駛。

　　1949 年 1 月 25 日，蘇聯發起在華沙組成「經濟互助委員會」，邀請東歐共黨國家參加，成員為波、捷、匈、羅、保及蘇聯等共六國，獨將南斯拉夫和阿爾巴尼亞兩國排除在外（2 月 21 日又增邀阿國參加，故意給予南共難堪）。

　　蘇聯對於南共的威脅，亦止於上述之口頭恫嚇與經濟杯葛，並不像 1956 年的「匈牙利事件」和 1968 年的「捷克事件」，後二者蘇聯皆曾出動武裝部隊，施以殘酷之高壓。

　　南斯拉夫以附庸小邦竟能抵制蘇聯的強大壓力，殊出一般意料之外。其所以倖渡難關未遭覆滅之原因，一為狄托與南共是自力成長的政權，在國內根深蒂固，力足抵禦外來的風雨。二為南國之地理位置較波、羅、捷、匈諸國為優，位於共產附庸集團的西南邊緣，與西方自由世界接壤，可能獲得自由國家之援助。蘇聯如欲出兵，必先越過其他國家，衝突面較大，不得不加顧慮。三為俄南衝突之時間較早，美國仍然握有核子武器之獨霸權。同時東西冷戰之局初露端倪，尚未到達劍拔弩張、壁壘分明的程度，史達林不願在此時引起戰火。

---

❽　參閱 Wolff, R. L. *The Balkans in Our Time,* pp. 381–382.

四、狄托主義的內政新路線

在俄、南分裂以前，南斯拉夫的一切黨政制度，幾乎完全是蘇聯的翻版。但當南共被情報局排除之後，上述制度即被目為異端。此一沉重打擊，最初頗使狄托等人驚魂失魄，陷於迷惘之中。但南共於痛定思痛之餘，為求繼續生存，必須接受挑戰，一方面要為本身辯護，一方面要向敵人反擊，由是產生了「狄托主義」。

在未敘述狄托主義的修正方案以前，必須強調一點，即狄托的一切改革，並非自始至終一成不變，而是修正之後再加無數次的修正。十分符合近代科學進步過程中的所謂「嘗試與錯誤」(trial and error) 原則。一個經濟制度，在實施過程中，發現缺點，立即修正。憲法亦然，南共憲法名義上雖只四部，但其零星修正次數多到不易計數。所以狄托主義不僅是「修正主義」，而且是持續的修正主義。

㈠修正的原則

共產政權的特徵之一，就是它的一切施政，完全有一套「理論的基礎」，而此一理論的基礎，又必皆以馬克思主義為共同的依據。

南共被共產情報局排除以後，狄托面臨的難題，除了應付蘇聯和東歐各國的圍攻之外，最使他感到痛苦的壓力，是如何建立一套新的思想理論體系，以資對抗。因此在 1948 年至 1950 年間，狄托和南共的一批理論家，不斷密議，全力構思，為今後狄托主義設計一套「理論的基礎」。參與設計的主要人物，包括卡德里、吉拉斯與比耶德 (M. Piyade) 等人。

南共強調，只有他們才是真正的共產黨人。指責俄共在史達林領導下，已經叛離了馬克思主義的正統，走入歧途。因為依照馬克思的提示，在一個理想的共產社會當中，「國家」和「政府」的地位應該逐漸「萎縮消失」(withering away)。但史達林治下的俄國則反其道而行，政府機關不僅並未

萎縮，反而大量擴張，形成一個龐大的官僚組織，其權勢與地位，甚至超越了沙皇政府。因此，蘇聯的共產主義只是一種「國家資本主義」(State Capitalism)❾。「只做到了生產工具的『國有』(state ownership)，並未做到生產工具的『社會所有』(social ownership)」。而南共的特徵之一就是「社會所有」。所謂「社會所有」，並非一切由政府經營，而是由勞工自己經營，亦即勞工可以透過「企業自營」(Self-management) 的方式，一方面掌握生產工具，同時並有權分配生產所獲的「剩餘價值」。

基於上述理論，為了達到「社會所有」的目的，狄托的修正主義包括下列各項原則：

1.企業自營。

2.分權 (decentralization)。

3.重視「市場」在經濟活動中的決定性地位。

這些新原則，首先在國營企業中付諸實施，然後再行之於黨政機構的改組。

(二)「企業自營」與「勞工理事會」

「勞工理事會」(Workers' Councils) 是南共修正主義的第一個特徵。1950 年 1 月狄托宣布將在南斯拉夫全國各國營工廠一律設置「勞工理事會」。而且反覆強調，這是南共的創見，不僅在蘇聯境內從未實行，而且在東歐各「人民民主」國家中也並無先例。「勞工理事會」的設置，足以彌補過去生產組織的各種缺點，使工人有權自己控制勞力和技術的分配，決定工人獲得的工資和紅利，達到列寧「將工廠交予工人接管」的主張。

此項改革於 1950 年 7 月完成立法程序，付之實施。其中規定，國營企業的每一工廠，均由全體工人以秘密投票方式選出代表若干人，組成該廠的「勞工理事會」，理事的人數視工廠大小而定，由十五人至一百二十人不

---

❾　參閱 A Report of World Bank, *Yugoslavia: Development with Decentralization.* Baltimore: The Hopkins University Press, 1975, p. 29.

等，工人在三十人以下的工廠則全體參加。理事會指派理事三至十七人，組成「管理處」(Management Board)，負責執行工廠的管理事宜，廠長或經理亦為管理處中之一員。工廠之管理權操於「勞工理事會」手中，它所擁有的權力十分廣泛，包括：

    1.解散管理處，或免除該處任一成員之職務。

    2.決定工廠的生產計畫及擴充計畫。

    3.決定工人的工資、福利金或獎金的分配。

    4.決定工作時間及工作條件。

    5.決定工廠收益的分配。

    6.決定與其他企業之間的關係等等。

廠長須向管理處負責，工人則向廠長負責。勞工理事會理事和管理處的理事任期為一年，但可連任一次，廠長或經理的任期為四年。勞工理事會和廠長二者之間的權責，作如下之劃分：⑴理事會決定政策，廠長負責將政策推行；⑵理事會負責基本性的決策，廠長則處理日常行政。

此外，再由每一種行業的所有工廠的工人，共同組成「高階層經濟協會」(Higher Economic Association)，選舉代表組成該一行業之「勞工理事會」，勞工理事會指派五至十五人成立 「行政委員會」 (Administrative Committee)，由其聘用所屬工廠之廠長或經理。各行各業的 「高階層經濟協會」，則由南斯拉夫中央政府或該協會所在地的共和國政府，指派經理一人負責領導。

上項法案實行後，南斯拉夫中央政府原設之工業主管部（為電力部、礦冶部、農業部、森林部、輕工業部、重工業部、公共工程部、供應部等）均被取消，另設「協調委員會」(Coordinating Committee) 負責同業之間的聯繫事宜。協調會的權限包括釐訂全國的生產目標、投資數額的分配等。此項立法的用意，是中央政府放棄了對於基層工廠的直接管轄權，而將工廠管理權由中央轉授地方，再由地方政府轉授於工廠的工人。工廠變成了一個自治體，此即所謂「分權」。

最低工資和原料價格均由政府核定，但工廠產品的價格則由「勞工理事會」決定。因此工人的實際所得，由於利潤的關係，自然比最低工資為高。

南斯拉夫的經濟政策，到了 1965 年因受「自由化」運動的壓力而加以修正，投資數額和生產計畫不再盲目訂定，而以市場需要及市場價格為依據。政府對各廠不再補貼虧損，所以大小企業必須獲利方能生存。

1974 年新憲法，正式承認私有財產制，工人有權保有他以勞力換得的私人收入，不過私有財產的數額仍須受其所屬社會一般生活環境的限制，不能容許出現資產階級。

南斯拉夫自 1947 年起到 1985 年止已經實行了七個「五年計畫」，建設的重點是重工業、採礦、電力、交通運輸、原料工業等。鋼鐵產量為巴爾幹各國之冠。礦產資源雖富，但缺焦煤與石油，為了增加能源，已完成核子發電廠。

南斯拉夫經濟建設的難題，是投資的分配和建設的優先程序問題，因為它是一個多民族國家，各個民族分區集中，傳統的歧視和仇視並未完全消除，而且各個共和國的經濟條件和生活水準相當懸殊，西北部和北部地區如斯洛汶尼亞、克洛琪亞、塞爾維亞北部等地，工業發達，人民富足，已經達到將近西歐的標準。南部和西南部的馬其頓、科索沃、波士尼亞、黑山國等地則依然相當貧窮落後（例如斯洛汶尼亞的人民平均所得比科索沃多出五倍），所以對於投資的配額爭執極多。

南國為了減少失業人口的壓力和增加外匯的收入，鼓勵勞工出國工作，此種「客籍勞工」在中歐諸國約有一百萬人之多。

茲將南斯拉夫大企業的「自營」方式，圖示如表 1❿。

㈢農業政策的修正

最初，在東歐共產國家中，推行「農業集體化」最力者，首推南斯拉

---

❿　見前書 p. 46。

表 1　南斯拉夫大企業的自營方式

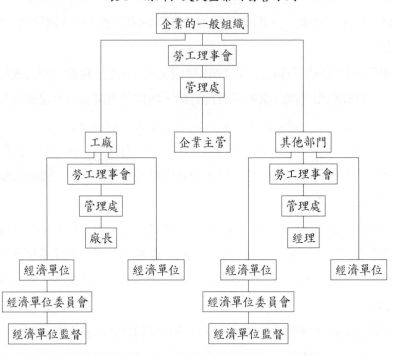

夫，自 1945 年建立共產政權起以迄 1950 年止，多數農家已被強制納入集體農場或「合作農場」之內。在其推行的「第一屆五年計畫」(1947–1951) 當中，農業集體化為重要目標。俄、南分裂之後，仍繼續加強執行。1948 年原有集體農場一千三百十八處，擁有農戶六萬零一百五十八家，耕地三十二萬三千九百八十四公頃；到了 1950 年，農場已增至六千九百六十八處，擁有農戶四十一萬八千六百五十九家，耕地則增至二百二十二萬六千一百六十六公頃。以耕地面積計，較前增加五倍。

南斯拉夫的集體農場原來分為四級：

1.農民將其土地交與農場集體經營，但不放棄其所有名義，農場視其參加土地的面積大小，分配農場之收益。此種收益類似地租。

2.農民仍保留土地之所有名義，其所獲收益，不按土地面積之大小而定，而按土地價值之高低而定。

3.農民保留土地之所有名義，不要地租，而是按照他在農場上付出勞力之多少，索取報酬。以上三級，以三年為試驗階段，三年之後，在理論上農民有權退出農場。

4.與蘇聯之集體農場無異，農民喪失了土地的所有權，只能保留一小塊私有園圃和少數農畜及農具。

依照官方統計，1950 年四級農場所占之比率分別為：1. 8.4%，2. 26.3%，3. 53.7%，4. 11.6%。政府的目標，以發展第四級為優先。

南斯拉夫以農立國，在王國時期農民約占全國人口的 76.5%，二次大戰結束時仍占 69%，經過了近四十年的工業化，農民與工人的比例現在已經反轉過來，農民人口只占 30% 多。

依照 1945 年 8 月 23 日頒布的〈土地改革法案〉，每戶擁有之土地最多不得超過四十五公頃，其中之可耕地最多不得超過三十五公頃。教會土地以一百公頃為限。超過上額之土地，政府一律無償沒收。連同沒收的德人原有土地在內，政府共獲土地一百六十萬公頃，其中半數由政府保留，作為國有農場，半數無價配予游擊隊戰士和貧農，配予農民之土地多採集體農場方式。集體農場的數字，逐年增加，1945 年只有三十一個，1948 年即增至一千三百十八個。「社會化」的土地共約三十萬公頃，農民約有六萬人❶。

俄、南分裂後，土地政策作下列修正：

1. 1950 年 9 月，首先將「曳引機站」(MTS) 由政府撥予合作農場支配。此一改革在共產政權中具有極大意義。蓋因曳引機為農業主要生產工具，依照共產主義教條，生產工具必須由國家持有。現既撥歸合作農場，也就是將曳引機站解散。

2. 1951 年 10 月，取消強迫繳糧制度 (OTKUP)。過去，政府規定農民之產品，必須將大部分以低於市場的價格繳予政府，因此農民所獲代價遠低於市價。為了補償農民之損失，由政府發給票券，可以廉價購買食物及

❶　參閱 Wolff, R. L. *The Balkans in Our Time*, pp. 324–325.

工業產品。惟農民之獲益遠不如損失之大，因此極受農民反對，視為剝削。1950 年適遇旱災，農產減少，形成危機，政府為了刺激生產，乃將強迫繳糧制次第取消。首先取消肉類、乳類及飼料，1952 年 6 月，再進一步將穀類亦一併取消。

　　3. 1953 年 3 月，將大部分集體農場解散，農戶有權自動退出農場，其所擁有之土地亦一併發還自耕。惟前述第四類土地，亦即早已放棄所有權之土地，則不准歸還。同年 5 月政府下令將私有土地面積的最高限額由原來的三十五公頃降低為十公頃（二十四·七畝），超過十公頃之私地均予沒收。沒收之土地，也變成政府所有的財產，稱為「公積土地」 (Land Fund)，然後以之配給無地可耕之農民。

　　私有土地以十公頃為最高限額的規定，至今仍然維持，因此南斯拉夫的農業仍以小農戶為主，其所擁有的土地，平均只有三·五公頃。此種限制妨礙了農業的進步，因為面積過小而又分散的農地，不適於機械化的耕作。

　　狄托政府並未完全放棄「農業集體化」的最終目標，近年以來，政府仍用各種手段加強國有農場和合作農場的經營，增加其投資，添加機器設備，提高農產品價格，貸放低利貸款，藉此鼓勵農民重新參加「社會化」或「集體化」的行列。

　　1978 年初，「社會化」的農場（包括國有農場、集體農場和合作農場，其中以合作農場占最大多數）約二千七百零四個，擁有土地約一百六十萬公頃（1954 年只有九十二萬公頃）。70 年代中期，政府又鼓勵部分國有農場改採商業化的方式經營，稱為「農業的工業」（agrokombinat，或 agrobusiness），約有一百個，耕地約占「社會化」農地的 60%，其中大半為食品加工業。

　　南斯拉夫的農場有四種不同形式：一為私人農場，二為國有農場，三為集體農場，四為農業合作社。其中私人農場的產量約占農業總產量的 73%，約合四分之三。

在 1947 年到 1977 年的三十年間，南國農產量約增兩倍到兩倍半，但在 1968 年到 1978 年之間的平均成長率只有 3%。不過南國的農業已經可以供應本國人民的需要，不必仰賴由國外進口。農產在全國生產總額 (GDP) 中，1981 年時只占 13%，工業則占 37%（其他為貿易盈餘及服務業等），可見南斯拉夫的基本經濟結構已有變化，逐漸由農業國家轉變為工業國家。

㈣憲政體制的修正

南斯拉夫憲政體制的運用，十分複雜。而且憲法也不斷發生變化，常令人無法捉摸。

南斯拉夫在二次大戰以後所訂的憲法，共有四部（1946、1953、1963 和 1974），每部憲法均經多次修正。《1978 年憲法》共有六章四百零六條，它的英文譯本多達二百五十頁，其中的二十五頁全是闡述它的 「基本原則」，而且有很多自創的名詞，含義十分含混。

南斯拉夫憲法之所以如此多變的原因，一是由於民族和宗教十分複雜，必須面面顧到；二是聯邦之中的八個成員的經濟發展程度差別太大，有的已經高度開發，有的仍然十分落後，貧富差距必須協調；三是狄托主義本身的理論不斷變化，自然也影響到憲法的內容。

南國的第一部憲法 (1946) 等於是蘇聯憲法的抄本，已如前述。俄、南分裂以後的第一部憲法 (1953) 中就充滿了狄托主義的修正精神。其中規定：國會（Skupschtina，或 National Assembly）分設兩院，除原有的「聯邦院」(Federal Chamber) 仍然繼續存在以外，原有的「民族院」(Chamber of Nationalities) 則取消，併入聯邦院之內。另設「生產者院」(Chamber of Producers)，也就是勞工代表院。聯邦院的議員，一部分由全國人民選出（每六萬人選代表一人），一部分由共和國和自治省選出。這兩種議員，通常都在一起開會，但當涉及憲法問題時，由共和國和自治省議會選出的議員則單獨集會，仍然扮演「民族院」的角色。新設的「生產者院」，由每七

萬生產者選出代表一人。生產者分為三類：一為農業生產者，包括集體農場及合作農場的工人；二為工業、運輸及貿易生產者；三為手工業者，但不久即將第三類併入第二類之內。代表人數之分配，視各類生產者在全國生產總額中所占比例之多寡而定。「生產者院」議員所享之權利，與「聯邦院」相同，但對有關經濟事項則有特別之發言權。

南國議會兩院之席位，依照〈1953 年選舉罷免法〉規定，聯邦院共有三百五十二席，其中二百八十二席由全國人民以每六萬人選一人之比例選出，另七十席則由六個共和國每國產生十位代表，再由瓦伊瓦迪納自治省產生六人、科索沃‧米托希亞自治省產生四人。「生產者院」1953 年度之議員人數為二百零二人，其中工業界代表是每三萬人選出一人，農業界代表則每十五萬人選出一人。兩院議員均每四年改選一次，候選人名單之提出及投票之方式，均較蘇聯及其他共產國家享有較大之自由❷。

《1953 年憲法》於實施十年之後再度修正，是為《1963 年憲法》（亦即第三部憲法）。南斯拉夫國會，由原有之兩院改為五院：

1.聯邦院（Federal Chamber，1968 年修憲後「民族院」又恢復）。

2.經濟院 (Chamber of Economic Affairs)。

3.教育文化院 (Chamber of Education and Culture)。

4.社會福利與衛生院 (Chamber of Social Welfare and Health)。

5.政治組織院 (Chamber of Political Organization)。

聯邦院議員仍由各選舉區選民直接選舉產生，其他四院議員則由「區議會」 (Communal Assembly) 議員間接選舉產生。新憲對於 「區」(Commune) 在地方自治中的地位，特別重視。表示對「企業自營」、「地方分權」的原則，較前更為加強。在第三部憲法的第六條中，可以看到它的精神是「本憲章不僅是國家的憲法，同時也是一部特殊的社會憲章」。

1974 年再制第四部憲法，將國會的五院制取消，仍分兩院：一為聯邦院，設議員二百二十席（每一共和國有代表三十席，每一自治省有代表二

---

❷ 見前書 p. 396。

十席）；二為「共和國及自治省院」(Chamber of Republics and Provinces)，設議員八十八席（每一共和國有代表十二席，每一自治省有代表八席），兩院合共三百零八席，均由各地議會間接選出。

南國現行憲法中另一特點，是「聯邦執行委員會」(Federal Executive Council) 的設置，這是蘇聯的「最高蘇維埃主席團」和「部長會議」兩個機關的混合體。聯邦執委會設置以後，原有的國會主席團和部長會議均取消，執行委員會原設委員三十餘人，並設主席一人。主席的地位相當於一般國家的總統，不過並非虛位元首，而是掌有實權，此職由狄托擔任。因為南斯拉夫和其他共產國家一樣，並不採行「三權分立」的政策，所以這個「聯邦執行委員會」兼具立法與行政權力。南斯拉夫並無內閣的名義，行政工作則於執委會中設置內政、外交、國防、財政等部（稱為 Secretariat，而非 Ministry，共有八部）和十個委員會（如能源及工業、交通運輸、衛生福利、科學文化、農業、觀光委員會等），部長由執委會任命。此外，執委會並設「協調委員會」，對有關發展政策、貨幣制度、對外貿易、市場及財政等有關地方政府的問題，負責與各共和國及自治省聯繫協商，使重要決策獲得各方的同意。

南斯拉夫的部長，權力和地位都不如一般國家內閣部長之高，南國立法的用意，是在強調「國家」權力的萎縮，以符合馬克思主義的精神。

自 1973 年起，南斯拉夫於「聯邦執行委員會」之外，另設若干「聯邦社會委員會」(Federal Social Council)，其權限雖未詳載於憲法之內，但重要性卻與日俱增，成為內閣和總統以及黨與政府之間的一個協調機構，因其成員包括「總統委員會」、內閣和南共的高級幹部在內。這種「聯邦社會委員會」，分為國際關係、國家安全、社會秩序、經濟發展、經濟政策等，最後兩者對於聯邦的經濟問題具有極大的決策權力。

所謂「總統委員會」(Presidency) 是南斯拉夫的一種特殊的集體領導方式，1971 年由狄托建議設置。最初設委員二十三人，代表各共和國和自治省，其目的原在解決共和國之間的爭端，維持聯邦的團結，委員之中包括

表 2　南斯拉夫社會主義聯邦共和國的政府組織

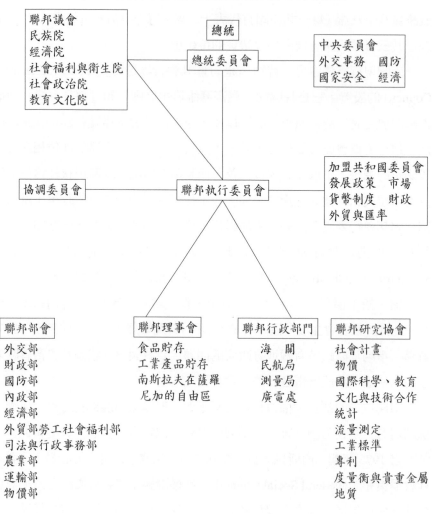

各國和各省的議會議長在內。到了 1974 年制訂新憲時，為了集中事權和提高功能，將委員人數由二十三人減為九人（六個共和國、二個自治省各一人，另加南斯拉夫共產黨主席一人）。

　　1970 年代末期，狄托年事已高，為了避免死後的權力繼承之爭，必須預作妥善安排。南人尊重狄托的豐功偉績和崇高地位，公議狄托的總統職位為終身職，副總統的任期則改為一年輪任制。1978 年更由狄托本人提出

所謂「狄托創議案」(Tito Initiative)，不僅副總統輪流擔任，其他各個共和國及自治省的黨政首長，也一律採取輪任制。

狄托於 1980 年 5 月 4 日病逝，享年八十七歲。死後三小時，即由副總統柯利塞夫斯基 (L. Kolisevski) 接任總統，並另選米亞托維契 (C. Mijatovic) 為副總統。當時柯氏的副總統任期，只差十天即將屆滿，到了十天之後，柯氏立即請辭，改由米亞托維契繼任總統，任期仍為一年。自此以後，南國總統即依此制由「總統委員會」的委員輪流擔任，因為他們代表各個不同的民族，故能維持和諧順利的權力移轉。

南斯拉夫社會主義聯邦共和國 (Socialist Federal Republic of Yugoslavia, SFRY) 的政府組織請參前頁表 2。

五、南斯拉夫共產黨的變革

在俄、南分裂以前，南共的組織作風和理論體系均與蘇聯共黨一致。1948 年分裂以後，即改弦更張，另走新路線。

南共在第六次代表大會（1952 年在札格瑞伯召開）中，通過新黨章，提高各共和國黨部的地位，賦予較大的決策權力。高級幹部的特權（如配給卡、住宅等）一律取消，黨務力求公開，開會時非黨員亦可參加。為了表示和其他國家的共黨不同，將黨名改為「南斯拉夫共產主義者聯盟」(League of Communists of Yugoslavia)，「人民陣線」也改稱「南斯拉夫勞動人民社會主義者聯盟」(Socialist League of the Working People of Yugoslavia)。

改革的重點是排除俄共官僚主義的專制作風，加強地方黨部的權力與地位，以期符合南共所標榜的「社會主義民主」(Socialist Democracy) 與地方分權路線。強調南共今後必須革絕特權階級和政治專利的傳統，改以教育群眾、激勵群眾為工作方針，它只擔任宣傳家和喚醒者的角色。教育宣傳的手段，應為婉轉的勸服，而非強制的命令。在第六次大會的決議案中，

更特別指出：「一個共產黨員的特質與任務，必須在他的社會意識和社會活動中，表現公正無私、自我犧牲、忠於目標、個人道德以及謙和有禮的風度。」❸

南共指責蘇聯共黨的官僚主義，主要的弊病是將黨政機構合而為一，黨的重要幹部大多兼任同等的政府官職，如政治委員大多兼任政府的總理、部長級職位等。

狄托強調，「勞動人民社會主義者聯盟」一方面要號召全國民眾群集於旗下，而且希望聯盟在國際事務上表現活躍的角色，與國際性的社會主義運動密切合作。

對於黨內異端分子的態度，除在俄、南分裂初期一度整肅親俄分子之外，其後對異端分子的懲罰案例即不常見。以吉拉斯事件為例，吉拉斯雖曾連續於 1953 至 1954 年間在 《布爾巴報》 (*Borba*) 及 《新思想》 (*Nova Misao*) 雜誌上發表文字，強烈批評共黨的制度與作風，甚至指責黨工幹部尤其是高級幹部已經形成了一個「新階級」(New Class)。吉拉斯主張，南共的改革如欲徹底，必須使共黨成為一個「非政治性的組織」，最好予以解散，使其消失於群眾之間。吉拉斯是狄托的多年密友，戰時的伙伴，曾任不管部閣員、國會議長及副總統，如南共核心人物。其所作批評，黨方刊物竟允登載，充分表現了南共的自由新作風。直至吉氏之攻擊由理論轉為私人後，狄托始予干涉，1955 年初判處三年徒刑，但准緩刑。其後又因在國外發表敵對性言論，終於 1957 年繫獄，1961 年獲釋後，堅持立場如故。其後吉拉斯仍留國內，拒不離國，但享有行動之有限自由。如吉氏者，倘其發生在蘇聯或其他共產國家，其命運當可預卜。

另一懲處異端分子的案例是 1966 年發生的蘭柯維支事件。蘭氏為南國副總統，兼秘密警察首腦，權勢極大，且被列為狄托的繼承人之一。因為反對經濟改革，引起自由派乃至狄托的不滿，因而被狄托免職。副總統一職改由頗受各方愛戴的包波維支 (K. Popovic) 繼任，秘密警察的人數亦裁

❸　見前書 p. 400，引自 *Yugoslav Review I. 10*, p. 16.

減二分之一。蘭氏的去職，代表南共中老一代人物的結束。此後，恐怖統治的氣氛更為淡化，人民表達意見的自由也更為提高。

　　南共組織，依照第十一屆代表大會 (1978) 的決議，中央委員會設委員一百六十六人，各個民族的配額依人口多寡而定。中委會設「主席團」（相當於政治局），設委員二十四人（以前為四十八人），除主席外，再由每一共和國選出代表三人（其中一人為該共和國黨部主席）、每一自治省選出代表二人、武裝部隊代表一人共同組成之。後又減少為十五人，除主席外，塞爾維亞有代表四人，克洛琪亞及馬其頓均有代表二人，斯洛汶尼亞、阿爾巴尼亞、黑山國及伊斯蘭教徒各有代表一人。主席團之下，設置九個「執行書記」(Executive Secretary)，均由中央委員會選任之。

六、南斯拉夫的外交

　　俄、南分裂後，南斯拉夫被迫在外交上另走新路線。在思想體系下，南國仍然是一個信奉共產主義的國家，無法投入西方民主國家的陣營，但亦不能見容於東歐集團。在此左右兩難的困境之中，被迫提出一個新的外交型態，稱為「不結盟國家」(Non-alignment nation)，既不與共產集團結盟，亦不與自由民主國家結盟，超然於東西冷戰之外。

　　南共在「不結盟」口號掩護下，反而成為西方國家爭取的對象。史達林逝世後，南共與俄共又一度成為修正主義的「同路人」。

㈠南斯拉夫與西方世界關係的轉變

　　在史達林與邱吉爾的〈百分比協議〉中，南斯拉夫被列為蘇聯與西方國家各享 50% 影響力的東歐國家。但自 1945 年起，情況即急遽轉變，南斯拉夫已成為百分之百的共產附庸。狄托對於蘇聯的依附加強，與西方國家的關係惡化。

　　南斯拉夫與英、美關係之惡化，由特里雅斯特問題引起。

特港位於義大利與南斯拉夫之間，在伊斯特里亞半島西端，原屬奧國，1919 年的〈聖・日耳門條約〉中劃歸義大利。二次大戰末期，邱吉爾曾擬在南歐開闢「第二戰場」，由此反攻登陸，占領東南歐，然後北攻維也納以加速希特勒的敗亡。在 1943 年的南斯拉夫反法西斯民族解放委員會會議中，狄托宣布戰後將把特港併入南國之內。1945 年德軍撤退後，南斯拉夫的游擊隊即將伊斯特里亞半島，連同特港在內全部占領。而是時由英國亞歷山大元帥統率之聯軍亦已抵達該區，隨時有與游擊隊衝突的可能。

邱吉爾電告甫接美國總統職位的杜魯門（同年 4 月 27 日），向其解釋特港之重要性，盼能採取堅定立場，杜氏覆電同意。狄托因此被迫同意以「摩根線」 (Morgan Line) 為界將南軍撤至此線以東，將西區讓由聯軍接管。惟聯軍與游擊隊間時起衝突，被激怒的亞歷山大元帥甚至將狄托比喻為希特勒與墨索里尼。邱吉爾在其答覆史達林譴責亞氏失言的文件中，強調英、美有助於狄托之勝利，且南國為一「雙方各占 50%」的國家，因此不能容忍俄國和狄托將勢力範圍向西推展到 「由呂北克、 經艾西納克 (Eisenach) 以迄特里雅斯特一線」。其後，在波茨坦會議中，邱吉爾再與史達林爭辯特港問題。在討論對義和約的倫敦會議（1945 年 9 月）中，義、南代表均向四強外長提出特港的主權要求。會議決定指派專家組團調查，調查結果，各國代表意見並不一致，直至 1946 年莫洛托夫始接受法國建議，迫使南斯拉夫同意，翌年 7 月的巴黎和會中乃據此訂入對義和約。依其規定： 特港及其附近地區劃為 「特里雅斯特自由區」 (Free Territory of Trieste)，自由區分為兩半，北半部稱為 A 區，由英、美軍事當局暫管；南半部稱為 B 區，由南斯拉夫管理。在有關特港的爭論中，蘇聯最初一直支持南國，直至俄、南破裂後始改變態度。史達林死後，特港問題方獲最後解決，1954 年 10 月 6 日，義、南、英、美四國協議，A 區（包括特里雅斯特市區在內）併入義大利，B 區併入南斯拉夫。事後，蘇聯亦表支持。

俄、南決裂消息傳出後，立即在西方世界引起下列反響：戒慎者懷疑這是一幕騙局，希望利用南國為管道，騙取西方的財經援助；樂觀者則將

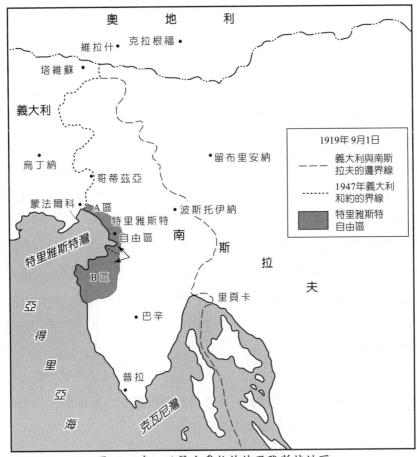

圖 10　東、西雙方爭執的特里雅斯特地區

南共之叛俄視為共產帝國崩潰的徵兆，希望將南國拉入西方陣營，並藉此刺激其他東歐國家的相繼響應。

　　南斯拉夫與西方世界關係的改善，由貿易及財經援助開始。1948 年 7月，亦即情報局排除南共之後僅一月，美國即與南國商獲協議，由美將封存美國之南國資產（價值四千七百萬美元）解凍，南國同意賠償沒收美國在南資產之損失及租借物資之舊欠。同年 12 月，英、南簽訂價值三千萬鎊一年期之貿易條約。其後，美國對南貿易額在 1949 年一年之間激增三倍，進出口銀行亦給予南國二千萬元之貸款。同年，英、南再簽為期五年價值

二億鎊之商約，其中並有八百萬鎊之信用貸款。經援目的，在解除南國因中斷與俄國及東歐貿易所引起的財政危機。

除財經援助外，美國並提供巨額之軍援。1949 年 12 月，美國新派駐南大使亞倫 (G. Allen) 於離美前夕引述杜魯門總統指示稱：我們反對對於南斯拉夫的國外侵略，也像對於其他國家的侵略一樣。意即美國已將南斯拉夫視同與希臘及土耳其一樣的受援國家。1951 年 11 月杜魯門通知參議院及眾議院稱：鑑於蘇俄已在南國邊境配置重兵，美國必須加強南國的軍力，以阻遏對於東南歐的侵略。杜魯門政府的此項政策在 1953 年由艾森豪政府接任後，仍然維持不變。

南斯拉夫雖以「不結盟」為標榜，但自 1953 年起，在不公開向俄挑釁的前提下，極力爭取西方的支持。1953 年，南國與希、土二國在土京安卡拉簽訂五年〈友好合作條約〉。翌年 8 月 9 日，再在布列德 (Bled) 由南、希、土三國簽訂〈軍事同盟條約〉，惟約中註明南國與「北大西洋公約組織之間並無關係」。

狄托之聲望日隆，1953 年起分訪英、法，十年之後又應邀訪美，在聯合國安理會中擔任非常任理事國，成為不結盟國家中之重要領袖。1955 年復在萬隆 (Bandung) 會議中扮演主要角色。

㈡南斯拉夫與共產集團關係的轉變

俄、南分裂之前，南共是東歐附庸中的首席國家，在全球共產集團中，位居第二。阿爾巴尼亞為其附庸，保加利亞是它爭取的聯邦伙伴。巴爾幹聯邦果能成立（莫斯科最初亦頗為支持），南國將成為俄國以外的共產區域組織之領袖。

俄、南分裂之後，最初兩三年間，南國處境陷於四面楚歌之中，隨時有覆亡的危險。南國與其鄰國的邊界地區，由於重兵包圍挑釁，邊境衝突事件層出不窮，每一事件皆可成為燎原之火。

1953 年 3 月史達林逝世後，南國始露一線生機。繼任之馬倫可夫與赫

魯雪夫，改行新的外交路線，進入所謂「融解」時期。

　　赫魯雪夫為了改善與東歐附庸之間的關係，將過去的一切過失與罪惡加之於史達林一身。1955 年 5 月 26 日赫魯雪夫偕同布爾加寧專程前往南國訪問，在機場當眾發表承認罪過的坦率聲明，「讓我們成為朋友，忘掉過去！」❹同年 6 月 2 日俄南發表〈貝爾格萊德宣言〉，保證對於內政問題（包括經濟、政治、思想等）雙方互相尊重，絕不干涉。所謂內政問題，包括政治結構、社會制度和「發展社會主義的方式」等等，最後一點，等於承認了共產主義的多元性。翌年 2 月，赫氏在俄共第二十屆代表大會中發表秘密演說，痛斥史達林之錯誤與罪行。繼之採取兩項行動：一為免除史達林派的莫洛托夫的外交部長，改由史比洛夫 (D. Shepilov) 繼任；二為正式解散共產情報局（1956 年 4 月 17 日）。此二行動，旨在消除俄、南和解之障礙。同年 6 月，狄托答訪莫斯科，俄、南恢復了中斷八年的邦交，並於 6 月 20 日赫、狄兩人聯合發表〈莫斯科宣言〉，承認「在不同的國家之中，社會主義發展的途徑和條件亦有所不同……俄、南兩國均無意將己方對於社會主義發展途徑和形式的觀點，加之於對方」❺，同時宣布雙方「黨與黨」之間的地位完全平等。

　　〈俄南貿易協定〉、〈科學技術合作協定〉及〈文化合作協定〉於同年次第簽訂，雙方關係由敵對轉為友好。

　　前述赫、狄聲明，為一重要文獻，因為它確定了共產主義的「多元化」。及至 1960 年中共與俄共發生分裂以後，狄托即擬將共產世界的領導中心，分別建立在莫斯科、貝爾格萊德與北京三處❻。

　　狄托的共產世界多元化立場，赫魯雪夫事後又圖加以否定。在 1957 年

---

❹　參閱 Ulam, A. *Expansion and Coexistence.* N. Y.: Frederick A. Praeger, 1968, pp. 562–563.

❺　參閱 Brezezinski, Z. *The Soviet Bloc: Unity and Conflict.* Cambridge: Harvard University Press, 1969, p. 167.

❻　見前書 p. 209。

11 月慶祝俄共革命四十週年的莫斯科共黨大會中，中共更強力批評南共，支持共黨世界的統一。南共既不容於共黨世界，乃於 1958 年 4 月的南共大會中，重申其修正主義觀點，提出下列主張：

　　1.當前世界之所以分裂為東、西，是由於大戰末期及其後數年雙方劃分勢力範圍的結果，此一冷戰形勢，並不符合列寧的共存原則。

　　2.社會主義的發展，是社會本身自然進步所促成，並不需要共產黨的必然領導。換言之，共產黨並非促進社會主義發展的必不可缺的工具。蘇聯堅持共黨的必需性，所以造成了史達林的官僚主義。凡堅持此說者，均為「教條主義者」❶❼。

　　自此以後，狄托在共產陣營中，即始終採取獨立路線。

　　1968 年，南斯拉夫的獨立又遭受一次嚴重的威脅。是年發生「捷克危機」，實行自由改革的杜布西克政府不容於蘇聯，引發華沙公約國家的武裝干涉，匈牙利悲劇又再重現。在此之前，南斯拉夫與羅馬尼亞及捷克之間的關係突趨密切，狄托及西奧塞斯古相繼訪問布拉格，捷、南、羅三國再度合組「小協約國」(Little Entente) 的呼聲突囂塵上，布里茲涅夫無法容忍此一後果，終於出兵干涉，摧毀了捷克的杜布西克政權。當紅軍大批湧入捷克時，南斯拉夫極可能成為次一攻擊目標，狄托立即準備動員，重申抵抗侵略之決心。所幸捷克危機並未危及南斯拉夫的命運。「布里茲涅夫主義」加強了蘇俄對於東歐附庸的控制，莫斯科不能容忍另一個「狄托主義國家」又再出現於東歐勢力範圍之內，不願捷克步南斯拉夫之後塵。

　　在中共與俄共公開決裂以前，中共支持莫斯科，全力抨擊狄托的修正主義。但自北京與莫斯科關係惡化之後，中共與狄托即逐漸言歸於好，因其同為俄共排斥的對象。在俄共召集的 1969 年莫斯科共黨大會中，中共及南共均未被邀請。是年，狄托派貿易代表團赴北京，並與羅馬尼亞採取同一立場，對中共與蘇聯之間的邊界糾紛保持中立。1970 年中共與南共恢復了自 1958 年中斷的邦交❶❽。

---

❶❼　見前書 pp. 320–337。

自蘇聯海軍勢力於 1970 年代進入東地中海後，南斯拉夫的國防地位日趨危險。當俄、南於 1948 年分裂時，南國地處共產世界的西南邊陲，不致受到紅軍的直接威脅，但今日之形勢已非昔比，蘇聯可自海上由南而北，自匈、捷由北而南，向南國夾攻。狄托被迫一方面加強與西方國家，特別是與美國之間的聯繫⓳，一方面力持戒慎，避免刺激蘇聯，繼續堅持其中立的「不結盟」路線。

南斯拉夫與其南鄰阿爾巴尼亞之間的關係，較為複雜。阿共是在南共扶植之下建立者，戰後阿國的黨政經濟全由貝爾格萊德控制，等於南國的附庸。狄托曾擬將阿爾巴尼亞併入南斯拉夫聯邦之內，成為另一個自治共和國，此項計畫史達林最初亦表支持。但在俄、南分裂以後，阿爾巴尼亞即擺脫南國控制，直接受蘇聯的領導，也曾參加對於狄托的圍攻。及至史達林死，赫魯雪夫與狄托重新修好 (1955) 以後，阿爾巴尼亞的處境十分危險，為了另尋靠山，於是倒向中共懷抱 (1960)。在中共與俄共公開決裂以後的多次國際共黨會議中，阿共均公開支持中共，蘇聯乃與阿爾巴尼亞斷絕邦交 (1961)。而南、阿關係並未轉趨和好。

南斯拉夫與其東鄰保加利亞之間的關係，在俄、南分裂之前，原極友好，保共領袖季米特洛夫與狄托接觸頻繁，甚至保加利亞亦有與南斯拉夫共建巴爾幹聯邦之議。俄、南分裂之後，雙方關係即趨惡化。

南、保之間有一歷史性的爭端，即馬其頓人的歸屬問題。馬其頓民族的住地，介於南、保、希三國之間，分屬三國統治。在南斯拉夫聯邦的東南部，有一個「馬其頓共和國」。而保加利亞的西南部也有一個馬其頓區。南斯拉夫和保加利亞都想擴大領域，把對方的馬其頓人住地併入自己的版圖。而馬其頓人本身則想脫離三國的統治而單獨建立一個「馬其頓國」。這個棘手的民族問題，多年以來一直是巴爾幹區的動亂因素之一。

⓲　參閱 Bromke, A. & Rakowska-Harmstone, T. (eds.). *The Communist States in Disarry, 1965–71*. Minn: University of Minn. Press, 1972, pp. 180–197.

⓳　尼克森於 1970 年訪南，其後福特及卡特總統均連續訪南。

㈢南斯拉夫與「不結盟國家」

南斯拉夫是「不結盟國家」集團之中的主要角色，而且是其中唯一的歐洲國家，集團的其他成員都是亞洲、非洲、拉丁美洲等所謂「第三世界」的國家。

俄、南分裂之後，南斯拉夫既不屬於西方世界，也受共產集團的排斥，為了打破孤立，只好另求生路，自 1950 年代初期起，狄托即與印度總理尼赫魯 (J. Nehru)、印尼總統蘇卡諾 (Sukharno) 和埃及總統納瑟 (G. A. Nasser) 等人密切接觸，分訪印、埃 (1955)。翌年狄托復與尼赫魯及納瑟會晤於南斯拉夫的布里歐尼 (Brioni) 島，發表聲明，支持萬隆會議倡議的不結盟運動，終止東、西對抗，解散公約組織，以期和平共存。

1961 年在貝爾格萊德舉行不結盟國家首次高峰會議，參加者共二十五國，多屬西非新興國家。這些國家剛剛脫離了帝國主義的統治，民族意識和反對殖民主義的思想十分熾烈，而狄托正是一個領導民族解放運動的成功人物，且其敢與史達林作對，抗撓不屈，更贏得這些新興國家的尊重。不久蘇卡諾下臺，尼赫魯病死，而納瑟亦在「六日戰爭」中被以色列擊敗，狄托遂脫穎而出，成為「不結盟國家」的領袖，南斯拉夫的國際地位也隨之提高。1979 年不結盟集團在古巴首都哈瓦那 (Havana) 舉行會議，卡斯楚 (F. Castro) 有意爭取領袖地位，第三世界的非共產國家為了抵制卡斯楚，堅邀年高的狄托前往參加，以資對抗。

所謂「不結盟」，只限於不與東、西兩個超級強權國家所領導的「北大西洋公約」與「華沙公約」結盟，在第三世界諸國中仍然可以結盟。當中東危機（1967 年的「六日戰爭」）發生時，由於狄托與納瑟的友誼關係，所以南國支持阿拉伯國家，反對以色列，後來更強烈支持「巴勒斯坦解放組織」(PLO)，對於巴解的國際恐怖行動也不加以干涉，使南斯拉夫時常成為巴解活動的庇難所。

狄托死後，南斯拉夫在「不結盟國家集團」中的地位也隨之低落。

第二十五章　鐵幕之內的羅馬尼亞

一、共產政權的建立

第二次世界大戰爆發時，安多尼斯古 (I. Andonescu) 將軍主持的羅馬尼亞內閣已倒入納粹懷抱。蘇聯雖與納粹締有〈互不侵犯條約〉，但貌合神離，雙方均知這只是權宜之計。蘇聯為了準備抵禦未來的德國侵略，乃積極擴展左右兩翼的領域。在右翼方面它發動了蘇、芬戰爭，奪占芬蘭的卡累利亞地峽，在左翼方面則強迫羅馬尼亞割讓比薩拉比亞與北布庫維納，時為 1940 年 6 月。

及至德、蘇戰爭爆發後，羅馬尼亞即參加德軍作戰，舉國上下，人人奮勇當先，他們作戰的目的極為鮮明，即在收復一年以前被蘇聯占去的東疆。羅軍進軍迅速，旋即收復比薩拉比亞，並占領俄國在聶斯特河與布格河之間的大片領土，其中包括黑海北岸大港敖德薩在內，羅國將這一片新占領區，命名為「外尼斯特里亞」(Transnistria)。

1944 年秋，轉敗為勝之俄軍攻入巴爾幹半島，羅馬尼亞首當其衝。8 月 23 日羅馬尼亞國王麥可在軍方鼓勵下，發動政變，將親德之安多尼斯古拘捕，由索諾德斯古 (Sănătescu) 將軍組成新閣，並宣告與聯軍停戰，越二日又向德國宣戰（25 日）。羅國的突然停戰，對俄軍大為有利，乃在毫無抵抗下源源開入巴爾幹。

依照史達林與邱吉爾於 1944 年 10 月達成的〈百分比協議〉，蘇聯在羅馬尼亞的優勢地位占 90%。換言之，羅國已劃在蘇聯的勢力範圍之內。而索諾德斯古內閣只是一個由軍人領導的各黨聯合政府，自然不能滿足蘇聯的要求，於是被迫於 1944 年 11 月改組。副總理一職由親共的 「耕者陣

線」(Ploughmen's Front) 領袖格羅薩 (P. Groza) 擔任，交通部長由共黨分子喬治歐‧戴伊擔任，司法部長帕特拉斯坎紐 (L. Patrascanu) 亦為一共黨分子。內政部長為國家農民黨的比尼斯古 (N. Penescu)，外交部長為維蘇安紐 (C. Visoianu)，維氏於 1944 年春曾奉派前往開羅向聯軍接洽投降。新閣成立僅一月，總理索諾德斯古即被迫辭職，改由另一軍人拉德斯古 (N. Radescu) 繼任，同時，內政部長也改由共黨分子喬治斯古 (T. Gheorgescu) 接任。經過了這幾次改組，內閣重要部門多被共黨控制。同年冬，羅共聯合社會民主黨、愛國者聯盟 (Union of Patriots)、「耕者陣線」及全國工會等親共團體，組成所謂「全國民主陣線」(National Democratic Front, FND)。翌年 2 月 24 日，民主陣線在首都發動示威，數位民眾被射殺致死，共黨指責這是由拉德斯古下令開槍所造成的悲劇。拉氏斷然否認，後來由遇害者身上取出的槍彈證明並非政府軍使用的槍支發射，而是由一輛共黨分子乘坐的卡車中射出。此種放冷槍而假禍於人的伎倆，是共黨慣常使用的手段。

　　蘇聯外交部副部長維辛斯基 (A. Vyshinsky) 銜命赴羅（2 月 27 日），向羅王麥可表示拉德斯古總理無力維持秩序，應予撤換，翌日，麥可提出繼任人選，但為維辛斯基斷然拒絕，並明白表示俄方只能接受由格羅薩組閣。格羅薩提出的閣員名單清一色全是「全國民主陣線」分子，羅王踟躕不決，維辛斯基對羅王頤指氣使，傲慢無禮，不斷以掌拍案，出門時因用力過猛以致壁上石膏浮雕紛紛墜落。羅王無奈，被迫接受新閣名單。當名單於 3 月 6 日揭露時，舉國譁然。羅國勢力最大的政黨——國家農民黨 (National Peasant Party) 和國家自由黨 (National Liberal Party) 竟無人入閣，閣員大多是陌生的共產黨和它的同路人，但是為了維持「聯合政府」的形式，另又網羅了幾名聲名狼藉毫無立場的農民黨和自由黨的叛徒，這種掛羊頭賣狗肉的作法，在東歐屢見不鮮。

　　蘇聯為了對羅示好，隨即將紅軍控制的外息爾凡尼亞北部交由羅國政府接管。

　　蘇聯在羅馬尼亞的這些暴行，顯然違反剛剛在三、四個月以前簽訂的

〈雅爾達條約〉，美、英目睹上述違約事實，雖極憤慨，但邱吉爾心中明
白：羅國是〈百分比協議〉中的蘇聯勢力範圍，史達林既然遵守協議未向
希臘伸手干涉，英方自然也不便對羅國情況多所置喙。羅斯福總統方面，
後來也另有說詞，依照貝爾納斯回憶錄所載，美方認為俄軍既已進駐東德
和匈牙利，為了軍隊的補給，自應有權維持一條穿越羅馬尼亞的運輸孔道。
1946 年 2 月，格羅薩共黨政府竟獲英、美承認。

　　格羅薩內閣雖由共黨控制，表面上仍具聯合政府形式。羅共目前的第
一號敵人是聲望極高的元老政治家農民黨領袖曼紐。1946 年 11 月大選，

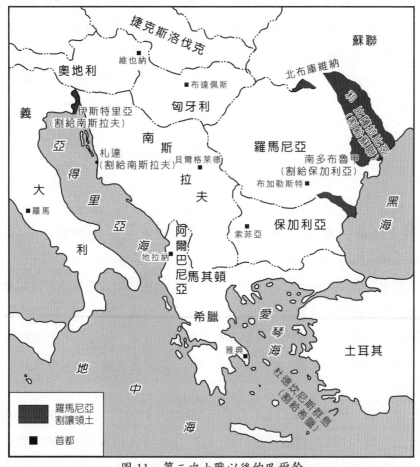

圖 11　第二次大戰以後的巴爾幹

選舉法對政府有利，投票所設在工廠和兵營之中。選舉結果，在總席位四百十四席中，共黨控制的「全國民主陣線」獲三百四十八席，占 89%，非共黨派僅獲三十五席，其中曼紐的農民黨獲三十二席。翌年 6 月，政府宣布農民黨為非法組織，曼紐及領袖多人被捕，以通敵叛國等莫須有的罪名，或予處決，或予監禁，曼紐原被判處終身苦役，其後因西方抗議，乃以念其年老多病為由，改處終身單獨監禁。不久，社會民主黨被迫併入共黨之內，改稱「羅馬尼亞聯合勞工黨」(United Worker's Party of Romania)。

羅共最後清除的目標是極受羅人愛戴的國王麥可。 1947 年 11 月麥可赴英參加伊莉莎白二世的結婚大典時， 遇到安娜 (Anne of Bourbon-Parma) 公主，訂婚後返國，但立即被迫簽詔退位（12 月 30 日）。1948 年起改國名為「羅馬尼亞人民共和國」。

「全國民主陣線」 亦改名為 「人民民主陣線」 (Peoples' Democratic Front)。

二、黨政組織的變化

羅馬尼亞人民共和國也是一個「人民民主」政權，國會議員均由「人民民主陣線」 提名，實際操縱者則為羅馬尼亞共產黨 (Romanian Communist Party, RCP)。

羅馬尼亞共產黨成立於 1921 年，但三年之後即被政府視為非法組織，二次大戰結束時只有黨員一千餘人，所以它和波蘭、匈牙利、保加利亞等國的共黨一樣，並無廣大的民眾基礎。羅共的成員，也分為本土派和外來派（來自蘇聯者）兩種，本土派以喬治歐・戴伊為領袖，外來派著名者有三人：

1.安娜・包克 (Anna Pauker) 是世居莫德維亞的猶太人， 1920 年代起已十分活躍，1932 年被捕判刑十年，但在 1940 年即由羅馬尼亞政府釋放，藉以交換比薩拉比亞省被蘇聯侵占時俘虜的羅國官員。安娜在大戰期間一

直在蘇聯境內從事羅語廣播工作，並協助俄國組成了一師之眾的羅馬尼亞共黨部隊，這支部隊在 1944 年 8 月間即隨同紅軍開入羅境。

2.盧加 (V. Luca) 原是一名外息爾凡尼亞境內的施克勒人，在工會中活動，蘇聯奪占北布庫維納省時，派為某市副市長，授官紅軍少校，後隨紅軍入境。

3.包德納拉斯 (E. Bodnaras) 原為北布庫維納省內的烏克蘭人，羅國軍校畢業後擔任軍官，後棄職潛逃前往蘇聯，又被蘇聯派來羅國負責組織共黨游擊隊。

由此可見這一批外來的共黨領袖，均非真正的羅馬尼亞人，當他們隨同紅軍進入羅國並分別出任黨政高級官員時，羅人均有茫然之感。羅國總理拉德斯古在全國廣播中，指斥這是一群「可怕的豺狼」，是一群「既不信上帝，也沒有祖國的人」。

在 1948 年組成的內閣中，安娜‧包克擔任外交部長，盧加擔任財政部長，本土派的喬治歐‧戴伊則擔任經濟部長兼國家計畫局局長。

羅共奪得政權後，即積極吸收黨員，擴大組織，若干投機分子紛紛加入，1948 年將社會民主黨兼併，改稱「羅馬尼亞勞工黨」(Romanian Workers' Party) (下文仍稱羅馬尼亞共產黨)。1951 年時黨員已有七十二萬人，到了 1976 年約有二百五十萬人，占羅國人口的八分之一。羅共的本土派和外來派之間並非水乳交融，本土派對莫斯科分子頗為排斥，此種隔閡，種因於 1920 年代和 30 年代之間。因為早期的羅共領袖，大多是羅國的猶太知識分子，對於勞工無產階級和農民的利益並不重視，而羅馬尼亞一向排斥猶太人和俄國人，所以懷疑羅共運動只是「猶太人和俄國人操縱的顛覆活動」。他們以 1933 年的格里維塔 (Grivita) 鐵路工人大罷工事件為例，大罷工是由羅共的安娜‧包克和喬治歐‧戴伊等人發動，當暴亂被政府鎮壓之後，多人被捕，事後喬治歐‧戴伊入獄，而安娜‧包克則被蘇聯引渡離羅，逃往莫斯科避難，足證蘇聯偏袒。不過，這一批外來派在 50 年代中即被排除。

　　二次大戰以後的羅馬尼亞憲法，前後共有三部：一為《1948 年憲法》，廢王國，改建「羅馬尼亞人民共和國」；二為《1952 年憲法》，也是喬治歐‧戴伊權力鼎盛時所定的憲法；第三部憲法制訂於 1965 年 8 月 20 日，改國名為「羅馬尼亞社會主義共和國」(Socialist Republic of Romania)，是時喬治歐‧戴伊業已於同年 3 月間逝世。

　　《1948 年憲法》的實施，表示羅馬尼亞已進入建設社會主義的第一階段，亦即「人民民主」階段，憲法條文中並未將共產黨的特殊地位明白標出。《1952 年憲法》中一方面把共黨地位明白提示，指為勞動階級的代表，也是全國的政治領導中心，另一方面更特別強調羅國與蘇聯之間的親密關係和蘇聯在解放戰爭中的協助。第三部憲法一方面更改國名，表示羅馬尼亞已經進步到和蘇聯一樣，業已完成社會主義的建設，一方面把前一憲法中對於蘇聯的推崇阿諛字句全部刪除，改為「與所有社會主義國維持友好和兄弟般的關係」。

　　這三部憲法中對於政府的組織，基本上並無太大的變動，為求減少篇幅，茲將其制度大略介紹如次：

　　國家的權力最高機關為國會 (Grand National Assembly)，由人民普選產生，任期四年，設議員四百六十五席，選出主席一人、副主席四人。在國會休會期間，由「國家委員會」(Council of State) 代行職權。「國家委員會」設委員十九人，由國會議員中互選產生，委員會設主席一人，或稱總統，為國家之元首，仍採集體領導原則。理論上國家委員會的決定必須經過下次國會批准，事實上國家委員會的一切決定自頒行之日起就成為法律。

　　國家委員會之下，分設「經濟委員會」及「國防委員會」，前者就有關經濟事務、經濟計畫向國家委員會提出建議並備諮詢。後者設立於 1970 年，對重要軍事事項有決策權，對三軍有監督權。憲法中並明文規定，外國部隊除非獲得國會的同意，在任何情況下均不得進入羅馬尼亞領土。國防委員會的參加人員，包括總統、總理、國防部長、國家安全委員會主席、內政部長、外交部長等重要官員。該會設立的目的，是鑑於華沙公約部隊

於 1968 年侵入捷克，深恐羅馬尼亞亦將成為次一侵略目標，藉此表示羅國反對干涉之決心，向蘇聯提出警告。國防委員會主席由總統兼任，第一任秘書長為羅軍參謀總長。

羅馬尼亞的內閣，亦稱「部長會議」(Council of Ministers)，設主席一人，地位相當於總理，另設第一副主席（副總理）及副主席若干人，下設各部（1971 年設二十三部）及委員會。地方行政分劃為三十九郡、四十四個獨立市，及若干城鎮或社區，各設「人民委員會」，亦即各級地方政府。

三、喬治歐・戴伊時代 (1944–1965)

喬治歐・戴伊是羅馬尼亞共產黨中本土派的領袖，原為鐵路工人，曾任共黨控制的鐵路工會秘書長，1933 年因鼓動罷工被捕入獄，囚禁於外息爾凡尼亞的戴伊 (Dej)，為了紀念，故在姓氏之後附加「戴伊」字樣。二次大戰結束時擔任羅共書記長，與來自蘇聯的羅共外來派不睦，互爭領導權，後經莫斯科調解，雙方始暫時合作。喬治歐・戴伊是一個狂熱的共產黨人，也熱烈支持蘇聯，對史達林尤其崇拜，他所反對者並非蘇聯或史達林，而是安娜・包克和盧加那一批羅共中的莫斯科派分子。所以當他的權勢鞏固之後，即逐漸排除敵對分子。

喬治歐・戴伊執政初期，忠實奉行蘇聯命令，全力推行史達林主義，農業集體化、工業國有化、生產計畫均由中央統籌，自 1948 年起連續施行「五年計畫」。投資的重點為重工業、能源工業和交通建設。比較顯著的成就，一是發電量的激增，二是石油工業的開採，三是多瑙河運河的開鑿。這些大規模的建設，多由羅馬尼亞與蘇聯合組的「合

圖 12　喬治歐・戴伊（羅馬尼亞國家歷史博物館）

營公司」主持，如合營石油公司 (Sovrom Petrol)、合營建設公司 (Sovrom Constructie)、合營航運公司 (Sovrom Naval) 及合營運輸公司 (Sovrom Transport) 等。1953 年完成道西斯提 (Doicesti) 大電廠，將該城命名為「喬治歐‧戴伊」以資紀念，另在比凱茲 (Bicaz) 興建「列寧水力發電廠」，發電量由 1950 年的二十一億瓩小時，增加到 1960 年的七十億瓩小時。1971 年羅馬尼亞與南斯拉夫合建的「鐵門」水力發電廠完工，發電量更增加到十一億瓩小時。此外，羅國與蘇聯已完成核子發電廠的建設，產量又巨幅增加。

羅馬尼亞的石油產量原為巴爾幹之冠，以普羅什提 (Ploesti) 為中心，其後又在外息爾凡尼亞發現新的豐富礦源，參加生產，產量由 1948 年的四百三十萬噸增至 1953 年的九百三十萬噸，幾乎全部輸往蘇聯，羅馬尼亞人民的用油還要限額配給。專家指出，羅馬尼亞的石油蘊藏量有限，如照年產一千三百萬噸的生產量繼續開採，則十餘年以後將告枯竭，因此已開始由沙烏地及中東進口原油。

「多瑙河－黑海運河」 (Danube-Black Sea Canal) 的開鑿計畫，早在 1837 年時已經動議，一百年後羅王凱洛爾開始動工 (1938)，後因大戰爆發而停止。喬治歐‧戴伊重提舊案，積極推動，自 1949 年起開工。運河位於多瑙河三角洲的上游，在多布魯甲境內，西端的起點為索納瓦達 (Cernavoda)，多瑙河由此轉向北流，如果順河而行，還有將近三百公里的航程，為求縮短航程，故擬由索納瓦達挖鑿一條運河，由索城直向東行，在康士坦塔 (Constanta) 港北方進入黑海，運河全長只有五十公里，一方面可以縮短航程二百八十公里，另一方面也等於為多瑙河增闢一條入海的河道，減少三角洲的淤沙威脅（每年淤積八千二百萬噸）❶。

1953 年史達林逝世後，馬倫可夫在蘇聯改行新的經濟政策，注重輕工

---

❶ 參閱 Wolff, R. L. *The Balkans in Our Time*, pp. 497–517. 及 Keefe, E. K. & Bernier, D. W. (eds.), *Romania: A Country Study*. Washington, D. C.: The American University, 1979, Chap. 16, pp. 275–287.

業和民生消費品的生產，羅馬尼亞也受到影響。喬治歐‧戴伊為了適應潮流，不得不將本身的經濟政策加以調整。1953 年 8 月 23 日是羅馬尼亞解放的第九週年紀念日，喬治歐‧戴伊在慶祝會上，宣布將改行「新路線」(New Course)，所謂「新路線」，只是把史達林主義略加修正，而本質並未變更。他自己創造了一套理論，辯稱史達林主義在蘇聯雖已過時，但對像羅馬尼亞這種開發落後的國家仍然適用，所以只可稍作變通，不應輕言放棄。有人稱此為「戴伊主義」(Dejism)。

「新路線」所採的措施，在農業方面，是暫時停止集體化，取消當年的繳糧配額，將國家保留地撥出五十萬公頃交與集體農場或個別農戶，降低農田灌溉用水及電力的費率，提撥經費補助「私圃」的農用機具，創辦「農民銀行」提供農民貸款。喬治歐‧戴伊也公開承認，私有農地的生產占全國穀類生產的 75% 以上，有極大的貢獻。新路線實行的結果，短期之內即見成績，民生必需品如麵包、食糖、棉布等的供應量大幅增加，惟肉類及蛋類仍不理想。

喬治歐‧戴伊為了抵制赫魯雪夫的壓力，自 1954 年起尋求中共的支持，因為中共也反對赫氏的修正主義。赫魯雪夫於 1957 年擊敗俄共內部的「反黨集團」（多為史達林派分子）以後，羅共之中的赫派分子也向喬治歐‧戴伊猛烈攻擊，其中以康士坦丁尼斯古 (M. Constantinescu) 為首，但被喬治歐‧戴伊擊敗，開除黨籍，自 1957 年起喬氏權力已臻鞏固。

喬治歐‧戴伊的主張也可稱為羅馬尼亞的「民族共黨主義」，他在這一方面的主要貢獻有二：其一為促使紅軍撤出羅境；其二為爭取經濟獨立，反抗「經濟互助委員會」的壓榨。

依照〈華沙公約〉的規定，紅軍有駐在東歐各國的權利，但羅共一再向俄方解釋，因羅國與蘇聯疆域毗鄰，如遇情況緊急時，紅軍可以隨時入境，而且巴爾幹半島的情勢與中歐不同，毗連中歐的捷克、匈牙利和波蘭，可能遭受西德的威脅，而羅馬尼亞並無此項顧慮。後來在 1958 年 5 月舉行的華沙公約組織高峰會議中，羅國重申前議，並獲中共支持，赫魯雪夫為

了討好中共，竟然同意羅方要求，於是年 7 月撤離羅馬尼亞。這在東歐附庸中，是唯一的例外。

喬治歐・戴伊為使羅國經濟獨立發展，1958 年提出「工業羅馬尼亞化」的口號，意即將羅國企業的領導人（經理人員及技術人員）由羅馬尼亞人替換原來把持的外國人，並盼將羅馬尼亞的工業水準提高，使其不再是「經濟互助委員會」中的二等角色。上項主張，立即引起蘇聯和捷克、東德等國的反對，這些國家已是開發國家，認為羅馬尼亞的條件不夠，只能扮演提供原料（石油）和糧食的角色。

羅馬尼亞的對策，是轉向西方國家求助，加強與中東和亞洲國家的聯絡，請求貸款、物資和開拓市場。努力結果，喬治歐・戴伊在向羅共第三屆代表大會 (1960) 提出的報告中，指出在過去五年之間，工業生產已增加一倍，對外貿易已經分散，不再集中於東歐，它和西德、法、英、義等國的貿易額已經超過羅、俄貿易總額的二分之一，超過它與「經濟互助委員會」集團貿易額的全部總和。

1962 年 2 月，赫魯雪夫在「經濟互助委員會」中，提出加強會員國間的統合 (integration)，推行「合作分工」制度，依照各國的特殊經濟條件，劃定重點、分別實施。這項建設，對蘇聯、東德、捷克等高度開發國家有利，對低度開發國家如羅馬尼亞等有害，因為這會限制它們的工業發展，使其永遠作一個落後國家，只能扮演為他人提供原料的經濟附庸。

喬治歐・戴伊全力反對赫魯雪夫的上項政策。對內為了爭取人民的支持，提出所謂「社會主義的愛國主義」(Socialist Patriotism)，修改羅共的政策，與知識分子妥協，設法使羅共的立場和羅馬尼亞人民的立場趨於一致，在黨的宣傳政策和教育政策方面，激勵人民的愛國心，教科書中一再強調國家的光榮傳統，堅持羅人是古代羅馬人的後裔，推崇古代的英雄，抗敵的事蹟。對於帝俄時代和蘇聯時代的種種侵略（如侵占比薩拉比亞省等），不再諱言，強調愛羅共就是愛羅國。喬治歐・戴伊被塑造成現代的民族英雄，因為他要抵抗外力的壓迫，建立一個「為了羅馬尼亞人民的羅馬尼亞

國家」(A Romania for the Romanians)。

　　此時的國際環境對羅馬尼亞有利，自 1960 年起俄共與中共發生分裂，互爭共產集團的領導權。中共對於赫魯雪夫的修正主義一再譴責，對於他的「和平共存」外交政策也加以抨擊。在古巴危機 (1962) 中，赫某中途妥協，表現懦弱，出賣友邦，中共喻之為「慕尼黑故事的重演」。喬治歐‧戴伊巧妙的利用上述機會，一方面維護自己的立場；一方面也設法提高自己的國際地位。最初，他本想在中、俄衝突中扮演「中間人」的角色，後來見到雙方各持己見，無法妥協，乃時東時西，有時甚至稍微倒向中共一邊，支持中共的立場。在 1960 年底舉行的莫斯科世界共黨會議中，中共強調所有社會主義國家，在世界共產集團中的地位，無分強弱大小，一律平等。這些言論無異替羅馬尼亞發言，自然獲得羅方的擁護。最後在大會宣言中，蘇聯也接受了上述平等的原則。喬治歐‧戴伊以後就常常以 1960 年共黨會議宣言為擋箭牌，抵制莫斯科的壓力。

　　喬治歐‧戴伊在得到中共的撐腰和西方國家的經濟協助以後，認為時機已經成熟，乃於 1963 年 3 月公開反對赫魯雪夫的經濟統合和分工合作政策，拒絕接受「經濟互助委員會」在莫斯科會議（1962 年 2 月）中所作的決議。赫魯雪夫方在古巴危機中遭受挫折，不願在此時和羅馬尼亞公開決裂，但又不能接受羅方的要求，於是示意經濟互助會執行委員會繼續討論，尋求解決方案，但在繼之舉行的華沙會議中，依然無法調和雙方立場。1963 年 5 月，蘇聯派遣包德戈爾尼 (Podgorny) 專程赴羅，表示原則上願作讓步，但喬治歐‧戴伊仍然堅持經委會必須正式接受羅國有權按照自己的需要推行工業化的立場，也要求蘇聯正式承認所有社會主義國家均有權自行決定自己的命運。6 月間，中共提出的「二十五點」非正式發表，其中表示支持羅馬尼亞的立場。而喬治歐‧戴伊也拒未出席赫某在 7 月間召開的東柏林會議（爭取東歐各國共黨支持蘇聯抵制中共），以示對中共的支持。

　　1964 年是羅馬尼亞命運的關鍵時刻。喬治歐‧戴伊孤注一擲，於 4 月

22 日在羅共中央委員會中發表〈羅馬尼亞勞工黨對於世界共產主義和勞工階級運動有關問題所持立場之聲明〉(*A Statement of the Romanian Workers' Party Concerning the Problems of the World Communist and Working-class Movement*)，專家多指此一聲明就是一篇「獨立宣言」。首先陳述羅共遭遇的困難和期望，正式表示將不惜代價，運用所有方法，維護國家的獨立和主權。除了把俄國對於羅國的傳統性干涉加以比較坦率的譴責之外，並強調所有國家，不論大小，不論是否為社會主義陣營之一員，均有權以本身特殊條件為基礎，自己決定國家的命運。此項權利應受國際之保障。

聲明發表後，羅馬尼亞就派遣國家計畫委員會主席蓋斯頓·馬林 (G. Gaston-Marin) 率團訪問華盛頓，表面上是加強羅、美之間的經濟文化關係，實際上也是為了預防俄國報復（事後發現，蘇聯確曾意圖威嚇）而尋求美國的支持。訪問雖未獲得具體承諾，但美方同意增加經濟及技術援助，並表示友好立場。

在此危險時刻，羅共廣派代表，分赴各地，爭取國人的支持，最能動人的口號就是指控俄國的侵略，旋即引起普遍的共鳴。羅共復於此時宣布大赦政治犯，開放國際觀光，准許信仰不同的階級敵人探視親友，並大批進口西方報導，使民眾逐漸接受「社會主義的羅馬尼亞是為了羅馬尼亞人民」的號召。民眾的愛國意識和民族主義精神漸與羅共的立場打成一片。

羅共惟恐中共與俄共決裂攤牌，於 1964 年春由總理毛洛 (Ion. G. Maurer) 率團分別訪問北京及莫斯科，欲作調人。羅共只希望中、俄關係持續不睦，但不願其正式攤牌，因一攤牌之後，羅馬尼亞可能是首遭其害的國家。訪問中並曾向俄提及收回比薩拉比亞的要求，莫斯科則提出外息爾凡尼亞問題，主張兩地均由公民投票決定其歸屬，因外息爾凡尼亞境內有大批的匈牙利人口，投票結果可能歸向匈牙利。中共此時也與蘇聯正在發生領土之爭，中共要求歸還十八、十九世紀奪去的東北領土。羅共與中共互相呼應，向俄施壓，羅俄、羅匈和中俄的三件領土之爭，竟然糾纏在一起。

1964 年 8 月 23 日是羅馬尼亞解放的二十週年紀念，共產國家紛往慶祝，蘇聯亦派米高揚代表赴羅，表示支持喬治歐‧戴伊的 4 月聲明，羅馬尼亞的「獨立」終獲莫斯科的非正式承認。

其後不久，赫魯雪夫下臺（1964 年 10 月 14 日），布里茲涅夫、柯錫金和包德戈爾尼的集體統治尚未穩定，喬治歐‧戴伊利用機會，積極加強與美國及法國的聯繫。1965 年 2 月法總統德士唐 (G. D'Estaing) 訪問布加勒斯特，簽訂長期經濟協定。羅國並與美國法斯通輪胎公司及環球石油製品公司洽議合作。為求東、西平衡發展，羅亦派團前往蘇聯，簽訂五年 (1966–1970) 經濟合作協定。在是年的聯合國大會中，羅國代表不再一味追隨莫斯科投票，漸漸以「第三勢力」的姿態出現。喬治歐‧戴伊於 1965 年 3 月 19 日病逝，先後擔任羅馬尼亞共產黨書記長二十餘年，接掌黨政大權者為其左右手西奧塞斯古。

四、西奧塞斯古時代 (1965–1989)

西奧塞斯古生於 1918 年，1965 年 3 月 19 日接任羅共秘書長時年僅四十七歲，遠比其他同僚如久任內閣總理的毛洛諸人年輕，且無特別顯赫的經歷，故接任之初，時人對其能否勝任頗表疑懼。但事後表現，頗出批評者意料之外。他不僅蕭規曹隨，仍循喬治歐‧戴伊的路線前進，而且機警果敢，有不少新的更張。

西奧塞斯古套用俄國沙皇尼古拉一世和羅馬尼亞歷代國王標榜的「三原則」——正統 (Orthodoxy)、專制 (Autocracy)、國族 (Nationality)——作為自己政策的口號。所謂「正統」，意即西奧塞斯古所說的帶有民族主義色彩的新馬克思主義，不容思想分歧。所謂「專制」，意指服從一人領導。所謂「國族」，意指由占多數的羅馬尼亞人統治其他少數民族（如匈牙利人等）。

西奧塞斯古接任後，初試啼聲，在 1965 年 6 月間宣布兩項重要決定。

首先更改黨名，由「羅馬尼亞勞工黨」改為「羅馬尼亞共產黨」，等於又恢復了 1948 年以前的原稱。繼之又將國名更改，由「羅馬尼亞人民共和國」(Romanian People's Republic) 改為「羅馬尼亞社會主義共和國」。這兩項決定，後來均經於同年 7 月間召開的羅共第四屆代表大會通過，並在同年 8 月 20 日頒布的新憲法中正式列入。更改黨名和國名的用意，是在提升羅共和國家的地位，表示羅馬尼亞的政治、經濟、社會建設已經達到較高的程度，足與其他東歐國家乃至蘇聯並駕齊驅。

西奧塞斯古在羅共領導階層中的地位並不強固，秘書處中的書記沒有一人是他的親信，所以首要之圖，就是鞏固自己的地位。在喬治歐‧戴伊左右的重要幹部之中，至少有三個敵人向他挑戰，構成嚴重的威脅。但西奧塞斯古狡猾機警，利用種種方法，掌握適當機會，在兩年之間，即將三人全部排除於權力核心之外。在第四屆羅共代表大會中，他修改黨章，增加中央委員會委員的名額，將自己的幹部納入其中；秘書處的首長由第一書記改稱秘書長 (General Secretary)；另在「常務主席團」(Standing Presidium，即政治局) 與中央委員會之間，增設一個新的機構，稱為「執行委員會」(Executive Committee)，以便安置自己的親信。這些親信多為年齡較輕、教育程度較高和具有科技專長的新秀。

西奧塞斯古的這三個潛在敵人：一為德拉西 (A. Draghici)，原任內政部長，國家安全局受其節制；二為阿波斯托 (G. Apostol)，原任第一副總理；三為史托卡 (C. Stoica)，為一資深共黨領袖。西奧塞斯古以一人不得兼任黨政兩職為理由，首將德拉西調任秘書處書記，使其不再掌管國家安全事務。其次在內閣中增設兩個「第一副總理」，藉以削減阿波斯托的權力。1967 年 12 月，西奧塞斯古召開羅共的「全國會議」(National Conference)，全國會議的性質與羅共的代表大會 (Congress) 不同，西氏的用意是如果召開代表大會就必須改選中央委員，會遭遇較大的阻力。在全國會議中，除中央委員全部出席外，另又增加了一千一百五十位代表，這些代表均由地方黨部選出，可以制衡中央委員會。西奧塞斯古向全國會議

建議，調整黨政關係，改變其機能，中央委員會只負責決定經濟政策的大計方針，專門性及例行性事務則交由內閣部會執行。在「國家委員會」之下，增設「國防委員會」，專門處理重要的國防問題，已見前述。全國會議並通過史托卡辭去「國家委員會」主席，改任秘書處書記（1969 年改任中央審計委員會主席，以迄 1972 年為止）。

　　全國會議結束後，國會依照全國會議的建議，以集中事權，避免分歧為理由，選舉西奧塞斯古為「國家委員會」主席（即總統）。西氏由此一人兼任國家元首及共黨秘書長雙重職務，顯已違反了他所主張的一人不得兼任二職的原則。國會同時改選「國家委員會」委員，新的「國家委員會」設副主席三人，委員十五人。在新的內閣中，毛洛仍繼續擔任總理，原任第一副總理阿波斯托降調為全國總工會主席，原任黨書記的德拉西改任內閣副總理。

　　由於以上的人事變動，西奧塞斯古的三名敵人已被貶抑失勢，自 1967年起他乃成為身兼黨政領袖的獨裁者。

　　羅馬尼亞與蘇聯之間的關係，在 1960 年代下半期更趨緊張。由於越南戰局突然升高，「東京灣事件」發生後，美國正式參戰，對蘇聯和中共同時構成威脅，迫使中共與俄共暫時擱置爭端，轉趨和解，此種情勢對羅共不利，因為它失去了中共這張可以用來討價還價的「王牌」。在 1965 年舉行的羅共第四屆代表大會中，世界各國共黨均往參加，蘇聯代表團由布里茲涅夫親自率領，意圖爭取各方的擁戴，但西奧塞斯古依然堅持前任立場，並未改弦更張。在向大會的致詞中，強調羅馬尼亞之所以有今天的成就，完全由於羅共的領導和全民的支持，不再強調「光榮的紅軍」的協助，也不提多年以來蘇聯的經援。在新頒的憲法「前言」中，刪除了舊憲中對於蘇聯歌功頌德的阿諛詞句，改為下面三句簡略的言詞：「羅馬尼亞為一社會主義共和國。羅馬尼亞社會主義共和國為一由城市及鄉村勞動人民所組成之獨立的、一元的主權國家。羅馬尼亞的領土不容讓渡與分割。」這些表態，明顯表示羅共將要叛離蘇聯，改走「民族共產主義」路線。

　　布里茲涅夫對於羅馬尼亞的「民族共產主義」路線絕不接受，在羅共大會中重複強調羅共必須依附蘇聯，在帝國主義者正在威脅社會主義陣營時，尤應彼此團結。其後不久，西奧塞斯古匆促訪問莫斯科（9月），布里茲涅夫又向其明確表示，羅國必須接受二次大戰以後的領土安排，不容破壞。蘇聯為向羅國施壓，暗示羅方如不屈服，則將重提外息爾凡尼亞的歸屬問題。果如此，外息爾凡尼亞北部可能又須讓予匈牙利。西奧塞斯古權衡輕重得失之後，正式放棄了對於比薩拉比亞和北布庫維納的領土要求。

　　西奧塞斯古對於俄國的反抗態度，在國內則有良好的反應，獲得人民的普遍支持。1966年5月，西氏乘此機會，發表措詞更為鮮明大膽的政策性演說，繼續鼓吹民族共產主義。為了改造僵化的共黨，決定吸收新血，廣徵科技專家、大學教授、文學家與藝術家和青年知識分子入黨。為了促進羅國的現代化，一方面開放與西方的接觸，交換較高的科技經驗以建設國家；另一方面更解除對於文化活動的教條禁令，揚棄所謂「社會主義的寫實主義」(Socialist Realism) 的寫作指標，西方的作品，包括學術著作、文學、藝術和電影，又再出現於城鄉。羅馬尼亞自詡正在走向「民主的社會主義」(Democratic Socialism)。民族主義的歷史學再被重視，為已被排斥的著名愛國歷史學者姚高 (N. Iorgo) 平反，而歷史上傳奇性的民族英雄——如十五世紀中抵抗土耳其入侵的史蒂芬大帝，和十六世紀中征服外息爾凡尼亞，首度將瓦雷琪亞、莫德維亞和外息爾凡尼亞三地統一的「勇敢的麥可」等，又成為家喻戶曉的人物。更將羅馬尼亞人對抗土耳其、匈牙利和俄國等外患的歷史事蹟，加以浪漫化的感性渲染，藉以激發愛國情操。

　　1967年至1968年間，羅、俄關係繼續惡化，莫斯科希望對方遵循自己所定的政策，而布加勒斯特則全力爭取內政外交的獨立。1967年1月31日，羅馬尼亞與西德正式建交，這是第一個東歐集團和西德建交的國家，引起「華沙公約組織」和「經濟互助委員會」國家的一致譴責。羅馬尼亞強調，第二次大戰以後的東、西歐對峙狀態應該結束，代之以友好與

合作，所以一再主張「北大西洋公約組織」和「華沙公約組織」這兩個敵
對的集團，均應解散。西奧塞斯古的此種主張，與法國戴高樂的歐洲團結
計畫相似，戴高樂此時正在高唱致力於「由烏拉山到大西洋的歐洲和平」。
羅馬尼亞除與南斯拉夫不斷聯絡外，並擬邀請捷克參加，重建 1920 年代的
「小協約國」。在中東發生「六日戰爭」以後，蘇聯及其他附庸一致支持阿
拉伯國家，獨有羅國支持以色列。

到了 1968 年，羅、俄關係的惡化更趨明顯。是年 2 月蘇聯召集的世界
共黨會議在羅京舉行，討論與中共之間的爭議，羅共獨力為中共辯護。此
時〈羅俄友好合作互助條約〉屆滿二十週年，但羅方拒未續約。3 月，蘇
聯在東德的德勒斯登 (Dresden) 召開東歐集團高峰會議，準備討論有關華沙
公約、經濟互助委員會以及如何對付捷克自由化運動（布拉格之春）等問
題，竟未邀請羅國參加。

支持捷克自由化運動的東歐國家，只有南斯拉夫與羅馬尼亞，西奧塞
斯古為示對捷友好，在捷克危機最敏感時期，於 1968 年 8 月 15 至 17 日率
代表團訪問布拉格，雙方簽訂〈友好合作互助條約〉。時在狄托訪捷之後數
日，華沙集團對捷武力干涉（8 月 23 日）之前。捷克危機之後，羅馬尼亞
的處境十分危險，它極可能成為次一個被蘇聯打擊的目標，當時西德總理
布朗德就曾提出這樣的警訊。西奧塞斯古此時表現了無比的勇氣，除了已
經組成有十萬之眾的武裝「愛國衛隊」(Patriotic Guards) 之外，並下令羅軍
全面動員，也許就因為有此一番準備，方使蘇聯懸崖勒馬，使羅馬尼亞逃
過了被侵的災難。

西奧塞斯古秉承喬治歐·戴伊的傳統外交政策，儘量扮演「中間人」
的角色，不僅想在俄共與中共之間翻雲覆雨，更想在蘇聯和美國之間穿針
引線。

羅馬尼亞和中共勾搭，一方面是想利用中共作為對抗蘇聯的籌碼，另
一方面也想爭取中共的援助。這種手法，固可獲益，但也十分危險，所以
軟硬緩急的尺度，必須拿捏得準，否則便會招來不測之災。因為蘇聯認為

東歐是它的勢力範圍，不容另一強國介入。阿爾巴尼亞倒向中共之後，已使莫斯科如芒刺在背，但是阿國只是一個位於鐵幕邊緣的小國，還不致造成大害，如果羅馬尼亞變成阿爾巴尼亞第二，則非蘇聯所能容忍，因為羅國就在俄國南鄰，而且是擁有二千萬人口的較大國家，一旦被中共滲透，後果將不堪設想，所以對於羅共與中共的接近，十分敏感。

1969 年，中共與蘇聯之間的邊境衝突提高，烏蘇里江一帶情勢緊張。在此期間，中共當局與日本社會主義分子領袖會晤時，竟然提到蘇聯掠奪羅國比薩拉比亞事而加以抨擊，此舉使蘇聯更增疑慮。1971 年俄國甚至懷疑，中共正在幕後鼓動羅馬尼亞、阿爾巴尼亞和南斯拉夫三個巴爾幹國家籌組反俄的三角聯盟❷。

羅馬尼亞為了緩和羅、俄的緊張關係，在捷克危機之後的 70 年代當中，即積極參加華沙公約組織和「經濟互助委員會」的集會，並向莫斯科一再表示，並無脫離東歐集團的意圖。但在經濟統合方面，依然拒絕接受「社會主義的勞動分工」。在一般政策方面，仍積極維護內政外交主權獨立平等之原則。蘇聯和華沙公約集團在 70 年代中期，曾在東歐舉行多次軍事演習，目的之一，亦在恫嚇羅共不可踰越一定的限度，羅共必須小心應付，必要時仍須小作讓步。例如：蘇聯於 1974 年想修築一條鐵路，由南俄通往保加利亞，要求羅國同意穿越，遭羅拒絕。繼之，蘇聯決定於同年夏季在保加利亞境內舉行一次大規模的軍事演習，要求羅方允許大軍過境，羅方力圖阻止，雙方對立提高。為求避免破裂，西奧塞斯古最後向俄讓步，同意少數紅軍作象徵性的越境，沿途由羅軍裝甲部隊護送，危機安然渡過。

尼克森 (R. Nixon) 於 1969 年就任美國總統後，主張中止東、西冷戰，由對抗轉為談判，由敵視轉為「和解」，美、俄關係轉趨緩和。西奧塞斯古原先扮演的「橋樑」角色，已多無用武之地。羅共為了填補此項外交活動的資產，將注意力轉向第三世界的不結盟國家。自 1969 年起，至 70 年代

---

❷　參閱 Braun, Aurel. *American Foreign Policy Since 1965*. N. Y.: Praeger Publisher, 1978, pp. 36–41, 180–181.

為止，西奧塞斯古分別訪問了三十多個亞、非和拉丁美洲國家，包括印度、巴基斯坦、伊朗、中南半島、埃及、阿爾及利亞、古巴、委內瑞拉和阿根廷等國，和所謂「七十七國集團」(Group of 77) 均有廣泛的接觸。他所標榜的口號是：尊重獨立與主權，不干涉他國的內政，世界大小國家一律平等，解散軍事對壘集團，建立巴爾幹非核區等等。成為東歐集團中在第三世界最為活躍的國家❸。

西奧塞斯古和美國之間的關係，繼續維持不輟，尼克森和福特兩位總統均曾訪問羅馬尼亞，且曾在美國承認中共建立邦交的過程中，擔任媒介傳話的角色。

西奧塞斯古執政二十餘年，由於政權穩定，又極注意宣傳（曾以個人名義撰書一百四十五冊在國外發行），形成像史達林一樣的個人崇拜對象，羅馬尼亞官方文件中，提及西奧塞斯古夫婦時，簡稱為「他」和「她」，並以大寫排印為 He 與 She 字樣，蓋已將其神化矣！

---

❸　參閱 Botiu, Ion. *Contemporary Romania: Her Place in World Affairs*. Richmond: Foreign Affairs Publishing Co., 1975, Chap. 10, pp. 89–91.

第二十六章　鐵幕之內的保加利亞

一、共產政權的建立

在東歐共產集團中，保加利亞具有特殊重要的戰略地位，一方面它和兩個北大西洋公約國家──希臘與土耳其──毗鄰，另一方面與它毗鄰的兩個共產國家──南斯拉夫與羅馬尼亞──已不再是完全聽命於蘇聯的附庸。因此，莫斯科對於保加利亞特別重視。

保加利亞在第二次世界大戰爆發後，國王包利斯三世的「君主獨裁」政府──費洛夫 (Filov) 內閣，即採親德路線，1941 年 3 月 1 日正式加入軸心集團，並向英、法宣戰。其目的在於擴張領土，希特勒允將原屬羅馬尼亞的多布魯甲南部、原屬南斯拉夫的馬其頓區和希臘東北部的色雷斯割予保國。及至德、蘇戰爭爆發（1941 年 6 月），保加利亞卻拒向蘇聯宣戰，因為保加利亞人一向親俄，而且保共分子十分活躍，頗得人心，政府深恐一旦對俄作戰，勢必引起人民的反抗。所以德國只是派兵進駐保境，並利用保國在黑海沿岸的瓦爾納 (Varna) 和柏加斯 (Burgas) 兩處港口對俄作戰，並未要求保軍投入戰場。所以就對俄關係來說，保仍維持中立地位。

保加利亞的共產黨，人數遠比羅馬尼亞為多，勢力也較大，大戰期間即不斷製造紛亂，抵制納粹的入侵。

保王包利斯在史達林格萊德之役以後，即擬與聯軍聯絡，也許因而引起希特勒的懷疑，於 1943 年 8 月應邀訪德，歸國後即猝然去世。六歲幼子西蒙二世 (Simeon II) 繼位，設三人輔政，包施洛夫 (D. Bozhilov) 的新閣更倒向德方。

領導反納粹運動者是以共黨為主幹並聯合其他民主黨派共同組成的

「祖國陣線」(Fatherland Front)，陣線成立於 1942 年。是年保共分裂為兩派：一為親俄的國際派，以季米特洛夫為首；另一派為本土派，以高斯托夫和伊凡諾夫 (Ivanov) 為首。參加祖國陣線的非共政黨，主要是農民黨 (Agravians Party)、社會民主黨和「茲文諾黨」(Zveno Party)❶，農民黨的重要領袖是帕特柯夫 (N. Petkov)，秘書長則為狄米特洛甫 (G. M. Dimitrov)。祖國陣線也建立了自己的武裝部隊，為祖國的解放與游擊隊比肩作戰。

　　季米特洛夫出生於保加利亞的工人家庭，兄弟數人均因參加工運和革命而犧牲。1942 年加入社會民主黨，主持多次罷工。1912 年被選為國會議員，因反戰而被捕。1920 年被派前往莫斯科出席第三國際大會，自此即參加該處工作。1933 年在柏林被捕，戈林指其為議會大火的縱火犯，幸獲釋放，重返莫斯科，自此即久住俄國，入籍為俄國公民，曾任第三國際秘書長 (1935–1943)，主持 30 年代中期各國的「人民陣線」(Popular Front) 運動。1945 年 11 月 7 日返回離別二十二年的祖國。早在其返國之前，已被保共推舉為中委會主席，遙控國內的共黨活動。

　　當紅軍開始反攻，英、美聯軍也在諾曼地登陸之後，戰局逆轉，保加利亞政府於是密派代表前往開羅向聯軍洽議投降。1944 年 8 月 26 日索菲亞政府宣布退出戰爭，並下令解除駐在保境德軍的武裝，但仍保持中立。是時，紅軍業已穿越羅馬尼亞逼近保邊，蘇聯深恐保國落入西方國家範圍，乃倉促對保宣戰 (9 月 5 日)，9 月 8 日紅軍入保。「祖國陣線」為了配合紅軍攻勢，發動首都政變 (9 月 9 日)，推翻親納粹政府，由喬治耶夫 (K. Georgiev) 組成祖國陣線新閣。

　　祖國陣線所組成的政府，仍是一個聯合政府，除總理喬治耶夫（茲文諾黨）以外，副總理二人分由塔比色夫 (Tarpeshev，共黨游擊隊領袖) 及帕特柯夫（農民黨）擔任。新政府隨即與聯軍正式簽訂〈停戰協定〉(10 月 28 日)，同時大舉清除異己分子，攝政團、前任政府總理部長二十餘人

❶　「茲文諾黨」，參閱本書第十八章「三、保加利亞」。

及議會議員六十八人皆被共黨控制的特別法庭以通敵叛國罪名判處死刑。繼之又將非共黨人士二千六百八十人處死，六千八百七十人入獄。

農民黨是保加利亞最大的一支非共勢力，其地位相當於羅馬尼亞的農民黨。鑑於共黨殘暴專橫，起而抵抗，祖國陣線由是分裂。保共乃以農民黨為打擊的第一對象，首先散布謠言，指控農民黨秘書長狄米特洛甫傳播失敗主義，迫其辭去秘書長職（1945 年 1 月），由帕特柯夫繼任。帕氏一向主張與共黨合作，並與蘇聯維持密切友誼，但共黨仍視其為敵人。

1945 年 2 月舉行的雅爾達會議中，三強決定東歐各國必須儘快舉行不受任何干預的自由選舉，由所有政黨參加，以便組成正式政府。保共為了準備大選，全力打擊農民黨和「茲文諾黨」，希望控制未來的國會。保共主張只由「祖國陣線」提出全部候選人名單，將農民黨等代表也包括在內，不過農民黨的代表人選必須獲共黨的同意。此項建議，帕特柯夫等人拒絕接受，堅持個別提出候選人參選。帕氏因此被迫辭去該黨秘書長職位，由與保共合作的奧布夫 (A. Obbov) 取代帕氏，代表農民黨參加聯合政府。帕氏在黨人支持下向英、美駐在索菲亞的代表提出控訴，英、美乃向保國政府及其幕後支持者——蘇聯提出抗議，認為俄方已經違反了雅爾達會議的決定，保共乃將大選日期定在 11 月舉行。

聯軍為了調查保加利亞政局的實情，特派艾斯里支 (Ethridge) 率一代表團前往保國，繼又轉往莫斯科，要求保國所有政黨均能分提候選人名單參選。美國並公開表示，如果不能遵照雅爾達決議，通過自由選舉，則其由一黨控制的政府即無法獲得美方的承認。而此時聯軍正在積極準備召開巴黎和會（1946 年 7 月 29 日開會，1947 年 2 月 10 日簽約），與戰敗各國簽訂和約，保政府如不能獲得美方承認，即無權出席和會，影響至為深遠。

保加利亞大選於 1945 年 11 月 18 日舉行，但是並未接受西方國家的抗議。各非共政黨因而拒絕參加大選。據保共稱，祖國陣線獲得 86% 的選票，保共高拉洛夫 (V. Kolarov) 繼之當選為國會議長。美國國務卿貝爾納斯在同年 12 月舉行的莫斯科會議中，向莫洛托夫及史達林要求重組保加利

亞和羅馬尼亞政府，將所有民主黨派一律包括在內。維辛斯基於是銜命前往索菲亞（1946 年 1 月）希望勸請帕特柯夫及魯爾契夫（K. Lulchev，社會民主黨領袖）二人加入新內閣，但帕特柯夫等仍不屈服。

　　1946 年 9 月 8 日，保加利亞舉行全國公民投票，以決定王國之存廢問題。由於保共的多方詆譭，而王室本身又無人望，投票結果決定廢止王政改建共和，國王西蒙及其母后被逐出國。同年 10 月 27 日，舉行制憲議會大選，制訂新憲法。在此次選舉中，農民黨及社會民主黨等改變策略，均積極參加，但遭共黨的暴力阻止，所提候選人在投票前即遭逮捕，結果祖國陣線獲 78% 選票，共計三百六十四席（共黨占二百七十七席）。保共領袖季米特洛夫出任新政府的總理，內閣中的共黨分子較前更為增多。

　　反共的帕特柯夫此時表現大無畏的勇氣，在議會中以反對黨領袖身分，對保共、季米特洛夫乃至蘇聯施以無情的抨擊。他指控共產黨：「恐嚇、威脅、拘捕、毆打人民，把支持我們的人送往集中營，殺死我們的黨員，然後又說要和我們合作。總理（季米特洛夫）說我們反對黨是受了國際反動勢力——英國和美國的指示，請你提出這些指控的證據！」繼之，帕特柯夫再將箭頭直指季米特洛夫，帕氏說：「讓我提醒你，我從未做過一個外國的公民，我也沒有為外國服務。」季某竟無恥的答曰：「我是偉大的蘇聯公民，這也是我的榮耀。」

　　帕特柯夫對於共黨的大膽抨擊，持續半年以上，共黨之所以曲予容忍，是因為此時正值巴黎和會開會之期，〈對保和約〉雖於 1947 年 2 月簽字，尚待簽字國家政府（尤其是英、美）的批准。延至 1947 年 6 月 6 日，保共認為時機業已成熟，乃以多時羅織的罪名，在國會開會時公然將帕特柯夫拘捕，8 月由共黨組成的「人民法庭」審訊，指其鼓動軍官，意圖發動武裝政變推翻政府。同時，全國各地的共黨分子發動示威，要求處死帕氏，法庭最後將其判處死刑。英美強烈抗議，要求等待聯軍派遣調查官複查案情之後再作最後決定。但保共拒絕，將帕特柯夫吊死，時為 1947 年 9 月 23 日。

英、美的反應，仍止於抗議。尤其令人深感憤慨的是：美國竟於 9 月底承認了這個謀殺帕特柯夫的共黨政府，距帕氏慘烈犧牲日期不過一週之久！

另一反共政黨——社會民主黨，在其領袖魯爾契夫領導下，依然勇敢的奮鬥，當新憲法準備實施之前，投票反對。1948 年 8 月，魯氏和社會民主黨籍的國會議員九人均被捕，魯氏被判十五年徒刑，因魯氏年事已高，長期徒刑與死刑無異。這一批勇敢的鬥士被捕後，社會民主黨隨即為共黨兼併。

二、季米特洛夫的統治 (1944–1949)

1947 年建立的保加利亞政府，也和其他東歐國家一樣，是一個「人民民主」政權。對於「人民民主」的詮釋，季米特洛夫在 1948 年舉行的保共第五屆代表大會中曾作詳細的報告。這篇重要的講詞，常被用為「人民民主」的經典，其詳細內容已在本書第二十章「三、『人民民主』的意義」中介紹，茲不贅述。

制憲議會制訂的憲法，自 1947 年 12 月 4 日起頒布生效，取代行之已有六十五年早在 1879 年頒行的舊憲法。這部新憲，通常稱之為《季米特洛夫憲法》。保共自奪權以來，迄今共有兩部憲法，除《季米特洛夫憲法》外，另一憲法制訂於 1971 年。

《季米特洛夫憲法》共有十一章一百零一條，並無「前言」，內容大致仿照《史達林憲法》，與南斯拉夫憲法頗為近似。依照列寧的教條，並無所謂三權分立，而將一切立法、司法、行政大權集中於一體。首先揭示國家的名稱為「保加利亞人民共和國」，由勞工無產階級專政。最高權力機關為一院制的國會（Sŭbranie，或 Grand National Assembly），議員四百人，任期五年，每年開會三次，均甚短暫，故其權力徒具形式。真正的權力屬於國會選出的「主席團」(Presidium)，設主席一人、副主席二人、秘書長一

人及委員十五人，成員均為保共領袖分子，主席的地位相當於一般國家的總統。在這部憲法施行的二十四年當中，證明主席團才握有真正的權力，不僅具有立法權，兼有行政權，司法系統亦受其監督。

行政最高機關為「部長會議」，設主席一人（即內閣總理）、副主席若干人，下設「部」（最初有十七部）、「會」（如國家計畫委員會、藝術文化委員會、科技委員會等）。保加利亞仿蘇聯史達林前例，季米特洛夫亦以保共第一書記兼任內閣總理。季氏逝世（1949 年 7 月 2 日）後，由其左右手高拉洛夫繼位，契文科夫 (V. Chervenkov) 出任內閣副總理。高氏於 1950 年逝世後即由契文科夫接班，以迄 1956 年下臺由尤戈夫 (A. Yugov) 接任為止。

《1971 年憲法》首由保共第十屆代表大會通過，再經全國公民投票通過，自 5 月 18 日起由國會頒布生效。新憲內容大致與舊憲相同，主要的改變是新設的另一權力機構——國務委員會 (State Council)，取代了原來的國會主席團，其地位介於國會與內閣之間，設委員二十四人，主席一人，亦即國家的元首。但權力則高於二者之上，可召開國會、創制並解釋法律，任免大使、批准條約，且內閣及地方「人民委員會」均由其統治。新憲並未改變國名，仍稱人民共和國，但在新增的「前言」中，強調它已完成社會主義的建設，已經進步到社會主義共和國的階段。在「前言」中並明列保加利亞共產黨為領導政黨，透過「祖國陣線」，推動社會主義的建設。新憲頒布後，時任保共第一書記的齊弗克夫 (T. Zhivkov) 即免兼內閣總理而改兼國家委員會主席。

保國的地方行政，全國分為二十八個「區」(Okrug)，約二百個「市」，五千五百個「村」，各有民選的「人民委員會」。

保共人數，在 1944 年 9 月政變時只有一萬五千人，四個月之後即增至二十五萬人，其後更陸續增加，1971 年舉行第十屆代表大會時已達七十萬人。其中婦女占四分之一，藍領階級約占半數，農民成分減少。

保共領袖原稱秘書長，第六屆代表大會 (1954) 以後改稱第一書記。由

於蘇聯在史達林死後改行黨政領袖分由兩人擔任的政策，契文科夫將第一書記職位讓予齊弗克夫，僅保留總理職位。第八屆代表大會 (1962) 以後，契氏與高氏均下臺，由齊弗克夫一人兼任第一書記及總理兩要職。在東歐集團中，他是一人兼任黨政兩項最高領袖時間最久的人。

　　保共的經濟政策，意在建立一個社會主義的社會，並將其納入蘇聯的體系當中。所以全力推行工業的國有化和農業的集體化。1947 年底，政府將全國私有企業的機器設備、財產、股票一律沒收，然後發給債券作為補償，不過補償的對象並不包括通敵分子和反動分子在內，而所謂「反動分子」則指所有資產階級，其補償數額不及沒收財產總值的十分之一，因此保加利亞的中小資產階級幾乎全被消滅。同時，三十二家銀行併入中央銀行，翌年春，開始管制對外貿易。

　　1947 年 4 月，實行「二年計畫」，目的為重建戰時所受的損害和提高人民的生活水準。第一個「五年計畫」(1949–1953) 開始，政府就想改變經濟結構，由傳統的「以農立國」改為工業化國家，並以重工業、動力工業（發電）、化學工業（肥料）為優先，約占投資總額的 47%，希望使重工業增加一倍以上。對於農業和工業的投資比例，計畫開始時為 70：30，到了後期就改為 45：55。政府並未宣布將全國土地一律收歸國營，但大田莊已被瓦解，保國變成了以小農為主的國家，其平均土地面積為四・三公頃，個人農戶的「私圃」則在〇・四公頃左右。在 1945 年頒布的土地法案中，明示今後的農業將以國有農場 (Sovhoz) 和集體農場 (TKZS) 為基礎，集體農場以志願參加為原則，最少須有十五個農戶共同組成，依照土地面積和工作天領取工資。每一農戶擁有土地的面積最多以二十公頃為限，超額部分則由政府沒收。此外，過去屬於外國教會的土地亦在沒收之列。政府將沒收的土地，以一半配給貧農，其餘一半（約占全國耕地的 3.6%）則納入集體農場。集體農場所使用的曳引機和其他農業機器，由政府供給，這些機具來自蘇聯❷。

❷　參閱 Crampton, R. T. *A Short History of Bulgaria.* N. Y.: Cambridge University Press,

　　一般而言，政府對於集體化的推動，在和約尚未簽訂以前（戰後和約於 1947 年 2 月在巴黎簽字）還十分審慎，以免激起英、美等國的反感，1948 年以後即大膽全力推行，是年年底保國的集體農場數字突然增加到一千一百座，比政府預期的八百座還要多得多。因政府過於急切，引起農民不滿，拒絕「志願」參加，如受壓力過大，則以屠宰牛馬洩憤。

　　蘇聯也在保加利亞成立了五家「合營公司」：鉛鋅加工、提煉鈾礦、工業建設、造船、民用航空，搾取經濟利益，也引起人民的強烈不滿。保加利亞對外貿易幾乎由蘇聯獨占，以蘇聯的棉花、橡膠、鐵路車皮、摩托車和其他機器，交換保國的菸草、薔薇油 (rose-oil) 等原料，不過保國物品的售價則按 1933 年時的價格，俄貨則按時價計算。

　　保共政權的建立者季米特洛夫於 1949 年 7 月逝世，和其他東歐共產國家一樣，保共也發生權力繼承的鬥爭。此時正當俄國與南斯拉夫決裂，狄托被排除於共產情報局之外，所以爭奪權力的保共領袖也利用俄、南決裂作為打擊對手的手段，因此發生了一幕戲劇性的醜聞，即是「高斯托夫的整肅審判案件」(Trial of Kostov)。

　　高斯托夫原為保共活躍分子，1940 年起擔任保共中央委員會書記，戰時曾被親納粹政府拘捕，幾被處死，因拒絕招供，飽受酷刑，跳樓企圖自殺，幸被街頭電線托住而未死，但自此跛足。戰後擔任保共政府的副總理、兼政治局經濟財政委員會主席，因主管經濟事務，對蘇聯的搾取政策頗為反感。高氏在戰時，未曾前往蘇聯，屬於所謂本土派，與季米特洛夫和高拉洛夫等「莫斯科派」一向不睦。

　　季米特洛夫死後的可能繼承者，一為高拉洛夫，另一即是高斯托夫。不過在高拉洛夫陣營中，另有一個潛在的野心分子，是即日後繼掌政權的契文科夫。

　　莫斯科派為了打擊本土派，在 1949 年 3 月的中委會中，高拉洛夫抨擊高斯托夫為反俄的民族主義者，乃被免去副總理及經濟財政委員會主席，

改任國立圖書館館長。季米特洛夫因病赴俄就醫，旋即於 7 月 2 日逝世，高拉洛夫繼任總理，契文科夫升任副總理，若干本土派領袖開始遭受整肅。整肅的高潮是高斯托夫的大審，大審於 1949 年 12 月 8 日開始，被控罪名包括托派分子、狄托主義者、反季米特洛夫、反俄、與狄托合謀欲殺害季米特洛夫、叛國等，最後再加上一條「為英國和美國情報機關工作，從事顛覆保國活動」。同年 12 月 16 日被處死刑。

這一幕殘酷的醜劇，同時也在東歐其他國家不斷出現，例如匈牙利部長雷克審判案、捷克共黨書記長司蘭斯基和外交部長克里門提斯審判案等等。

翌年 (1950)1 月 21 日，高拉洛夫以高齡病逝，契文科夫順利接掌黨政權力。

三、契文科夫時代 (1950–1956)

契文科夫生於 1900 年，遠比季米特洛夫和高拉洛夫一輩年輕，為季米特洛夫近親，追隨多年，兼為貼身侍衛，能力平庸，相貌醜陋，與蘇聯官方尤其是特務系統十分接近，這是取得莫斯科當局信任的原因。返國之初，只在政府擔任次要角色——科學、藝術及文化委員會主席，季米特洛夫死後，升任內閣副總理，野心漸大，與高拉洛夫協力打擊本土派的高斯托夫，為接掌政權鋪路。高拉洛夫死後，經保共中委會推舉為第一書記，並兼內閣總理。

在契文科夫執政的七年期間，對國內積極推動蘇維埃化，以恐怖統治和多次清黨來鞏固政權，對國外則遵照莫斯科指示，加強反西方活動，因而在國際社會中更趨孤立。

高斯托夫被處死後，整肅行動並未終止，截至 1951 年 4 月為止，至少有十萬黨員被開除黨籍，約為全部黨員的五分之一，部分處死，部分送往勞動營，其中包括十三位中央委員、六位政治局委員和十位內閣部長，這

些共幹多為在 30 年代中以及在西班牙內戰中十分活躍的老一代領袖，其罪名則為「左傾偏差」。

在高斯托夫大審案中，已將箭頭指向美國。1950 年 2 月，有一位原在美國大使館中擔任翻譯的保加利亞人，名曰施普可夫 (M. Shipkov)，被政府逮捕審訊，以酷刑逼供，使其招認曾受美國大使希茨 (D. Heath) 之命為美方擔任情報工作，因而要求美國將希茨調職，美國乃與保加利亞斷絕邦交。除施普可夫之外，尚有類似指控案件數起❸。美國曾向蘇聯抗議，指其意圖切斷保國與自由世界的聯繫，以便維持保共政權。

1952 年 9 月，保共又以替羅馬教廷和法國從事間諜活動的罪名，將天主教主教包西可夫 (E. Bosikov) 連同二十七位神父拘訊處死，天主教會在保國境內的活動為之停頓。東正教雖與西方世界並無接觸，但仍屬土耳其的伊斯坦堡教長區管轄，1951 年保共將保加利亞教會由大主教區 (Exarchate) 升格為教長區 (Patriarchate)，因而切斷了和伊斯坦堡的關係。1953 年吉瑞爾 (Kiril) 大主教被選為教長，教會隨之改組，加強與政府合作。

契文科夫對國內的少數民族，頗多疑慮，恐其生貳心而與外國同族勾結。保國的民族成分，保加利亞人占 85%，少數民族占 15%，其中以土耳其人最多（七十萬人），約占 8%，其餘為吉普賽人（二十萬人，占 2.5%）、馬其頓人（二十萬人）和少數的希臘人、羅馬尼亞人、亞美尼亞人、猶太人等❹。所以保共清除的對象以土耳其人為主，首先製造糾紛，繼保國駐伊斯坦堡領事館被襲之後，土國駐保國普勞夫狄夫 (Plovdiv) 領事館亦被炸，雙方互控。1950 年 1 月保國宣布將准二十五萬名土耳其人離保返土，因人數太多，無法安置，引起土耳其的強硬抗議，並將邊境一度封鎖。保加利亞另一目的，是要把這批土耳其人留下的土地（多在東北部穀類生產區）納入新組的集體農場。土耳其人遣返的工作至 1952 年大致完成。

❸　參閱 Wolff, R. L. *The Balkans in Our Time*, pp. 475–476.

❹　參閱 Keefe, E. K. & Baluyut, V. D. *Area Handbook for Bulgaria*. Washington, D. C.: American University, 1974, Chap. 4, pp. 65–67.

在經濟方面，保共宣布它的「第一個五年計畫」於 1952 年提前完成，工業達到預期目標的 80%，農業則只完成了 11%，農戶仍拒絕參加集體農場，迫使契文科夫於 1950 年 5 月再度加強集體化運動，下令提高私有農場的稅負，並令其必須繳交所產穀物的 75% 給政府，禁止私有土地自相轉讓，如須轉讓，只能轉讓給合作農場，在上述壓力下，於 1950 至 1951 年間，加入集體農場者約五十萬戶。集體化運動至 1958 年全部完成，農民的反應消極的方式是焚燒收穫物、屠殺牛馬、隱藏產量，積極的方式則為武力的抵抗。

史達林於 1953 年逝世後，保加利亞立即有強烈反應，是年 5 月普勞夫狄夫的菸草工人發生騷動，抗議增產而不增工資，使保共心生警惕。契文科夫為了配合蘇聯的政情變化，宣布改行「新路線」(New Course)，所謂新路線，其實並無基本的改變，只是略增消費品的生產、提高工人的工資、增加醫療設備、增建住宅、削減部分物品的價格，並大幅增加農民的福利，農民工資增加的比例遠比工人為高。集體化的步伐也暫時放慢。此外，恐怖統治略微放鬆，移民限制放寬，並釋放部分政治犯。蘇聯雖然要求保加利亞也將黨政領導人改由兩人分任，但契文科夫遲遲不肯聽命。直至 1954 年保共第六次代表大會時，方始仿照蘇聯馬倫可夫的先例，將黨的秘書長讓予齊弗克夫，改稱「第一書記」，自己保留內閣總理職位。

1953 年起實行的「新路線」，為保加利亞帶來了三年的安定，但是到了 1955–1956 年間，國外情況又生變化。其一是赫魯雪夫親訪貝爾格萊德（1955 年 5 月），與狄托握手言和，承認狄托主義；其二是赫氏於俄共第二十屆代表大會（1956 年 2 月）中掀起貶抑史達林運動，對其痛加抨擊。這兩個行動無異間接針對契文科夫而發，因契某之得勢，得力於整肅高斯托夫，他當時指控高某的理由，正是指高為狄托主義分子。契某的專橫作風，也正是標準的史達林分子。

保共乃於 1956 年 4 月召開中央委員會議，齊弗克夫演說時承認將對過去「無辜同志之不公處置」予以平反，契文科夫隨即請辭總理職務，4

月 17 日經國會一致接受。繼任總理之尤戈夫，當年與高斯托夫比較接近，也是一位本土派領袖，曾任內政部長。

四、齊弗克夫時代 (1956–1989)

齊弗克夫於 1911 年出生於農家，十七歲時加入共黨青年組織，二次大戰期間參加游擊作戰，戰後擔任首都索菲亞蘇維埃主席，1951 年升任政治局委員，他的權力基礎是年輕一代的黨員。1954 年第六屆代表大會以後，繼契文科夫為第一書記，權勢即急速上升。1956 年四中全會後，保共已擺脫史達林主義的陰影，進入一個新的階段。

1957 年，齊弗克夫首先師事蘇聯赫魯雪夫的行動，將所謂 「反黨集團」 清除，以免當時發生在波蘭和匈牙利的風暴再度出現於保加利亞。齊氏因權勢尚未鞏固，所以必須與尤戈夫和再度擡頭的史達林派分子契文科夫合作，實行集體領導。在其全力推動下，1958 年保共第七屆代表大會宣布它的農業已經全部集體化，而且自誇是蘇聯之後的第一個完成集體化的國家。在此次代表大會中並通過第三個「五年計畫」(1958–1962)，加倍投資於輕工業。1958 年底，政府將三千四百五十座集體農場整併為九百三十二個，平均面積多達四千二百公頃，是蘇聯以外東歐諸國中集體農場最大的國家。依照齊弗克夫於 1959 年的提示，工業生產將在 1965 年以前增加四倍，農產將在 1960 年底增加三倍，時人將此狂妄計畫與中共的 「大躍進」 相提並論。事後證明，估計過高，根本無法達成目標。

赫魯雪夫於 1961 年 10 月在蘇聯共黨第二十二屆代表大會中，再度向史達林主義展開攻擊，保共中的史派殘留分子契文科夫被免除政治局委員及副總理職務，黨對文藝活動的限制放寬，索忍尼辛、卡夫卡等人的作品已有保加利亞的譯本流傳，齊弗克夫的作法獲得知識分子的支持。

1962 年赫魯雪夫訪問保加利亞，齊弗克夫乘機在赫氏支持下，於保共第八屆代表大會中將尤戈夫與契文科夫一律排除，尤戈夫免除政治局委員

及總理兼職，契文科夫則被開除黨籍。自此時起，齊弗克夫即一人兼任共黨第一書記及內閣總理兩職，集黨政大權於一身。

1964 年赫魯雪夫被推翻下臺，齊弗克夫雖失靠山，但對其政權並無影響。四年以後發生的捷克危機 (1968)，也未在保加利亞造成傷害。

1971 年，齊弗克夫召開保共第十屆代表大會，蘇聯代表團由布里茲涅夫率領前往慶祝以示支持。會中除通過第六個「五年計畫」以外，並修改黨章，通過新憲法，宣稱國家名稱雖仍為「人民共和國」，但和其他東歐國家一樣，業已完成社會主義的建設。新憲中最大的改變是「國務委員會」的設置，取代原有的國會主席團而成為全國最高權力機關，「國務委員會」主席相當於總統，由齊弗克夫擔任，另將所遺總理一職讓由托德洛夫 (S. Todorov) 接任。

在新訂的黨章中，強調今後將加速建設進步的社會主義社會，所有的財產差異將逐漸消失，國家農場與集體農場將合而為一，從事工業的勞工與從事農業的勞工亦不再有所差異。屆時保加利亞將由社會主義國家向前更進一步，步入共產國家的最後理想階段。

1970 年代下半期，由於〈赫爾辛基最後文件〉的宣布和「歐洲共產主義」(Euro-communism) 的盛行，自由化的風氣也吹進保加利亞這片封閉的園地，波蘭等地又呈不安。1977 年齊弗克夫突然將其左右手威爾契夫 (B. Velchev) 自政治局中排除，隨之去職的各級幹部多達三萬八千五百人，威氏去職的原因是因主張推行自由化內政和較獨立自由的外交。足證保加利亞境內也出現了不滿現有政權的分歧分子，1978 年出現一份〈七八宣言〉(*Declaration 78*)，內容模仿前一年捷克知識分子簽署的〈七七憲章〉❺。

1980 年波蘭發生「團結工聯」風潮，齊弗克夫為了防患未然，立即通函全國各地黨部書記，提出警告，要求重視人民的需求，並將經建重點以民生物資為優先，於是市場之中充滿了食物與消費品，滿足人民的切身需要。

---

❺　參閱本書第二十二章「六、胡薩克時代 (1969–1987)」。

在此期間，齊弗克夫作了一件極得人心的人事任命，1980 年將其女兒麗尤米拉 (Liudmila Zhivkova) 升任為政治局科學文化與藝術委員會主席。麗尤米拉為英國牛津大學研究所畢業，對於青年一代的感受極為同情，1971 年起即擔任藝術文化委員會副主席，其後又負責廣播、電視和出版事業，對佛教等非唯物思想極有興趣，所以極受青年知識分子的愛戴。她雖不明目張膽的反對蘇聯，但特別推崇保加利亞民族特有的文化傳統，1981 年發起慶祝保加利亞建國一千三百週年，並在首都興建了一座文化之宮——現即以「麗尤米拉‧齊弗克夫」命名。

赫魯雪夫下臺後，齊弗克夫的經濟政策較富創造性，而且獲得相當良好的成果。他的理念甚至衝破了共黨的教條，1985 年 2 月曾說：「社會主義的經濟科學，必須從只知一味重述馬克思與恩格斯教條的現狀中脫穎而出。」這種思想使他展開下列的試驗。

由於在 50 年代中大力加強農業集體化，將小農場合併為大農場，1958 年宣稱集體化已經全部完成，因此農村中產生了大量的剩餘勞力，這批剩餘勞力於是轉往城市，投入工業建設之中，1969 年保加利亞的勞力分配是，從事工業生產者占 82%（1948 年僅占 37%）。不過這一批初由農民轉變而來的工人，知識較低，技術不熟，必須經過一番訓練方能提高生產力。

齊弗克夫儘量爭取外國的合作，以加速工業的生產。1965 年與蘇聯簽約，由保加利亞負責裝配蘇聯生產的小汽車和卡車，翌年為法國雷諾 (Renault) 廠裝配汽車。保國並發展造船、火車、吊車等有關交通運輸的工業，1975 年此項工業約占工業生產總額的三分之一。由於「經濟互助委員會」實行國際勞力分工的結果，保國的精密工業亦漸成長，70 年代晚期已能製造全部的電腦，包括其中的精密零件。為了吸收外匯，與西方國家合作發展觀光事業，黑海海灘旅館林立，一片人潮。1975 年與西德、葡萄牙、北歐諸國簽約，在保國製造或銷售其高級產品，包括富豪 (Volvo) 汽車、殼牌 (Shell) 及西方石油公司的石油、皮爾‧卡登 (Pierre Cardin) 公司

的產品等等。

　　齊弗克夫另一具有創意的措施，是使工業與農業相互結合，1970 年代初期，開始將大型集體農場改組為「農工組合」(Agro-industrial Complex, A/C)，共約一百七十個。每一「組合」至少擁有六千名工人，二萬至三萬公頃的耕地，通常包括五、六處村莊，並選其中之一為行政中心，不久這處村莊就變成一座小的城市。此項措施的用意，是把在同一片土地上、同一氣候下的農場聯為一體，然後集中生產某一項特定的農作物或家畜，可以減低成本，增加產量。齊弗克夫主張將工業的管理方式和技術也運用到農業之中，甚至可以在「農工組合」之中興建工廠。如此作法另有一項收穫，即農村人口不必再大量流入城市，增加城市住房的壓力。農業和工業的界限，逐漸消除，社會「均質化」(homogenization)，原先最有勢力的農民黨自然萎縮消失，改由屬於工人的政黨——共產黨來一元統治。

　　除了大規模的農業經營以外，保共對於農民的「私圃」(private plot) 也並未忽視，私圃面積很小，通常在二至五畝 (dekar) 之間。名為私有，實際上卻不准買賣、抵押，也不准僱用工人，惟產物則歸私人自由處置。政府為了增加生產、大量生產配予小型農機，改良品種，肥料廉價供應，1981年更將私養家畜的限制取消。為了開發山邊地，鼓勵在邊地增設私圃。1982 年，全國私圃的總面積雖然約占全國耕地的 12.9%，產量卻占全國農產品出口總值的四分之一，蔬菜總產量的 33%，水果總產量的 26.6%，馬鈴薯總產量的 51%。它們生產的穀類雖然只占全國的 2.6%，但飼料卻占21.9%。

　　經過上述改革，人民的生活水準確已提高，但距理想目標仍遠。政府有鑑於波蘭的教訓，自第八個「五年計畫」(1981–1985) 起，即將預期目標大幅降低。

　　齊弗克夫最著名的改革，是所謂「新經濟模式」(New Economic Model, NEM)，其目的是使經濟發展適應最新的科技進步，提高生產力，改善產品的品質與服務，加強產品在世界市場上的競爭能力，增加貿易收

入以平衡鉅額逆差並償還國際債務。其所使用的手段，有下列五原則：

1.非中央化 (decentralization)——削減中央計畫機關的權力，中央政府各部會，不再直接監督下面的企業，大量裁減各級機關的行政人員，中央方面的權責只限於監督科技的改進，決定新建巨型工廠的地點等一般性業務。

2.民主化——每一企業均由中央計畫當局接受一份次一年度的全國性生產計畫及一般指導原則，各企業再與各個工廠或「工作小組」(brigade)會商決定實現上級交下計畫的方法。「工作小組」通常由三十至五十人組成，享有相當權力，可以決定本身所需人力、原料、燃料的數量，並有權處分所製的產品。所獲利潤，部分用作再投資，部分作為工人的收入。所以保加利亞的「工作小組」已經變成「自營的主要機構」，和南斯拉夫的工業自營頗有相似之處。齊弗克夫的理論是：國家是社會主義財產的所有者，而集體經營的工人則是財產的經理人。

3.內部競爭——由參加的「工作小組」隊長、工廠管理委員會的委員及其他有關人員等共同選出一位工作小組的隊長為領袖，代替上級指派的指導員。此種辦法與蘇聯的工業管理方式完全不同，是「從下面動員」。所謂競爭，是決定哪些生產單位才可獲得新的投資和設備，通常獲得重視的單位，全是採用新生產方法的工廠。

4.重視市場的功能——無論在國內或國際，生產單位必須與消費者建立直接聯繫，因此中間的零售商和若干享有專利的貿易商均被消滅，消費大眾不再容忍低劣品質的商品和供應的中斷或失調。

5.自給自足——1982年總理費利波夫 (G. Filipov) 向各個經濟組織提出警告，今後不能再仰賴政府的補貼，只有在極為特殊的情況下方能例外，例外補貼亦以兩年為限。其他所有生產單位，由大至小，一律適用自給自足的原則，而且實施的範圍並不限於個別的工廠，某一地區亦可劃為自給自足的單位，除非自己不能生產的物資，其餘均不准越界取用。

1980年代中，保加利亞的一般生活也展現生機，齊弗克夫特別強調保

國的特殊性，並不一味聽命於蘇聯。在赫魯雪夫下臺後，莫斯科對於巴爾幹方面的興趣大減，轉而以西歐和美國為中心，巴爾幹各國因此也享受到較多的自由。保共對於西方的戒懼大為放鬆，雙向旅行自由開放，西方的生活方式（包括服飾、音響、錄影帶等等），傳入保境，廣受青年一代的歡迎。國內的新聞、廣播、電視節目中，不時出現違背於馬列主義思想的介紹，凡此種種均為過去無法想像者。

齊弗克夫政府的宗教政策較前和緩，1975 年訪問羅馬後，保共與教廷之間的關係獲得改善，保國的天主教徒已可享受正常的宗教生活。東正教仍為主要信仰，信徒約占全國人口的 90%，在信徒心目中，國家和東正教會是一體的兩面。新教教徒和聯合教派的信徒不多，但仍能繼續存在。

1980 年代初期的保加利亞，最初充滿了自信和樂觀的氣氛，「新經濟模式」實施的結果最初也頗為圓滿，商店中的民生消費品不虞缺乏，遠勝於波蘭，人民的生活也普遍改善。但不久之後經濟又轉趨萎縮，主要是商品的品質無法與西方並駕齊驅，甚至西方著名廠牌授權保國製造裝配的成品，也因品管不嚴而變質，被譏為「保加利亞化」。影響保加利亞工業發展的最大阻力，除資金外，便是能源問題。保國的石油，除由利比亞和伊朗進口外，最大來源為蘇聯。1974 年與蘇聯合作建立柯茲洛都 (Kozlodui) 核子電廠後，約可供給全國四分之一的用電量，但時日稍久，即發生修護及保養問題，蘇聯境內車諾比 (Chernobyl) 核電廠發生故障後，保境核電廠即不再全面運轉。1984 年及 1985 年的旱災，也影響到水力發電。

保共人數，依照 1981 年舉行第十二屆代表大會時的統計，共有八十二萬六千人，約占全國人口的 9.3%，其中工業勞工約占 42.7%。保共因執政日久，上層已漸僵化和腐化，高級幹部的成員以黨政官員為主。

五、保加利亞的對外關係

在東歐諸國中，保加利亞是依附蘇聯最密的國家，雙方極少發生類似

南斯拉夫、波蘭、捷克、匈牙利、羅馬尼亞和阿爾巴尼亞等國與蘇聯間或大或小的衝突。

保加利亞也是〈華沙公約〉和「經濟互助委員會」的發起國家，並與蘇聯於 1948 年簽訂〈友好、合作與互助條約〉（1967 年續約二十年，1987 年再續約）。它與東歐其他共產國家之間，也有雙邊和多邊的友誼、文化、經濟和軍事協定。保與北鄰羅馬尼亞原有領土（多布魯甲）爭執，70 年代以後業已關係好轉，雙方在多瑙河上合建一座發電廠。保國與南斯拉夫間的關係，常視莫斯科政策而定，在季米特洛夫時代，與狄托十分密切，且有合建巴爾幹斯拉夫聯邦之議，但自俄、南分裂後雙方即告疏離。保、南之間的爭執，常以馬其頓問題為中心。但在 70 年代以後，關係又見和緩。

保加利亞與南鄰土耳其間之關係向不和睦，保國境內約有七十五萬的土耳其人，1969 年雙方簽訂移民協議，對於土人之遣返已有改善。自 70 年代起，雙方高級官員互訪，締結多項經濟合作協定，關係更見好轉。不過因為土耳其和希臘均與保國毗鄰，又同為北大西洋公約國家，保國對北大西洋公約集團在兩國境內的軍事活動極為敏感。

保國與西方國家間，一向較少接觸。1973 年由於貿易和經濟合作的需要，齊弗克夫與西德建立正式邦交。保國與第三世界國家在 80 年代以後接觸頻繁，大批工程師、技術顧問和醫護人員分批前往亞、非及拉丁美洲，1981 年約有二千名醫師護士在利比亞服務，利比亞也是保國僅次於蘇聯與西德的貿易伙伴。齊弗克夫和羅馬尼亞的西奧塞斯古一樣，在 70 年代末至 1983 年間外交活動頻繁，分訪亞、非、拉丁美洲國家，遠及北亞的北韓與外蒙、南大西洋的格瑞納達 (Grenada)，時在美國進兵該島之前。

1981 年 5 月 13 日，教宗若望·保祿二世在羅馬梵諦岡廣場遇刺，兇手阿卡 (M. A. Agca) 被捕，事後調查顯示，兇手與保加利亞及蘇聯的秘密警察有關，消息傳出，舉世譁然，此案對保加利亞的國際聲譽打擊極大。

第二十七章　搖擺不定的阿爾巴尼亞

一、共產政權的建立

阿爾巴尼亞於 1939 年 4 月被義大利兼併之後，義王兼領阿王，雙方關係極為密切，不少阿國大地主和部落領袖與義國合作無間。但仍有部分阿人從事反抗運動，這些反抗分子分為左右兩派，右派稱為 「民族陣線」(National Front)，左派是一批共產黨人。

「民族陣線」 成立於 1942 年 10 月 ， 領導人物為克利蘇拉 (A. Klissura) 和佛拉沙利 (M. Frushëri) ，成員是一批自由分子和民族主義者，傾向西方國家，反對蘇聯，他們主張改建共和國，因此也反對遜王左格返國，他們的群眾基礎是農村中的農民。

阿爾巴尼亞的共產黨，在巴爾幹各國中，成立最晚 (1941)，由南斯拉夫共黨扶植成立，與蘇聯並無直接關係，所以我們可以說南共為俄共的附庸，而阿共又為南共的附庸。阿共領袖以霍查為首，他們大多數是一些在國外留學、受過西方教育的知識分子。霍查生於 1908 年，資產階級出身，曾在法國的蒙巴利 (Montpellier) 大學就讀一年，其後即在巴黎和布魯塞爾兩地工作，五年之後返國，執教於高中。阿共人數不多，但派系紛歧，成立之初竟有八個不同的派系，其中兩派是托洛茨基派分子 (Trotskyites)。阿共的招募、訓練和組織的建立，均由南共領導，重要的指導人是狄托派來的田波 (D. Tempo)。1942 年 9 月，仿照南國前例，也建立了一個人民陣線式的組織，稱為「民族解放運動」(National Liberation Movement, LNC)，除共黨外，還包括若干非共分子，下面也有一支地下武力，稱為「民族解放軍」。

　　英國在巴爾幹的軍事代表，也和在南斯拉夫一樣，希望把上述兩支地下反抗勢力聯為一體，經過了一番努力，終於組成「阿爾巴尼亞解救委員會」(Committee for the Salvation of Albania)（1943 年 8 月）。

　　1943 年 9 月義大利向聯軍投降後，阿爾巴尼亞的情勢發生激變。阿境地下軍實力大增，反抗活動加強。德軍乃蠭湧而入，並以空降部隊占領首都地拉納。德國宣布願恢復阿國的獨立，並派一攝政團代行左格職務，繼又支持阿國兼併其垂涎已久的科索沃地區，因而頗受部分阿人歡迎。

　　阿共的抵抗則並未終止，仿照南斯拉夫例，於 1944 年 5 月在波莫特 (Permët) 召開代表大會，組成 「反法西斯民族解放委員會」 (Anti-Fascist Council of National Liberation)，以霍查為主席。同年 10 月再召開第二次代表大會，成立臨時政府。

　　阿爾巴尼亞在國際上一向不被重視，聯軍歷次舉行的高峰會議中也從未討論過阿國問題，西方國家也未曾承認阿王左格的流亡政府，所以義大利投降之後，南斯拉夫極可能取代義大利成為阿國的保護國。換言之，阿國將成為南國的附庸。

　　德軍於 1944 年 11 月底撤離阿境，它所建立的傀儡政府隨之瓦解，阿共游擊隊立即開入首都，接管統治權。1945 年 12 月舉行大選，共黨控制的「民主陣線」獲 93% 選票，制憲會議隨即舉行（1946 年 1 月 10 日），宣布成立「阿爾巴尼亞人民共和國」(People's Republic of Albania)。

二、阿爾巴尼亞人民共和國的黨政結構

　　阿爾巴尼亞的第一部憲法，於 1946 年 3 月制訂，國會稱為 「人民議會」 (People's Assembly)，採一院制，設二百六十四席，選出十五人組成「主席團」，設主席一人，副主席二人，主席即國家元首，與一般國家的總統相同，第一位主席由霍查擔任。人民議會每年只召開兩次，且時間短暫，在休會期間即由主席團行使權力，所以主席團等於最高權力機關。

內閣稱為「部長會議」(Council of Ministers)，由國會選出，向國會負責，設主席及三位副主席，主席即等於內閣總理，首任總理為謝瑚。南國原設十部，其後調整為十三部及若干委員會。各級地方政府則設「人民委員會」，再由人民委員會選派若干人組成「執行委員會」，負責實際行政工作。

1946 年憲法，內容大致抄襲南斯拉夫憲法，惟阿國之國會為一院制，南國國會則為二院制。其後又於 1950 及 1976 年另頒兩部新憲法，內容變動不大。

和所有東歐國家一樣，國家的最高權力機關並非國會，而是共產黨的政治局。阿爾巴尼亞共黨稱為「勞工黨」(Workers' Party)，由全國代表大會選出中央委員會，再由中委會選出政治局。政治局設委員十一人，受黨中央書記處第一書記之指揮。黨的第一書記和政府的國會主席團主席均由霍查擔任，與謝瑚分享最高權力。阿共人數依官方發表的最近統計數字約為十一萬人，其中工人占 33%，集體農場農民占 26%，私有農戶占 3.2%，黨政軍公人員占 37%，婦女約占 12.5%❶。

三、依附蘇聯時期 (1948–1961)

二次大戰以後的阿爾巴尼亞歷史，約可分為三個階段：第一階段 (1944–1948)，阿共受南斯拉夫的控制，等於南國的附庸，狄托曾想把阿爾巴尼亞也併入南斯拉夫聯邦之內，和塞爾維亞、克洛琪亞或馬其頓一樣，同為加盟自治共和國之一員。此項兼併計畫已於 1948 年初準備成熟，即將實施，但因俄、南分裂而被迫中止。此一階段阿國的黨政結構均仿照南國模式，外交活動亦唯貝爾格萊德的馬首是瞻。第二階段 (1948–1961)，阿爾巴尼亞擺脫了南斯拉夫的控制，直接接受蘇聯的領導。第三階段（1961 年以後），阿爾巴尼亞與蘇聯決裂，轉而尋求中共的保護。

---

❶　參閱 Keefe, E. K. (ed.). *Area Handbook for Albania*. Washington, D.C.: Federal Research Division, 1971, pp. 111–115.

　　第一階段的歷史，已於本章第一節中介紹，本節將敘述第二階段的重要史事。

　　1948 年 6 月 28 日，共產情報局接受史達林的指示，通過決議，將南共排除於此一國際共黨組織之外。消息傳到阿爾巴尼亞後，霍查及其領導的阿共政治局，立即決定乘此機會掙脫南共的約束，提高自己的國際地位，直接與莫斯科聯繫，接受史達林的指揮，和其他東歐國家處於平等的地位。

　　阿共首先將南斯拉夫派駐阿國的顧問和專家驅逐出境，並將阿南之間的政治、軍事、經濟協定大半廢除。阿共內部的親南分子如霍雪亦於 1949 年以狄托派分子的罪名處死。霍雪是內政部部長，也是阿國安全部隊和秘密警察的領導人，一向與霍查不睦，阿國的安全部隊勢力強大，約有一萬二千五百人，以人口比例而言，可以算是東歐的第一個警察國家。

　　蘇聯與阿爾巴尼亞的直接關係，始於 1948 年，是年 9 月，雙方簽訂〈經濟合作協定〉，莫斯科開始經援。翌年 2 月「經濟互助委員會」成立，阿爾巴尼亞亦為其中之一員。其他東歐共產國家隨即透過互助委員會對阿國提供各種不同的援助。阿爾巴尼亞利用上述援助，開始大規模的經濟建設，1949 年起，實行「二年計畫」，希望把阿國的經濟基礎，由以農業為主提升到農業、工業各半的地位，第一個「五年計畫」(1951–1956) 自 50 年代初開始，工業與礦業之投資率高達上限 43%。

　　1953 年史達林逝世後，赫魯雪夫接掌政權，進入所謂「融解時期」，1956 年的俄共第二十屆代表大會中，赫魯雪夫發表了兩篇秘密演說，抨擊史達林主義，展開「貶抑史達林運動」，最顯著的變化是黨政的領導權由兩人分掌，不再集中於一身。東歐各國紛紛仿效，而霍查則一仍舊貫，拒作更張。阿共內部也有一批贊成改革的修正主義分子，在 1956 年 4 月舉行的阿共會議中，要求黨內民主，反對個人崇拜，並提高人民的生活水準。霍查是一個標準的史達林派分子，作風一向專斷，為了鞏固地位，乃不顧外間反對，大規模整肅異己分子。首先遭殃者為政治局委員吉嘉 (L. Gega) 及其丈夫安德魯 (D. Ndreu) 將軍，據赫魯雪夫事後在俄共第二十二屆代表大

會中指證，當吉嘉被處死時，已懷身孕。

　　1956 年下半年，東德、波蘭和匈牙利先後發生反共抗俄的暴亂，匈牙利甚至釀成多人死傷的悲劇，霍查更加振振有辭，為其保守政策辯護。在同年 11 月的蘇聯《真理報》中，霍查著文抨擊「融解」政策，指出各國發生動亂的原因就是由於放鬆內部控制的結果，並指匈牙利的暴動是受了狄托修正主義的影響。翌年 2 月，霍查更在阿共中央委員會中，公開讚揚史達林主義。

　　雖則如此，但在蘇聯和東歐國際壓力下，於 1954 年將所兼總理一職讓由謝瑚繼任，自己則仍保留共黨第一書記職位。

　　1961 年，赫魯雪夫糾合了一批阿共內部的反對分子，企圖推翻霍查的獨裁統治，消息外洩，霍查乃將這一批親俄分子拘捕，其中的首要人物為阿國海軍總司令席柯 (T. Sejko) 將軍，旋被處死。其他被整肅者尚有政治局委員白里紹瓦 (L. Belishova) 和共黨審計長塔什科 (K. Tashko)。

　　阿爾巴尼亞與蘇聯關係的惡化，始於 1955 年。是年 5 月赫魯雪夫親率代表團訪問南斯拉夫，與狄托和解，並發表聲明，承認狄托路線，同意通往社會主義的途徑並不限於一條，也就是承認共產主義的多元化。1956 年 4 月，蘇聯更將引起俄、南分裂的「共產情報局」解散，一向反對修正主義的外長莫洛托夫亦被免職。俄、南修好，殊出阿爾巴尼亞意料之外，阿共早先親俄反南，後又被俄遺棄，乃陷於危險的孤立狀態之中。

　　1961 年，蘇聯與阿爾巴尼亞斷絕外交關係。

四、阿爾巴尼亞的轉向 (1961)

　　霍查為了打破孤立，抵制蘇聯的壓力，自 1956 年起即開始倒向中共懷抱，接受中共軍經援助（1961 年至 1965 年間，援款一億二千五百萬美元；1966 年至 1970 年間，增至二億；1971 年至 1975 年間再增至四億美元；1976 年至 1980 年間，中共援助阿國三十個工業建設計畫），雙方首要頻頻

圖 13 阿共領袖霍查 (左) 與中共的周恩來 (右)

交互訪問 (周恩來於 1965 年 3 月訪阿,簽訂經援條款,但數量不大,未能滿足阿方的要求。翌年 4 月阿總理謝瑚訪問北京,周恩來隨即答訪),關係日趨密切。此時俄共與中共正發生激烈的爭執,互爭共產世界的領導權,中共也需要在歐洲有一個呼應的盟友,助長聲勢。自 1956 年起,在多次世界共黨會議中,阿爾巴尼亞總是支持中共的立場。1959 年國際共黨在羅馬尼亞舉行代表大會中,俄共與中共公開發生衝突,阿共也公然站在中共一方,終至引起莫斯科與其斷絕外交關係。

1964 年主張修正主義的赫魯雪夫被推翻下臺,布里茲涅夫及柯錫金等人執政,阿共原本希望蘇聯的政策會又重回史達林主義路線,但事後發現莫斯科的立場大致一仍舊貫,並無更張,證明阿共的希望純屬幻想。

1965 年起,阿國經濟日趨困難,工資過低而工作量過大,市場上的消費物資也供應不足,更加以是年發生大旱災,農產銳減,民不聊生,因而一般民眾,特別是農村民眾、知識分子、青年學生及部分軍官,均對霍查政府不滿。

政府為了平息民怨,在 1966 年大選之後,宣布溫和性的農業改革,提高政府收購小麥,取消向集體農場強制徵繳穀類與肉類,減少山區低收入農民的稅額,但根本問題並未解決。

1966 年阿共舉行第五屆代表大會,慶祝建黨二十五週年,通過第四個「五年計畫」(1966–1970),決定將工業生產增加 50–54%,特別著重重工業、化學工業、機器工業、金屬工業的發展。在農業方面,則希望完成全部的「社會化」,達到糧食的自足自給。

阿共第五屆代表大會的另一重要決策,即仿照中共文化大革命 (1966–

1968) 的作法，開始所謂「阿爾巴尼亞的思想與文化革命」(Albanian Ideological and Cultural Revolution)，發動青年到窮鄉僻壤或邊荒地區，深入民間，藉以減輕業已飽和的官僚組織的壓力。阿共抨擊知識分子，認為他們仍未完全接受革命教條，依然富有小資產階級意識，鼓勵其自動志願下田或進入工廠實際操作，向人民學習。1968 年 3 月，霍查要求推動「學校革命」，增建農業及科技學校，重視自然科學，所有教科書均遵照馬克思唯物辯證法重新改編，增開馬列主義課程。要求教師全變成革命的楷模，為教育社會主義人才而努力。阿共也發動類似紅衛兵的組織，協助政府推動改革，但阿共與中共不同者，是這一批紅衛兵並未形成一個獨立的組織系統，並未發生暴烈的衝突或武裝鬥爭，損傷國家的元氣。

　　阿共的轉向，對中共而言，則為一大收穫。在共產集團中，增加了一個搖旗吶喊的馬前卒，助長了聲勢。在 60 年代末期的歷屆聯合國大會中，阿國總是領銜提議排除中華民國，將中共納入聯合國之中，中共卒於 1971 年獲准加入聯合國。同時中共更透過阿爾巴尼亞向東歐和北非發展，此時非洲國家正在紛紛獨立，中共可以利用阿國首都地拉納向北非滲透，地拉納變成了歐洲和非洲親中共的共黨分子向中共朝拜的中途站。

　　在國際關係方面，由於阿共明目張膽的傾向中共，引起蘇聯的不滿，於 1961 年俄、阿斷交，已見前述。1962 年中阿國已被事實上排出於華沙公約組織和「經濟互助委員會」之外，東歐集團各國雖未正式切斷與阿國之間的外交和經濟關係，但多將外交使節層次降低，由大使級降為代辦。在 1962 年至 1963 年間，蘇聯、保加利亞、匈牙利、捷克、東德等共黨大會舉行時，均未邀請阿共代表參加，各國並在會議中紛紛批評阿共對俄的立場。換言之，自 1962 年起，阿共和早年的南斯拉夫一樣，事實上已被社會主義集團開除。1969 年俄共召開莫斯科世界共黨大會時，阿共亦未出席。

　　1968 年捷克危機發生時，阿共最初指責杜布西克政府為修正主義者，紅軍侵入捷克後，阿又頓感事態嚴重，深恐「布里茲涅夫主義」亦將適用

於阿爾巴尼亞，於是一方面求助於中共，一方面加強聯繫南斯拉夫與羅馬尼亞，引為奧援，以防止蘇聯的覬覦。阿、南關係本不和睦，現則改趨和好，1971 年恢復邦交。為了防備蘇聯藉〈華沙公約〉的管道出兵入阿，霍查於 1968 年宣布退出華沙公約組織。阿爾巴尼亞與西方國家的關係較為疏遠，對美國極其敵視，但與法、義、奧及北歐國家則尚稱良好。阿國是唯一未被邀請參加赫爾辛基歐洲安全會議的歐洲國家。阿國與伊斯蘭教世界的關係則較為密切，尤其與阿爾及利亞、埃及、利比亞和土耳其等國更為接近。

霍查於 1985 年 4 月 11 日逝世，所遺阿共第一書記一職由阿里亞 (R. Alia) 接任，阿里亞原任人民議會主席團主席。

第二十八章　希臘——戰後東歐唯一殘存的民主國家

一、英國支持下建立非共產政權

希臘在二次大戰期間，首遭義大利攻擊（1940 年 10 月），繼之德軍入侵（1941 年 4 月），全國淪陷，希王喬治二世逃往倫敦，組成流亡政府。希臘全境由德、義、保三國分區占領，惟軸心嚴密控制的地區，只限於若干大城，約占三分之二的山區則鞭長莫及，因此地下反抗軍較易藏匿，活動也逐漸加強。

在希臘的地下軍中，以希共領導的游擊隊為主體。希共創立於 1918 年，戰前勢力薄弱，並無左右政局的力量。二次大戰爆發後，希共即乘機而起，號召進行「民族解放戰爭」。及至德、蘇戰起，又進一步高呼要「為保衛蘇維埃祖國而戰」。1941 年 9 月，希共聯合左派政黨和共和分子組成「民族解放陣線」（Ethnikon Apeleftherotikon Metopon，或 National Liberation Front, EAM），翌年再於其下組成一支武裝部隊，稱為「人民解放軍」（Ethnikos Laikos Apeleftherotikos Stratos，或 National Popular Liberation Army, ELAS），這兩個組織均由共黨控制。另一支右派的地下組織，稱為「希臘共和聯盟」(National Republican Greek League, EDES)，由席瓦斯 (N. Zervas) 上校指揮，受逃往法國的共和派領袖普拉士提拉斯 (N. Plastiras) 將軍領導，惟人數只有三萬左右，遠不如人民解放軍之多。第三支地下反抗勢力稱為「民族與社會解放組織」 (National and Social Liberation, EKKA)，強調自由與共和，成立時間較晚，實力也較弱。

所以在大戰期間的希臘地下反抗運動，以共產黨及共和分子為主體，

支持王室的保守勢力則未出現。

　　希臘自十九世紀初年獨立時起，英國就享有極大的影響力。二次大戰以後的命運，更受英國的影響。戰後，東歐諸國均淪入共產鐵幕，獨有希臘得以倖免，主要是由於英國的協助。因為東地中海是英國通往遠東的「生命線」必經之路，馬爾他、塞普路斯和蘇伊士運河皆為英國的戰略據點，希臘也在英國的勢力範圍以內，英國絕不能讓它變成蘇聯的附庸。因此全力支持設於倫敦的希臘流亡政府，希望希王喬治二世於戰後重返故國。

　　1942 年，德國為了支援派往北非的隆美爾部隊，以軍事物資穿越希臘運往北非。英國為了阻止，特遣一支破壞部隊空降希境，與地下軍取得聯絡，於 11 月 25 日發動突襲，炸燬架在兩面峭壁之間的高葛波塔毛斯狹谷天橋 (Gorgopotamos viaduct)，切斷行駛橋上的鐵路，使德軍補給一度受阻。

　　1943 年夏，英、美聯軍攻占北非，計畫由北非向歐洲南部反攻，希臘的戰略地位更被重視。倫敦派遣麥葉斯 (E. C. W. Myers) 將軍前往希臘，成立軍事代表團，與希境各支游擊隊分別聯絡，勸其停止互相攻擊，轉而集中力量對付軸心國家。同年 8 月間，麥葉斯陪同游擊隊代表團一行六人，秘密前往開羅，希望他們和來自倫敦的流亡政府代表商獲合作的協議。但游擊隊方面提出兩項要求：一、希王必須等到公民投票之後方能決定是否返國；二、在戰後政府中，希臘共產黨必須保留內政、國防和司法三個重要部門的部長職位。此項要求，英國和希臘流亡政府均不能接受，談判因而未獲結果。

　　希臘境內游擊隊的軍火，原由英國供應，英國還能控制他們的活動。及至義大利向聯軍投降（1943 年 9 月）之後，希境義軍的軍火多被共黨游擊隊接收，實力乃陡然增強。10 月起即開始向非共游擊隊發動攻擊，這是希臘內戰的前奏。

　　1944 年 3 月，共黨控制的「民族解放陣線」宣布成立一個類似南斯拉夫「反法西斯民族解放委員會」(AVNOJ) 的組織，稱為「民族解放政治委

員會」(Political Committee of National Liberation, PEEA)，公然和倫敦希臘流亡政府分庭抗禮。

倫敦希臘流亡政府最大的缺點，就是缺少一支在本土之內的武力。希臘境內的地下軍，分屬共黨和共和分子，均對流亡政府採敵對立場。流亡政府原有一支撤往埃及的殘餘部隊，由於反對分子的滲透，於 1944 年 4 月發生叛變，流亡政府更加喪失了一支可用的籌碼。

流亡政府受此打擊，乃加以改組，由社會民主黨領袖巴潘德里奧 (George Papandreou) 出任總理。巴氏於 1944 年 4 月間在黎巴嫩舉行協商會議，邀請各黨各派（包括地下軍代表）代表二十五人參加，初步協議共組聯合政府。但上項協議不久即被破壞，因地下軍代表返國後，自以為實力已強，不願與右派合作。惟大局不久即起變化，同年 10 月邱吉爾逕往莫斯科，與史達林緊急會商東歐大事，獲致所謂〈百分比協議〉，史達林同意英國在希臘享有 90% 的影響力，蘇聯僅有 10%，換言之，承認希臘是英國的勢力範圍。此項協議，希共還被矇在鼓裡，並無所悉。其後，蘇聯始將上述意旨通知希共，並勸希共與巴潘德里奧新成立的 「全國團結政府」 (Greek Government of National Unity) 合作，希臘「民族解放陣線」於是改變初衷，勉強同意加入團結政府，分得幾個次要的部長席位。依照英、希協議，新政府須受英國駐軍司令史可比 (R. Scobie) 將軍的節制。

德軍撤出希臘（1944 年 10 月）後，英軍隨即進駐雅典，10 月 28 日希臘政府亦返回故土。戰後希臘，滿目瘡痍，人口死亡將近十分之一，七十萬人無家可歸，經濟已全盤崩潰，其所受損傷的程度僅次於蘇聯。團結政府首要工作是重整全國地下武力，希望裁減兵員，解除武裝，只保留少數的國家部隊，其整編對象主要是人數龐大的「人民解放軍」。希共深恐實力被政府消滅，乃於 11 月間退出團結政府，人民解放軍也拒絕解除武裝。為了顯示希共的力量，於 1944 年 12 月 3 日在雅典發動大規模示威，擔任警戒的英軍開槍鎮壓，頗有傷亡（死者在七人至二十八人之間，傷者約百人），於是政府與希共在首都發生激戰，戰鬥歷時二十三天，共軍初占優

勢，其後英國自義大利前線抽調部隊增援，始將希共擊潰，控制了首都的局勢。

　　英國深恐由於雅典之戰激起希臘人民的反感，決定稍作讓步。邱吉爾於聖誕節時飛往雅典，召集各方代表會商，宣布在公民投票尚未舉行之前，希王仍留倫敦，由普受人民愛戴的達瑪士奇諾斯 (Damaskinos) 大主教暫時攝政，內閣也同時改組，巴潘德里奧下臺，由自由派領袖普拉士提拉斯將軍接任，蘇聯並派出大使前往雅典以示支持。政府與希共於 1945 年 2 月 12 日商獲〈瓦琪薩協議〉(Varkiza Agreement)，條件對希共頗為寬大，政府解除戒嚴令，釋放被捕反叛分子，准許自由成立工會，言論出版自由，並定一年之內舉行大選，未來的新憲法也須通過公民投票表決。希共被迫接受上述協議，停止內戰，並解除部分武裝。「民族解放陣線」同時瓦解，參加陣線的非共黨派轉而加入反共一方。

　　1946 年 3 月，在英、美、法等國代表監督下，希臘舉行戰後首次大選，希共拒絕參加，結果支持王政的「人民黨」(Populist Party) 獲勝，由沙爾德瑞斯 (C. Tsaldaris) 組閣。同年 9 月 1 日，繼續舉行公民投票，決定是否恢復王政問題。此時的希臘人民，因長期戰亂，飽經憂患，亟盼早日恢復和平安定的正常生活，對於共黨的態度已由同情轉為反共，故投票結果，贊成恢復王政者約占三分之二。希王喬治二世乃重返祖國（9 月 27 日），但為時不久即因病去世，由其弟保羅 (Paul) 繼位。

　　希臘終於掙脫共黨魔掌，建立親西方的憲政政府。此一結果，主要得力於英國的大力支持。

二、希臘內戰 (1946–1949)

　　二次大戰以後，東歐北起波蘭，南迄巴爾幹，共產政權紛紛建立，位於南端的希臘，獨未赤化，這在希臘共產黨的心目中自然感到憤憤難平。

　　希共領袖沙卡里阿迪斯 (N. Zakhariadis) 自德國集中營獲釋返國後，即

決定發動內戰，以武力奪取政權。1947 年希共成立「臨時民主政府」，公開叛亂。不過此時的希共武力，實力遠不及「人民解放軍」時代，新的所謂「民主部隊」(Democratic Army)，1946 年夏只有不到三萬人，成員以散居鄉村和山區的農民為主，主要根據地在西部及北部邊區，與南斯拉夫、阿爾巴尼亞和保加利亞等共產國家為鄰，由是可以獲得來自上述國家或間接來自蘇聯的武器接濟，如被政府軍追擊，亦可逃入鄰邦暫求庇護。反之，政府軍的實力則遠比共軍強大，約有二十餘萬人，且有英軍支持。雙方人數雖眾寡懸殊，但共軍採取游擊戰術，士氣和活動力遠比政府軍為強，政府軍一則缺乏將才，二則一直採取守勢，以致盡失先機，數月之後，共軍已經控制了全境的四分之三，形勢頗為危急。

1947 年初，英國政府財政發生嚴重困難，深感心有餘而力不逮，再無餘力繼續支撐希臘的政府軍作戰，於是轉向美國緊急呼籲，希望美國接下重擔，抵制蘇聯在近東的擴張。美國駐希大使麥克維 (L. MacVeagh) 在 1947 年 2 月向國務院提出的報告中，強調「希臘如陷共黨之手，則整個近東及部分北非均將淪入蘇聯的影響範圍之內」，建議政府速作決策。

美國總統杜魯門鑑於蘇聯勢力急劇擴張，希臘與土耳其均將不保，乃毅然決定由英國手中接過防衛近東的重擔，於 1947 年 3 月 12 日向國會提出國情報告，強調美國今後的政策，將要支援各國自由民主的政府，壓制國內武裝叛徒的顛覆，並抵制來自外國的侵略。此一聲明，後被稱為「杜魯門主義」(Truman Doctrine)。就美國外交政策來說，這是一次「外交革命」，美國揚棄了行之已歷百年的「門羅主義」，在國際間不再採取孤立的、消極的、守勢的作風，而要挺身負起保衛世界和平和自由民主的警察責任。這也是美國對於蘇聯的「圍堵政策」的第一步具體行動，東、西世界的冷戰也由此正式展開。

美國在 1947 至 1951 年之間，透過「馬歇爾計畫」，向希臘提供了高達十五億美元的軍經援助，此外並成立軍事顧問團，派弗利特 (Van Fleet) 將軍主持補給訓練等事宜。希臘內戰的形勢乃逐漸改觀，政府軍轉占上風，

共軍則轉居劣勢。1949 年 8 月，戰局急轉直下，盤據伯羅奔尼撒半島山區的叛軍最後據點為政府軍攻下，政府軍隨即節節北進，收復全境，殘餘共軍逃入保加利亞及阿爾巴尼亞，同年 10 月希共宣布「戰鬥暫停」，內戰正式結束。

希共在內戰中所以失敗的原因，約有以下幾點：

1.蘇聯自始至終即對希臘內戰不很支持，史達林認為這是一場勝算不大的戰爭，因為蘇聯和希共全沒有足夠的海軍來抵制英、美的海上攻勢。

2.希共的主要接濟，來自南斯拉夫和當時南國的附庸——阿爾巴尼亞，但自俄、南分裂 (1948) 以後，南斯拉夫即不再支持親俄的希共分子，1949 年 7 月起切斷了支援希共的一切管道。

3.希共的支持者，最初是農民，後來農民也不大參與，希共兵源缺乏，只能仰賴威脅性的徵集。

4.共軍內部分裂，對於戰略發生嚴重爭執，希共領袖沙卡里阿迪斯主張採取傳統式的戰術，共軍司令官瓦費阿迪斯 (M. Vafiades) 則主張採取打了就跑的游擊戰術，雙方為此常起爭端，影響作戰計畫。

歷時四年的內戰，為希臘帶來了慘重的損失，政府軍死亡者七萬人，叛軍死亡四萬人，流離失所的難民高達七十萬人，經濟的損失就更加重大了。

1949 年以後，希臘的共黨威脅已除，它和朝鮮半島的南韓一樣，全是在戰後赤潮氾濫中幸未被其吞噬的國家。

三、混亂的政局

大戰以後的希臘，截至 1949 年止，已經渡過了兩道難關：其一是並未淪入共產鐵幕，仍是一個自由民主的西方國家；其二是經歷了多年的內戰，民主憲政仍得保持。

雖則如此，但政局混亂，使希臘一直不能建立穩定的政府，在 1949 年

到 1974 年之間，最初是閣潮起伏，最後變成了軍人獨裁之局。

　　希臘和法國的「第三共和」一樣，是一個多黨林立的國家，參加大選者往往多達十餘黨，而且一黨之內又分派系。希臘與法國不同者，是希臘各黨各派的黨員，往往以個人崇拜為中心，而非以政策趨向為中心，所以更增紊亂。

　　在 1967 年軍人獨裁以前，希臘的政黨分為左、右、中三組，左翼為「民主左翼聯盟」(United Democratic Left, EDA)，右翼為「國家激進分子聯盟」(National Radical Union, ERE)，中間分子稱為「中央聯盟」(Centre Union, CU)。1974 年以後，參政的團體大多不以一個黨派的名義參加，而是由很多小的派系聯合在一起，形成一個集團參加競選。以 1974 年的大選為例，參加者共分三組，茲將其獲票百分比及在議會（共三百席）中所占席位列表於下❶：

表 3　1974 年希臘國會大選概況

政黨名稱	百分比	席位
甲、右派政黨		
全國民主聯盟 (National Democratic Union, EDE)	1.08	0 席
新民主黨 (New Democracy, ND)	54.37	220 席
乙、中間黨派		
中央聯盟與新勢力 (Centre Union-New Forces, EKND)	20.42	60 席
民主中央聯盟 (Democratic Centre Union, DEK)	0.19	0 席
泛希臘社會主義運動 (Panhellenic Socialist Movement, PASOK)	13.58	12 席
丙、左派政黨		
左翼聯盟 (United Left)	9.47	8 席
極端左翼分子 (Extreme Left)	0.03	0 席
丁、獨立分子 (Independent)	0.86	0 席

---

❶　以下數字引自 Mavrogordatos, G. *The Emerging Party System*，見 Clogg, R. (ed.). *Greece in the 1980s*. Macmillan and Center of Contemporary Greek Studies, University of London, 1983, p. 71.

在 1977 年的大選中，共黨以合法政黨身分參加，獲議席十一席，茲將各黨派獲票百分比及在議會（仍為三百席）中所獲席次列表於下：

表 4　1977 年希臘國會大選概況

政黨名稱	百分比	席位
甲、右派政黨		
國民陣線 (National Front, EP)	6.82	5 席
新民主黨	41.84	171 席
乙、中間黨派		
新自由黨 (New Liberal)	1.08	2 席
民主中央聯盟 (Union of Democratic Centre, EDIK)	11.95	16 席
泛希臘社會主義運動 (PASOK)	25.34	93 席
丙、左派政黨		
進步與左翼勢力聯盟 (Alliance of Progressive and Left Forces)	2.72	2 席
希臘共產黨 (KKE)	9.36	11 席
極端左翼分子	0.64	0 席
丁、獨立分子	0.86	0 席

到了 1981 年的大選，參加黨派及集團達十一個之多，茲將其獲票百分比及在議會（仍為三百席）中所占席次列表如下：

表 5　1981 年希臘國會大選概況

政黨名稱	百分比	席位
甲、右派政黨		
進步運動 (Movement of the Progresssives, KP)	1.69	0 席
新民主黨	35.88	115 席
乙、中間黨派		
民主中央聯盟 (EDIK)	0.40	0 席
自由黨 (Liberal Party, KPH)	0.36	0 席
基督民主黨	0.15	0 席
民主社會黨、農民黨及工人聯盟	0.71	0 席
泛希臘社會主義運動 (PASOK)	48.07	172 席
丙、左派政黨		

希臘共產黨（國內派）(KKE-Interior)	1.35	0 席
希臘共產黨（國際派）(KKE-Exterior)	10.94	13 席
極端左翼分子	0.23	0 席
丁、獨立分子	0.22	0 席

　　由上列三表，可以看出希臘政壇各黨分合及盛衰的大勢。本書因篇幅所限，不能詳述歷屆內閣更迭的經過，以下僅就其中較為重要的幾個階段，加以簡略說明。

四、巴巴葛斯、卡拉曼理斯與巴潘德里奧的右派政府 (1952–1965)

　　經過了長期的內戰以後，反共成為國策，希臘政府早自 1947 年起即明令宣布共黨為非法組織，戰後更進一步規定，各行各業，由公務人員以至市井小販，均須向政府宣誓效忠。所有政黨，包括自由分子在內，所持政見均趨於保守。比較左傾的分子勢力漸小，在歷次大選中所獲選票總在 12–14% 左右，不能發生任何作用。1950 年政府解除戒嚴，恢復政黨活動，於是各種黨派紛紛成立，但多以個人為中心組成。在 1946 年至 1952 年間，政局紊亂，六年之中先後出現了十六個聯合政府。

　　希臘軍人的地位，在內戰中不斷提高，不太接受文職官員的節制，逐漸形成一支足以左右政局的力量。1950 年聲望極隆的巴巴葛斯元帥（A. Papagos，1940 年至 1941 年間曾擊潰入侵希臘的義大利部隊，進軍阿爾巴尼亞，被視為民族英雄）自動辭去陸軍總司令職務，仿照法國戴高樂的前例，成立新的政黨，稱為「希臘人民組合」(Greek Rally)，參加 1951 年的議會大選，中產階級和農民同聲響應，成為希臘人數最多的政黨，但所獲席位仍不足半數以上。希王乃請另一政黨——全國進步中央聯盟 (National Progressive Centre Union) 領袖普拉士提拉斯出組聯合內閣，但普氏臥病不起，在此期間，憲法修改，1952 年重行大選，「希臘人民組合」在此次大

選中獲得壓倒性多數，在議會的三百個席位中獲得二百四十七席，乃由巴巴葛斯出組新閣，巴氏及其繼任的右派政府頗獲美國支持，先後維持了十一年的穩定統治。

巴巴葛斯的主要貢獻，在內政方面為經濟改革，在外交方面為加入北大西洋公約組織 (1952)，與南斯拉夫及土耳其簽訂〈巴爾幹公約〉(1953)。

巴巴葛斯於 1955 年因病逝世後，希王任命另一保守分子，「全國激進聯盟」 (National Radical Union, ERE) 的領袖卡拉曼理斯 (C. Karamanlis) 繼之組閣，新閣除繼續執行前任的經濟政策之外，在外交方面有兩項重要活動，一為申請加入 「歐洲共同市場」 (EEC)，加強與西歐國家的合作，1962 年希臘成為歐市的準會員國；二為塞普路斯之獨立，容後單獨敘述。

卡拉曼理斯下令於 1961 年舉行大選，參加角逐者一為 「民主左翼聯盟」——實即非法的共產黨的掩護體，一為「中央聯盟」。後者由曾任總理的自由派分子巴潘德里奧領導，糾合了若干自由派和中間派的小黨組成。選舉結果，卡拉曼理斯的「全國激進聯盟」居然獲勝，引起反對者的攻擊，巴潘德里奧指為「詐欺與暴力」的選舉，拒絕承認。1963 年一位「民主左翼聯盟」的議員被人暗殺，輿論譁然，卡拉曼理斯被迫辭職。在同年 11 月舉行的大選中，右翼的「激進聯盟」和中間性的「中央聯盟」均未獲多數席位。1964 年 2 月再度舉行大選，巴潘德里奧的「中央聯盟」始獲絕對多數，乃由巴氏組成一黨執政的新政府。

巴潘德里奧的新內閣原可順利執政，維持政局的穩定，不料上臺不及兩年即又被迫辭職 （1965 年 7 月）。政局變化的原因，主要是由於「中央聯盟」內部的分裂，其中的部分右派分子於 1965 年指控該黨的部分左派分子企圖滲透到軍隊之中，發動政變。而這一批左派分子的領袖竟是巴潘德里奧之子安德瑞阿斯·巴潘德里奧 (Andreas Papandreou)。安德瑞阿斯是一位引起爭議的人物，此後即成為希臘政壇的主要角色。另一促使巴潘德里奧辭職的原因，是總理與國王君士坦丁二世 (Constantine II) 的衝突。希王保羅於 1964 年逝世，由君士坦丁二世繼位，新王懷疑總理有廢除王政重建

共和的陰謀，因而勢成水火。

　　安德瑞阿斯・巴潘德里奧以社會主義者自居，後來在 1981 年建立了希臘有史以來的第一個社會主義政府，仍然執政。安德瑞阿斯早年赴美，居留二十年，且一度歸化為美國公民，曾任伯克萊加州大學經濟學教授，1959 年返回希臘，四年之後當選為國會議員，旋即入閣，成為他父親的政治助手。他的政治理念，偏向社會主義，經常發表支持左翼和共產黨的言論，並且糾合了一批青年軍官和左派分子，組成所謂「保衛國家、民主、理想與美德軍官聯盟」 (Officers Save the Fatherland, Ideals, Democracy and Meritocracy)，簡稱 ASPIDA (Shield)，轉譯為「盾盟」。安德瑞阿斯在內政方面主張依照社會主義路線，改造希臘的社會與經濟結構，在外交方面為了避免他人指控他是一個親美分子，所以特意強調反美，高唱外交獨立。此項立場，日後在其組閣親政時，便一一表現出來。

五、軍人獨裁 (1967–1974)

　　自 1965 年巴潘德里奧內閣總辭後，政局更加不穩，短短十八個月之間，變動了很多內閣。此時，街頭巷尾，已經傳出了軍人可能發動政變的謠諑。

　　1967 年 4 月 21 日，謠諑變成了事實，有一批中級的少壯軍官，以巴巴多普洛斯 (G. Papadopoulas) 上校、馬卡里曹斯 (N. Makarezos) 上校和巴達哥斯 (S. Pattakos) 准將等三人為首，闖入王宮，拘禁希王君士坦丁二世，並逮捕大批左派分子送往外島囚禁，然後以十二人軍人集團，組成「革命委員會」，實行集體獨裁。

　　1968 年 10 月，以公民投票通過新憲法，用以取代 1952 年的舊憲法。希王逃往羅馬，但仍設一「攝政」，藉以表示仍為君主立憲政體。新憲充滿了保守主義的色彩，強調軍人的超然地位，視為國家的最高監護者，不僅強調反共，而且把中間分子也列入整肅的對象，人民的權利，包括選舉權

和言論自由權在內均受限制。常以非法手段逮捕反對分子，並實行戒嚴。

軍人獨裁集團雖然引起人民的反感，歐洲議會和共同市場理事會也屢予抨擊，但卻得到美國尼克森政府的支持。因為自從以、阿戰爭 (1967) 以後，東地中海情勢緊張，美國的第六艦隊亟需希臘的基地。希裔的美國副總統艾格紐 (S. Agnew) 且曾訪問雅典 (1971)。

巴巴多普洛斯於 1967 年兼任內閣總理，五年以後並兼攝政，成為軍人集團的首腦。1973 年，不滿軍人集團的海軍官兵發動叛變，被疑為逃亡海外的國王所策動，乃於是年 6 月將希王廢立，改建共和國，共和憲法於 7 月間獲公民投票通過。翌年大選，巴巴多普洛斯當選為總統。

由於希臘經濟自 1972 年起開始惡化，通貨膨脹高達 30%，人民反感更增，暴亂蠭起。反抗最力者來自青年學生，雅典大學及工技學院的學生示威日趨激烈，政府以坦克部隊武力彈壓，造成數十人死亡、數百人受傷的悲劇。巴巴多普洛斯被另一政變推翻（1973 年 11 月 25 日），由吉齊奇斯 (P. Ghizikis) 中將接任總統。

新的軍人政府為了轉移人民的不滿，對新近獨立的塞普路斯共和國採取強硬立場，1974 年派兵登陸該島國，土耳其插手干涉，出兵占領塞島北部，軍人政府下令全國總動員，但駐在希臘北部的第三軍司令官拒絕受命，要求吉齊奇斯總統辭職，恢復文人政府。政府迫不得已，乃徵召旅居巴黎十一年的前總理卡拉曼理斯返國出任總理，1974 年 7 月 24 日，文人政府宣誓就職，結束了歷時七年的軍人獨裁。

六、塞普路斯的獨立 (1960)

在塞普路斯為數約有七十萬的人口中，80% 為希臘人，18% 為土耳其人。塞島於 1571 年被鄂圖曼土耳其帝國占領，1878 年由英國接管，土耳其仍保留宗主權，到了第一次世界大戰時始被英國正式兼併，成為英國的皇家殖民地。

　　塞普路斯的希臘人一直希望使該島與希臘本土合而為一，持續推動所謂「聯合運動」（Enosis，或 Reunion）。第二次世界大戰期間，英國為了爭取希臘的合作，艾登 (Eden) 外相主張於戰後將塞島併入希臘，但英國殖民地部恐怕影響到其他殖民地，故予否決。1947 年美國接替英國援希抗共之後，情勢改變。

　　塞島希裔大主教馬卡利奧斯 (Makarios) 為了表示聯合的意願，於 1950 年主持了一次公民投票，結果有 96% 的島民贊成併入希臘，希人繼之又向聯合國請願，亦無結果。1951 年，馬卡利奧斯與希軍將領格里瓦斯 (Grivas) 共組「革命委員會」，致力於塞、希的合併。1956 年發生蘇伊士運河危機，被迫由運河區撤出的英軍調駐塞島，塞島地位更加重要，英政府一再表示將永不放棄該島。1955 年起馬卡利奧斯鼓動以暴力對抗土裔和英國當局。英國為了抵制希方的壓力，唆使土耳其同樣提出將塞島併入土國的要求。土耳其政府甚至暗中鼓動在伊斯坦堡發動反希運動，要求驅逐留住該城的一萬名希人離境，希臘與土耳其關係惡化，希臘政黨中有人甚至提出退出北大西洋公約組織的要求。

　　卡拉曼理斯繼任希臘總理後，為了避免發生激變，影響北大西洋公約組織的團結，與土耳其總理曼德里斯 (A. Menderes) 於 1959 年在瑞士會商，取得協議，然後提交倫敦會議，徵求英國的同意。英國此時對於中東的興趣大減，因為一則蘇伊士運河已被埃及收回，二則伊拉克於 1958 年發生政變，親英政府被推翻，伊拉克退出「巴格達公約組織」，使中東形勢全面改觀。因此英國不再堅持擁有塞島，乃同意上述希、土協議。

　　協議內容為：

　　1.塞普路斯於 1960 年 8 月 16 日脫離英國而獨立，今後不得再有「合併」或「分治」之要求，由英、希、土三國為保障國。

　　2.總統由希裔擔任（馬卡利奧斯為首任總統），副總由土裔擔任。

　　3.國會議員由兩個社區分別選出，希裔應占 70%，土裔占 30%。

　　4.對於外交、國防及內部安全事項，雙方均享有否決權。

5.兩個社區的宗教、教育與文化問題，分別自治。

6.英仍在島上保留兩處軍事基地，並對基地享有主權。

塞普路斯獨立後，希、土雙方因分治問題屢起衝突，1964 年英國向聯合國提案，由聯合國派和平部隊駐島維持秩序。1974 年 7 月 15 日，駐守塞島的希臘部隊和希裔國民軍發動政變，推翻馬卡利奧斯總統，改由辛普森 (N. G. Sampson) 繼任，企圖再將塞島與希臘合併。土耳其立即海空軍並進，侵入塞島北部，在毛夫 (Morphou) 與法瑪古斯塔 (Famagusta) 之間劃了一條「阿提拉防線」(Attila Line)，其所占地區約為全島的 40%，希臘因軍力較弱，無法抵抗而遷怒美國和北大西洋公約組織。希臘和法國一樣，不再參與公約軍事活動，美駐塞大使亦被殺。同年 12 月馬卡利奧斯返國，重任總統，希望准許土裔自治，藉以解決分裂危機，但土裔反對，堅決主張土、希分治，並於 1975 年 2 月宣布成立 「塞普路斯土耳其聯邦國」 (Turkish Federated State of Cyprus)。惟除土耳其外，其他各國皆未加以承認。

七、民主共和的確立

卡拉曼理斯之所以獲選而返國執政，是由於文人政治領袖與軍方的妥協。卡氏返國之後的首要任務，是終止政局混亂，重建民主共和。第一，他首先恢復希臘共產黨的合法地位，並於 1974 年 11 月舉行大選。參選的主要政黨有四：代表右翼者是「新民主黨」(New Democracy, ND)，由卡拉曼理斯領導，這是從原來的「國家激進分子聯盟」(ERE) 演變而來，立場較為保守，贊成王政。代表中間勢力者為 「中央聯盟與新勢力」 (Centre Union and New Forces, EKND)，主張加強與歐洲共同市場的關係，實行自由經濟，反對恢復王政。另一中間偏左的政治團體為新近成立的「泛希臘社會主義運動」(Panhellenic Socialist Movement, PASOK)，領袖為安德瑞阿斯‧巴潘德里奧，主張中斷與歐洲共同市場的關係，轉而尋求第三世界中「不結盟國家」的合作。代表左派勢力者為「左翼聯盟」(United Left)，這

是希共兩個支派的聯合。此時希共分裂為兩派，一派稱為「本土派」(KKE
-Interior)，屬於「歐洲式的共產黨」(Eurocommunists)，他們和法、義等國
的共黨一樣，主張脫離莫斯科的控制而獨立發展，同意透過議會選舉爭取
政權。另一派稱為「國際派」(KKE-Exterior)，則仍聽命於克里姆林。

選舉結果，右派的「新民主黨」獲得 54.37% 選票，卡拉曼理斯繼續
執政。

新政府的第二項工作，是確定屢有爭議的政體問題，1974 年 12 月舉
行公民投票（這是二十世紀中的第六次），結果有 69% 的人民反對恢復王
政，此一懸宕多年的憲政問題至此總算最後確定。

新政府的第三項工作，是整肅囂張跋扈的武裝部隊及其軍官，軍人獨
裁政府的三巨頭因其實行恐怖暴政均被判處死刑，旋又改為無期徒刑，其
他涉案的安全部隊官兵亦多受懲處，軍人氣焰為之稍戢。

1975 年通過新憲法，提高總統的權力，除為國家元首外，並兼武裝部
隊總司令。另設「共和國委員會」(Council of the Republic)，組織成員包括
前任歷屆總統、總理、主要反對黨領袖等。新任總統為沙曹斯 (C.
Tsatsos)，1980 年卡拉曼理斯因年高而辭總理，改任總統，總理一職則由
拉里斯 (G. Rallis) 接任。

在 1981 年 10 月 18 日的大選中，安德瑞阿斯‧巴潘德里奧領導的中
間偏左的「泛希臘社會主義運動」獲得近半數選票，在議會三百個總席位
中，占一百七十二席，成為第一大黨；保守的「新民主黨」退居第二，占
一百十五席；共黨則為第三大黨，占十三席。其餘參選的小黨雖多，但總
計只得 5% 的選票。

由此顯示，希臘政治趨勢已由保守而轉向中間偏左發展。安德瑞阿斯
競選的口號，是「求變」(Allaghi，或 Change)。他的具體政策是退出北約
組織、不參加歐洲共同市場、撤除美軍在希基地、生產工具社會化（而非
國有化）、工人自治、行政分權、建立一個民主的福利國家。

安德瑞阿斯‧巴潘德里奧領導的新政府於 1981 年 10 月宣誓就職，新

閣閣員除安德瑞阿斯總理外，其餘均未擔任重要公職，平均年齡不及五十歲，充滿朝氣。惟新政府的施政作風，則力持謹慎，不似競選時的激烈，改以溫和改革來推動國內的社會主義的建設。在外交方面，除了仍然參加北約組織，並於 1981 年成為歐洲共同市場的第十個會員國之外，新政府一再強調獨立自主路線，與蘇聯和東歐國家的關係也逐漸改善。

1985 年舉行大選，安德瑞阿斯・巴潘德里奧的社會主義政府再獲選民支持，繼續執政。但是到了 1989 年 6 月 18 日，社會黨卻在大選中失敗，安德瑞阿斯・巴潘德里奧下臺，保守的「新民主黨」代之而起。在議會的三百個席位中，新民主黨獲得一百四十五席 (44.2%)，社會黨獲得一百二十五席 (39.15%)，共產黨獲得二十八席 (13.12%)。

新民主黨的黨魁是一位海軍將領，名叫山尼塔奇斯 (T. Tzannetakis)，奉總統命籌組內閣。但因席位不到半數以上，只得和共產黨聯合組閣。為了表示對於「北大西洋公約組織」的支持，總理自兼外交部長。

1989 年 11 月選舉結果，新民主黨仍未獲得過半數席位，僅有一百四十七席，尚差四席。於是三個主要政黨商獲協議，暫由高齡的銀行家左洛塔斯 (Z. Zolotas) 組織聯合政府，以迄明年大選為止。

1990 年 4 月，新民主黨卒獲多數席位，由新任黨魁米佐塔奇斯 (C. Mitsotakis) 組成保守政府。5 月底，與美國簽約，同意美國延長八年使用希臘的軍事基地，但將雅典附近的兩處基地關閉，仍舊保留克里特島基地，以供美國駐地中海的第六艦隊使用。美國給予希臘購買武器貸款三億五千萬美元，另再供給希臘一億美元的剩餘武器。希臘的反對黨指責政府已把克里特島變成了一座美國的「超級堡壘」。

1990 年 6 月，米佐塔奇斯總理訪問美國，這是二十五年以來的第一次希、美高層接觸，雙方關係改善。

第二十九章　東歐共產政權的瓦解

東歐諸國在 1989 年到 1990 年的一年之間，風雲變色，爆發了驚天動地的變革，東歐史跨入一個新的紀元。二次世界大戰以後在東歐建立起來的共產政權，在專權統治了四十五年之後，忽然土崩瓦解，一連串的倒了下來。籠罩東歐天空的陰霾，為之煙消雲散。

50 年代中期，艾森豪和杜勒斯 (J. F. Dulles) 等人所高唱的「骨牌理論」(Domino Theory)，想不到並未在東南亞地區實現，反而於事隔三十餘年之後，在東歐地區得到了應驗。不過，當年艾森豪和杜勒斯等人所擔心的，是共產勢力一旦奪占了越南，中南半島、馬來半島以迄菲律賓和印尼等地，勢必像連排倒下的骨牌一樣，一一被赤流淹沒。現在的情況則是剛剛相反，在 1989 年間，先後倒下的卻是一群共產國家，包括波蘭、捷克、匈牙利、羅馬尼亞、保加利亞和與東歐毗鄰的東德等六國。

這些共產政權由動搖到崩潰的過程，並非全然一致。但有一共同現象，就是此一發展，已是大勢所趨，無可阻止，而且是愈演愈烈，終至於不可收拾。不久以前，在捷克首都布拉格的街頭，曾經矗起幾方標語，寫著：「波蘭，十年」、「匈牙利，十月」、「東德，十週」、「捷克，十天」、「羅馬尼亞，十時」。表示這些國家革命成功的時限，一個比一個短促。此項時日的計算，雖然並不十分貼切，但由此已足顯示，東歐的變局正像雪崩堤潰，已經是回天乏術了。

一、共產政權瓦解的背景因素

㈠東歐各國馬列政黨演變的背景

第二次世界大戰之後，東歐國家亦淪入鐵幕，各國幾乎如出一轍向蘇共看齊，如法炮製史達林主義。因此，觀察東歐諸國的馬列政黨，不外乎可以看出如下特徵：

1.實行「一黨專政」：就政治體制而言，東歐各國在民主化之前，憲法幾乎都明文規定，「共產黨是社會中的領導力量」。在東歐國家，掌握政權的政黨，儘管名稱不同——波蘭聯合勞工黨 (PZPR)、匈牙利社會主義勞工黨 (MSZMP)、阿爾巴尼亞勞工黨 (PPSH)、東德統一社會黨 (SED)，但都奉行馬列主義，而且羅馬尼亞、南斯拉夫、阿爾巴尼亞、匈牙利等國還禁止其他政黨的存在。即使有兩個政黨以上的保加利亞、波蘭、東德和捷克斯洛伐克，共產黨在政治上的領導地位也是絕對不可侵犯的。共產黨的領導人就是全國政治的領袖，政府中的重要職務亦皆由共黨高層壟斷，等於黨、政、軍皆為一體，其他政黨只是共產黨的尾巴黨而已，毫無獨立自主可言。

2.建立社會主義體制：直到 1989 年上半年為止，東歐各國均自稱「社會主義國家」，以社會主義建設為目標。理論上，根據共產黨的說法，「社會主義」是共產主義的第一階段，共產主義是這個社會更高級的、更進一步的階段。因此，共產黨取得政權之後，皆強調要建設社會主義社會，而建設社會主義的目標則是要過渡到共產主義。實際上，「建設社會主義」社會這個任務，使共產黨有理由掌握政權，支配資源；而其建設社會主義的手段，乃採中央統制經濟、生產原料公有、有計畫按照比例發展國家經濟，試圖以重工業與農業集體化加速國家現代化，並帶動其他有關的社會發展過程（如都市化、職業、教育、政治等改造）。

3.與蘇共的關係密不可分：基本上，東歐共黨政權的出現是史達林擴張主義政策的結果。所以，戰後這些國家各個領域的發展深受蘇聯模式的影響。雖然，1948 年狄托與史達林不合，1961 年阿爾巴尼亞和蘇共斷絕黨政關係，70 年代以後，南斯拉夫和羅馬尼亞在外交上又採獨立自主路線，表面上東歐呈現分裂狀態。但絕大部分的東歐國家都是追隨蘇共的政策，尤其在華沙公約組織與經濟互助委員會的運作下，其關係更為密切，很容易受到莫斯科的掣肘，形同附庸。

㈡促成馬列政黨演變的因素

照理說，東歐各國馬列政黨掌握一切政治資源，又有龐大的特務系統監視人民的起居生活，政權絕對可牢牢的控制。可是，1989 年下半年，在短短數個月功夫，除了南共與阿共稍稍延後外，其餘如波蘭、匈牙利、保加利亞、東德、捷克、羅馬尼亞等共黨政權，都勢如破竹，先後垮臺。馬列政黨之所以落得如同「過街老鼠」的下場，究其原因，可歸納如下三方面：

就經濟方面的因素而言，東歐國家由於經濟決策權集中於政治領導階層，經濟管理權則似金字塔式的層層節制，把資源強制地集中在經濟發展的重點部門。此類措施的目的與功能，固然可使經濟在短期內快速成長，同時藉重工業與原料工業為主的工業化，使經濟結構迅速轉變。這種制度在實行初期尚可彰顯績效，但好景不常，馬列主義的框框畢竟有重重限制，加上共黨官僚主義的僵化，使得這種號稱具有優越性的「社會主義體制」弊病叢生，經濟發展每況愈下。很明顯地，戰後四十一年來，東歐國家這種體制所顯示的各項建設，已遠遠落後於西歐，難與西歐所謂「資本主義國家」相匹敵。東歐因與西歐懸殊的生活差距，早在 1950 年代中期開始，即尋求各種不同程度的政經改革，但均礙於外力的干預（如 1956 年的匈牙利事件和 1968 年的布拉格之春）或體制運作的僵化（匈牙利實行漸進的經濟改革已有二十年），效果有限，仍難以解決經濟困境，改善人民生活。

　　就社會方面的因素而言，東歐國家歷經共黨四十年的統治，其內部已累積諸多弊病。例如：其一，絕大多數人民沒有機會參與國家管理，選舉徒具形式，毫無公平「遊戲規則」可言。其二，共黨政權蔑視人權，大多違反自己所制訂的憲法，使憲法成為具文。其三，共黨主張無神論，對宗教信仰常有不同程度的迫害。因此，教會與共黨之間的關係格格不入。其四，知識分子對共黨一元領導深表不滿，知識分子經常透過不同形式的社會運動（如歷史性紀念日、環保），俾喚醒人民的自主意識，卻屢遭干預。其五，少數民族受到歧視，民族間的衝突時有所聞，對共產主義揭櫫的國際主義誠是一大諷刺。東歐幾次的抗暴運動，如 1953 年東德工人抗暴運動、1956 年波蘭波茲南事件和匈牙利人民起義、1968 年捷克「布拉格之春」、1971 年和 1976 年波蘭工人罷工事件和 1980 年「團結工聯」自由化運動等等，就明顯地反映共黨統治的潛在危機。準此以觀，東歐國家的變局並非偶然，共黨「自作孽」，早已種下不穩定的因素。

　　就政治方面與國際因素而言，基本上有下列主因：其一，馬列主義意識型態的僵化，已無法適應客觀環境的變化，尤其政、經發展受制於意識型態，既不能與自由民主國家競爭，又不能改善人民生活水平，民怨已深，自難獲得人民信賴。其二，東歐各國民主化的激盪，致使「一黨專政」難以維繫，實行「多黨民主」，乃民心歸向。其三，戈巴契夫的「改造」和「開放」政策助長了東歐民主化的發展。其四，東、西歐的互動關係，加速了東歐民主化的腳步。西方國家提供資訊和經援，大大地削弱共黨的威權。

　　東歐諸國的反共革命，在冷戰期間也數度掀起，但均曇花一現，一一在蘇聯的坦克刺刀鎮壓之下，慘被敉平。

　　1953 年首先在捷克和東德發生反共抗俄的暴動，撕毀蘇聯和捷、德的國旗，攻擊黨政機關，但為時不久即被政府軍警和紅軍坦克平定。

　　1956 年，波蘭和匈牙利發生第二波的叛俄暴亂。波蘭工人示威，所持標語中出現「我們要求自由！」「結束俄國占領！」「波蘭獨立萬歲！」等

口號，並與軍警衝突。蘇共領袖赫魯雪夫親率代表團前往華沙談判，紅軍坦克亦向波蘭集結，但因此時中東突然發生「蘇伊士運河危機」，赫魯雪夫不願為此牽動大局，乃向波蘭作了部分讓步，波蘭則保證仍然留在共產集團之內。匈牙利的叛離運動則以悲慘收場，改革派的匈共領袖伊默·納吉被迫下臺，其後為俄軍處死。在動亂期間，紅軍坦克衝入布達佩斯，匈牙利人民赤手搏鬥，死傷累累。亂事平定之後，卡達在蘇聯支持下接掌政權。

第三波的東歐自由化運動，1968 年發生於捷克，捷共的改革派領袖杜布西克改行「帶有人性化面孔的社會主義」，以「寧靜的革命」展現「布拉格之春」。蘇聯領袖布里茲涅夫於是發動華沙公約組織各國共同出兵，侵入布拉格武力鎮壓，同時宣稱任何共產國家，只能享受有限度的主權，否則就要受到共產集團的聯手制裁，是即所謂「布里茲涅夫主義」。亂事平定之後，杜布西克下臺，改由僵硬派分子胡薩克執政，充任蘇聯的傀儡。

布里茲涅夫於 1982 年逝世，由老朽的安德羅波夫 (Y. Andropov) 和契爾年柯 (K. Chernenko) 先後執政，但為期均甚短暫。契爾年柯於 1985 年去世後，戈巴契夫以五十四歲的盛年接掌蘇共總書記職位，由是進入了蘇聯的大改革時代。

在史達林死後的歷任蘇聯領袖當中，只有赫魯雪夫和戈巴契夫二人具有改革的膽識，惟前者遠不及後者。赫魯雪夫敢於抨擊「史達林主義」和提出「修正主義」的施政綱領，一度造成蘇聯內政方面的「融解」和外交方面的「和平共存」。但是這些措施，在布里茲涅夫接任以後便中途變質了。

戈巴契夫於接任總書記以後的第二年 (1986)，就提出驚人的兩項主張，一日「開放」，二日「改造」，而且劍及履及的持續照此原則處理國內和外交的事務。內政的改造我們置而不論，現在只談他的新政對於東歐諸國的影響。

假如東歐 1989 到 1990 年的民主自由運動發生在史達林或布里茲涅夫當政時期，我們不難想像其所遭遇的困境。民主與自由的火焰，必被紅軍的坦克撲滅，無法擴散蔓延。

　　東歐共產政權的幕後支持者，是扶植他們建國的蘇聯，蘇聯的駐軍是他們掌權的護符。在東歐動亂的緊要關頭，如果紅軍坐視不救，則此政府必被反抗勢力推翻。1989 年東歐革命初起時，就不斷發生上述的情況。

　　第一幕事例，發生於 1989 年 6 月 5 日，原被波共政府宣布為非法組織的「團結工聯」在全國性的自由大選中大獲全勝，隨即於 8 月 25 日成立了戰後東歐的第一個非共政府，由工聯推出的馬佐維耶斯基出任總理。戈巴契夫對此並未插手干涉，蘇聯的官方反應是：「波蘭內閣如何改組，是應由波蘭自己決定的問題。」由此明白顯示了蘇聯對於東歐的基本立場。

　　第二幕事例，發生於 1989 年 10 月 7 日，東德境內正在全國沸騰，數十萬人連續示威，要求共黨下臺，戈巴契夫此時親訪東柏林，向德共領袖何內克 (E. Honecker) 致意，並且明白表示，如果東德政府以武力對付革命，紅軍絕不支持。東德民主革命乃得在不流血中完成。

　　第三幕事例，是 1989 年 12 月 24 日，當羅馬尼亞總統西奧塞斯古被革命群眾推翻後，蘇聯立即承認新的革命政府。有人建議蘇聯出兵，協助羅國恢復秩序，戈巴契夫亦予拒絕，表示不欲干預他國內政。

　　戈巴契夫的基本立場，由下面兩段他於 1989 年 12 月底在蘇聯國會的演講詞中可見端倪。他說：「我們正在從一種國家制度和社會制度走向另一種制度……我們必須改變每一種事物。」又說：「任何國家均有權自行決定它自己的命運。」

　　戈巴契夫對東歐採取所謂不干預政策 (Hand-off Politicy)，同時也要求東歐做同步改革，此一舉動造成蘇聯崩潰。戈巴契夫是 1990 年諾貝爾和平獎的得主，至少就東歐的和平變革而言，戈之獲獎應是實至名歸。

　　1989 年東歐掀起如火如荼的民主化浪潮，不但迫使共黨牢牢掌握四十年的政權和平轉移，而且也促使共黨自我改造，「洗心革面」以適應民主時代。自波蘭於 1989 年 8 月率先組成東歐第一個「非共化」的政府之後，東歐各國共黨政權遂先後垮臺。各國共黨政權在廣大群眾抗議示威的壓迫下，首先，更換共黨領導階層，如東德統一社會黨 (SED) 總書記何內克在位十

八年，被迫辭職（10 月 18 日），保共在位長達三十五年的總書記齊弗克夫黯然下臺（11 月 10 日），捷共甫上任二年的總書記傑克斯也悄然退位（11月 24 日），而羅共總書記西奧塞斯古則因抗拒改革，下場最為悽慘，被槍斃身亡（12 月 25 日）等；隨後，改組政府，共黨改革派紛紛上臺，主導政、經改革政策。其中，只有保加利亞、塞爾維亞和阿爾巴尼亞的社會黨仍保持優勢，繼續執政，其餘的均落居在野。但保、阿二國在大選時，被指舞弊，選舉不公，分別於 1991 年 10 月 13 日和 1992 年 3 月 22 日重新改選，由共黨改名的社會黨又退居反對黨，失去執政地位。

前共黨在民主化浪潮的衝擊下，並非一蹶不振，仍保留有相當程度的號召力，足以虎視眈眈，伺機而動，東山再起。1993 年 9 月 19 日波蘭舉行民主化以後第三度國會大選， 由波共蛻變而來的 「民主左派聯盟」(SLD) 贏得國會最多席次；次年 5 月 8 日匈牙利的國會大選，社會黨也取得壓倒性的勝利。波、匈二國的前共黨乃是繼前立共於 1993 年 2 月贏得立陶宛的大選之後再度執政的政黨；保加利亞也因內閣搖搖欲墜，保國社會黨很有可能再度上臺執政。這種所謂「後共產主義力量」或「立陶宛現象」在東歐陸續出現，已引起世人關注，頗值觀察和深入探究。

此外，外在因素為共產世界劃時代的演變鋪平道路，也不容忽視。最值得一提者，其一、西方媒體影響深遠：如耳熟能詳的美國之音 (Voice of America)、 自由歐洲電臺 (Radio Free Europe)、 自由之聲 (Radio Liberty)、英國廣播公司 (BBC)、德國之聲 (Deutche Welle) 等等均長驅直入，對蘇聯與東歐各國人民提供正確的資訊，間接使得身在鐵幕中的老百姓有機會接受民主思想的洗禮，致使共黨政權的愚民政策，徒勞無功，反而使鐵幕內的百姓在西方快速的資訊傳播下，更清楚認識共產黨的猙獰面目，對西方自由社會和繁榮經濟，心生嚮往。所以當戈巴契夫提出新思維的同時，立即得到廣大民眾的回響，東歐自由的火花，隨即燃起，導致這些社會主義國家政權和平轉移，並為蘇聯的瓦解揭開序幕。其二、1975 年 8 月在芬蘭召開的「歐洲安全與合作會議」，共三十五國與會，所有東歐社會主義國家

也踴躍出席，並正式簽署〈赫爾辛基最後文件〉，「尊重人權和基本自由，包括思想自由、良心自由或宗教自由」，當作十項原則中的一項。該項文件雖無約束力，但每隔兩年召開一次後續會議，針對簽約國對〈赫爾辛基最後文件〉相關條款執行情況進行審查，使得東歐各國共黨政權對基本人權不至於明目張膽，為所欲為的予以踐踏。歐安會議無形中成為東歐國家保障人權的守護神，使東歐異議團體如捷克「七七憲章」、波蘭「團結工聯」有喘息活動空間，得以伺機而動，吹起自由民主號角，為東歐的民主化做好思想準備工作。從各成員國簽署至 1990 年共黨政權垮臺，短短十五年間，「歐安會」的成員國就這樣從遵守有限的人權進步到保障全方位的民主制度。〈赫爾辛基最後文件〉是有心改革者為努力開放社會的誘因和武器，匈牙利和保加利亞是受「赫爾辛基進程」影響最深的兩個國家。1989 年 9 月，具有改革決心的匈牙利政府引用其對個人遷徙自由的承諾，而讓東德人借道匈牙利前往西德，這一過程啟動一連串事件，最終導致東德共黨政權的潰敗；同年 10 月，保加利亞發生數場遊行示威，由於示威者受到政府粗暴的鎮壓，從而開始了在 11 月將獨裁者齊弗克夫趕下臺的一連串事件。「歐安會」雖沒有創立民主國家，但它確有助於培養東歐、蘇聯的政治開放。

二、東歐自由民主革命的經過

　　在前面一節中，已經把 1989 到 1990 年東歐革命的背景和順利成功的原因略加分析，下面將要分國敘述革命的經過。

　　在本書討論的幾個國家當中，變動最大的是波蘭、捷克、匈牙利、羅馬尼亞和保加利亞等五國，南斯拉夫、阿爾巴尼亞和希臘等三國的變動不多。不過，我們將於本章中，把東德也列入討論的範圍以內，因為東德雖然在地理上屬中歐，但仍屬東歐共產集團之一員。再則，東德的革命更是牽動其他東歐諸國革命的觸媒。

㈠東 德

　　東德因其地處中歐，所以沒有列在本書討論範圍以內。但在 1989 年到 1990 年的巨大變革當中，東德卻發生了兩件大事：一是分裂東柏林與西柏林的「柏林圍牆」突然拆除倒塌了；二是東德共產政權已經消失，併入西德之內，完成了德國統一。這兩件大事，不僅代表共產主義的失敗，共產集團的瓦解，而且象徵冷戰的結束。

　　東德是第二次世界大戰的產物，正式名稱是「德意志民主共和國」(German Democratic Republic)，成立於 1949 年 10 月 7 日。由於在大戰末期，美、英、法三國聯軍攻占了德國的西半部，蘇聯的紅軍攻占了德國的東半部，所以就由四國分區占領。原本計畫使其復歸統一，但因盟邦發生分裂，冷戰開始，統一的理想只好暫時擱置了。

　　德國西半部的美、英兩個占領區，於 1946 年首先合併，1948 年法國也不再堅持單獨占領，同意將該區與美、英占領區合併，局勢乃轉趨單純。1948 年 9 月，德國西部各邦推舉代表在波昂 (Bonn) 舉行制憲會議，制訂〈基本法〉。到了 1949 年 5 月 24 日，〈基本法〉經西部各邦議會三分之二以上批准生效，同年 9 月 21 日正式建立「德意志聯邦共和國」(German Federal Republic)，通稱「西德」，以波昂為首都，立獲美、英、法等西方國家之承認。1955 年更加入「北大西洋公約組織」，成為自由民主世界之一員。

　　東半部在蘇聯控制之下，另建共產政權，其建國時間約在西德半年之後，通稱「東德」，以東柏林為首都，立獲蘇聯和其他東歐共產國家之承認。1954 年加入「華沙公約組織」，在共產集團中扮演重要的角色。

　　柏林是德國的傳統首都，依照戰時及戰後美、英、法、蘇四國的協議，由四國分區占領，正好是整個德國分區占領的翻版。西柏林既然位於東德之內，所以形同孤懸海外的一個孤島。西德與其所屬的西柏林之間，依照四強協議，設有幾條地面和空中的通道走廊。東德一旦把這些通道切斷，

就等於把西柏林封鎖。在 40 年代的末期，東、西關係惡化，東德在蘇聯示意下將通往西柏林的鐵路公路切斷，美國不為所屈，以空運維持西柏林的補給，構成冷戰時期的「柏林封鎖」危機。

東、西柏林兩區之間，原來並無圍牆阻隔，兩區毗鄰相望，形成強烈對比，一邊是繁榮的資本主義世界，一邊是蕭條的共產主義世界。嚮往自由和舒適生活的東柏林居民，常常冒著生命危險逃入西區。其後逃亡的人口，除了東德人民以外，還有其他東歐國家的人民。到了 1961 年夏季，逃亡人數激增到每天有一千人之多。華約組織要求東德設法阻止，東德乃在 1961 年的 8 月，一夜之間在交界線上矗起了一道圍牆，高三‧六五公尺，長達四十三公里，只留下布蘭登堡門 (Brandenburg Gate) 等少數幾處往來的缺口，設置關卡，嚴限出入。這一道「柏林圍牆」，於是成為自由與奴役兩個世界的分野，歐洲乃至全世界分裂的象徵。

東德共產黨是在蘇聯卵翼下建立的，首任的第一書記是烏布里赫特 (W. Ulbricht)，其後並兼「國家委員會」(Council of State) 主席，地位相當於總統。1971 年下臺後由何內克繼任黨的第一書記，烏某仍然保留國家元首的名銜，以迄 1973 年逝世為止。

何內克堅守馬列主義路線，強烈依附蘇聯，1974 年制訂的憲法中，明定東德為「勞工與農民的社會主義國家」，並為「社會主義集團中不可或缺之一員」。

何內克的經濟政策執行不當，導致經濟蕭條，失業人數激增，到了 1980 年代末期，人民不滿的情緒已達沸點。1989 年 10 月 7 日是東德建國四十週年紀念日，政府盛大慶祝，但人民反應冷淡。自 10 月初起，南部大城如萊比錫和德勒斯登等地出現大規模的反政府示威，戈巴契夫受邀前往祝賀，在柏林會晤何內克時，奉勸他早日進行蘇聯式的改革，並警告如再拖延，恐怕時不我與。何內克對於國內的風暴已有武力鎮壓的意圖，戈巴契夫暗示，德如動武，蘇聯不會支持。但何內克依然一意孤行，準備採取中共天安門屠殺的方式對付萊比錫示威。下令之後，幸虧主管國家安全的

政治局委員兼部長克倫茲 (E. Krenz) 親去萊比錫，拒未執行屠殺的命令，乃得和平度過。

到了 10 月中旬，示威群眾已增至二十萬人，何內克衡度情勢，乃於 10 月 18 日以腎臟病為由，辭去共黨第一書記及總統職位。德共中央委員決定由克倫茲接任，政府同時局部改組，同時去職者尚有主管經濟和大眾傳播的政治局委員二人。

克倫茲時年五十二歲，是政治局中比較年輕的一員，也是一位保守分子，與安全警察關係良好，頗具魅力，可惜為時已晚，大局已不可收拾。

9、10 月間，東德開始出現逃亡浪潮，有些人利用不需要簽證即可越界的機會逃入捷克，有些人逃往波蘭，翻越圍牆進入西德駐布拉格和駐華沙的大使館內，希望由此前往西德。10 月 1 日，何內克一度批准這些逃進西德大使館的東德人，可以乘坐火車，穿越東德境內，然後再開往西德，藉以保持東德政府的體面。

11 月初，在東柏林和萊比錫等地示威的群眾，將近五十萬人，聲勢日趨壯大。11 月 9 日，民眾群聚東柏林的圍牆兩側，用鋼鑽鐵鏈敲擊圍牆，勢已不可抵禦。克倫茲衡度情勢，毅然下令全面開放東、西德間的邊界，任由人民自由通行。當首批民眾走近分界線時，東德邊界衛兵還茫然不敢相信而仍予攔阻。是時成千上萬的青年，攀上牆頂，振臂高呼，西柏林市放出探照燈光，照射在五彩斑斕的牆面之上，教堂鐘聲齊鳴，香檳泡沫紛飛，交織成一幅感人的畫面。著名的「查理檢查哨」(Checkpoint Charlie) 於深夜十一時十七分正式開放，西柏林人蠭湧而出，高舉鮮花，伸出雙臂，擁抱歡迎越過檢查哨跑進西柏林的東德同胞。

據西方估計，在 1989 年間逃入西方的東德人民，約達二十一萬，其中多為受過良好教育的青年，且多為懷有一技之長的技術人員，對東德構成嚴重打擊。

美國雷根總統在 1987 年訪問柏林時，曾經站在布蘭登堡大門之前向東方高呼：「戈巴契夫先生，打開這道大門，拆毀這道圍牆！」何內克的反應

則是誇稱這道長牆將再維持一百年不變。孰料兩年之後，此牆即被打得支離破碎，變成一片廢墟了。

克倫茲政府只是一個過渡政府，由溫和派分子莫德柔 (H. Modrow) 組成的內閣，容納了很多改革分子。克倫茲在職只有四十七天，即於 12 月 3 日請辭，中央委員會也一律去職，第一書記改由吉西 (G. Gysi) 繼任，國家主席則由吉拉克 (M. Gerlach) 接任。德共原有黨員二百三十萬人，此時有一百萬人脫黨。惡名昭著的安全警察 (Stasi) 也部分解散。何內克被捕軟禁，旋即受審。

吉西宣布「德國共產黨只是德國各黨之中的一黨」，換言之，他已決定放棄一黨專制，改行多黨制。

1990 年 3 月，東德舉行第一次的自由選舉，準備修改憲法，完成統一。投票者十分踴躍，占選民的 93%。大選結果，由麥錫爾 (L. de Maizière) 領導的基民黨（西德總理科爾領導的基民黨的姊妹黨）獲勝，在國會四百個席位當中，獲一百六十四席 (48%)，其次為「社會民主黨」，獲八十七席 (22%)，共產黨已於去年 12 月改名為「民主社會主義黨」(Party of Democratic Socialism)，獲六十五席 (16%)。麥錫爾的基民黨雖未獲得過半數席位，但與其他幾個保守派的小黨——「日耳曼社會聯盟」(German Social Union) 有二十五席，「民主覺醒黨」(Democratic Awakening) 有四席等等聯合在一起之後，已足可籌組新的聯合政府。

西德與東德協議，以 10 月 3 日為兩德重歸統一的日期，並訂於 10 月 14 日舉行統一之後的全國大選。

因為西德原屬「北大西洋公約組織」，東德原屬「華沙公約組織」，如欲統一，必先徵得兩個集團的主要盟邦的分別同意。於是首先舉行所謂「四加二」的會議，「四」是指美、英、法、蘇四強，「二」是指西德和東德兩造，幾經反覆磋商，最後各方同意：

1.統一之後的德國，仍為「北大西洋公約組織」之一員，東德則終止與華沙公約之間的關係。

2.統一以後的德國將裁減軍備，由六十六萬七千人減少為三十七萬人。並不得在原來的東德境內，駐紮非日耳曼籍的北大西洋公約組織的軍隊。

3.蘇聯的駐軍（共約四十三萬五千人）將在 1994 年底以前撤出東德，其撤兵費用及其在俄境安頓所需費用由德國補助，約為美金一百一十億元。

4.德國與蘇聯簽訂為期二十年的〈友好合作條約〉。

5.德國與波蘭另簽邊界條約，德國承認現存邊界，保證不再追索此項邊界以外的舊日領土。

10 月 3 日是德國統一的日期，各國冠蓋齊集柏林同申慶祝。是日午夜，在柏林市內的議會廣場上，燈火通明，首先降下東德國旗，然後升起黑紅金三色的西德國旗，象徵東德已經消失，結束了四十一年的分裂。

數十萬人的和平出走，數十萬人的和平示威，未經流血，未經戰火，就把東德的「史達林主義」於數週之內摧毀。盧班諾夫 (V. Rubanov) 在《共產黨人》(*Kommunist*) 雜誌上著文指稱，共產「鐵幕」實在只是一道「玻璃幕」(Glass Curtain)，一經衝擊就粒粒粉碎了。

圖 14　兩德統一，西德國旗升起 (Attribution: Bundesarchiv Bild 183–1990–1003–400)

(二)波 蘭

在本書第二十一章「七、團結工聯 (1980–1989)」中，我們已經討論到「團結工聯」的活動。

「團結工聯」在 1980 年成立以後，就成為反抗波共政權的中心。他們最初的要求，只限於生活條件的改善等有關經濟的問題。後來的活動才涉及政治方面的問題。他們瞭解外在的環境，所以並未幻想推翻共黨統治，另建西方式的民主政權。他們只想少許改變共黨現行的僵硬作風，使它具有人性化的面孔。但是到了 1981 年間，波蘭經濟情況惡化，社會動盪不安，工聯之中的激進派要求舉行公民投票，表決對於政府的信任案，由是招來政府的嚴厲反彈。波共領袖賈魯塞斯基於 12 月 13 日下令戒嚴，禁止「團結工聯」活動，工聯主席瓦文薩亦被捕。瓦文薩旋即被釋，其後成為 1983 年諾貝爾和平獎的得主。

「團結工聯」的活動，不僅並未中止，而且變本加厲，舉國騷然。政府為求安定，於 1989 年 4 月 18 日與「團結工聯」代表舉行「圓桌會議」，正式承認工聯的合法地位，並向全國宣示將於近期之內舉行自由選舉。

1989 年 6 月 5 日，波蘭舉行四十多年以來的第一次大選。大選結果，團結工聯大獲全勝。在參議院一百個席位中，工聯獲九十九席；在眾議院開放的一百六十一個席位中，囊括了全部席位。事後賈魯塞斯基告訴他的僚屬說：「我們的失敗是整個的失敗。」

團結工聯隨即與賈魯塞斯基商獲協議，由工聯組成內閣，總統一職則仍由賈魯塞斯基擔任，但須辭去波共總書記和政治局委員的職務。賈氏乃於 7 月 29 日辭去上述兩職。

8 月 25 日，新內閣成立，這是東歐第一個出現的非共黨政府。新閣由工聯、共產黨及「農民黨」、「民主黨」等聯合組成，總理一職由瓦文薩推薦的馬佐維耶斯基擔任，部長多由工聯分子及非共政黨代表擔任，惟內政部及國防部兩個重要部長，則仍由共黨擔任，並宣布波蘭絕不脫離華沙公

約組織，藉此取得蘇聯的諒解。莫斯科隨即聲明，波蘭內閣的改組，事屬波蘭內政，蘇聯不予干涉。此舉顯示蘇聯已經放棄了「布里茲涅夫主義」。

波蘭的共產黨，決定追隨匈牙利共產黨之後，於 1990 年 1 月 27 日改名為「左翼社會民主黨」(Leftist Social Democracy Party)，這是東歐第二個改變名稱的共產黨。在波共大會中，原任主席拉考夫斯基 (M. Rakowski) 公開批評馬克思主義已經引起了經濟發展的停滯，因為它缺乏發展和勤奮工作的動機。繼又宣稱「共產運動的最大缺點和它的失敗，是它放棄了政治的民主」。新成立的「左翼社會民主黨」隨即選出克瓦斯涅夫斯基 (A. Kwasniewski) 為主席。

波蘭新政府自 1990 年 1 月起，開始推行經濟改革，準備走向自由市場經濟。但是一個由共黨統治多年的經濟結構，並不容易立即改變，改革的方式和步調，也要妥加調整。由於政府取消補貼，終止控制物價，凍結工資，緊縮支出，清償將近四百億美元的外債，造成了物價上升，失業急劇提高的現象。在共黨統治時期，無所謂失業，現在則高達四十萬人。1990年上半期煤價上升了 600%，家用電費上升 400%，鐵路運費上升 250%，曳引機費上升 105%，電話、汽油、公共汽車票價均上升 100%，火腿上升55%，麵包上升 38%。這種物價的波動，自然引起人民的不滿，波共領導下的工會、農民和礦工紛紛抗議，碼頭工人和鐵路工人不斷罷工，社會又現動盪不安。

1990 年 7 月，波蘭內閣首次改組，將原來參加的共黨分子排除。

「團結工聯」本身，自 7 月起也開始發生分裂。現任總理馬佐維耶斯基原為瓦文薩的戰友，主編「團結工聯」的週報，經瓦文薩推薦而出任總理。現在瓦文薩認為馬氏不孚眾望，決定自己出馬，接掌政權。9 月 18 日瓦文薩宣示他將競選波蘭的總統，而現任總統賈魯塞斯基的任期，依照憲法規定為六年，目前尚未到期，但賈氏表示「為了促進民主」，「消除社會反感」，於 9 月 19 日發表聲明，表示願意自動辭職，並請政府確定改選的日期。

圖 15　馬佐維耶斯基（左）與瓦文薩（右）(Attribution: MEDEF)

波蘭政府於 1990 年 11 月 25 日舉行總統大選，瓦文薩組成「中央聯盟」(Center Alliance)，馬佐維耶斯基也不甘示弱，參加角逐，並組成「促進民主的人民運動」(Civic Movement for Democracy Action, ROAD)。支持瓦文薩者大多為工會分子、藍領階級和一般的勞工與農民；支持馬氏者多為知識分子、青年學生和城市居民。雙方隨即展開熱烈的競選活動。瓦文薩指責馬氏的政府，行動過於迂緩，不能及時解決迫切的經濟問題，而且對於過去的共產黨人的處置，也不夠強硬，目前各級政府當中仍有很多的共黨。馬氏答辯時強調，他任職以來已經具有下列政績：⑴經濟改革已將龐大的通貨膨脹結束，1989 年 10 月的膨脹率是 54%，翌年 4 月降到 6%。⑵食物已經充裕。⑶貿易順差增加，1990 年估計盈餘二十九億美元。他並準備在三年之內，將國有企業的半數開放民營。馬氏警告瓦文薩，過於激進的經改反會造成經濟破產，對於以前共黨分子的過分整肅會有爆發內戰的危機。

另一位參加角逐者是來自加拿大的波蘭移民，名叫狄民斯基 (S. Tyminski)，年僅四十二歲，是一位成功的企業家，他認為波蘭在揚棄了共產主義改行資本主義經濟制度的關頭，正需他這種具有實際經驗的經理

人才。

11 月 25 日開票的結果，瓦文薩獲 40.41% 的選票；狄民斯基這匹黑馬居然獲得 23.5% 的選票，位居第二；馬佐維耶斯基僅獲 16.4% 選票，慘遭淘汰，乃提出辭職。狄民斯基的選票，大多來自十八歲到二十五歲的青年，和鄉村地區的農民。

因為無人在第一回合中取得過半數的支持，必須在 12 月 9 日再作決選。決選結果瓦文薩獲得壓倒性的勝利（獲票率為 77%），當選為波蘭的第一位民選總統。

㈢捷　克

在東歐諸國中，捷克擁有最高的文化水準，最深的民主素養，最富的經濟基礎，和最強的拒抵外力干涉的傳統。有史以來，反極權、反侵略的火花雖然不斷爆發，但仍為外力所強制消滅。十五世紀的「胡斯戰爭」被外敵擊敗，1939 年被希特勒併吞，1968 年「布拉格之春」被華沙集團擊潰，均為顯明的事例。不過他們持續努力，到了 1989 年最後終告成功。

捷克改革派的杜布西克政府被蘇聯瓦解之後，莫斯科即扶植保守派分子胡薩克接掌政權。在他執政的八年 (1969–1987) 當中，標榜所謂「正常化」，重又恢復史達林式的獨裁統治，杜布西克所領導的那些自由改革派分子被整肅犧牲者數以萬計。

1970 年 5 月，捷克與蘇聯簽訂〈友好合作條約〉，捷克承認「布里茲涅夫主義」，捷克只享有「有限度的國家主義」，同意蘇聯在捷克駐兵，並接受華沙公約軍事系統的指揮。雖則如此，但在 1977 年和 1978 年之間，仍然出現了爭取人權的〈七七憲章〉運動。

蘇聯戈巴契夫於 1985 年執政後提出的「開放」和「改造」口號，正好和捷克改革派在「布拉格之春」和〈七七憲章〉❶ 運動中所揭示的原則不謀而合。胡薩克在此衝擊之下，於 1987 年辭去捷共第一書記職務，但仍繼

❶　參閱本書第二十二章。

續保留他的總統頭銜。

不過，繼之上臺的捷共第一書記傑克斯和內閣總理阿戴米克仍是保守分子，捷人不願接受，抗議之聲時起。

1989 年 11 月 17 日，布拉格大學學生在 「捷克青年聯盟」(Czechoslovak Youth Union) 的主持下舉行集會。紀念兩位五十年前為反抗納粹而遇害的學生。集會原已得到政府的核准，但會場情緒和秩序後來變得不可收拾，安全警察竟向群眾開槍射擊，傳有學生傷亡。

捷克的異議分子，仿照當時東德反政府人士所組成的「新論壇」(New Forum) 的方式 ， 也成立了一個反政府組織 ， 稱為 「公民論壇」 (Civic Forum)，參加者大多數是〈七七憲章〉運動分子。其中的一位核心人物名曰哈維爾 (V. Havel)，日後成為捷克革命精神的象徵。

哈維爾是一位劇作家，時年五十三歲，1968 年以來就是布拉格異議分子的精神代表，他有三部作品，頗受西方世界的推崇，紐約著名劇院曾經公演。在「布拉格之春」被壓制以後，哈維爾曾三次被捕入獄。紐約劇院原已邀其去美工作，但被拒絕，他堅持要留在國內繼續奮鬥。最後一次入獄 ， 是因為參加紀念一位在 1968 年向外力入侵抗議而自焚的學生，1989 年 5 月剛剛出獄，半年之後即逢劇變。

圖 16　捷克第一位非共總統──哈維爾 (Attribution: Jiří Jíroutek)

1989 年 11 月中旬起 ， 捷克首都及各大城市即出現大規模的反政府示威遊行，參加人數最後高達五十萬人，但秩序井然，並沒有暴烈的行動。人們要求實行自由選舉，並要傑克斯下臺。11 月 21 日，阿戴米克總理與「公民論壇」代表舉行會談，會談之後，哈維爾即向現場的十五萬群眾宣示會談的結果，其中包括政府即將改組，允許非共黨人士入閣，並保證不會實施戒嚴，將以和平方式處理當前的危機。11 月 24 日，又有二十

萬人集聚於首都市中心區的文塞斯勞斯廣場，各人點燃蠟燭，頻頻高呼「自由」(Svoboda)。1968 年「布拉格之春」的英雄杜布西克站在陽臺上發表演說，高喊「帶有人性化面孔的社會主義萬歲！」兩天以後，蘇聯的戈巴契夫就在《真理報》上刊出聲明，指出他所倡導的「改造」，就是要建立一個「帶有人性化面孔的社會主義」，似在與捷克遙相呼應。同日，捷共總書記傑克斯和政治當局全體委員均辭職，吳爾班尼克 (K. Urbanek) 接位總書記。

11 月 29 日，政府決定修改捷克憲法，取消其中明定共產黨為全國最高領導者的條文。但民眾仍不滿意，於 12 月 4 日又有數十萬人的示威，揚言如果政府拒絕改組，則將舉行全國性的總罷工。

翌日，哈維爾偕同八名「公民論壇」的代表，應總理之邀，前往總理辦公室談話，阿戴米克總理要求停止罷工，但哈維爾不為所動，仍然從容列舉「公民論壇」的各項要求，並盼在 12 月 10 日以前接受。最後哈維爾說：「我也知道這樣的要求好像是最後通牒。」阿戴米克答稱：「那不是好像，那就是一通最後通牒。」

捷共受此威脅，阿戴米克乃於 12 月 8 日辭總理職，在職僅有十四個月。胡薩克總統改請另一共黨分子加爾法 (M. Calfa) 繼任總理。10 日，胡薩克亦辭總統職。至此，所有捷克政府的負責人，包括總統與總理均已下臺，捷克共產黨也更換了新的總書記。捷克推翻共黨統治的革命，乃在短短期間之內和平順利完成，哈維爾稱之為「絲絨革命」(Velvet Revolution)。

胡薩克下臺後，新的總統亟待產生。有二人競選，一為杜布西克，一為哈維爾。依照捷克憲法規定總統和總理兩個職位，必須由一個捷克人和一個斯洛伐克人分別擔任。此時的總理加爾法是斯洛伐克人，而杜布西克也是斯洛伐克人，則總統應由一個捷克人出任，哈維爾正是一個捷克人。12 月 29 日，杜布西克向國會表示讓賢，哈維爾乃被一致推選為新總統。哈維爾就任總統後，在 1990 年的新年致詞中，強調他將領導新政府，辦理自由選舉，並保證實行經濟改革。

哈維爾為了爭取國際支持，1 月 2 日起即出國訪問。第一個訪問的對

象是西德和東德，先去東柏林與東德新任總統吉拉克會談，吉氏向他表示，即將拆除柏林圍牆。次去波昂與西德總統魏沙克爾 (R. von Weizsaecher)、總理科爾 (H. Kohl) 會商，表示捷克對德不念舊惡，並盼東、西德早日統一。

　　1 月 25 日訪問波蘭，翌日再訪匈牙利，建議由捷、波、匈三國結成非正式的東歐集團之內的「自由聯盟」，強調這三個東歐國家，已不是西歐的貧困無助的兄弟，而應是自我期許，向歐洲提供精神價值和「勇敢的和平建議」，希望歐洲變成一個由各個獨立國家組成的友好而又安定的社會，不再需要超級強國的保護，歐洲也不再遭受「人為的」分割。

　　哈維爾於 2 月中旬，訪問加拿大與美國，向美國國會發表演說（2 月 21 日），受到議員們多次鼓掌讚揚。哈維爾主張逐漸取消「華沙公約組織」和「北大西洋公約組織」，建立「泛歐聯盟」(Pan-European Alliance) 和林肯過去所說的「人類家庭」(Family of Man)。

　　2 月 26 日，哈維爾續訪蘇聯，與戈巴契夫議定蘇聯將自即日起分批撤出現在駐在捷克境內的七萬三千五百名部隊，預定 1991 年 7 月 1 日完成。

　　1990 年 6 月 8 日，捷克舉行戰後的第一次自由選舉，結果哈維爾所領導的「公民論壇」及其斯洛伐克的友黨「民眾反暴力組織」(Public Against Violence) 獲得 56% 的選票，在國會兩院的三百個席位中，獲得一百七十席。共產黨勢力仍不可忽視，獲得四十七席，居第二位。保守的「基督教民主聯盟」(Christian Democratic Union) 獲得四十席，居第三位，其他小黨均在十席以下。

　　國會推選哈維爾為總統，並舉杜布西克為議長。哈維爾仍請以前的共產黨人加爾法組閣。6 月 27 日，由十六人組成的新閣就職，其中九人屬於「公民論壇」和「民眾反暴力組織」，其餘則為中間偏右的「基督教民主聯盟」和無黨派人士，並沒有共黨參加，但有數人是舊日的共產黨員。捷克共和國的總理由皮塔德 (P. Pithard) 擔任，斯洛伐克共和國的總理則是由梅恰爾 (V. Mecar) 擔任。

哈維爾的聲望雖高，但缺乏行政經驗，是一位「哲君」(Philosopher King)。當政之後，百事待舉，困難重重。他不大願傾聽顧問們的建言，總統反而變成了顧問們的顧問。他有一個比較親近的小集團，其中包括一位劇作家，一位搖滾音樂家，一位地理學者，一位女演員和一位畫家。

首先發生爭議的問題，是國家的名稱應該如何決定。捷克斯洛伐克的人口約一千五百萬，其中三分之二是捷克人 (Czechs)，三分之一是斯洛伐克人 (Slovaks)。國名原為「捷克斯洛伐克社會主義共和國」。新的國名，捷克人主張叫做「捷克斯洛伐克共和國」(Czechoslovak Republic)，斯洛伐克人主張叫做「捷克與斯洛伐克聯邦」(Federation of Czecho-Slovakia)。雙方唯一一致的看法是取消「社會主義」字樣。哈維爾提出的方案，是一個折衷性的國名，叫做「捷克與斯洛伐克共和國」(Czecho-Slovak Rebublic)，但雙方不願接受。其後幾經磋商，始定為「捷克與斯洛伐克聯邦共和國」(Czech and Slovak Federal Republic)。其所以有此爭執者，是斯洛伐克人不願屈居於捷克之下，他們甚至企圖建立另一獨立的國家。

另一個發生爭議的問題是如何對付過去的共黨分子。哈維爾最初擬採嚴厲政策，後來又轉趨寬容，不願一一追殺，引起部分人民的不滿，希望哈維爾更加堅強。關於經濟政策問題，也有見仁見智的不同主張，有些人希望加速改革的步調，哈維爾則力持穩健作風，他說：「改變現狀，需要時間。」

㈣匈牙利

1956 年的抗俄革命在紅軍坦克屠殺下失敗以後，自由派的匈共領袖伊默・納吉被武力推翻，其後不久即被蘇聯秘密處死（6 月 16 日）。卡達在俄國扶植下接掌政權。他為了安撫人心，在獲得莫斯科默允後，嘗試實行比較自由化的經濟政策，以換取政治安定。匈牙利這種修正的共產主義被稱為「肉粥共產主義」(Goulash Communism)。結果經濟一度好轉，人民生活亦獲相當改善，匈牙利成為東歐經濟最自由的國家。但政治方面仍走保

守路線，未能同時並進，所以到了 80 年代中期以後就又轉趨惡化了。

　　1985 年蘇聯的戈巴契夫上臺以後，所行新政對匈共形成強大壓力，卡達被迫下臺（1988 年 5 月），由溫和派的格羅茲接任，開始步向改革之路。

　　1989 年 1 月，議會通過決議，將在翌年舉行大選，並准非共黨分子參選。9 月 17 日，承認反對黨的存在，解散共黨御用由工人組成的民團。匈共為了爭取下年大選時的選票，在 10 月 17 日將黨名由「匈牙利社會主義勞工黨」(Hungarian Socialist Workers' Party) 改為「匈牙利社會黨」，並宣布放棄馬克思主義教條，取消由四人組成的主席團和政治局，改設由二十四人組成的主席團。尼耶斯當選為新黨主席，第一書記格羅茲的地位降低，旋即辭職。

　　1989 年 10 月修改憲法，改換國名，由「匈牙利人民共和國」改為「匈牙利共和國」，取消「人民」字樣。10 月 23 日是匈牙利在 1956 年抗俄革命的三十三週年，代理總統舒拉斯 (M. Szuros) 正式宣布新國名，聚集於議會大廈廣場的八萬民眾歡呼「第四共和國萬歲！」在議會大廈的大廳內，懸掛標明「自由！獨立！」的旗幟，和 1956 年被蘇聯吊死的革命英雄伊默‧納吉的巨幅人像。並將伊默‧納吉的棺木挖出，另以隆重禮儀安葬。

　　政府宣示它的政治指標是：「資本主義的民主，和民主的社會主義，二者相等」、「東方與西方友好合作」，希望建立一個團結的歐洲。但當其宣示仍將與蘇聯維持友好關係時，民眾報以噓聲；當其宣告將與美國建立友好關係時，則報以歡呼。

　　關於人民的旅行限制問題，早在 1989 年 3 月 17 日，匈牙利即簽署聯合國有關難民地位條款，不再強迫逃亡在外的匈人返國。5 月 2 日，開始剪斷拆除通往奧國邊界的鐵絲網，這是東歐「鐵幕」的第一次拆除，9 月 10 日正式開放匈、奧邊界，由是打開了東歐人民逃往西方的第一條孔道。

　　1990 年 3 月 15 日是 1848 年匈牙利獨立革命的紀念日，匈牙利舉行第二次大戰以後的首次自由選舉。有七百萬選民參加投票，西方國家尤其是

美國的民主熱心人士紛紛前往觀察指導。在第一次投票中，中間偏右的「匈牙利民主論壇」(Hungarian Democratic Forum) 獲票雖多，但未超過半數。4 月 8 日再舉行第二次投票，在議會的三百八十六個席位中，「民主論壇」獲得一百六十五席，再加上兩個結盟的政黨所獲席位——「小農黨」(Smallholders' Party) 四十三席、「基督教民主黨」(Christian Democratic Party) 四十一席，共有二百四十九席，已占絕對多數。

此次參選的政黨，大小共有五十多個，茲將其中的主要政黨依其得票之多寡排列如下：

1.匈牙利民主論壇（中間偏右）

2.自由民主聯盟（Alliance of Free Democrats，自由分子），主張建立西方式民主

3.匈牙利社會黨（原匈共）

4.小農黨（比較保守，主張恢復私有財產，將沒收土地歸還原主）

5.基督教民主黨（中產階級政黨）

6.青年黨 (Youth Party)

新議會於 5 月 1 日正式成立，結束了共黨四十二年的一黨統治。

8 月 3 日，議會選出龔士 (A. Goncz) 為總統，他屬於「自由民主聯盟」，是一位自由派的作家，也是著名的異議分子。總理一職，仍由社會黨的尼米茲擔任，這和捷克的安排一樣，捷克的新內閣總理也仍是以前的共黨分子。

新政府決定將國有農場和合作農場的土地，劃歸農民私有，原耕者有優先權，每人可買三‧七畝。在 1947 年以後被共黨沒收的私有土地，可歸還原主，每戶可申請二百五十畝。這是改變農業集體化的重大改革。

蘇聯原在匈牙利駐軍五萬人，和捷克一樣，蘇聯同意在 1991 年 7 月 1 日以前撤出。

1990 年 2 月，匈外長郝恩 (G. Horn) 提出應先將華沙公約組織和北大西洋公約組織由軍事化改為政治化，然後再將東、西歐融為一體。他甚至

更大膽表示，匈願參加北大西洋公約組織，作為它的政治性的會員。

同年 11 月 20 日，匈總理安托爾 (J. Antall) 前往巴黎，參加「歐洲安全與合作會議」，他在會議中透露，華沙公約組織的各個會員國均已原則同意解散這個軍事性的聯盟，其解散時間應在 1992 年。

㈤南斯拉夫

南斯拉夫雖是共產國家，但因早已脫離蘇聯的控制，也未參加「華沙公約組織」和「經濟互助委員會」，四十年來，一直在修正它的政經制度，所以在 1989 年的東歐革命風暴中，並未受到很大的衝擊。

1980 至 1990 年代交替之際，南斯拉夫的問題政治性大於經濟性，狄托所建的聯邦體制已經瀕臨瓦解邊緣。

在本書第二十四章論及南斯拉夫的憲政體制時，已經指出南國現在是一個聯邦，國名為「南斯拉夫社會主義聯邦共和國」(Socialist Federal Republic of Yugoslavia)，由六個加盟共和國（塞爾維亞、克洛琪亞、斯洛汶尼亞、波士尼亞‧赫塞哥維納、黑山國和馬其頓）和兩個自治省（瓦伊瓦迪納、科索沃）合組而成，組織形式類似蘇聯。因為南斯拉夫和蘇聯全是多民族國家，不得不採取這種聯邦的體制。南斯拉夫的各個民族，由於語言、宗教經濟發展程度種種差異，更難統合。南國聯邦的形成，還得力於狄托的統馭，他憑藉大戰期間領導全民抗戰的功勳和聲望，強將各個民族結合在一起。

狄托於 1980 年逝世後，靠著他死前所建的「總統委員會」和總統由六國兩省的領袖輪流擔任制，聯邦形式暫得勉強維持。不過近年以來，狄托的傳統聲望已經下降，有人批評他一貫利用種族對立來提高自己的威望，即使對共黨幹部，也是利用甲方以對抗乙方而居高控制。批評者指出，狄托和共黨常常指責西班牙的佛朗哥 (F. Franco) 是一個獨裁者，但是佛朗哥卻在去世以前，預先鋪好了西班牙未來民主的道路，而狄托本身則並無這種膽識和安排。

在 1989 年東歐革命普遍掀起以後，南斯拉夫共產黨身受鄰國（匈牙利與羅馬尼亞），尤其是羅馬尼亞流血慘劇的刺激，決定從速見風轉舵。1990年 1 月 22 日南共召開中央委員會，決議仿照東歐國家的前例，修改憲法，將 1972 年憲法當中有關賦予共黨最高領導權力的條文刪除，並且準備實行多黨制，允許非共政黨成立。

在前南聯八個聯邦成員當中，首先提出分裂主張者是斯洛汶尼亞、克洛琪亞和科索沃。斯洛汶尼亞位於南國的西北邊疆，與奧國接壤，過去也一向被奧匈帝國統治，它的經濟建設，在南國諸邦中首屈一指，遠比西南部其他邦國進步。工商業的發展，使它不願接受貝爾格萊德中央政府的約束。在 1990 年 1 月的這次南共中委會中，斯洛汶尼亞代表提出建議要削減聯邦中央政府的權力，改由各邦分享政權，在政治上實行民主自由的改革，在經濟上改採市場經濟的措施。而塞爾維亞共和國的代表，則堅持繼續中央集權。塞爾維亞加盟共和國總統米洛塞維奇 (S. Milosević) 是一個狂熱的民族主義者，他甚至譴責斯洛汶尼亞不僅自己從事分裂主義，同時也支持科索沃自治省的分裂主義，斯洛汶尼亞代表團乃憤而退席。

1990 年 4 月 8 日，斯洛汶尼亞舉行南斯拉夫聯邦的第一次自由選舉，主張分裂，改建「邦聯」(Confederation) 的在野黨「狄莫斯」(DEMOS)——由親西方的各黨聯合組成——獲勝 ，得票 55% ，由是奠定了多黨制的基礎。

5 月間，克洛琪亞共和國也舉行多黨參加選舉，非共政黨「克洛琪亞民主聯盟」(Croatian Democratic Union) 獲勝，推翻了共黨統治。不過「克洛琪亞民主聯盟」的領袖，是一批「大克洛琪亞主義」者，他們掌權之後，一方面和塞爾維亞發生摩擦，一方面更要向外擴張，企圖兼併另一個加盟共和國——波士尼亞·赫塞哥維納。

1990 年 5 月 15 日，南斯拉夫聯邦共和國的總統，按照輪流的次序，輪由塞爾維亞籍的裘維契 (B. Jovic) 擔任。裘維契不僅是一位狂熱的共產黨人，也是一位狂熱的民族主義者，他是塞爾維亞共和國總統米洛塞維奇的

親密同志。在裴維契的就職演說中，警告某些提議政治歧見和種族緊張主張的國家，已經危及聯邦的命運，到了內戰和瓦解的邊緣。這些警告，就是針對最近選舉獲勝的斯洛汶尼亞和克洛琪亞兩個加盟共和國的中間偏右政黨而發。

科索沃自治省屬於塞爾維亞共和國管轄，該省的居民以阿爾巴尼亞人占絕對多數，塞爾維亞人反占少數。這些阿爾巴尼亞裔的人民，不願受塞爾維亞的統治，要求由自治省變成獨立的共和國。在1990年7月2日的科索沃省議會開會時，有一百十四位阿爾巴尼亞裔代表逕自宣布科索沃為獨立國家。7月5日，塞爾維亞政府就宣布解散省議會，並由塞國直接統治科索沃。

7月23日，裴維契總統與斯洛汶尼亞總統在斯洛汶尼亞首府留布里安納會談之後宣稱：現在聯邦的六個加盟共和國當中，有兩個主張實行「邦聯制」，四個主張「聯邦制」。如果這兩個主張「邦聯制」的國家（意指斯洛汶尼亞與克洛琪亞）一定要堅持此一立場，那麼它們就可以和南斯拉夫聯邦共和國維持邦聯關係。但是目前不能單獨片面行動，必須等到全國得到協議之後方可改變現狀。同年12月9日，塞爾維亞和黑山共和國也舉行多黨參加選舉，共黨仍獲多數席位。不過它們與斯洛汶尼亞與克洛琪亞之間的關係，也因此更趨緊張；南聯內部無法迴避的分裂終究是來臨了，首當其衝的是斯洛汶尼亞及克洛琪亞於1991年先後獨立，南斯拉夫聯邦於此開始土崩瓦解。

目前在聯邦體制內的只有塞爾維亞和黑山兩國，從1992年12月和1996年11月，南聯公民院兩次大選的結果比較，由共產黨改名而來的塞爾維亞社會黨和黑山社會主義者民主黨，仍可在議會中占優勢。塞爾維亞社會黨在1992年大選中居第一大黨地位，取得四十七席；1996年的大選，塞爾維亞社會黨與南聯左派聯盟和新民主黨結成同一陣線，贏得六十四席，使得塞爾維亞社會黨和其相同意識型態，形同姊妹黨的黑山社會主義者民主黨（1992年大選取得十七席；1996年取得二十席），足可在議會掌握多

數，共組聯合政府。南聯選舉法也設定有政黨門檻限制，因此在議會中不至於出現政黨林立的現象，均維持在十個政黨左右。由於反對黨的力量過於分散，加上民族主義擡頭，政治人物常常遷就民族主義訴求，致使南聯在後共產主義時期民主化的腳步，遠遠落後於前南聯其他加盟共和國如斯洛汶尼亞、克洛琪亞和馬其頓等國。

另外，由前南聯分裂出來的國家，就以斯洛汶尼亞的民主化及現代化最為成功；1989 年斯洛汶尼亞非共政黨紛紛興立，斯洛汶尼亞共黨亦改頭換面，其高層領導人大多掛冠求去，另組新黨，致使該黨在 1992 年獨立後的首次選戰表現乏善可陳。彼得勒政府係以些微多數組閣，再加上本身又是政黨聯盟，因而許多政策的推動都滯礙難行。斯國邁向獨立過程所凝聚的團結意識在獨立後即煙消雲散，斯洛汶尼亞民主反對聯盟於 1991 年 12 月分裂，翌年 2 月即告解散，非共政府處境岌岌可危。5 月，彼得勒辭職下臺，由斯洛汶尼亞自由民主黨黨魁德諾夫塞克 (J. Drnovsek) 繼任總理一職。

德諾夫塞克以經營一個過渡性技術官僚政府的方式籌謀國事，而非僅為年底大選的政客心態私肥一己。1992 年 12 月，斯國國會改選，德諾夫塞克領導的自由民主黨 (LDS) 以 23.3% 的得票率領先其他各黨，取得國會九十席中的二十二席，重新改組政府。新政府由斯洛汶尼亞基督教民主黨 (SKD)、聯合陣線 (ZLSD)、綠黨 (ZS) 和社會民主黨 (SDSS) 共同組成。總統大選方面，庫昌以 63.9% 的高得票率連任總統，足以證明其於斯國邁向獨立過程中扮演關鍵角色，再次受到選民的肯定。另外，帶領克洛琪亞出走前南聯的克洛琪亞民主共同體 (HDZ)，在 1992 年大選時亦拿下八十五席（當時總席次為一百三十八席），共黨分子在其國內政治舞臺完全無生存空間，民主的幼苗開始在灌溉中。馬其頓亦在 1992 年獲得獨立，大選後聯合內閣的形式，亦證明馬其頓在民主化進程中努力；波士尼亞‧赫塞哥維納雖亦獨立成功，惟其國內種族衝突不斷，是走向民主時的一大變數。

㈥羅馬尼亞

在 1989 年的東歐革命運動當中，一般均進行順利，極少流血悲劇發生，只有羅馬尼亞一國例外。

羅馬尼亞人口數至 1989 年為止約二千三百萬，共黨人數為三百八十萬，所占比例為東歐之冠。羅共領袖西奧塞斯古的統治，歷時二十四年。他擁有一支人數龐大裝備精良的安全警察 (Securitate)，控制了全民的活動。就在他垮臺的前夕，還充滿自信，認為羅馬尼亞不會受到東歐革命浪潮的感染。

實際上，在表面安定的下層，早已埋下了不安的因子。國家的負債高達一百一十億美元，政府為了償付外債的本息，停止進口，增加輸出，出口的物資中，包括大批的糧食與其他農產品，致使國內的食品供應不足。偶獲新的貸款，即用以興建龐大的黨政機關大廈和個人偶像崇拜的建築。為了增加耕地面積，強迫農民遷離農村，集居在高層公寓，大批農莊均被推土機剷平，尤以西部地區為甚。

人民的生活條件奇差，食物配量、照明和取暖的電力供應均不足，污染嚴重，營養不良，兒童死亡率大，人民的行動均由政府規範，毫無自由可言，羅馬尼亞人常常自嘲，政府只有對於人民的呼吸和睡覺沒有約束的規定。

但是突然在 1989 年的 12 月 15 日，爆發了驚天動地的巨變，不僅西奧塞斯古的獨裁政權瞬間瓦解，而且引發了半個月的瘋狂內戰，死傷的人數高達數千，是一幕血腥的革命。

革命的導火線，發生在狄米索拉 (Timisoara) 小鎮，該鎮位於羅國西部的外息爾凡尼亞地區，接近匈牙利邊境，人口約三十萬。羅馬尼亞是一個多民族國家，在全國人口二千三百萬當中，匈牙利人（即馬札耳人）二百餘萬，約占十分之一。外息爾凡尼亞區過去曾是匈牙利的領域，1918 年第一次世界大戰以後割予羅國。二次大戰時期，一度重歸匈牙利 (1940)，四

年之後又割還羅馬尼亞❷。羅國政府對這些匈牙利人頗為歧視，這些匈牙利人也希望重歸匈牙利祖國版圖。

狄米索拉鎮有一位名叫托克斯 (L. Tokes) 的匈牙利裔的神父，一向同情匈裔教民，主張提高人權，且常發表反政府言論。8 月間，托克斯又在電視上攻擊政府，尤其反對將農莊剷除，指稱如此作法，將有五萬個匈牙利人受害。政府就切斷他的麵包和食物供應，民眾攜帶食物前往救助，又被警察阻止。並切斷電話，禁止與外間聯絡。11 月間，有四個蒙面人闖入托克斯的住宅，毆打托克斯和他的懷孕的妻子，並以刀刺傷二人。同時，主教想把他調往南部，托克斯拒絕，主教乃通知警察強制遷離。民眾多人聚集在住宅周圍加以保護，雙方僵持，民憤漸升，乃搗毀商店櫥窗，焚燒西奧塞斯古的肖像，包圍黨部和警察局。12 月 16 日民眾在狄鎮遊行示威，安全警察奉命鎮壓，衝向站在示威群眾前排的兒童，開槍射殺。坦克車和直升機也奉令出動，當天有二十四人被殺，屍首則用軍車拖出城外。12 月 20 日，示威群眾增至五萬，政府命軍隊協助平亂，但為軍隊拒絕，數名軍官又被安全警察殺害，是日死亡人數高達數千人。目擊的外籍記者將其比作「天安門廣場」的屠殺。日後，在市郊發現三處集體墳墓，掘出屍體亦有四千五百餘具之多。

狄米索拉的屠殺消息，因被封鎖，數日之後，始由逃到外國的人士傳播出來，於是全國沸騰，人心浮動。西奧塞斯古此時正在國外訪問，聞訊返國，指斥動亂為「法西斯」所鼓動，並在外息爾凡尼亞宣布戒嚴。

當狄米索拉事件的消息傳到首都布加勒斯特以後，政府即在首都的皇宮廣場 (Palace Square) 召開群眾大會，西奧塞斯古在陽臺上向群眾致詞，指責狄鎮叛亂是匈牙利的報復主義分子意圖重占外息爾凡尼亞，而鼓動叛亂。為了安撫人民，宣布將食物和燃料的配給額略微提高，聽眾不滿，報以噓聲，繼之「打倒西奧塞斯古」的聲音四起，西氏頓感驚愕失措，因為這種大膽的反應實在出乎他的意料之外。乃急忙退出陽臺，避入大廈。而

---

❷　參閱本書第十八章。

群眾則愈集愈多，情緒也愈來愈激動。於是軍警出動，坦克車衝入廣場，將群眾驅逐到「大學廣場」(University Square)。

22 日的清晨，十五萬人示威，集合在大學廣場，與安全警察對抗。陸軍原有數千人駐在首都，但拒與安全警察合作，稍後反而倒向民眾一方，合力將安全警察逐出皇宮廣場。國防部長米里亞 (V. Milea) 因同情民眾，抗命而被處死。此事激起參謀總長古薩 (S. Gusa) 將軍和高級將領的反感，一致倒向人民，並以軍火暗中接濟民眾，併肩作戰。最後將安全警察擊潰，皇宮大廈、羅共中央委員會、電視臺和無線電臺等主要建築均被人民占領。

12 月 22 日的晚間，電臺廣播，已由反政府分子組成新的權力機構，作為臨時政府，稱為「救國陣線」(National Salvation Front)，成員包括若干以前政府的文武官員、知識分子、學生和異議分子的代表，較為知名者有前參謀總長古薩將軍、前羅共中央委員伊列斯古 (I. Iliescu)、前外交部長及駐美大使布魯坎 (S. Brucan) 等人。

此時，自 1948 年起就流亡國外的前羅馬尼亞國王麥可忽自日內瓦發表聲明，表示如果人民贊同，他將返國復位，實行君主立憲，但被人民拒絕。

美國政府和蘇聯的戈巴契夫，於 12 月 24 日分別聲明，正式承認羅馬尼亞新政府。

西奧塞斯古見大勢已去，於 12 月 22 日清晨偕同妻子伊蓮娜 (Eleana) 及少數親信衛士乘直升機由中央黨部大廈屋頂逃出，初擬逃往首都西北方七十二公里的提葛威什特 (Tirgoviste) 市，西氏恐怕直升機被雷達發現追蹤，中途下令停落包地尼 (Boteni) 小鎮，下機後即挾持一輛小汽車繼續西行。不料晚間就在提市被捕，送交軍方。軍方恐被安全警察發現營救，改用裝甲車帶其在四處繞行，三天之後（12 月 25 日），在某地提交特別軍事法庭審訊，控以集體屠殺、使六萬人民犧牲、破壞國家經濟、盜取國家財產（據估計有十億美金存款存在瑞士銀行）等罪。在審訊的過程中，西奧塞斯古夫婦態度傲慢，拒答問題，並一再指斥法庭為非法組織，無權審問。軍方恐夜長夢多，乃於當晚將其夫婦槍決。在 12 月 26 日電視臺播出的畫

面中，這個一代暴君已經倒臥在一片血泊之中。

西奧塞斯古的長子尼古 (Nicu)，也在首都郊區被捕，尼古原被其父派為西都 (Sidu) 市黨部負責人，羅人視其為花花公子。消息指出，世界運動會中著名的羅馬尼亞體操女選手卡曼妮茜 (N. Comaneci) 曾在尼古脅迫之下與其發生性關係五年之久，此事後來亦經卡女之母指證。

西奧塞斯古生前的生活，窮極奢侈，據羅國新政府事後指出，他有多處別墅，裝飾華麗，絲幔低垂，純金餐具，室內有泳池，地下室有醫療設備。在政府大廈與中央黨部大廈及其臥室之間，均有大地道連接，有安全警察駐守，以防緊急事變。

西奧塞斯古垮臺以後所建立的「救國陣線」，只是一個過渡性的臨時政府。擔任臨時總統的伊列斯古，時年五十九歲，原為羅共中委，1980 年代初期一度被當權派排除。副總統馬濟魯 (D. Mazilu) 是一位職業外交官。總理一職則由出身水電工程師的羅曼 (P. Roman) 擔任。國防部長米里塔魯將軍 (N. Militaru) 曾在革命中指揮軍隊對抗安全警察。新閣共有閣員二十七人，其中半數是過去的共黨分子。

新政府成立後所提出的新政，包括：

1. 宣布共產黨為非法組織（1990 年 1 月 12 日）。

2. 羅馬尼亞共產黨改名「羅馬尼亞社會黨」(Romanian Socialist Party)。

3. 准許成立新的政黨，參加 1990 年的大選。

4. 取消糧食管制。

5. 廢除死刑。

6. 解散秘密警察。

7. 取消對於出國旅行的限制。

8. 准許農民擁有一‧五畝的土地，產品並可在市場上自由競價出售。

9. 工人的工作日，自 1990 年 3 月起由每週六天減少為每週五天（後來由於經濟衰退，又有恢復原制之意）。

10. 定於 1990 年 4 月間舉行大選。

羅馬尼亞的大選，由於反政府集團的抗議，由 4 月間延緩於 5 月 20 日舉行，並請聯合國派觀察員監督。參加競選的政黨很多，主要是「救國陣線」、農民黨、自由黨和社會民主黨。大選的結果，「救國陣線」大獲全勝，得到 85% 的選票。據外界觀察員報告，選舉雖然不無瑕疵，但大致尚稱公平公正。惟反對「陣線」的各黨則認為政府有偏袒不公之處。農民黨領袖拉地歐 (I. Ratiu) 在競選時曾受暴民用石塊和瓶子攻擊。另一反政府領袖在東部布雷拉 (Braila) 市競選時曾被暴民攻擊，只得避入汽車內。

4 月 22 日，反對政府的異議分子和學生，在「大學廣場」上建立了一座由很多帳篷組成的「帳幕之城」 (Tent City)，作為活動的中心。6 月 13 日政府派鎮暴警察前往拆除，激起動亂，大批學生蜂擁街頭，焚燒車輛，攻擊警察局，並一度占領內政部和電視臺，要求清除現政府中的共黨殘餘分子，並要伊列斯古下臺。伊列斯古乃在電臺廣播求助，要求「勞工階級」出面打擊「法西斯的叛亂」。6 月 14 日，約有一萬名礦工，由北部的吉尤谷 (Jiu Valley) 乘車湧入首都，用鐵棒斧柄攻擊示威學生，搗毀農民黨和自由黨的黨部，學生多人受傷。礦工並曾擅入民宅施暴，攻擊外籍記者下榻的「國際飯店」。當礦工於翌日離開首都時，伊列斯古又在廣播中向其致謝。由此可見，羅共仍然操縱著勞工，政府在 1990 年的上半年，曾將礦工工資提高了一倍，因而博得他們的好感。

1990 年 6 月 20 日，伊列斯古宣誓就任羅國總統，仍由羅曼擔任總理。美國為抗議礦工攻擊學生的暴行，拒未出席就職典禮，並將經援凍結。西方國家亦對羅實施經濟制裁。

羅馬尼亞新政府成立半年以來，政局仍未安定。人民分為兩派：一派滿意現狀，希望給政府一段時間漸漸改善。一派則繼續奮鬥，希望將伊列斯古和羅曼政府推翻，另建沒有共黨色彩的新民主政府。

羅馬尼亞國名，已將「社會主義共和國」字樣改為「羅馬尼亞共和國」。國旗也將原來嵌在旗子中央的共黨標誌挖去。

1990 年 5 月舉行大選，「救國陣線」在大選中獲勝，首屆民選總統為

伊列斯古。1991 年 12 月 8 日，羅馬尼亞新憲法生效，憲法規定羅馬尼亞
為總統領導的國會民主制國家。1992 年 9 月，伊列斯古贏得羅馬尼亞第二
次自由大選。在伊列斯古政府領導之下，羅馬尼亞執行了一條逐漸改革的
路線，土地歸還給農民；商店、飯店和小型企業的私有化漸入佳境，大規
模的私有化也大有進展；外貿日益自由並向西方轉移，推動促使國家與歐
盟同步法規，並正式申請加入歐盟。

㈦保加利亞

　　保加利亞是 1989 年東歐革命的六個國家（東德、波蘭、捷克、匈牙
利、羅馬尼亞、保加利亞）之中，在經過第一度的自由選舉之後，仍然選
出由共產黨統治的國家。

　　當東歐改革的浪潮傳播到保加利亞以後，人心浮動，要求自由民主和
改革的呼聲漸囂塵上。保加利亞共黨領袖兼國家總統齊弗克夫為了避免像
匈牙利的卡達和東德的何內克一樣的被黜，自請辭去黨的總書記和總統兩
項職位。齊弗克夫年已七十八歲，自 1954 年起執政，歷時已三十五年之
久。一向採取「史達林式」作風，獨裁專制。下臺之後，旋即被捕囚禁。

　　齊弗克夫離職後，保共中央委員會決定由穆拉迪諾夫 (P. Mladenov) 繼
任總書記，總統一職則留待國民大會決定。穆拉迪諾夫時年五十三歲，自
1971 年起即擔任外交部長。

　　1989 年 12 月 10 日，五萬民眾冒著風雪在首都索菲亞舉行民主示威，
這是四十三年以來的第一次。要求政治自由化，取消共產黨的特權。兩天
以後（12 月 13 日）保共中央委員會通過放棄憲法當中所規定的特權地位，
並開除齊弗克夫黨籍。

　　穆拉迪諾夫接任後，首先宣布贊成終止一黨專政，保證將把保加利亞
變成一個「現代的、民主的、有法律的國家」。並決定在 1990 年 5 月底以
前，辦理自由選舉。

　　1990 年 1 月 15 日國會決議，取消共黨在憲法中的專權地位，這是除

了蘇聯以外，東歐諸國中另一個終止共黨獨裁統治的國家。國會並決定舉
行大赦，凡過去遭受共黨迫害的名譽一律恢復。取消原來的「第六部」（國
家安全部），將安全警察置於國會的監督之下。

　　1月16日起，政府派代表與反對勢力舉行多次的「圓桌會議」，政府
代表為貿易部部長魯加諾夫 (A. Lukanov)，反對勢力代表為齊列夫 (Z.
Zhelev) 和沃頓尼契洛夫 (R. Vodenicherov)。齊列夫所代表的集團稱為「民
主勢力聯盟」(Union of Democratic Forces, UDF)，沃頓尼契洛夫所代表的
集團則是「人權獨立組織」(Independent Organization of Human Rights)。

　　1990 年 2 月，共黨總書記穆拉迪諾夫在人民反對聲中下臺，改由改革
派的李洛夫 (A. Lilov) 接任，李氏思想較為自由，因此曾於 1983 年被罷
黜。同時，自 1986 年起即已擔任內閣總理的安塔納索夫 (G. Antanasov) 因
執行經濟改革不力也被迫辭職，改由魯加諾夫接任。

　　2 月 8 日，魯加諾夫組成新的內閣，宣布即將推行自由經濟，並解散
秘密警察。不過在魯加諾夫組成的新閣中，仍全是過去的共黨分子，引起
人民強烈的反感，有八萬人示威抗議。

　　1990 年 6 月 10 日，保加利亞舉行五十八年以來第一次自由大選，參
選者除了共產黨和「民主勢力聯盟」以外，還有過去勢力強大的「農民黨」
以及由土耳其裔組成的 「權利與自由運動」 (Movement for Rights and
Freedom)。大選結果，在國會總席位四百席當中，保共（已改名為保加利
亞社會黨）獲得二百十一席，超過半數；「民主勢力聯盟」獲得一百四十四
席，居第二位；土裔的「權利與自由運動」獲得二十三席，居第三位；歷
史悠久的「農民黨」僅獲十六席。此項結果，殊出一般人意料之外，反對
勢力和學生均認為有弊端，紛紛抗議。

　　7 月 6 日，甫於 4 月當選總統的穆拉迪諾夫請辭，因為有人指證他在
去年的革命中，曾經下令用坦克車攻擊民眾。

　　8 月 1 日，政局突現轉機，國會以壓倒多數選出「民主勢力聯盟」的
主席齊列夫接任總統。齊氏時年五十四歲，是一位著名的哲學家，曾因著

書抨擊共黨而被放逐出國,這是保加利亞四十多年以來的第一位非共產黨的總統。由共產黨控制的國會和總理魯加諾夫一再表示,推舉齊列夫為總統候選人,就是具體表示共產黨已決定放棄一黨專政。齊列夫以學者執政,有人指其為「保加利亞的哈維爾」。

不過,保加利亞的政局仍然不安,反對共黨執政的群眾不斷示威,8月 26 日有幾百名群眾爬上共黨 (現已改名保加利亞社會主義黨) 總部的屋頂,搗毀了矗立在上的大型紅星。

1990 年 11 月 29 日,魯加諾夫內閣又在民眾連續多日的示威抗議及罷工聲中解散,12 月 7 日,齊列夫總統指派無黨派的律師波帕夫 (Popev) 籌組包括多黨的專家內閣。

(八)阿爾巴尼亞

阿爾巴尼亞是最後受到東歐改革浪潮衝擊的國家,其所受影響也最小。

阿爾巴尼亞領袖阿里亞一直到 1989 年年底,仍然拒絕從事自由改革。12 月 15 日他在首都向工會領袖致詞時,仍說不會步東歐諸國之後塵。說目前東歐的動亂,只是「社會主義社會」發生了問題,而非社會主義本身發生了問題。

但在事實上,阿共也在審慎的進行改革。總理卡喀尼 (A. Carcani) 建議放鬆中央的經濟管制。1990 年 1 月 22 日,阿共中央委員會通過下列政治經濟的溫和改革案:

　1.阿共由中央集權,逐漸走向地方分權。

　2.今後中央委員和國會議員的選舉提名,由只提一人改為提名二人,但參選者仍須事先經過黨方的同意。

　3.准許農業合作社以自由市場的價格出賣糧產。

　4.人民對於法院的判決和政府的命令,享有上訴權。

　5.歡迎外國投資。

同年 5 月,人民議會決議:

1.准許人民到國外旅行。

2.恢復宗教信仰自由。將原被充公改為博物館或體育俱樂部的教堂，重新開放。

3.成立「司法部」（原已於 1966 年取消）。

阿爾巴尼亞人認為阿里亞的改革，不夠積極，而且行動緩慢，舉行示威，與警察衝突。6 月 28 日起約有三千到六千名阿人逃入首都外國使館（包括德、義、法、捷、波、匈、希、土等國），要求准其出國。政府派警察包圍各使館，並且切斷糧食和飲水的供應，引起國際抗議。後來在聯合國的調停下，准許離境。7 月 9 日，第一批人到達捷克首都布拉格。10 月 15 日又有一千人乘船由阿國西部的都拉索港出發，經過長程海上航行，到達義大利東岸的布林地西 (Brindisi) 港，當其抵港時，歡呼：「義大利！義大利！」「我們必將勝利！」「我們等待今天已經有三十五年了。」

在外交方面，阿里亞也逐漸放棄孤立政策，與各國接觸。最大的收穫是與蘇聯恢復了邦交（7 月 30 日）。阿、俄斷交已有三十年，1969 年赫魯雪夫當政時代阿國以反對「蘇修」為由斷交轉而倒向死硬派的中共。但是到了 1979 年中共和美國建交以後，阿國即與中共疏遠。蘇聯與阿爾巴尼亞復交的目的，是希望在東地中海找到一處溫暖的淡水海軍基地。

阿共內部，亦有分裂，阿里亞一派主張改革，強硬派則全力反對，強硬派圍靠在已故獨裁者霍查遺孀的身邊，企圖阻止走向自由民主的改革，至少也要拖延它的進行。

延至 1990 年 12 月 11 日，阿共中央委員會終於決定結束一黨專政，准許成立新的政黨，並訂於 1991 年 2 月舉行國會大選。12 月 12 日，一個由知識分子、學生和工人代表組成的新黨在地拉納大學成立，定名為「民主黨」。

至此，所有東歐國家均已結束共黨的一黨專政，改建多黨的民主政治。

三、東歐共產政權和平轉移的特點

㈠共黨演變後的新貌

　　已堅持信奉馬列主義長達半個世紀以上的東歐各國共黨，經過 1989 年民主浪潮的衝擊後，形同脫胎換骨，已展現新的風貌。茲就其主要表徵歸納如下：

　　1.更改黨名：因為共黨聲名掃地，不再得到人民信任，除了捷克和波赫共黨尚未改名之外，其他共黨幾乎都更改黨名，藉此與過去的歷史劃清界線，刻意塑造新形象，以挽救危機。匈共改名「社會黨」(MSZP)，東德共黨改名「民主社會主義黨」(PDS)，波共改名「社會民主黨」(SDRP)，保共更名為「社會黨」(BSP)，斯洛汶尼亞和克洛琪亞共產主義者聯盟亦分別更名為「民主革新黨」(SDR) 和「社會民主黨」(SDK)，塞爾維亞共和國亦把官方的「共產主義者聯盟」和「社會主義聯盟」合併，更名為「社會黨」(SPS)，即使長久堅持史達林主義的阿共，最終亦宣布更名為「社會黨」(SPA)。國家的名稱，原本均有「人民共和國」字樣，現則除去「人民」二字，改稱「某某共和國」。

　　2.修改黨綱：東歐各國的馬列政黨均在 1989 年至 1991 年之間，修改黨綱。新黨綱的特色，不僅放棄「史達林主義」路線，甚至揚棄馬列主義思想教條。基本上，這些東歐前共黨正向西歐的社民黨或社會看齊，由極左的路線轉而走「中間偏左」，由革命屬性轉變為民主屬性的政黨。

　　3.黨員人數劇減：過去東歐各共黨黨員人數占人口比例依次是：羅國 8.2%、波蘭 5.8%、阿國 4.1%。可是，隨著東歐民主化的腳步，共黨黨員脫黨人數相當可觀，除了保加利亞社會黨流失黨員接近五成尚能保持一定程度的分量外，其餘如東德、捷克、波蘭、匈牙利等國共黨黨員幾乎有八成以上退黨。顯然地，這些由共黨改頭換面的左翼民主政黨，其絕對優勢

已不復存在，人力資源今非昔比，不可同日而語。

　　4.黨的組織結構更新：過去共黨的權力結構是金字塔式，黨的最高領導人大權在握，足以發號施令。1989 年以後，這些馬列政黨的組織結構難逃民主化洗禮，也展露新的面貌。如黨的領導核心，沿用半個世紀以上的總書記或中央第一書記都改稱主席，執行委員會取代政治局。過去習以為常，在政府部門、軍隊、學校及國營企業單位等，均設有各級黨部的基層政黨，為適應民主時代，其組織結構與功能，必須全面調整，也得要引進西方民主運作程序的概念，不再享有特權。

　　5.安全警察或則解散，或則裁減，恐怖統治放鬆。

　　6.外交方面，不再聽命於蘇聯，對於華沙公約組織的關係漸趨疏離，甚至與西方國家建立友好關係。隨著柏林圍牆的拆除，東、西冷戰的結束，傳統武器的相對裁減，〈巴黎憲章〉的簽字，東、西歐的界限已見泯除。

　　7.言論出版已趨自由，人民出國旅行不再有所限制。

　　8.各國經濟，逐漸放棄中央集權，實行市場經濟，解散集體農場，准許農民將產品在市場上競價出售。並開放市場，歡迎外國投資。

㈡東歐政治生態呈現平衡

　　80 年代和 90 年代交替之際，東歐各國共黨政權先後倒臺，使這個鐵幕地區過去四十年蒙上重重陰霾和暮氣沉沉的政治生態得以重見天日、展現新的面貌，這使得東歐政治生態回歸常態，最重要的關鍵所在，即：

　　1.重新修訂憲法：戰後東歐國家，幾乎都抄襲史達林模式的憲法。過去四十年也曾數度修改，但嚴格地說，共產政權對憲法的態度，形式意義大於實質意義。自 1989 年至 1990 年間，所有東歐國家都做了大幅度的修憲，並刪除保障共黨「領導地位」的條款，實行多黨民主，使共黨「一黨專政」的時代正式結束。其後，東歐各國也紛紛頒布新憲，以適應新時代。

　　2.制訂新選舉法：在共黨統治時期，立法機關只是共黨領導中心的橡皮圖章而已，根本反映不了民意。選舉徒具形式，一切由共黨操縱包辦，

由共黨指定「統一名單」，選民既無選擇投票的自由，也無不去投票的自由。因此，過去四十年東歐各國選舉的投票率高達98%以上，實是一種政治宣傳罷了。具體地說，1990年至1994年間，東歐國家在「歐安會」成員派遣觀察員的監視下，都能遵循公平、公正、公開的選舉遊戲規則舉行自由選舉。由於長期深受共黨政權政治文化的影響，因此東歐各國政經轉型初期政局並不穩定，除了匈牙利和捷克二國的情況較步上軌道外，其餘東歐國家在短短兩、三年間，都舉行過二次以上的大選。

　　3.建立議會政黨政治：在共黨體制下，堅持「黨的領導」，即使波蘭、捷克、東德、保加利亞等國容許過兩個以上政黨存在，也僅是扮演共黨尾巴黨的角色，毫無自主性可言。1989年以後，籌組政黨有如雨後春筍，代表各種不同階層利益或意識型態的政黨，紛紛成立。大部分國家頒行政黨法，藉此來規範政黨的政治活動。向法院登記的政黨，至少在二十至五十個之間；另外，未登記註冊而公開從事政治活動者，也有數十個至上百個以上不等。為避免議會出現太多政黨林立的現象，東歐各國的選舉法，基本上都設有3%或5%的附帶門檻。1991年10月波蘭提早大選，因有二十九個政黨進入國會，致使政局呈現動盪不安，不得不修改選舉法，附加5%政黨門檻限制，再於1993年9月舉行民主化後第三度的大選，才使政黨政治穩步前進。當前東歐各國的國會裡，擁有議席的政黨均在十個以內，逐漸形成聯盟趨勢，朝野角色鮮明，政黨相互制衡的功能，足可充分發揮。

　　在東歐諸國政經逐漸步上正軌的同時，另外尚存在著隱憂和難題，即是80、90年代交替之際掀起的狂熱民族主義所引發的分裂。東歐原是一個多民族地區，不僅小國林立，而且各個國家也有或多或少的「少數民族」。這些少數民族，過去在共黨政府的鐵腕統治下，暫時銷聲匿跡，不敢掀起事端。現在舊政府已被推翻，管制驟然鬆弛，等於是「潘朵拉的盒子」一旦打開，就要各顯神通，興風作浪了。

　　首先是蘇聯本身，十五個加盟共和國幾乎個個希望爭取更多的主權，或者索性脫離聯邦而獨立，其中最大的「俄羅斯社會主義聯邦共和國」

(RSFSR)，自從葉爾欽 (B. Yeltsin) 當總統之後，就主張將蘇維埃聯邦改變成鬆弛的「邦聯」，各個加盟共和國都擁有獨立主權，可以自行決定本身的經濟、財政和外交政策，自己發行貨幣，並宣稱共和國議會制訂的法律，效力超過聯盟的法律。次大的烏克蘭共和國也亦步亦趨。中亞五國──哈薩克 (Kazath)、烏孜別克 (Uzbek)、土庫曼 (Turkmen)、吉爾吉斯 (Kirghiz) 和塔吉克 (Tadzhik)，都是伊斯蘭教國家，亦躍躍欲試，爭取主權。外高加索三小國──喬治亞、亞美尼亞和亞塞拜然，由於彼此之間民族和宗教衝突，在 1989 年曾經數度爆發內戰，必須聯盟政府派兵鎮壓。

位於蘇聯西南邊陲的莫德維亞共和國，建立於 1940 年二次大戰初期。該地原屬羅馬尼亞，民族的三分之二是羅馬尼亞人。在西奧塞斯古專政時期，這遠處異邦的兩百萬羅馬尼亞人還不急於重歸故國，現在羅國共黨政權已被推翻，情況改觀，乃起波動。1990 年 6 月 23 日莫德維亞會議決議，也要步俄羅斯、烏克蘭、立陶宛等國後塵，宣布為一個「主權國家」，並盼早日重回羅馬尼亞。

和蘇聯組織最類似的是南斯拉夫。南國也是一個由很多民族組成的聯邦，各個民族全是一個小小的國家。再加上各有不同的宗教信仰、歷史傳統和經濟背景，情況就更加複雜。前文提到的斯洛汶尼亞和克洛琪亞兩國，已先後於 1991 年 6 月宣布獨立。此外，在塞爾維亞境內的科索沃自治省內的阿爾巴尼亞人，也提出主權要求。

在羅馬尼亞人口中約占十分之一的少數民族匈牙利人，一向受到羅國政府歧視，西奧塞斯古常常指責他們從事顛覆活動，他們是被迫害的羔羊。引發 1989 年羅國革命的匈裔托克斯神父，雖被政府當局列名於「救國陣線」的陣容之中，以示崇敬，實際上卻被幽禁在北部邊區的一座農村之中，不准對外活動，以免被人捧成匈牙利裔的英雄，領導分裂運動。匈牙利裔聚居的外息爾凡尼亞區，日後仍將成為羅馬尼亞和匈牙利兩國關係不穩定的因素。1919 年夏，兩國即為此地一度發生戰爭。

捷克斯洛伐克在 1993 年以前還是同一個國家，它有兩支不同的民族，

一是捷克人，一是斯洛伐克人。這兩支民族的人種和語言雖然十分接近，但因歷史背景不同，民族情感仍有差異。由於捷克人的文化程度較高，經濟結構較強，所以一向居於主導地位。第一次世界大戰之後捷克斯洛伐克建國時，即賴雙方政治家馬薩里克和克拉瑪什等人的協商，方能組成一個國家。1969 年，捷克斯洛伐克修改憲法，改為「聯邦制」，一半是「捷克社會主義共和國」，一半是「斯洛伐克社會主義共和國」，二者地位相等。1990 年 11 月雙方協議，讓斯洛伐克享有政治和經濟的充分自治權；但自 1993 年起，雙方正式分為各自獨立的國家。

　　保加利亞因久受土耳其帝國的統治，且與土國毗鄰，所以有大批土裔留在保國境內。二次大戰以後，保國曾數度將其遣返土耳其，但至冷戰結束之初，仍有一百二十萬人未曾他去。齊弗克夫於 1984 年強迫土裔改變伊斯蘭教信仰，改用保加利亞人的姓名。1989 年革命之後，新政府總理安塔納索夫曾說：「如果我們保加利亞人願意自由，那麼所有人民全應該獲得自由。」1990 年 1 月保議會通過保障土裔權益，但卻又引起保加利亞民族主義分子的不滿，舉行示威，要求停止上項措施，示威群眾的口號是：「土耳其人回到土耳其去！」「保加利亞是保加利亞人生存的地方！」政府受此壓力，又取消保障土裔權利的決定。

　　第二次大戰結束以後，散居東歐地區的日耳曼人被迫遷移，前往西德，高達四百萬人。其中人數最多者，一是現在波蘭西部的所謂「光復區」(Recovered Territory)，東北部的東普魯士區和但澤區，二是捷克西北部的蘇臺德區。雖則如此，但是迄今仍有數十萬人繼續留在波屬西部和西南部的西里西亞等地。在西德境內，有一個規模頗大的民間組織，稱為「逼遷者協會」(Association of Expellers)，會員約有兩百萬人，都是當年被迫西遷的日耳曼人，他們心存報復，念念不忘失土。該協會的領袖考什克 (H. Koschyk) 曾建議，應與波蘭交涉，重劃德、波邊界，要求另採一條「折中」的界線。此項動議，在 1990 年 11 月德、波新簽邊界條約以後，就只好束諸高閣。

第五編
當代東歐變貌

第三十章 後共產主義時期東歐國家發展情勢

　　後共產主義時期東歐諸國的演變，基本上可從政治、經濟和對外關係等三方面看出其走向。在政治方面，幾乎各國都頒布名副其實三權分立的新憲法。諸如克洛琪亞（1990 年 12 月）、保加利亞（1991 年 7 月）、羅馬尼亞（1991 年 11 月）、馬其頓（1991 年 11 月）、斯洛汶尼亞（1991 年 12 月）、南斯拉夫聯盟共和國（1992 年 4 月）、捷克（1992 年 12 月）、斯洛伐克（1993 年 9 月）、波蘭（1997 年 5 月）、匈牙利（1989 年 12 月；2011 年 4 月 18 日又通過〈基本法〉）。這些前社會主義國家所採行的憲政體制以內閣制居多，只有羅馬尼亞和 2000 年 7 月修憲後新的南斯拉夫實行類似法國的準總統制。顯然地，東歐諸國新、舊憲法最大的差異，就國家體制而言：相較於前共黨時期的社會主義國家型態，非共化後各國制訂的新憲法均揭櫫國家為一民主體制國家，如保加利亞、匈牙利、羅馬尼亞、斯洛伐克、斯洛汶尼亞、捷克及馬其頓的新憲法，皆開宗明義的在憲法第一條即宣示該國為一自由民主及獨立的國家。就政治制度而言，新憲法不再是保障「一黨專制」的工具，而是保障一個多元政治型態，標榜政黨政治的憲法，任何人民皆可依據憲法自行組織政黨。由此可見東歐各國的確是朝西方政治模式、政黨政治的方向在努力，任何政黨及議員皆得接受民意歷練，沒有任何政黨或個人能罔顧真理，我行我素。就經濟體制而言，依新憲法的規定，各國不再遵循社會主義的經濟路線，而是按市場機能採取市場經濟、保護私人財產、國家經濟制度納入自由市場機制。在對外關係方面，這些淪入鐵幕近半個世紀的東歐國家和平演變之後一心一意要擺脫「蘇維埃化」，重返歐洲社會。因此，當社會主義陣營土崩瓦解之際，幾乎所有的東歐國家都毫不猶豫地加快「歐洲化」腳步，以加入北大西洋公約組織和

歐洲聯盟作為對外關係的主軸，期待早日參與歐洲統合的行列。

一、波蘭——揭開東歐「非共化」的序幕

波蘭在地理上處於中歐地區，但第二次世界大戰之後因共黨奪取政權淪入鐵幕國家，自此之後，在政治上乃被列為東歐社會主義陣營，或稱東方集團 (Eastbloc)。然而，80 年代波蘭經歷了所謂的「談判革命」，終促使共黨政權和平轉移。1989 年 6 月以後，波蘭聯合勞工黨（PZPR，波共本名）因在大選中挫敗而喪失長期「一黨專政」地位，並導致波蘭在東歐共黨政權當中，開風氣之先，走向「非共化」。此後波蘭以中歐新興民主國家自許，以穩健腳步邁向「歐洲化」，已於 1991 年 11 月加入歐洲理事會 (The Council of Europe, CE)，1993 年成為歐洲聯盟的聯繫國 (Associated Membership，相當準會員國地位)，1994 年 2 月和北約簽訂〈和平伙伴關係〉(*Partnership for Peace, PfP*)，1996 年因經濟改革績效顯著，又贏得經濟合作暨發展組織 (OECD) 的肯定，獲准加入這個有「發達國家俱樂部」之稱的組織；波蘭已先後加入「歐安組織」(OSCE)、歐洲理事會。前者雖比較著重歐洲安全、經濟合作、新聞通訊、科技文化、環保、觀光旅遊等領域交流，但對保障人權，尤其東歐國家走向民主化後，如何促進民主和預防衝突，也甚重視，如在華沙特別成立「民主機制和人權中心」(BDIMR)，用來監督各國選舉和人權問題；至於後者，則特別標榜基本人權和議會民主。此外，波蘭各政黨也先後進入歐洲各主要政黨聯盟，如社會黨國際 (SI)、歐洲民主聯盟 (EDU)、自由與進步國際 (LI) 等，相互聲援，並在 1999 年 3 月正式獲准加入北大西洋公約組織，更於 2004 年 5 月加入歐洲聯盟，2007 年成為申根公約國，使波蘭名副其實的成為歐洲大家庭的一員。

㈠憲政體制選擇

波蘭是歐洲第一個有成文憲法的國家，早在 1791 年 5 月 3 日就頒布

實行。儘管隨後波蘭慘遭強鄰普魯士、沙皇俄國和奧匈帝國等三度瓜分，亡國時間甚久。但波蘭人民對其先賢有如此先知先覺的眼光，走在歐洲列強之前，早有一部完整的國家根本大法，一直引以為榮。就是共黨統治時期，「黨權」高於一切，僅將憲法當作現代國家「不得已」的裝飾符號，也得肯定該項創舉，將 5 月 3 日明訂為憲法日，屬國定假日。至 1990 年 4 月，國家立法明訂為「國慶日」，來凸顯波蘭的憲政傳統，並藉此顯示其重獲新生，回歸民主憲政。

在第二次世界大戰之後，波共政權制訂的第一部憲法是在 1952 年 7 月 22 日頒布。其後這部憲法曾修改多次，但仍未偏離社會主義憲法的框架。1980 年團結工聯崛起後，喚醒波蘭人民自由民主意識，如何制訂一部符合民主潮流的新憲法，乃成為輿論的焦點。1989 年 2 月波共和團結工聯舉行圓桌會議，開啟了波蘭邁向民主化的先機；同年 9 月，波蘭出現東歐第一個非共化政府，於是波蘭內部發生了劃時代的變革。首先是在同年 12 月 29 日，對 1952 年制訂的憲法作了重大的修改，如取消共黨為「政治領導力量」，並刪去「社會主義國家」和「勞動人民」的字眼，同時將國名改為波蘭共和國，國徽改為戴皇冠的白鷹；允許人民在波蘭自由組成政黨。波蘭憲政體制之演進，從共黨政權垮臺、國家走向民主化開始，歷經幾個階段朝野協商始告定案。如 1990 年第一次民選總統、1992 年小憲法的出現及 1997 年新憲法的制訂。就時間的先後順序大致可分下列四個時期：

1. 1989 年 2 月至 1990 年 12 月：此時期是波蘭圓桌會議召開至賈魯塞斯基辭去總統職位為止。在圓桌會議中，波共和團結工聯雙方決定增設總統一職，讓總統擁有實質的行政權力，同時保留 1952 年以前議會制的型態，因此而形成了所謂的準總統制的憲政體制。然而在 1989 年的國會大選中，團結工聯在參議院拿下九十九席、眾議院拿下一百六十一席，幾乎囊括所有席次；波共在該次大選中算是慘敗，改由團結工聯掌握國會的絕大多數席次。

2. 1990 年 12 月至 1992 年 10 月：瓦文薩當選總統到實施小憲法。由

於政府與國會基於各自利益的考量，1990 年的總統大選由原先的兩院選舉改為全民直選；而瓦文薩則為改制後第一任的民選總統。在其總統任職期間，由於具有相當高的民意基礎，且具政權的正當性 (legitimacy)，因此在施政上表現出十分強勢的作為；復因當時的國會是在圓桌會議上，政治妥協下的產物，其權限實不具正當性，因此，在權力的運作上無法與總統抗衡。在此期間，團結工聯內部逐漸分裂，在總統大選過程中，逐漸形成左右兩派，分別支持當時的總理馬佐維耶斯基與瓦文薩，總統選舉結束後，團結工聯乃正式宣告分裂。1991 年的國會大選，採取仿照德國的比例代表制，取消了最低得票率的門檻，竟使國會在選舉後出現了二十九個政黨。此時，國會中分歧複雜的政黨體系讓總統在國會中無法獲得過半數的支持，產生了一連串的政治衝突。有鑑於府會間衝突若持續下去，將使波蘭的民主進程面臨嚴酷的考驗；因此，總統瓦文薩於 1991 年提出憲法草案，最後在與國會的妥協之下通過一個過渡性質的憲法，又稱「小憲法」。

　　3. 1992 年 10 月至 1997 年 5 月：從小憲法頒布到新憲法制訂實行前。鑑於 1989 年修憲時並未將總統、總理、國會之間的權責關係釐清，以及並無解決衝突的法理依據，以致行政與立法之間的關係惡化；1992 年經協調過後而產生的小憲法，即為因應上述問題而產生。例如小憲法中明載，行政與立法的權責歸屬中，由總理與內閣對國會負責，而不是總統；但當時仍位居總統寶座的瓦文薩希望能擁有更多的實權，使得總統、內閣、國會之間的衝突依舊。1993 年國會大選中，代表共黨殘餘勢力的左派政黨捲土重來，拿下國會過半的席次，總理因此由代表左派政黨的農民黨黨魁波拉克擔任，與時任總統的瓦文薩形成左右共治的局面，無疑是給急欲攬權的瓦文薩一記當頭棒喝，其與左派居多數的國會間之衝突愈演愈烈。憲政衝突直到 1995 年總統大選，代表左派的總統候選人克瓦斯涅夫斯基 (Aleksander Kwasniewski) 擊敗瓦文薩，才暫告一段落。

　　4. 1997 年 5 月至今：國會民主左派聯盟、農民黨、民主聯盟及勞工聯盟等政黨為加快制憲的腳步，便屬意主導制憲的工作，當時已有相當民意

基礎的團結工聯卻被排除在制憲的行列之外。因此，團結工聯試圖發起全民公投以抵制新憲法成立，但全民公投的結果卻令團結工聯大失所望，仍有 52.71% 的民眾支持新憲通過，波蘭的新憲法於焉誕生。

㈡政黨政治的發展

在波共統治時期，只容許聯合勞工黨、聯合農民黨和民主黨等三個政黨存在。事實上，波蘭戰後四十年一直是波共「一黨專政」的格局，聯合農民黨和民主黨因一向追隨波共路線，產生不了反對黨的制衡作用。自 1989 年起，政黨數目的成長有如雨後春筍，但政局情勢的發展並不穩定，從 1989 年至 1993 年舉行了三次國會大選，內閣政府迄 1996 年初已改組六次之多。

波蘭共黨獨裁政權消失後，集會結社受憲法保障，組織政黨，公開活動，塑造民意，成為波蘭「非共化」後的一大特色。至 2012 年登記註冊的政黨，已近二百個之多。其中比較活躍，熱中政治的，也有五、六十個。1991 年 10 月和 1993 年 9 月兩次國會大選，基本上已可明顯看出各政黨的走勢。前者，共有二十九個政黨或團體在眾議院獲得席位，十三個黨派在參議院取得議席；後者，雖進入國會的門檻有較嚴格的限制，但在眾議院也有八個政黨，參議院則有十一個政黨。

波蘭歷經三十餘年 (1989–2020) 民主化的洗鍊，政黨整合漸趨定型，僅就較具有影響力的政黨簡述如下：

1.波蘭共和國社會民主黨：成立於 1990 年 1 月，主張實行議會民主制和法治政府，發展地方自治和工人聯合自治，強調政教分離，在社會自由市場中國家應在扶助市場和發展社會經濟中起積極作用，並主張左派力量團結。

2.自由聯盟：成立於 1994 年 4 月 23 日，由民主聯盟與自由民主大會黨合併而成。主張繼續對國家進行改革，權力下放，加強地方自治，建立法治國家，政府行政部門非政治化，加速私有化以提升市場經濟，減少國

家對經濟的行政干預，對外主張加快和歐洲聯盟統合的腳步。

　　3.波蘭農民黨：1990 年 5 月 5 日由波蘭農民黨之中的復興派與維蘭諾夫派合併而成。黨員有二十萬人，是波蘭黨員人數最多的政黨。主張政治自由、多黨制和議會民主；具有調節性的市場、對各種形式的所有制應平等相待，增加國家對農業的保護、放慢私有化的腳步等等；但該黨於 1997年議會大選中慘敗。2001 年波蘭議會選舉，該黨再次與社會民主黨結盟，兩年後解散。2007 年波蘭議會選舉，農民黨與公民綱領黨組成執政聯盟。

　　4.團結工聯選舉聯盟社會運動黨：於 1997 年 11 月在法院註冊，1999年 1 月舉行第一次黨大會。在此必須指出，「團結工聯選舉聯盟」為了重振聲勢，整合內部派系而另組團體；1996 年 6 月，「團結工聯」、「基督教民族統一黨」、「中間派協議會」、「獨立波蘭聯盟」等二十五個右派政黨和社會、政治團體發表宣言，成立「團結工聯選舉聯盟」。其目的是要在 1997年的大選中取得勝利重返執政。政治上主張廢除共產主義，強調要對國家進行改革；經濟上主張私有化和發展市場經濟，限制國家對市場的干預。

　　5.公民綱領黨 (Platforma Obywatelska)：由團結工聯分裂而來，成立於 2001 年，是波蘭中間偏右自由保守主義政黨。2007 年波蘭大選後，該黨成為執政聯盟的主要政黨，黨魁唐納德・圖斯克為波蘭總理。2010 年布羅尼斯瓦夫・科莫羅夫斯基 (Bronslaw Maria Komorowski) 當選波蘭總統。然 2015 年議會與總統大選先後失利，喪失執政權，公民綱領黨現為最大在野黨。

　　6.法律與公正黨 (Prawo i Sprawiedliwość)：由團結工聯分裂而來，在2001 年由卡欽斯基兄弟成立。該黨結合部分團結工聯選舉行動 (Solidarity Electoral Action) 成員，並贏得 2005 年波蘭議會選舉，當選波蘭總統。雅羅斯瓦夫・卡欽斯基就任波蘭總理。然 2007 年波蘭議會選舉，該黨敗給公民綱領黨。在 2010 年波蘭總統列奇墜機事件中，該黨亦有多位領袖喪生。2015 年，該黨在總統大選獲勝，安傑伊・杜達成為第六任波瀾總統，並在2020 年成功連任。

　　執政四年的團結工聯選舉聯盟，因貪污醜聞連連，改革效力不彰，於
2001 年的國會大選中慘遭滑鐵盧，未跨越門檻而被淘汰出局。由波共改名
而來的社會民主黨所領導的民主左派聯盟，贏得此次大選，再度執政。

　　波共交出政權時，內部因路線之爭曾出現分裂；同樣地，「團結工聯」
因敢向波共挑戰而整合反對勢力，一舉成功，但也因內部對改革進程紛爭
不斷導致分裂。前波共殘餘分子由於過去得天獨厚的基礎，加上遍布各個
部門的幹部輕易得到隨著改革而來的利益輸送，很快重整旗鼓，並乘「團
結工聯」四分五裂之際，東山再起，重新執政。反觀「團結工聯」，本來就
是沒有什麼紀律的「雜牌軍」，組織鬆散，又欠缺資源。當領導階層嚐到權
力滋味時，又熱中爭權奪利，最終不歡而散，一蹶不振。在東歐前社會主
義國家中，有一個頗引人側目的特點，即當年逼迫共黨和平轉移政權的力
量，幾乎在上臺執政後就呈現分裂狀態。

　　1997 年 9 月議會舉行大選，以「團結工聯」為主體的團結工聯選舉聯
盟出人意料地以超過近七個百分點的優勢戰勝民主左派聯盟，並與議會第
三大黨自由聯盟討價還價中達成聯合執政的協議。10 月，總統任命兩黨推
舉的「團結工聯」出身的布澤克 (J. Buzek) 為總理，並批准了他所提出的
內閣成員名單。11 月，議會通過對布澤克政府的信任案。布澤克政府主張
對內尋求社會和諧，加速私有化計畫。1998 年，政府先後提出地方行政機
構改革，決定將原有的四十九個地方行政區重新劃分成十六個省，同時重
新設立縣治，由原本的省、鄉兩級改為省、縣、鄉三級，共設十六個省、
三百零八個縣、二千四百八十九個鄉；社會保險制度、教育體制和醫療體
制改革方案。

　　由於國會政黨林立，沒有一個政黨足以控制穩定多數，必須由數個政
黨聯合組成內閣。同時，波蘭又正逢政經體制轉型過渡期間，亟待制訂或
增修的法案，千頭萬緒；各黨立場或激進，或溫和漸進，不易建立共識，
導致在四年當中，竟然舉行三次國會大選，並且在短短六年即更迭六位內
閣總理；任期較長者頂多一年多而已，如馬佐維耶斯基和帕夫拉克

(Pawlak) 僅在位一年四個月，蘇霍茨卡 (Suchocka) 為一年三個月。1993 年
9 月改選的結果，顯然比上一屆進步許多，雖然仍沒有強勢政黨脫穎而出，
穩定政局，但政黨林立的現象未再重演。以 1995 年 11 月的總統大選過程
觀之，波蘭左右兩派勢力，旗鼓相當，正顯示各政黨有逐漸整合現象，政
黨政治漸趨成熟。

　　波蘭總統的職權和選舉方式，相當程度模仿法國制度。1989 年 4 月 7
日波蘭議會通過憲法修正案，改行準總統制，並增設參議院；1997 年通過
的新憲中，基本上也沿用此一政治體制。從波蘭總統大選觀之，也相當程
度具有反映其政治發展的指標，波蘭於 1990 年 12 月、1995 年 11 月的總
統大選中，候選人競爭激烈，皆須進入第二回合方能決定勝負；至 2000 年
10 月的大選，社會民主黨的候選人克瓦斯涅夫斯基在第一輪即以 53% 過
半數的得票率，獲得連任。2005 年至 2010 年由列奇 (Lech Aleksander
Kaczyński) 穩坐總統寶座。2006 年其孿生兄長雅羅斯瓦夫 (Jarosław
Aleksander Kaczyński) 出任波蘭總理。卡欽斯基雙胞胎兄弟之崛起，堪稱
波蘭政壇閃耀的雙子星。然 2010 年列奇乘坐的飛機在俄羅斯的斯摩連斯克
機場墜毀身亡，總統一職暫由下議院議長科莫羅夫斯基代理，科莫羅夫斯
基隨後於該年 7 月贏得總統大選。

㈢邁向穩定之路

　　1980 年 8、9 月間，以領導格但斯克列寧造船廠工人，掀起洶湧澎湃
工潮對抗波共政權而崛起的瓦文薩，在他出任由首次自由選舉產生的總統
任內，由於作風專斷，施政理念與昔日並肩奮鬥的「戰友」格格不入，弄
得眾叛親離，使「團結工聯」四分五裂，導致前波共原班人馬改組的「民
主左派聯盟」，於 1993 年 9 月國會大選中，東山再起，重回執政。從此，
一般咸認，這位工人出身的國家元首，政治生命也將劃上休止符。可是，
在 1995 年 11 月 5 日第一回合共有十三位候選人競相爭奪的情況下，瓦氏
竟還能力爭上游，後來居上，贏得 33.1% 的得票率，僅以些微差距，緊跟

在他的強敵「民主左派聯盟」領袖克瓦斯涅夫斯基的 35.11% 之後。

儘管瓦文薩「敗部復活」，得以進入第二回合角逐，但瓦氏終究與蟬聯總統寶座失之交臂。從該屆瓦、克二氏競選的政見看來，已多少暴露一些端倪，可窺見其高下。瓦文薩仍滿抱「革命熱情」和使命感，主張繼續全面推動「西方化」，加速國營企業私有化進程；對左派共黨勢力的捲土重來猶心存警惕，要求徹底「非共化」，並清算過去共黨的暴政，甚至揚言，如他蟬聯總統，將解散由民主左派聯盟控制多數的議會和政府。反觀克瓦斯涅夫斯基的政見，則顯得穩重務實，較能掌握選民殷切期待的核心課題。克氏強調面向未來，化暴戾為祥和，同舟共濟；克氏許下諾言，如他榮獲當選，將和依法產生的任何政府合作，疏解矛盾，克服失業、貧窮、通貨膨脹等問題；主張「向前看」，建設符合絕大多數波蘭人民利益的波蘭。顯然地，克瓦斯涅夫斯基的政見要比瓦文薩的充滿激情更切合實際，對選民更具說服力。

克瓦斯涅夫斯基生於 1954 年 11 月 15 日波蘭科沙林省的一個醫生家庭中，1978 年肄業於格但斯克大學運輸經濟系；1976 年至 1977 年擔任波蘭社會主義大學生聯合會格但斯克市大學理事會主席，隨後又擔任格但斯克省理事會副主席，充分顯示其領導能力和辯才無礙的長處，並為他日後的政治生命鋪路。1977 年克氏加入波蘭聯合勞工黨，1979 年至 1981 年任該黨學聯中央理事會文化部長，1980 至 1981 年任該學聯全國執委會成員。1981 年至 1985 年又主持大學生雜誌《等等》和波蘭社會主義青年聯盟機關報《青年旗幟報》的編輯。自 1985 年擔任政府青年事務部長，1987 年10 月任部長會議青年和委員會主席。1988 年至 1990 年任波蘭奧委會主席；1988 年 9 月至 1989 年 9 月任部長會議成員，是部長會議直屬的政治和社會事務委員會主席。1989 年 2 月擔任波共政府與團結工聯談判的代表身分，參加圓桌會議。1990 年 1 月波蘭聯合勞工黨解散後當選為重新籌組的波蘭共和國社會民主黨主席。克氏的仕途憑其對青年團體運作的熟稔和過去五年任內維持穩定政局，廣結善緣，使得他在 2000 年的大選中獲得蟬

聯；而反觀在 80 年代曾被《時代》週刊選為風雲人物，又榮獲諾貝爾和平獎的瓦文薩，卻僅在該次總統大選中，得到 1% 的選票，可見其聲望大不如前，已跌入谷底。

另外，還值得一提者，是波蘭共黨政權和平轉移之後所採行「休克療法」的經濟改革，歷經五、六年時間的檢驗，證明績效顯著，深得國際社會如國際貨幣基金、世界銀行、經濟合作暨發展組織、歐洲聯盟等的肯定。由一些經濟指標可資佐證。1990 年經濟成長率為 –11.6%，1995 年以後就展現亮麗的成果，持續維持 5% 以上的成長；通貨膨脹率方面，在 1990 年曾有三位數，高達 585%，至 1995 年降至 27.8%，1998 年則為 11.8%，基本上已獲得控制；惟波蘭的外債和失業率仍偏高，1998 年的外債為三百七十七億美金，失業率為 10.4%，還有待克服。波蘭開始由蘇聯模式的計畫經濟向市場經濟轉型後，GDP 在 1993 至 2000 年間增長較為迅速，2001 年漸趨平緩。但 2004 年加入歐盟後經濟快速成長，失業率明顯下降。2007 年第三季度的國內生產總值增長率達到了 5.8%，明顯超過了歐盟平均 2.9% 的 GDP 增長率水平。

㈣孿生兄弟的崛起與不幸

2005 年 9 月 25 日波蘭第六次大選已告揭曉，由團結工聯蛻變而來的法律與公正黨和公民綱領黨，分別躍居第一和第二大黨，特別是隨後卡欽斯基雙胞胎兄弟獲得 10 月總統大選勝利，雙雙成為中東歐前社會主義國家和平演變之後，極為耀眼的政治人物。然而飛機失事的意外，卻將兩人牢固的組合推向破滅之路。

雅羅斯瓦夫和列奇年幼時曾是波蘭紅極一時的兒童影星，一同演出過波蘭歷史上最成功的兒童喜劇片之一《偷月亮的兩個傢伙》。1980 年雙雙獲得華沙大學法律學博士學位，並加入剛成立的波蘭團結工聯，這對孿生兄弟以其敏銳的思想和勇氣鬥志，很快成為波蘭團結工聯領袖瓦文薩的重要智囊。1990 年，波蘭共黨政權垮臺之後，瓦文薩當選為波蘭首屆民選總

統。卡欽斯基兄弟也進入波蘭政治高層。然而卡欽斯基兄弟與瓦文薩在是否繼續延攬原共黨時代的官員、繼續留任軍隊和安全部門等重要職位的問題上產生了嚴重分歧：一來，前者認為留任原共產黨人是嚴重的錯誤，而後者則認為只要前共產黨人宣布效忠，即可繼續任用；二來，卡氏兄弟指責瓦文薩與殘餘的共產黨勢力妥協的作法，偏離了波蘭團結工聯創立的初衷；三來，這兩位相當堅持原則的雙胞胎也力勸瓦文薩放棄休克療法，但卻不為瓦文薩所接受，雙方由此漸行漸遠。

　　卡欽斯基雙胞胎兄弟在仕途上的際遇略有不同，弟弟列奇曾擔任格但斯克大學法學教授，專攻勞動法。在團結工聯執政時先後出任國家內務和行政委員會主席、最高檢察院院長，並從 2000 年 6 月起臨危受命，接任當時團結工聯選舉聯盟執政末期的司法部長。根據波蘭媒體的報導，列奇出任司法部長後大力打擊犯罪活動，受到公眾的普遍支持，成為繼總統克瓦斯涅夫斯基之後波蘭最受歡迎的政治家。惟樹大招風，列奇的風格遭到政敵嫉妒，曾有波蘭電視臺播放紀錄片，影射列奇兄弟與十年前的一宗貪污案有牽連。2001 年，波蘭爆發「部長連環辭職事件」，半個月裡四名部長下臺，一週內數起政治醜聞曝光，使政府陷入困境，列奇因而受到拖累，黯然下臺。不過這並不影響列奇的仕途，他在 2001 年成功當選華沙市長。就任後，他的作風特立獨行，絲毫未變，2004 年，由於不滿美國對入境者按指紋的新規定，乃取消了對美國的訪問；同時，2005 年初則因禁止同性戀者在華沙遊行，而頗受歐洲媒體關注。並於該年 10 月擊敗代表反對黨參選的唐納克‧圖斯克 (Donald Franciszek Tusk)，於總統大選中獲勝。

　　至於哥哥雅羅斯瓦夫則另立門戶，於 2001 年組建法律與公正黨 (PIS)。其主要宗旨，希望徹底改變波蘭政治環境的基調，使政治人物的道德情操往上提升。自建黨以來，他一直擔任該黨黨主席。雅羅斯瓦夫積極倡導百姓保持傳統觀念，在打擊色情、青少年教育等方面均有獨到見解，特別是波蘭籍教宗若望‧保祿二世去世後，因向國人發表重視天主教家庭觀念的談話而使聲望急速竄升，使得第六屆國會大選中，他所領導的法律與公正黨躍升眾議

院第一大黨。雅羅斯瓦夫本人也於 2006 至 2007 年出任波蘭總理。

　　在歐洲政壇上，孿生兄弟能夠靠自己默默耕耘，腳踏實地脫穎而出，成為政治領袖的例子並不多見。不只如此，連政敵都對卡氏雙胞胎兄弟讚賞有加，認為「兄弟倆都很有頭腦，說起話來像學者，但在工作中極有領導才能」，頗為中肯。而卡欽斯基兄弟得以嶄露頭角，一般咸認，係歸功於：其一，卡氏兄弟政治信念始終如一，與一般政客迥然有別。弟弟贏得華沙市長在先，哥哥率領法律與公正黨贏得國會大選於後，前後相輝映，兩人皆獲得選民的肯定；其二，團結工聯和民主左派聯盟執政期間，均爆發嚴重醜聞，使改革進程躊躇不前，失掉選民的信賴，如民主左派聯盟，在本屆大選喪失達三成的選票，可見一斑；其三，卡氏兄弟形象清新，沒有政治包袱，尤其 1989 年 8 月，波蘭之所以出現第一個「非共化」政府，卡氏兄弟是幕後推手，功不可沒，加上他們一向堅守波蘭天主教的傳統價值觀，因而普獲天主教選民的愛戴。

　　然而 2010 年，列奇總統夫婦搭乘專機本欲參加卡廷大屠殺七十週年紀念活動，可能因天候不佳濃霧遮蔽視線，降落俄羅斯的斯摩連斯克機場時不幸墜毀，機上九十七人全數罹難，為列奇的政壇之路劃下匆促的句點。而在兩個月後其兄雅羅斯瓦夫參與總統大選，也在第二輪中落敗，輸給科莫羅夫斯基，其結果令人惋惜。

二、捷克──絲絨般的和平演變

　　後共產主義時期捷克的政治發展，呈現二項特色：一是落實民主化，二是實現歐洲化。前者，可從捷克政黨政治的發展比其他東歐國家成熟穩定，與頒布〈基本人權和自由憲章〉作為憲法的組成部分，凸顯出保障基本人權的重要性，得到佐證；後者，布拉格政府先後獲准加入歐洲理事會、北約和平伙伴關係、經濟合作暨發展組織，以及正式獲邀加盟北約、歐盟等，也說明其擺脫蘇維埃化，重返歐洲之積極行動。

㈠捷克和斯洛伐克和平分離

分裂前的捷克斯洛伐克境內，捷克族約占全國人口的三分之二，而斯洛伐克族約占三分之一。過去在共黨與共產主義意識型態的高壓統治下，民族主義的情緒尚未高漲，因此兩族還能勉強和平共處。但冷戰結束後，斯洛伐克族一直認為受到不平等待遇，捷克斯洛伐克政經改革的最大受益者皆是捷克族，再加上經濟發展的不均衡，其獨立自主的要求便日益高升；因此在斯洛伐克族領導人梅恰爾的推波助瀾下，原本被壓抑的民族意識，又再度擡頭，形成分離主義。其實，在捷克尚未與斯洛伐克分家前，原本稱捷克斯洛伐克，非共化後這個前蘇聯的附庸國在政、經制度朝向西方國家學習轉型之際，其國內的兩大民族──捷克族與斯洛伐克族卻為了經濟補貼問題、聯邦與地方之間權限問題與新憲法的制訂問題而爭吵不休，斯洛伐克族認為在國家轉型期間，最大受益者是捷克族，自己受到不平等待遇，再加上政客的煽風點火，終於激盪出民族主義和分離主義的浪潮。

雖然這兩大民族無論在經濟、政治方面的水準均非常的接近，但是在1989年後的經濟轉型進程裡，兩共和國間的經濟補貼問題便開始不斷的產生爭議。此外，在聯邦與地方之間權限問題也是爭執不休。斯洛伐克認為兩民族間的權力並非完全平等，要求聯邦將許多權限下放至地方，關於這一點捷克便持相反的態度。1989年捷克斯洛伐克社會主義共和國聯邦議會批准修改憲法，刪除了保障共黨「一黨專政」的條款，並且剔除帶有社會主義意識型態的用語。而隨後對憲法的再修訂也是捷克與斯洛伐克兩共和國的主要爭執焦點之一，前者主張維持現行的聯邦體制，並推崇哈維爾繼續擔任國家元首，但是後者卻主張建立由兩個具有國際法人地位的共和國組成邦聯，或國家聯盟，並反對哈維爾連任，因此在1992年6月的大選前，制訂憲法的工作一直沒有進展。在經濟改革的方式上也是有所爭執，斯洛伐克堅持採用和捷克「休克療法」式相反的溫和路線。因此在各種問題都沒有解決方案時，雙方在1993年1月1日終於分裂成兩個各自獨立

的國家。

　　1989 年 11 月 29 日和 12 月 28 日，即「絲絨革命」成功之後，聯邦議
會批准修改憲法，使得原本 60 年代誕生的國家根本大法起了關鍵性的變
化，不僅刪除了保障共黨「一黨專政」的條款，而且把帶有社會主義意識
型態的用語一一剔除。在此值得一提者，這個由捷克和斯洛伐克兩大民族
組成的中小型國家，於每次修憲時，總是引發不同程度的民族主義糾葛，
多少若隱若現潛存分裂危機。例如，1968 年 10 月的修憲中，決定實行聯
邦制，即捷克斯洛伐克由「捷克社會主義共和國」和「斯洛伐克社會主義
共和國」兩個平等的民族共和國組成；1990 年 3 月，修憲更改國名，兩個
民族共和國更名為「捷克與斯洛伐克共和國」；同年 4 月，聯邦議會再度通
過憲法修正案，將國名改為「捷克與斯洛伐克聯邦共和國」，由此觀之，捷
克和斯洛伐克走向分離並不令人感到意外。

　　捷克與斯洛伐克聯邦共和國於 1992 年 6 月，在聯邦尚未解體之前，曾
舉行「絲絨革命」之後第二次國會大選。在這次選舉中，公民民主黨
(ODS) 和爭取民主斯洛伐克運動 (HZDS) 分別在捷克和斯洛伐克贏得大
選。由於兩個政黨對國家體制、總統大選和經濟改革等議題，意見相左，
無法妥協。前者，主張保持現行的聯邦制國家，否則就各自分離，並堅持
哈維爾繼續擔任國家元首，以及持續推展休克療法的經濟改革；後者，則
主張建立由兩個具有國際法主體地位的共和國組成邦聯，或國家聯盟，並
反對哈維爾連任總統，以及採取適合斯洛伐克國情的溫和經濟改革路線。
這兩個曾攜手合作迫使共黨交出政權而崛起的政黨，當共黨分崩離析後，
卻因各有獨鍾，不得不分道揚鑣。雙方經過多次談判，終於對聯邦解體達
成協議。同年 7 月 2 日，決定組成聯邦過渡性政府，著手進行有關聯邦分
離各項工作。在這段過渡期間，聯邦總統懸缺，兩個共和國分別通過新憲
法；10 月 8 日聯邦議會通過〈權限法〉，將聯邦政府部分職權轉移到各共
和國，並進一步就聯邦解體方式和財產分割等問題進行協商，簽訂〈雙邊
友好條約〉，和二十多項協議。當時，在野政黨基本上反對聯邦解體，使得

〈聯邦解體法〉遲至 11 月 25 日聯邦議會第三次表決時，始達到法定票數過關。於是，捷克與斯洛伐克聯邦共和國至 1992 年 12 月 31 日自動解散，亦即捷克共和國與斯洛伐克共和國，和平分離，各自獨立。捷克與斯洛伐克聯邦共和國的分裂已成定局後，捷克乃將剛制訂的新憲法，重新審議，於是年 12 月 16 日正式通過，並在 1993 年 1 月 1 日實行生效。

(二)政黨政治的發展

過去在共黨極權控制下的捷克斯洛伐克，獲准登記的政黨計有：捷克斯洛伐克共產黨 (KPC)、斯洛伐琪亞共產黨 (KPS)、捷克斯洛伐克社會黨 (CSI)、捷克斯洛伐克人民黨 (CSL)、自由黨 (SSI) 和斯洛伐克復興黨 (SSO) 等六個。斯洛伐琪亞共產黨、自由黨和復興黨等三個政黨，屬地區性，僅局限在斯洛伐克活動。不過，儘管共黨統治下的捷克斯洛伐克容許多黨存在，美其名所謂「多黨合作」，共享權力。事實上，其他政黨根本毫無自主性可言，仍是依附共黨的尾巴黨，唯共黨馬首是瞻，產生不了制衡作用。但自 1989 年 11 月「絲絨革命」以後，捷克的政治生態煥然一新，政黨重組有如雨後春筍，呈現「百花齊放、百家爭鳴」的局面。根據官方公布的資料，至 2012 年合法登記的政黨和政治運動組織，約有五、六十個之多。茲就在國會較具有影響的政黨簡介如下：

1.社會民主黨 (Czech Social Democratic Party)：成立於 1878 年。有黨員一萬一千五百名，1938 年解散，1945 年又恢復活動，1948 年 6 月 27 日與捷共合併。1989 年 11 月 19 日開始獨立活動。1990 年和 1992 年大選後，在議會和社會上有較大影響。自稱中左派政黨，政治上主張維護工人和其他勞動者的利益，經濟上主張實行社會市場經濟。該黨在 1996 年 6 月大選中得票率猛增，成為議會第二大黨，其主席米洛什‧齊曼 (Milos Zeman) 當選為捷克議會眾議院主席。1997 年底公民民主黨分裂後一度成為議會第一大黨，在 1998 年 6 月舉行的議會眾議院提前大選中，社民黨得票率 32%，居第一位。在 2006 年 6 月的選舉中，社民黨贏得了 32.3% 的

得票率，在眾議院拿下七十四席、參議院拿下六席。

　2.公民民主黨 (Civil and Democratic Party)：成立於 1991 年 4 月，其前身為 1989 年 11 月成立的「公民論壇」。該黨屬右派政黨，主張民主、自由，強調繼承歐洲基督教傳統、捷克第一共和國的人道和民主傳統，反對馬列主義意識型態和任何形式的集體化傾向，主張實行徹底的私有化和市場經濟。1998 年 2 月，該黨一部分領導及議員退出公民黨，成立了新的政黨——自由聯盟，使公民黨實力受損，之後有所恢復。在 2002 年眾議院選舉中，公民民主黨獲得了五十八席，落居第二大黨，這也是公民民主黨第一次成為在野黨。2006 年選舉，公民民主黨獲得八十一個席次，成為眾議院最大黨。並與基督教民主聯盟和綠黨 (SZ) 組成了執政聯盟。並於該年與英國保守黨簽署協議，離開歐洲人民黨。2009 年組成新的反聯邦黨團——歐洲改革運動 (Movement for European Reform)。

　3.基督教民主聯盟－捷克人民黨 (Christ and Democratic Union-Czechoslovak People's Party)：成立於 1918 年 9 月。1945 年加入捷共的民族陣線，1989 年 11 月恢復了原黨的「非社會主義傳統」，自稱中右派政黨。在 2006 年 6 月的選舉中得票率 7.2%，獲得兩百席中的十三席，組成執政聯盟。

　4.捷克和摩拉維亞共產黨 (Communist Party of Czech and Moravia)：由原捷克斯洛伐克共產黨演變而來，成立於 1990 年 3 月 31 日。該黨在 1990 年、1992 年、1996 年 6 月和 1998 年 6 月的議會選舉中都獲得一定席位，並進入議會。有黨員十六萬人，實際參加活動的黨員約三萬人。1992 年，該黨分裂出許多政黨，其中包括「民主左派黨」與「左派集團」。之後這兩黨再合併為社會民主黨，與捷克和摩拉維亞共產黨進行多次合作。2002 年捷克大選，該黨獲得 18.5% 的選票，以四十一席成為國會第三大黨。2008 年 11 月，捷克參議院表示該黨黨綱與《捷克憲法》牴觸，要求捷克最高法院解散該黨，但未通過。2009 年歐洲議會選舉，拿下 14.18% 的得票率。

　5.自由聯盟 (Freedom Union)：係由公民民主黨裂變後成立於 1998 年

2 月的右派政黨。奉行較開放的政策，主張自由市場經濟，遵循市場規律和公正的準則，傾向於中產階級和中小企業。強調建立防止左派的堅固堤防，恢復人們對右派政治的信任。

自共黨政權垮臺後，捷克在 90 年代分別於 1990 年 6 月、1992 年 6 月和 1996 年 6 月舉行國會大選，1998 年 6 月因政局不穩，提前改選。1990 年 6 月，係捷克共黨政權和平轉移之後首次舉行的自由選舉。其後，布拉格和布拉提斯拉瓦之間為聯邦體制問題爭執不休，國會乃決定提前在 1992 年 6 月舉行大選，俾為捷克和斯洛伐克正式走向分裂鋪路。1996 年 6 月，則是捷克分裂以後的第一次國會大選，由於 1990 年的大選，捷克斯洛伐克剛擺脫共黨控制，各政黨仍處在政黨政治初步發展階段，亟待調適，尤其布拉格和布拉提斯拉瓦之間失和，因此，國會生態尚屬不穩定性狀態。不過，從 1992 年以後的二屆國會大選看來，反映捷克各階層利益的國會生態，基本上已趨於穩定發展。

1998 年 6 月和 2002 年 6 月的國會大選中，走中間偏左路線的社會民主黨，躍居第一大黨；但在國會中，並無法掌握絕對多數，只能和另一個小黨自由聯盟，聯合組成少數政府。導致社民黨和退居在野的公民民主黨偶有暗盤利益輸送，被輿論非議。

此外，以捷克和斯洛伐克的和平分離而言，無疑地，這種和平分裂使布拉格政府非但得以拋棄糾纏不清的包袱，擺脫來自斯洛伐克的牽制壓力，而且還可專注改革事業，集中精力推進各項改革方案。過去，捷克和斯洛伐克結為聯邦時期，民族院一百五十席當中，捷克和斯洛伐克兩共和國各分配一半席次，即各七十五席，顯然斯洛伐克占盡便宜，可以左右國家重大決策；況且，斯洛伐克的經濟發展也較捷克落後許多。如今，分裂後的形勢大為改觀，捷克不再受來自布拉提斯拉瓦的任何制約，可不必遷就這個昔日姊妹國的現實利益，而可全心凝聚改革力量，步上民主化坦途。再以國會大選而言，如前所述，政黨生態良性穩定發展，國會未出現政黨林立現象。公民民主黨是所有東歐新興民主國家當中，唯一可以在三次國會

大選保持繼續執政地位的政黨。這一方面正說明執政的公民民主黨所推動的改革政策獲絕大多數選民支持，另一方面也反映捷克的政局趨向穩定，不像其他東歐國家權力鬥爭那麼激烈。至於就立法績效來看，在新舊制度交替過程，新法取代舊法，或制訂迎合民主潮流和配合改革進程的諸多法令，乃是艱鉅的政治工程。捷克國會在與斯洛伐克分裂前後短短五年光景，制訂或修訂達五百餘項法案，健全法律秩序，使得捷克的民主化和私有化進程得以循軌運作，比其他東歐國家更令人刮目相看。

其次，就經濟改革來看，捷克在從社會主義體制的計畫經濟轉軌到市場經濟的初期，如同其他東歐社會主義國家在開始變革時，經濟成長顯著呈現下滑，如1991年有14.7%的負成長，通貨膨脹劇升，高達57.8%，只有失業率因其工業基礎雄厚，觀光客眾多，所受到的衝擊沒有其他東歐國家那麼嚴重，僅4.1%。1994年以後，捷克歷經四年嚴峻的私有化改革，終於露出曙光，展現成效。經濟成長由1994年的2.6%，至1995年和1996年，又增長超過4%。在通貨膨脹方面，也從二位數逐年下降，至1996年降至8.8%，為同時期東歐前社會主義國家最低者。惟1998年至2000年，因受國際經濟不景氣的衝擊，經濟成長略有下降。至於外債和外貿，前者，布拉格政府為了振興經濟，不得不向國際貨幣基金和世界銀行，以及歐洲聯盟國家進行借貸。因此，1993年之後，捷克的外債呈現直線上升跡象，至1996年已達一百八十五億美元之多。惟其外債，遠比波蘭、匈牙利、羅馬尼亞等國還低了不少。而後者，由於「經互會」的解散，使得捷克喪失前社會主義陣營的固定市場，再加上國內市場經濟形態剛起步，一方面要適應現代企業經營模式，另一方面在國際市場激烈競爭情況下，行銷理念與策略也亟待提升。尤有甚者，捷克和斯洛伐克分裂後，雙方處在「冷和」狀態，捷克對斯洛伐克的出口受制，致使捷克的外貿出現逆差。只有1993年有過約十億克朗（相當四千萬美元）順差外，1994年至1996年則呈逆差現象，並有擴增趨勢（1994年為十二億五千萬克朗，1995年八十一億四千萬克朗，1996年一百四十億一千萬克朗）。捷克於2006年被世

界銀行列入已開發國家行列,是東歐國家中經濟發展情況良好的國家之一。捷克的出口對象是歐盟成員,尤其是德國。

㈢對外關係以歐洲化為主軸

除此之外,「非共化」後捷克的對外關係,足以顯示後共產主義時期捷克政治發展的另一個重要標誌,就是擺脫過去四十年「蘇維埃化」的烙印,而實現歐洲化,自 1989 年布拉格政府權力和平轉移以來,即倡行以「返回歐洲」為中心的對外政策;「西向政策」乃是這個有歐洲「心臟國家」之稱的外交政策主軸,簡言之,即是把建立對外關係的箭頭瞄準鄰近的西歐國家。具體言之,布拉格唯有更親近西歐,才有機會融入歐洲社會。為此,捷克展開一系列的外交行動,舉凡為加強與歐洲聯盟的關係,於 1991 年與其簽訂〈聯繫國協定〉(1993 年捷克和斯洛伐克分裂後,又再度重簽);同年因保障人權和推動民主改革受到肯定,獲准加入歐洲理事會(1993 年 1 月捷、斯兩國分裂後,再重新加入);1994 年 3 月,與北約組織簽訂〈和平伙伴關係〉,為進一步加入北約鋪路;1995 年 11 月 28 日因經濟改革績效顯著,成為東歐前社會主義國家第一個獲得經濟合作暨發展組織認可,躍升經濟發達國家俱樂部的正式成員;1996 年 1 月 22 日正式向歐洲聯盟提出入會申請;1997 年 7 月 8 日,在馬德里舉行的北約高峰會議,捷克、波蘭和匈牙利成為第一批獲准加盟北約的前華沙公約國家;隨後,歐洲聯盟的執行委員會也正緊鑼密鼓,進行組織結構的調整,準備接納捷、波、匈等前經互會成員,並在 1999 年 3 月獲准正式加入北約組織,2004 年成為歐盟會員國。凡此種種,正說明捷克已實現其「返回歐洲」的國家目標。

當捷克一心一意邁向歐洲化之際,對外關係的拓展寧可採以「西向」優先,「東向」次之的對外政策,最足以說明的例證,一是捷克和斯洛伐克和平分家後的雙邊關係發展;二是捷克與德國捐棄歷史遺留舊恨,簽署和解宣言,互表歉意。前者,捷克和斯洛伐克這二個民族曾長達七十四年同舟共濟生活在同一個國度裡,照理說應如同剛要和平分離時信誓旦旦,彼

此建立「超乎常態」的友誼關係，雙方不但簽訂了六十一個國際條約和七十項相關部門合作關係協定，而且雙邊高層互訪制度化，總統每年一次，總理每年二次，藉以增進遠比其他鄰邦更友好的關係。可是，事後的發展，證明布拉格和布拉提斯拉瓦之間仍存在難解的心結，最突出的問題還是以前聯邦財產處理為爭執焦點。斯洛伐克一直抱怨捷克遲遲不交出由原國庫分配到的四‧五噸黃金。布拉格當局雖不否認，但指控布拉提斯拉瓦對原聯邦國家銀行有二百四十七億克朗應由斯洛伐克承擔的債務，卻置之不理。雙方脣槍舌戰，互不相讓，導致分裂後四年來總理互訪未曾舉行，連最起碼的正常化關係也面臨考驗。

　　反觀後者，在第二次世界大戰前後，由於蘇臺德問題的恩恩怨怨而埋下捷克與德國之間關係正常化的障礙。從 1938 年經由〈慕尼黑協定〉，納粹德國強行併吞蘇臺德，隨即占領捷克，蹂躪人民，掠奪財物，殺害成千上萬無辜百姓。至 1945 年戰爭結束後，蘇臺德歸還捷克，布拉格共黨政府罔顧人權道德，以牙還牙，驅逐近三百萬德裔，沒收財產，並剝奪公民權，又明顯地加深兩國人民的仇恨。1989 年 11 月布拉格出現「絲絨革命」，政權和平轉移；隨後，1990 年 10 月，分裂長達四十年的東、西德也完成和平統一；歐洲在冷戰落幕後的大氣候影響下，再配合捷克返回歐洲的強烈意願，以及統一後的德國試圖在國際社會提升其發言權，不得不塑造良好形象，與在歷史上有領土糾葛的鄰邦，建立睦鄰關係，才使捷克與德國之間樂於化解彼此間的歷史創痛。為時近二年的談判，兩國政府首長克勞斯和科爾終於在 1996 年 12 月 21 日在布拉格簽署〈和解宣言〉，相互取得諒解，同意設立「捷德未來基金」，用於關照「共同利益項目」。布拉格政府之所以無視不少民意的反對，而力求與德國互諒互解，言歸於好，乃期望德國政府能助其一臂之力，早日加入北約和歐洲聯盟。顯然地，捷克此種「西向」的國家利益，遠比「東向」與其昔日有兄弟情誼的斯洛伐克加強緊密關係，要來得更具現實性和迫切性。

三、匈牙利——理性邁向自由之路

　　1988 年 5 月匈共召開特別黨代表大會，在位長達三十年的卡達被迫辭去中央第一書記，改革派取得領導權。從此，匈共由上而下帶動變革，不但平反曾是政治敏感禁區的伊默‧納吉事件，進而容許社會多元化，而且匈共更宣布劃時代抉擇，放棄馬列主義，與過去歷史劃清界線，改名社會黨，使「革命政黨」屬性蛻變為「民主政黨」，開啟國際共產主義運動史上未有的先例，樹立東歐共黨脫胎換骨的新典範。

㈠民主憲政的建立

　　在通往民主道路的進程中，匈牙利歷經抗暴流血教訓後，轉而迂迴漸進迴避莫斯科的壓力，以致內外在條件成熟時，放手突破難關，終於邁向民主坦途。匈國於 1990 年 3 月 25 日和 4 月 8 日舉行戰後以來第一次自由選舉，結果由異議分子結合成立的「民主論壇」贏得大選，而執政長達四十年甫由匈共蛻變的社會黨卻慘遭滑鐵盧，僅獲 8.5% 的得票率，排名第四位。不過四年後，社會黨東山再起，在 1994 年 5 月 8 日和 29 日兩回合的大選中大有斬獲，當選二百零九席，可在國會控制絕對多數，成為第一大黨。這是繼立陶宛和波蘭之後，由匈牙利共黨改革派原班人馬捲土重來，重新掌權。

　　社會黨當初在政權和平轉移前後，即效法西方，大幅度翻修 1949 年制訂的史達林模式憲法，其中修改了三分之二以上的條文，並增訂三十一條，以順應民主潮流。由共黨「一黨專政」走向多黨民主，其體制變革重點計有：更改國號，放棄具有蘇聯衛星國標誌的「人民共和國」，而恢復戰前的「匈牙利共和國」之名；改採內閣制，將一院制國會選舉產生之共和國主席團主席改稱總統，象徵虛位元首，任期由五年縮短為四年，得連任一次；國會改採西方民主議會型態，是代表人民之最高權力機關，不再

是匈共的橡皮圖章，議員由任期五年改為四年，得連選連任。因國會內朝野涇渭分明，反對黨足以發揮監督和制衡功能，與往日「一黨專政」景象有天壤之別。

　　1990 年 3 月，戰後以來首次舉行自由選舉，始採用新的選舉制度，這是吸取德、法兩國選舉方式之優點，並保留某些傳統的所謂「單一選區和比例代表混合制」；匈牙利因為實行這種選舉制度，不至於在國會出現政黨林立的現象，使得匈國的政黨政治朝著穩健方向發展。2011 年 4 月 18 日，討論多時的匈牙利新憲法，終於在國會以兩百六十二票贊成、四十四票反對、一票棄權通過，這部名為〈基本法〉的新憲法於 2012 年 1 月 1 日正式生效，並將國名從匈牙利共和國改為匈牙利。然歐盟事務的重要入口網站歐盟動態 (EurActiv) 指出，新憲法不僅損及媒體多元，也損及中央銀行、司法與媒體的獨立自主，更有違宗教自由。作家康拉德等人也聯名發表聲明，指這是自 1989 年共產獨裁者垮臺以來，匈牙利首次出現的集權作法。但匈牙利總統施密特堅稱，新憲法經過廣泛討論，並以國家與歐洲的價值為基礎。施密特堅持施行遭到非議的〈基本法〉，此舉可能導致匈牙利遭到歐盟驅逐的危機。

㈡擺脫經濟困境

　　後共產時期匈牙利的經濟發展決定放棄以往馬列主義的計畫經濟，改採自由市場經濟；就私有化進程來看，「民主論壇」從 1990 年至 1994 年執政期間，在 1990 年 9 月公布「三年復興計畫」，其重點之一，即建立一個與世界市場相結合，並在私有制基礎上的和現代化的福利市場經濟。1992年為反通貨膨脹和建立可兌換貨幣年；1993 年為穩定和啟動的一年；1994年為增長和向歐洲緊靠的一年。不過，此一目標並未達到，直至 1994 年上半年為止，國營企業私有化程度約實行六成左右。之所以進展不快的主因，乃在於沒有專責機構，如同東德的託管局和波蘭的私有化部，以及各政黨熱中權力鬥爭，致使私有化進程速度放慢。頗值一提者，私有企業占國內

生產總值，已從 1990 年的 20%，至 1993 年擴增至 50% 以上，可見，市場
經濟已展現活力。90 年代初期，匈牙利經濟發展指標不理想的原因，除了
共黨政權留下爛攤子短期間內不易克服外，東歐經互會於 1990 年宣告解散
後，也使匈共雪上加霜，與東歐國家傳統的經貿關係，對其外貿結構衝擊
甚大，波及其國際收支平衡。自 2004 年 5 月 1 日成為歐盟新成員之一，匈
牙利經濟增長繼續表現出強勁勢頭 。 目前私有企業貢獻該國 80% 以上的
GDP。2007 年以後，由於全球經濟危機影響，匈牙利經濟迅速衰退，是本
次全球經濟危機的重災國之一。在經濟方面還需多方改革，才能重挽頹勢，
進一步發展。

㈢政黨政治的發展

　　匈牙利在社會主義勞工黨（即匈共本名）統治四十年期間，憲法第三
條明文規定一黨專政，「工人階級的馬列主義的黨是社會的領導力量」，不
准其他政黨存在。直到 1988 年布達佩斯當局在戈巴契夫的「新政治思維」
影響下，始放手推動「由上而下」的政治改革，逐步解除對異議團體的鎮
壓，容許反對力量的集會與結社。如「民主論壇」、「科學工作者民主工會」
相繼成立。並於 1989 年 10 月，通過憲法的修改，政治團體才取得合法的
地位。 至 2012 年在匈牙利登記註冊中較活躍的政黨約有四十餘個。 經過
1990 年 3 月、1994 年 5 月和 1998 年 5 月的國會大選後能夠在國會取得議
席的政黨茲介紹如下：

　　1.青年民主主義者聯盟——匈牙利公民黨 (Hungarian Citizens' Party)：
1988 年 3 月底成立，主要組成為青年知識分子，主張議會民主要奠基在政
治力量自由競爭的基礎上、自由市場經濟和建立社會福利體制、回歸歐洲
社會。在 1998 年的大選中一躍成為第一大黨，並於同年 7 月和小農黨與民
主論壇組成聯合政府。在 2010 年的匈牙利國會選舉中獲得總共三百八十六
席中的二百二十七席，成為匈牙利的第一大黨，同時為歐洲人民黨的成員。
從 2010 年至今，已連續四屆執政，呈現一黨獨大的情形。

2. 獨立小農和公民黨 (Independent Party of Smallholders, Agrarian Workers and Citizens)：1998 年 11 月 18 日成立，主要成員為農民；主張充分實現人的自由權利、公民民主的價值、建立法治國家，並認為應加速私有化。

3. 匈牙利民主論壇 (Hungarian Democratic Forum)：成立於 1987 年 2 月，大部分成員是知識分子，政治綱領是摒棄暴力手段，把維護民族利益和民族價值，以及實現社會民主化放在同等重要地位，實行地方自治；經濟上主張以建立中小企業為基礎的市場經濟，並將私有化放在首位。1990 年成為歐洲民主黨執政局成員。黨內大致可分為三派：基督民主派、人民－民族派、民族自由派。

4. 匈牙利社會黨 (Hungarian Socialist Party)：1989 年 10 月 7 日由匈牙利社會主義勞工黨改名而成，40% 以上的黨員自高等學校畢業，基層組織有一千八百四十四個。主張實行多黨制及實行以混合所有制為基礎的市場經濟。社會黨由匈共脫胎換骨後宣稱，匈牙利社會黨既不是社會黨，也不會是共產黨，而是社會黨和共產黨的結合，並決定和無產階級專政、民主集中制、階級政策分裂。1990 年 5 月召開第二次代表大會第一階段會議，並在該次會議中確立三大任務：在國會中完成作反對黨的任務、組織和建設黨、準備地方選舉。同年 11 月並召開第二階段的會議，通過七點綱領聲明和新黨章，強調黨的歷史任務是加強左派力量，為東山再起鋪路。2010 年匈牙利議會選舉，社會黨大敗，得票率滑落至 19.3%，敵對陣營青年民主主義者聯盟－匈牙利公民聯盟取得三分之二多數。目前社會黨為最大反對黨。

5. 自由民主主義者聯盟 (Alliance of Free Democrats)：1988 年成立，大部分是新一代的青年，主張建立一個獨立、民主、福利國家，實現自由經營，建立發達資本主義國家模式。

6. 匈牙利真理與生活黨 (Hungarian Justice and Life Party)：由 1993 年自民主論壇分裂出來的右派人士組成，主張建立新的匈牙利中產階級，要

求支持民族文化和執行獨立的民族外交政策；1998 年首次進入國會。

7.基督教民主人民黨 (Kereszténydemokrata Néppárt, KDNP)：成立於 1989 年。2005 年，與青年民主主義者聯盟簽署選舉合作協議。2006 年，兩黨聯盟得票率 42%，拿下一百六十四席。獲得二十三席的基督教民主人民黨決定組成獨立的議會黨團，為議會第三大黨團。該黨團與青年民主主義者聯盟仍密切合作。

後共產主義時代匈牙利的政經情勢，在政治方面，基本上已步上民主軌道，政黨政治正在穩定成長中。議會未出現政黨林立現象，國會中各政黨的消長頗能反映國內各階層利益的變化。從 1990 年至 2002 年的四屆國會大選比較看來，匈國選民選擇「鐘擺效應」，讓左右兩派政黨輪流執政，成為後共產主義時期，東歐政黨政治相當突出的特色。具體的說，由於匈國受西方文化影響較深，比較容易建立民主政治的基礎。因此當 1989 年東歐掀起民主化風潮時，匈牙利表現得最和平理性，政局最穩定。不過，在經濟方面，因長期受到社會主義的桎梏，一時轉變經濟體制並非易事。況且歷史上還沒有過由中央指令性計畫經濟過渡到市場經濟的經驗，必須根據本國條件，自行摸索，種種不可期的變數，難以掌控。但至 1997 年，匈牙利向市場經濟體制轉軌大致完成；1998 年私有化過程基本工作結束，通貨膨脹率已降至 13.6%，失業率亦僅有 9.2%。至 2000 年通貨膨脹率又降至 10% 以下，經濟成長率維持 5%。

至於對外政策方面，後共產時期以來的三個基本點分別是：全面發展和西方國家的關係，加快西向政策步伐以融入歐洲聯盟；努力解決和周邊國家的爭端，建立睦鄰邦交；維護國外匈牙利裔人的權利。匈牙利於 1990 年 11 月 6 日加入歐洲理事會，1996 年 5 月 7 日加入經濟合作暨發展組織；並在 1999 年 3 月 12 日正式成為北約的成員國，2004 年 5 月加入歐洲聯盟，終於實現融入歐洲大家庭的進程。

四、羅馬尼亞──「不改革就革命」的教訓

當 1989 年 12 月爆發流血革命之後，羅馬尼亞的民主化進程並未如同匈牙利、波蘭和捷克等國那麼平和順利，還得在 1996 年 11 月，經由國會和總統的大選，進行所謂的「第二次革命」，其政經改革始有突破性的進展。欲瞭解後共產主義時期羅馬尼亞的發展大勢，有必要先從「十二月革命」以來的憲政著手。

羅國劃時代嶄新的民主憲法於 1991 年 11 月 21 日經國會批准後，並在 12 月 8 日再交全民公決正式通過實施。羅馬尼亞乃繼保加利亞（1991年 7 月 12 日）之後，成為東歐各國民主化以來，第二個制訂全新面貌民主憲法的東歐國家；這部憲法內容有相當程度採用法國憲法精髓，仿效法國雙首長總統內閣制的政體。

圖 17　布加勒斯特的「十二月革命」（羅馬尼亞歷史博物館）

㈠政黨政治的發展

1990 年之後，羅馬尼亞政治生態大為改觀，一方面新興政黨有如雨後春筍，另一方面由於羅共過去的惡名昭彰，人民深受其害，「救國陣線」執政後，立即頒布法令，禁止共黨活動，使羅共原班人馬不得不另起爐灶，改頭換面，重新出發參與政治活動。茲舉其較具影響力的政黨簡述如下：

　　1.民主協議會 (Democratic Convention of Romania)：其前身為民主聯盟 (Democratic Union)，創建於 1990 年。

　　1990 年 12 月 15 日，羅馬尼亞政壇上最主要的六個反對黨，即國家自由黨、國家農民黨、社會民主黨、匈牙利民主聯盟、生態黨和生態運動宣布成立「全國建立民主協議會」，並尋求「公民聯盟」和「大學生協議會」等組織的支持。

　　民主協議會是在 1992 年 2 月舉行的地方選舉中由主要反對當時執政的民主救國陣線 (Democratic National Salvation Front, DNSF) 的政黨所組成，共包含十八個政黨和組織。在 1992 年國會大選中，民主協議會贏得 20% 的選票，僅次於民主救國陣線，並提名康斯坦丁內斯古 (E. Constantinescu) 與伊列斯古競選總統。民主協議會曾經聯合匈牙利民主聯盟 (UDMR)，但是在 1995 年 6 月拒絕匈牙利民主聯盟所提出的政治合作，原因是匈牙利民主聯盟太過於強調民族主義。康斯坦丁內斯古在 1996 年競選總統時承諾加速私有化和鼓勵國內和外資投資，導致羅馬尼亞社會民主黨 (Romanian Social Democratic Party, PSDR) 離開民主協議會。隨後，康斯坦丁內斯古在十一月第二輪的選舉中，擊敗伊列斯古，獲選總統，並在參議院、眾議院各獲得 30.7% 與 30.2% 的選票。不過，民主協議會在 1996 年贏得大選後，由於內部成員複雜，意識型態各有所本，致使政經改革步調爭吵不休，抵消改革力量，政績不彰，人民大失所望，最終導致民主協議會分崩離析，其成員於 2000 年 11 月大選中，無法通過大選門檻，全軍覆沒。

2.社會民主黨 (Social Democratic Party of Romania, PDSR)：1992 年 3 月救國陣線分裂，4 月，部分人另立新黨稱民主救國陣線，在同年 9 月的議會選舉中，贏得兩院的多數議席，並安全的支持伊列斯古在 10 月 11 日第二輪選舉中贏得總統職位。1993 年 7 月，民主救國陣線舉行全國代表會議，10 日決定由民主救國陣線、羅馬尼亞社會民主黨 (Romanian Social Democratic Party, PSDR) 和共和黨 (Republican Party, PR) 合併，更名社會民主黨。羅馬尼亞社會民主黨是一個由左派分子所組成的政黨，共和黨是屬於中間性政黨，主張企業自由，於 1991 年 5 月 20 日，由共和黨和社會自由黨 (Social Liberal Party) 合併所組成。羅馬尼亞社會民主黨為擺脫少數政府困境，於 1994 年 8 月將羅馬尼亞民族團結黨 (Romanian National Unity Party, PUNR) 納入聯合政府，並在外部尋求大羅馬尼亞黨和社會主義勞動黨的支持。然而，日後的摩擦使這三個政黨先後在 1995 年 10 月和 1996 年 9 月放棄支持社會民主黨。在 1996 年 6 月布加勒斯特市長的選舉中，該黨提名的前網球明星納斯塔塞 (I. Nastase) 輸掉了選舉。在 1996 年 11 月舉行的總統選舉中，伊列斯古也在第二輪決選中敗給了民主協議會的候選人康斯坦丁內斯古，在眾議院只取得 21.5% 的選票，成為最大的反對黨。社會民主黨強調該黨是中左政黨，主張新的社會民主主義，實施社會市場經濟。而且在國會大選中也以得到 13% 的選票，僅次於民主協議會和社會民主黨，排名第三。2000 年 11 月的大選中，社民黨又和民主社會黨 (Democratic Social Party of Romania)、人道黨 (Humanist Party of Romania) 共組民主社會同盟，分別在眾議院獲得 36.6%，參議院 37.1% 的選票，成為第一大黨，取得執政地位，其所推出的總統候選人伊列斯古，東山再起，在第二回合的選戰中，以 70.2% 的高票，又登上總統寶座。

3.社會民主聯盟 (Social Democratic Union, USD)：社會民主聯盟創建於 1996 年 1 月，為民主黨－救國陣線 (Democratic Party-National Salvation Front, PD-FSN) 和傳統的羅馬尼亞社會民主黨兩政黨結盟所形成。在組織運作上，兩政黨各自保有自己的政黨結構和權力，僅藉由一個聯合對等的委

員會進行協商運作，而這個委員會的主席輪流由兩黨領袖擔任。在 1996 年 11 月舉行的總統選舉中，社會民主聯盟政黨聯合主席羅曼得票排名第三。

民主黨－救國陣線原稱救國陣線，1989 年 12 月 22 日成立；1990 年 2 月 6 日登記註冊為政黨，1990 年 5 月大選後成為執政黨。1990 年 7 月 6 日，救國陣線宣稱將以社會－民主的標記，重新整合。伊列斯古當選總統後，因為羅國法律禁止總統擔任個別政黨的領袖，於是伊列斯古交出大權給羅曼。1991 年 3 月 16 至 17 日，在救國陣線的第一次全國代表大會上，由於當時擔任羅國總理的羅曼提出 「羅馬尼亞的未來」 (A Future for Romania) 的計畫，贊成自由市場改革，此項計畫受到伊列斯古支持者陣營的批評。1991 年 9 月一場為尋求改善勞動條件的礦工騷動事件，迫使羅曼辭去總理職位，導致羅曼與伊列斯古的公開衝突。1992 年 3 月 27 日至 29 日，救國陣線舉行了第二次全國代表大會，羅曼派主張堅持 1991 年的綱領，加快大規模的私有化和急速向市場經濟過渡的步伐。並在表決中取得勝利，此舉導致了救國陣線的分裂。羅曼在 1992 年 9 月總統大選的所有候選人中排名第四。該黨在議會中共獲得 10% 的選票，僅次於民主救國陣線和民主協議會，排名第三。1996 年 2 月，羅曼接受民主黨－救國陣線的提名角逐總統寶座，選舉結果仍以排名第三而無法出線。可是在議會選舉中，羅曼領導的政黨在參眾兩院各贏得二十二席與四十三席。在此同時，該黨受到社會主義國際 (Socialist International) 授予諮商會員 (Consultative Member) 的身分。

至於羅馬尼亞社會民主黨屬於中間偏左的政黨，創建於 1893 年，共黨統治時期被共黨強迫合併，羅共垮臺後，重建於 1989 年。當時雖有數個團體宣稱是社會民主黨的繼承者，但唯有社會主義國際僅承認其合法會員地位。在 1992 年的大選中，羅馬尼亞社會民主黨與民主協議會站在同一陣營，並贏得十席眾議院和一席參議院議席。雖然在 1996 年 11 月大選，這個社民黨仍與民主協議會保持一定關係，但最後還是選擇正式與民主黨－救國陣線聯盟，並在該次選舉中贏得十席眾院和一席參院議席。

4.匈牙利民主聯盟 (Hungarian Democratic Union of Romania, UDMR)：匈牙利民主聯盟是在羅馬尼亞匈牙利族裔的代表。1990 年 5 月選舉中，得票率達 7.2%，排名第二。1992 年的選舉中得票雖稍有增加，但在國會中卻淪為第五大黨。隨著德莫庫司 (G. Domokos) 辭去匈牙利民主聯盟主席，溫和的馬爾庫 (B. Marko) 在 1993 年 1 月被選為主席，而激進的托克斯 (L. Tokes) 被迫接受榮譽主席的任命。1995 年中匈牙利民主聯盟拒絕與其他反對黨建立政治合作關係，主張成為一個民族主義的政黨。匈牙利民主聯盟在 1996 年 11 月的大選，獲得 6.6% 的選票，在參院贏得十一席、眾院贏得二十五席，其後並加入以民主協議會為首的聯合政府，該黨擁有一定的基本票源，故其在國會的議席呈現穩定。

5.羅馬尼亞民族團結黨 (Romanian National Unity Party, PUNR)：成立於 1990 年 3 月 15 日，由原外息爾凡尼亞羅馬尼亞民族聯盟黨和羅馬尼亞人民陣線合併而成。在 1992 年大選中排名第五，贏得 8% 的選票，在參院與眾院各擁有十四與三十個議席 。 羅馬尼亞民族團結黨在 1994 年 8 月加入當時社會民主主義黨的聯合政府，隨後兩黨的和諧關係在 1995 年中逐漸破裂。導火線為羅馬尼亞民族團結黨要求分配外交閣員，並批評當時政府為尋求與匈牙利關係的正常化，作出太多的讓步，為此羅馬尼亞民族團結黨的發言人威脅要求退出聯盟或提早進行改選。後來羅馬尼亞民族團結黨調整本身的定位，繼續留在聯合政府中，但彼此緊張關係並沒有消除，特別是在 1996 年 1 月社會民主主義黨突然開除羅馬尼亞民族團結黨文宣部長的職位。後來羅馬尼亞民族團結黨在 3 月宣稱退出聯合政府，但隨後還是打消此一念頭。

最後，由於羅馬尼亞民族團結黨主席富納爾 (G. Funar) 公開發表言論攻擊當時總統伊列斯古，不能接受其與匈牙利簽訂條約——關於少數民族問題所作的讓步。導致當時總理立即在 9 月撤除所有羅馬尼亞民族團結黨四個內閣閣員的職位，只有該黨運輸部部長諾瓦奇 (A. Novac) 選擇脫黨成為獨立人士留在內閣中。羅馬尼亞民族團結黨在 1996 年 10 月出現分裂，

致使富納爾在同年 11 月的總統大選中僅贏得些許票數，在議會中也僅贏得
4.4% 的選票。

　　6.大羅馬尼亞黨 (Great Romania Party, PRM)：政黨屬性傾向於國家主
義黨，主張大羅馬尼亞運動。在 1992 年的大選中，大羅馬尼亞黨贏得 4%
的選票。該黨主席圖多爾 (C. V. Tudor) 曾在 1993 年 3 月 7 日的黨大會中，
公開讚揚西奧塞斯古是羅馬尼亞的愛國者，並描述在 1989 年發生的武裝攻
擊事件是由匈牙利和前蘇聯所發動。1994 年中，大羅馬尼亞黨開始支持當
時的執政聯盟，但這種關係終止於 1995 年 10 月。1996 年 4 月，大羅馬尼
亞黨通過競選綱領，主張採取以下措施：⑴禁止匈牙利民主聯盟的活動；
⑵嚴格限制外資；⑶沒收非法獲得的財產。不久，圖多爾被參議院取消他
的豁免權，並面臨多項的法律指控。但圖多爾仍被提名為大羅馬尼亞黨的
總統候選人，參與同年 11 月所舉行的大選。1996 年 9 月，大羅馬尼亞黨
吸收夫意奇塔 (V. Voichita) 所領導的小黨，然而在隨後的大選中，僅獲得
4.5% 的得票率，還不成氣候。惟 2000 年 11 月圖多爾又捲土重來，在第一
回合總統大選中，居然取得將近 29% 的選票，得在第二回合與前任總統伊
列斯古一較高下。圖氏雖在決選中，僅獲得三分之一的得票率，但其所標
榜的極端民族主義竟然贏得如此多的羅國選民支持，在參、眾兩院議席遽
增，頗受歐洲輿論的關注。

　　7.社會主義勞動黨 (Socialist Labor Party, PSM)：1921 年 5 月 8 日，羅
馬尼亞社會黨召開代表大會，以壓倒多數通過決議，把社會黨改組為「羅
馬尼亞共產黨」(Romanian Communism Party)，並加入第三國際。 1948 年
2 月 21 至 23 日，羅共與社會民主黨舉行聯合代表大會，併吞後者而成立
「羅馬尼亞勞工黨」(Romanian Workers' Party)，1965 年 7 月「勞工黨」大
會，又決議改稱 「羅馬尼亞共產黨」，第一書記改稱總書記。1989 年 12
月，羅共總書記西奧塞斯古被處決，其中央主要領導人被捕受審，羅共遂
告解體。1990 年 11 月 16 日，羅馬尼亞「勞動民主黨」(Labor Democratic
Party) 與原羅共代表舉行會議，決定重建羅共，由兩者合併組成「社會主

義勞動黨」，自稱羅馬尼亞「社會主義運動、工人運動的合法繼承者」，自詡為一個民主左翼政黨，特別標榜要建立一個實行「社會與民族正義、自由和人道尊嚴、提倡民族基本價值的社會而奮鬥」，主張市場經濟與宏觀計畫經濟的「有機結合」，在國家監督和非壟斷條件下發展市場經濟，並逐步實行私有化，但對主要國民經濟部門應使「國有制占合理地位」，該黨黨員約有四十萬人。依 1996 年和 2000 年兩次大選的得票率顯示，這個由羅共化身而來的左翼政黨，已喪失政治舞臺，遭羅國人民唾棄。

8. 國家自由黨 (National Liberal Party, PNL)：國家自由黨創建於 1848 年，屬於中間偏右政黨，主張支持自由市場經濟，要求恢復流亡的國王麥可的王位。在 1992 年，前國王拒絕作為國家自由黨總統選舉的候選人，僅在同年 4 月，回國作了短暫訪問，隨後，麥可這個流亡海外的國王，在 1993 年及 1994 年卻被拒於國門之外。國家自由黨是民主協議會的發起成員之一，但是在 1992 年 4 月離開該組織。國家自由黨在 1993 年 2 月舉行會議時，贊成與新自由黨合併並選舉伊列斯古‧昆圖斯 (M. Ionescu-Quintus) 為主席，但此舉導致原主席康佩努 (R. Campeanu) 的不滿，其後更訴諸法庭，1994 年稍早，雖然伊列斯古‧昆圖斯獲得黨內多數的支持，但布加勒斯特法院仍宣判康佩努得以復權。與新自由黨的合併在 1995 年 5 月完成，同時，國家自由黨也吸收公民聯盟黨的部分派系，因此在國會大約擁有十二個議席。由於羅國政黨法禁止在國會內有跨黨的行為，所以這些代表被歸類為無黨派人士，在 1996 年 11 月大選國家自由黨沒有贏得任何議席，可是與民主協議會中的國家自由聯盟和其他團體，達成暫時性的協議，希望朝建立一個統一的自由黨邁進。2000 年 11 月國會大選中，國家自由黨整合大有進展，表現不凡，分別在參、眾兩院贏得十三席及三十席，與民主黨和羅馬尼亞匈牙利民主聯盟是同盟關係；其在 2008 年的議會選舉中贏得了 19.74% 的席位。2014 年克勞斯‧約翰尼斯 (Klaus Iohannis) 成為黨主席，並在同年的總統大選勝出，2019 年再次連任。

從上述主要政黨的簡述看來，後共產主義時期羅馬尼亞的政黨政治仍

相當程度呈現不穩定性。每逢大選均出現重新「洗牌」，分分合合；各黨派為取得執政地位，寧可暫時把各自的意識型態信仰擺一邊，攜手合作；等到走上執政之路，或因分享權力，或因改革理念和策略意見不一，互不相讓，導致削弱改革動力，最終不歡而散。如救國陣線和民主協議會的崛起，然後走向衰退，這種先盛後衰的現象，與其他中東歐國家如波蘭的「團結工聯」、捷克的「公民論壇」和匈牙利的「民主論壇」，顯然如出一轍。

㈡啟動第二次革命

　　觀察羅馬尼亞的政治發展，1996 年羅國總統大選可視為一個重要分水嶺，頗能反映羅國民主化的新里程，很值得略加論述。在探討羅國總統大選所顯示意義之前，有必要對相當具有代表性的兩位候選人的背景略作介紹，俾有助瞭解羅馬尼亞民主化以來的某些面貌。

　　伊列斯古於 1930 年 3 月 3 日生於奧爾特尼塔 (Oltenita)，50 年代先後在布加勒斯特工學院和莫斯科動力學院求學 ； 1944 年加入羅馬尼亞共青團，五年後被擢升至共青團中央黨部工作；1953 年正式成為羅共黨員，次年升任勞動青年聯盟執行局候補委員；1956 年更上一層樓，任共青團中央書記兼全國大學生聯合會主席 ； 1965 年羅共 「九大」 當選為中央候補委員，同年被提拔出任羅共中央宣傳部部長，並獲選大國民議會對外政策委員會副主席 ； 1967 年 12 月再高升出任共青團中央第一書記兼部長會議青年部長；1968 年 4 月當選羅共中央委員，1969 年羅共「十大」被選為羅共中央候補執行委員；1971 年 2 月轉任羅共中央書記，主管宣傳工作，同年失去西奧塞斯古總書記的信任，被解除書記職務，下放地方改任蒂米什瓦拉 (Temesvár) 縣委書記；1974 年 11 月任雅西 (Jassy) 縣第一書記，同年羅共「十一大」再度當選羅共中央候補委員；1979 年 8 月至 1984 年 3 月任全國水利資源委員會主席；1979 年羅馬 「十二大」 再受冷落降為中央委員；1984 年羅共「十三大」落選，改調冷機構，任技術出版社社長；直到1989 年 12 月，伊列斯古復出，領導「救國陣線」推翻西奧塞斯古政權；

1990 年 1 月 1 日當選「救國陣線委員會」執行局主席，2 月 13 日再膺任羅馬尼亞全國聯盟臨時委員會主席，4 月 8 日召開「救國陣線」第一次全國代表會議，被選為領導委員會主席並獲提名為總統候選人；同年 5 月當選為羅馬尼亞首屆民選總統；1992 年 10 月 11 日舉行制憲後首次自由選舉，以 61.43% 的高票再度當選羅國總統。至 1996 年為止伊氏領導羅馬尼亞前後共有七年之久。2000 年 11 月，伊列斯古東山再起，雖在第一回合僅以 36.4% 領先其他八位候選人，但在第二回合就取得 66.8% 的絕對優勢，打敗標榜民族主義的大羅馬尼亞黨推出的候選人圖多爾所得到 33.2% 的支持率。

康斯坦丁內斯古於 1939 年 11 月 19 日生於蒂吉納（現屬摩爾多瓦共和國領土）。60 年代在布加勒斯特大學法律系和地質、地理系求學。1966 年開始在布加勒斯特大學任教，歷任助教、講師、副教授、教授；1979 年取得地質學博士學位；1992 年獲選為布加勒斯特大學校長和全國大學校長委員會主席。同年 10 月，成為民主協議會推出的總統候選人，在選舉中落敗；同年 11 月獲選為民主協議會主席。1996 年康氏捲土重來，在總統大選中擊敗伊列斯古，成為羅國民選後的第二任總統，並於 1996 年 11 月 29 日宣誓就職。惟康氏好景不常，曾一度被羅國人民寄予厚望的「第二次革命」，卻因民主協議會內部成員爭權奪利，而抵制了康斯坦丁內斯古政府的改革成效，迫使他引退。

從以上伊、康二氏的經歷，不難洞察 1996 年總統大選結果所顯示的意義：

1.標誌著羅共勢力的結束和新時代的開始：伊列斯古在位七年，儘管他上臺之初隨即禁止共產黨的活動，也厲行整頓西奧塞斯古政權遺留下來的腐敗惡習，並推動各項改革；但因伊列斯古的背景仍予人有「共黨舊勢力的延續」之感，其手下班底均脫離不了原羅共原班人馬，充其量只是較具改革思想的共產黨黨員。伊氏在 1996 年大選中於第二回合落敗，正象徵著羅共舊勢力的正式終結，也是新時代的開端。不過，為何伊氏還有機

會復出，再度掌權？究其原因不外乎：第一、他領導的社民黨走中間偏左路線，和西歐社民黨或社會黨交往甚密，認同「社會民主」價值，已相當程度獲得人民信任；第二、民主協議會分裂，康斯坦丁內斯古放棄連任意願，使伊列斯古少了一位強勁的對手；第三、在九位候選人當中，還是以伊氏最被看好，不但其知名度高，而且他領導的社民黨也在全國奠定穩定的根基。

2.經由選舉方式步上「第二次革命」：1989 年 12 月，由於西奧塞斯古抗拒改革，始導致一場血腥的流血革命。不過，這個俗稱「十二月革命」的幕後係由羅共改革派暗中策劃，因此羅國革命後的所作所為，共黨統治陰影依舊若隱若現，改革績效乏善可陳。當 1996 年大選人民真正透過自由選舉方式，把舊共黨勢力拉下馬後，由學者出身形象清新，沒有像伊氏顯赫共黨經歷背景的康斯坦丁內斯古上臺，正顯示「新人新政」，可謂進行了寧靜的「第二次革命」。羅國人民期待新的國家領導人得以徹底擺脫過去舊共黨勢力的窠臼，邁向民主法治國家的坦途。同理，經由選舉得勝上臺執政的民主協議會，也因為改革績效不彰，選民亦只好再通過選舉逼其下臺，政黨輪替的選擇權真正掌握在人民手裡。

3.選民民主素養日臻成熟，殷切期望改革百尺竿頭更進一步：羅馬尼亞步上民主化之後，已舉行多次全國性和地方性選舉，人民漸體認到「當家作主」的權利與期待，真正享有選擇政府領導階層的決定權，不再是過去任由羅共擺布的順民。至 1996 年總統大選第一回合中，伊列斯古居領先地位，但因他主政七年內，改革不力，選民終於在第二回合把票投給康斯坦丁內斯古，使得這位形象清新的學者出身的候選人脫穎而出，登上總統寶座。而伊列斯古原本擁有絕對優勢的政治資源，何以反勝為敗，未獲選民支持？這種現象正說明羅國人民也累積足夠的民主經驗和判斷力，殷切期待經由現狀的改變，促使改革更能夠展現績效。再者，2000 年的總統大選時，極端民族主義者圖多爾崛起，在第一回合選戰中曾取得 28.3% 的高票，名列第二位，僅落後伊列斯古八個百分點；但至第二回合，圖多爾僅

略增五個百分點，絕大多數選民轉投伊列斯古，寧可選擇伊氏，而唾棄鋌而走險、在歐洲社會不得民心的極端民族主義分子。準此，一方面說明羅國人民的民主素養漸趨成熟；另一方面民族主義的陰影猶在東歐揮之不去，引人關注。

㈢回歸歐洲社會的外交政策

　　探討羅馬尼亞的政治發展情勢，除了有必要認識羅國領導人更迭所顯示的意義之外，布加勒斯特政府對外關係的動向，也相當程度能反映該國政治發展所呈現的另一特點。

　　有關羅馬尼亞的對外政策，顯然與 70、80 年代共黨統治時期大異其趣。在西奧塞斯古當政時代慣用共黨「外交辭彙」，總是強調這些基本原則「尊重民族獨立和國家主權、不干涉內政、權利完全平等、互利互惠、不使用武力和不以武力相威脅」等。由於羅國地處東歐、四周都是社會主義國家，故把加強與社會主義國家的睦鄰友好關係作為其對外政策的主軸；其次才和發展中國家、不結盟國家，以及所有擺脫殖民主義走向經濟和社會自主發展道路的國家擴大彼此間的關係。布加勒斯特共黨政府也標榜要本著和平共處的精神，與世界所有的國家——不論其社會制度如何——願意發展合作關係，試圖與美蘇採行「等距外交」，主張摒棄發號施令政策和劃分勢力範圍的政策，摒棄大國主義和霸權主義，讓各國人民自己決定自己的事務。這些冠冕堂皇卻又遙不可及的對外政策取向，到了西奧塞斯古政權崩潰之後，形勢大為改觀，不再沉醉於意識型態的文字遊戲，開始正視現實和國家利益的考量。基本上，後共產主義時期羅馬尼亞的對外政策乃以「回歸歐洲」作為外交總體戰略目標，奉行歐美優先，加入歐洲聯盟和北大西洋公約組織為首要任務，同時也兼顧周邊國家和其他地區的睦鄰友好關係。1995 年 2 月 1 日，羅馬尼亞與歐洲聯盟所簽署的〈聯繫國協定〉正式生效，同年 6 月，布加勒斯特向歐盟提出入盟申請。1996 年 2、3 月間，羅馬尼亞首度應邀參與在布魯塞爾舉行的「十五加九」外長會議，

和在義大利杜林召開的歐盟首腦會議。1998 年羅國始被確認，成為第二批加入歐盟的談判國，名列在第一批的波蘭、捷克、匈牙利、斯洛汶尼亞等國之後。在參與北約的行動上，羅馬尼亞於 1994 年 1 月，在前華約成員國當中率先參加北約和平伙伴關係計畫；1996 年 2 月，北約專家會議討論羅國與北約之間 1996–1998 年的伙伴計畫；同年 4 月，北約最高聯軍司令訪問羅馬尼亞，與羅國總統、國防部長和總參謀長商討北約「東擴」問題；6 月，北約成員法、西、希、義、荷、土、美等國，與羅、保、烏克蘭共十國在黑海海濱舉行聯合軍事演習。由此觀之，布加勒斯特正加快腳步，提升與歐盟和北約的互動，為加入該組織預做準備。

　　值得一提者，羅馬尼亞為了與周邊國家的關係得以穩定發展，並擴大區域合作，遂對東歐「非共化」後所興起的區域性組織表現濃厚興趣，積極參與。如黑海沿岸國家經濟合作組織（1992 年成立）、中歐倡議國組織（CEISO，1990 年成立）、中歐自由貿易區（CEFTA，1992 年成立，1997 年 4 月羅國正式加入）等組織，這也是羅馬尼亞進軍歐洲聯盟之前的權宜措施。再者，羅國境內約有一百六十萬匈牙利裔，在摩爾多瓦境內也有為數眾多的羅馬尼亞人，為避免民族主義節外生枝，羅、匈兩國基於申請入歐洲聯盟的必要考量，於 1995 年在巴黎簽署〈歐洲穩定公約〉，承諾尊重少數民族權益；羅、匈兩國總理並在 1996 年 9 月 16 日於蒂米什瓦拉簽訂〈羅匈兩共和國諒解、合作與睦鄰友好條約〉，對過去兩國彼此間的猜忌相當程度具有化解作用，也為重返歐洲社會鋪平道路。除此之外，由於 1999 年科索沃戰爭爆發，北約轟炸南斯拉夫，因此造成附近國家經濟方面的嚴重損失，於是西方國家打算採用如馬歇爾計畫的形式來重建巴爾幹，也就是所謂的「巴爾幹重建計畫」，而羅馬尼亞因為在科索沃戰爭中協助北約有功在身，不但獲邀參加上述計畫，並且將可以從中獲得西方的經援，未來羅國同西方的接觸將會對其民主化進程有加分作用。2004 年，羅馬尼亞與保加利亞、斯洛伐克等七國正式遞交加入北大西洋公約組織的法律文本，從而成為北約的新成員。成員國從十九個擴大到二十六個，這也是北約自

1949 年成立以來規模最大的一次擴大，為實現從波羅的海到黑海之間的地
區安全，邁出具有歷史意義的一步。羅馬尼亞並於 2005 年盧森堡老城區簽
署協定，2007 年 1 月 1 日正式加入歐盟。自 1989 年爆發革命，走向民主
化以來，羅馬尼亞經濟成長非常快速，在歐盟的中東歐成員國中位居中上。
近五年的經濟成長率均超過 6%（2008 年達到 8%）。首都布加勒斯特是該
地區最大的金融中心，自 1989 年迄今，外商對羅馬尼亞的累積投資已經超
過五百億美元。但是受到金融海嘯影響，羅馬尼亞經濟陷入嚴重衰退，原
預計在 2015 年加入歐元區，目前仍未實現。

五、保加利亞——掙扎脫困，確立民主

　　保加利亞於 1989 年秋走向民主化之後，已分別在 1990 年 6 月、1991
年 11 月、1994 年 12 月和 1997 年 4 月舉行四次國會大選，以及 1992 年和
1997 年 1 月舉行兩屆總統直接民選，這說明保國已走向多黨民主，昔日共
黨一統天下的格局一去不復返。

　　1991 年 7 月 13 日，國民議會通過新憲法，施行多黨議會民主制，確
定三權分立的原則，建立民主與法治的國家和公民社會等憲法性條款，保
加利亞制訂的新憲法計有基本國策；人民的基本權利和義務；國民大會；
共和國總統；部長會議；司法部門；憲法法院；憲法的修正與補充；新憲
法的採用；國徽、國旗、國歌與國都等十章，共一百六十九條，是東歐國
家「非共化」後第一個頒行新憲法的國家。保國實行單一國會，四年改選
一次，採比例代表制；總統五年一任，得連任一次，雖普選產生，但保加
利亞基本上屬內閣制。以其實質來看，這部憲法在政體的憲法原則、政體
結構、進行機制等方面，基本上都屬於西方現代國家政體範疇，已經完全
不同於過去共產黨一黨專政的人民共和政體。不僅刪除了保障共黨「一黨
專政」的條款，而且將帶有社會主義意識形態用語一一剔除，這也意味著
保加利亞的憲政體制已朝向西歐模式發展。

保加利亞一反過去的傳統，在新憲法中特別仿效西方國家設立憲法法院，藉以保障人民的基本權利與維護社會公平和正義。

㈠政黨政治的發展

保加利亞在共黨長期實行「一黨專政」期間，僅容許第二個政黨——保加利亞農民聯盟 (Bulgarian Agrarian Nation Union, BANU) 存在，算是東歐前社會主義國家極少數（包括波蘭和捷克斯洛伐克）非一黨獨霸體制。不過，儘管保共接納農民聯盟註冊登記，充其量農民聯盟只是扮演「花瓶」或尾巴黨的角色，發揮不了反對黨制衡的作用。因為農民聯盟早在 1899 年成立，戰後也就是 1947 年即表態願與保共合作，並擁護保共的綱領，名副其實成為保共的應聲蟲。至 1989 年以後，保加利亞的政黨生態煥然一新，形形色色的政黨不勝枚舉。茲就較具影響力的主要政黨簡介如下：

1.民主力量聯盟 (Union of Democratic Forces, UDF)：於 1989 年 12 月 7 日成立，由「公開性和民主俱樂部」、「獨立人權委員會」和「獨立勞動聯合會」等十個組織組成，剛開始是屬於一個組織相當鬆散的政治聯盟，之後又有一些政黨和組織入盟，最後由十六個政黨和組織聯合組成，主席為熱列夫 (Z. Zelev)。1990 年 6 月首次參加大選獲得一百四十四個議席。1991 年 10 月分裂成「運動派」、「中心派」和「自由派」。同年 10 月各派單獨參加大選，「運動派」在大選中獲勝執政。

1992 年 10 月 28 日，由民主力量聯盟所組成的政府總辭，喪失了執政地位。在 1994 年 12 月的議會選舉中，民主力量聯盟受到重挫，所得選票僅有 24.4%。1994 年 12 月 29 日，民主力量聯盟召開會議，選舉經濟學家科斯托夫 (I. Kostov) 為全國協調委員會主席。1997 年 2 月 15、16 日召開第九次全國代表大會，決定將民主力量聯盟建立成為一個統一政黨，科斯托夫連任主席。1997 年 4 月 19 日的議會選舉中，獲得大勝，成為議會第一大黨，組成以科斯托夫為首的政府。其主要政見為：在政治上主張實行西方式的議會制，經濟上主張實行市場經濟、優先發展私有制。中央領導

機構為全國委員會，主席為科斯托夫，常設領導機構為全國執行委員會。2001 年國會大選失利，科斯托夫辭去主席。此後民主力量聯盟在國會席次不斷下滑，至 2013 年失去所有席次。

2. 保加利亞社會黨 (Bulgarian Socialist Party, BSP)：前身是保加利亞社會民主工黨，社會民主工黨於 1891 年 7 月 20 日成立，1919 年 5 月 25 日改名為共產黨，並參加了當時的第三國際，1944 年 9 月 9 日透過武裝起義取得政權後，連續執政長達四十七年。1990 年 2 月保共召開第十四次特別代表大會，通過了新黨章，宣稱保加利亞共產黨是馬克思主義的特別組織，黨的直接目標是民主的、人道的社會主義，決定要走民主社會主義道路，並且在當年 4 月 3 日改名為社會黨。1990 年 9 月，社會黨召開第三十九次代表大會，會議取消黨章中關於社會黨是馬克思主義政黨的說法，簡化吸收黨員的條件，只要自願即可入黨。1991 年 10 月在大選中失利，成為在野黨。

1994 年 6 月，社會黨召開四十一大，討論了「對當前一系列重大問題的立場」，決定調整戰略，迎接大選，12 月 18 日，社會黨聯盟在議會選舉中大勝，贏得議會二百四十席中的一百二十五席，獲得組閣的權力。但是由於 1996 年 5 月引起的金融危機，使其內部發生分裂。1997 年 4 月 19 日，在提前舉行的議會大選中失利，成為議會第二大黨。2009 年保加利亞選舉，社會黨大敗給保守主義的保加利亞歐洲發展公民黨，成為反對黨。前保加利亞總統格奧爾基‧帕爾瓦諾夫 (Georgi Parvonov) 為社會黨前黨魁。

3. 爭取權利與自由運動 (Movement for Rights and Freedoms, MRF)：1990 年 1 月 4 日成立，主要由土耳其少數民族所組成。1990 年 4 月 26 日在索菲亞法院註冊為政黨。1990 年 6 月在大選中獲得二十三個議席。1991 年 10 月在大選中又獲得二十四席，成為議會第三大黨。1992 年 10 月 28 日，民主力量聯盟組成的政府總辭，該政黨利用此機會獲得組閣權並提名當時的總統經濟顧問貝羅夫 (L. Berov) 為總理候選人，組成專家政府，從

而加強自己本身在議會的影響力。

　　1994 年的大選後，其議會席次有所減少，得到十五席。1997 年 4 月 19 日，該黨捲土重來，同其他小黨聯合組成 「救國聯盟」 (Alliance for National Salvation)，成為議會第三大黨。其政綱主張：支持恢復君主制、主張民族平等，尊重所有人的權利和自由，並通過制訂正確的民族政策達到各民族間的諒解與團結。

　　4.歐洲左翼聯合 (Euro-Left Coalition, EL)：成立於 1997 年 2 月 23 日，以托莫夫 (A. Tomov) 為首的共和國公民聯盟 (Civic Union of the Republic) 為主體，和從社會黨分裂出的一些成員所組成，在 1997 年 4 月 19 日的選舉中共獲得了十四個議席。在政治立場上，歐洲左翼採取與現任政府合作的態度，支持其經濟改革及加入歐盟與北大西洋公約組織的政策。

　　5.保加利亞實業家集團 (Bulgarian Business Bloc, BBB) ： 於 1990 年 11 月成立，成員主要是小資產者、商人和年輕人，屬於右派政黨，主張實行市場經濟，讓保加利亞成為一個無關稅區。在 1991 年大選獲得 1.3% 的選票。

　　在 1994 年的大選中，首次進入議會，獲得十三個席次；1997 年大選再度獲得十二個席次。主席為甘切夫 (G. Ganchev)，在 1996 年總統大選中的第一輪曾獲得 21.87% 的選票，排名第三。2001 年該黨失去所有國會席次，同年解散。

　　6.保加利亞農民聯盟：1899 年 12 月 28 日成立，1908 年發展成為農民政黨。1919–1923 年曾經執政。1947 年宣布與保加利亞共產黨合作，擁護共產黨的綱領。1989 年 12 月，放棄保共綱領成為獨立政黨，在 1990 年 6 月的大選中獲得十六個席次。但在 1991 年失利未能進入議會。

　　7.人民聯盟 (People's Union, PU) ： 1994 年 12 月由原保加利亞農民聯盟的一部分成員與民主黨所組成，並在隨後舉行的大選取得第三高票，獲得十八個議席及 6.51% 的選票。1997 年 4 月，人民聯盟加入民主力量聯盟並參加大選，在民主力量聯盟獲得的一百三十七席中，有十四席是人民聯

盟所取得的。主席為季米特洛－莫澤爾 (A. Dimitrova-Moser) 和薩沃夫 (S. Savov)。

8. 保加利亞歐洲發展公民黨 (Citizens for European Development of Bulgaria)：成立於 2006 年，主張應優先打擊犯罪與政府貪污黑金，和實現能源獨立。2007 年申請加入歐洲人民黨，並於 2008 年正式加入。在 2009 年成為執政黨。該黨黨魁為現任保加利亞總理博伊科‧鮑里索夫 (Boyko Metodiev Borisov)。

9. 西蒙二世國民運動：由保加利亞流亡多年的末代國王西蒙‧薩克斯科布爾格茨基 (Simeon Borisov Sakskoburggotski) 返國後於 2001 年創立。該年 6 月 17 日大選中新組織的「西蒙二世國民運動」獲得 42.7% 的選票。其創辦人西蒙二世，2001 年至 2005 年任保加利亞總理。然西蒙的政黨在 2005 年選舉中失利，只取得五十三席國會議席，結果由保加利亞社會黨的謝爾蓋‧斯塔尼舍夫 (Sergey Dmitrievich Stanishev) 接替他出任總理。

(二)左右兩大派系的內部矛盾

90 年代保加利亞逐步走向民主化以來，先後於 1990 年 6 月、1991 年 10 月、1994 年 12 月，和 1997 年 4 月，舉辦過四次國會大選。可見，保加利亞的民主化進程一路走來相當艱辛，險象橫生。在這四屆國會選舉當中，社會黨和民主力量聯盟兩大黨競爭最為激烈，每次選舉互有消長。在 1990 年 6 月保加利亞有史以來第一次自由選舉時，社會黨仍因擁有雄厚的政治資源占盡優勢，在國民議會四百個席位中贏得二百十一席，民主力量聯盟居次，占一百四十四席，由土耳其裔組成的「爭取權力與自由運動組織」占二十一席，農民聯盟占十六席。次年，保國通過第一部新的民主憲法，國民議會議席縮小，改設二百四十席。並於 1991 年 10 月舉行新憲法首次比例代表制自由選舉，結果民主力量聯盟贏得大選，占一百一十席，社會黨一百零六席，「爭取權力與自由運動組織」二十四席。但這一屆議會並沒有屆滿任期，提前於 1994 年 12 月進行改選，此次大選競爭激烈，為爭取

較多席位各政黨互相進行結盟活動，結果左派結合的社會黨聯盟贏得一百二十五席，民主力量聯盟減少至六十九席，「爭取權力與自由運動組織」十五席，人民聯盟十八席，保加利亞實業家集團十三席。社會黨東山再起，又上臺執政。由社會黨主席維德諾夫 (Z. Videnov) 任總理。由於社會黨政府急於求成，盲目放任糧食出口，導致 1995 年年底和 1996 年初出現糧食危機，反對派民主力量聯盟利用此機會開始聯合，進行不斷的倒閣行動。1 月，民主力量聯盟就「糧食危機」問題對維德諾夫政府提出不信任案，雖未獲得議會通過，但是使得政府兩名部長因此被迫辭職。5 月，糧食短缺日益嚴重，居民搶購麵包。繼之，又爆發了金融危機，兩家財政惡化的大銀行倒閉，加上外匯市場出現急劇動盪，保加利亞貨幣列弗 (Lev) 從七十列弗兌換一美元一路跌到一千列弗兌換一美元。列弗貶值更帶來通貨膨脹。嚴重的經濟、金融危機鬆動了社會黨的統治基礎並激化了社會矛盾。首都索菲亞等幾個大城市出現抗議活動，兩大工會「支持勞聯」和「聯立工團」醞釀進行全國性罷工。由於群眾走上街頭要求政府辭職下臺。加上社會黨內部也出現分歧，嚴重削弱了社會黨的實力，最後造成社會黨政府垮臺。

同年 6 月，民主力量聯盟推舉斯托揚諾夫 (P. S. Stojanov) 為聯合反對派總統候選人。9 月，中央選舉委員會以國籍為由，拒絕為社會黨候選人匹林斯基 (G. Pirinski) 競選總統進行登記，社會黨重新推選原副總統候選人馬拉佐夫 (I. Marazov) 為總統候選人。10 月 2 日，保加利亞社會黨議員、原部長會議主席魯加諾夫 (A. Lukanov) 被暗殺。10 月底，保加利亞舉行劇變以來的第二次總統選舉，民主力量聯盟候選人斯托揚諾夫和社會黨候選人馬拉佐夫分別以 44.8% 和 26.97% 的得票率進入第二輪。11 月 3 日，斯托揚諾夫以 59.73% 的支持率當選總統。

社會黨在總統選舉失利後，內部矛盾激化，十九名黨的高級領導人發表公開信，指出政府的政策失誤，政績不佳是導致社會黨信譽下降和總統選舉失利的主要原因，要求總理維德諾夫辭職並改組內閣。11 月 11 至 12

日，社會黨最高委員會召開擴大會議，檢討總統大選失利原因，討論是否要組成新政府，會議的召開使社會黨的矛盾進一步公開化。13 日，保加利亞外長匹林斯基和黨的一名副主席及兩名最高委員會成員辭職。 12 月 21 至 24 日，社會黨召開第四十二屆特別代表大會，就維德諾夫政府的去留問題展開激烈爭論，最後維德諾夫辭去總理和社會黨主席職務，由帕爾瓦諾夫繼任該黨主席，大會決定社會黨進行重新組閣並執政到期滿。 12 月 28 日，議會同意政府總辭，但是民主力量聯盟反對社會黨重新組閣，並要求提前議會選舉，並組織了大規模抗議示威遊行活動。1997 年 1 月 10 日，發生議會暴力衝突事件，造成近二百人受傷，成為保加利亞自 1989 年劇變以來規模最大的流血衝突事件，示威遊行一直持續了一個月。1 月 22 日，總統斯托揚諾夫就任新職，授權社會黨總理候選人組織新內閣，此舉引起社會更大的不滿，三大工會舉行聯合罷工，封鎖交通，使保加利亞主要交通呈現癱瘓和半癱瘓狀態，危機繼續加深。2 月 4 日，總統斯托揚諾夫召集由各黨各派參加的國家安全協商會議，就議會各政治力量放棄組閣權，成立看守政府，提前舉行議會大選達成協議。2 月 12 日，總統任命索菲亞市長索非揚斯基 (Stefan Sofiyanski) 組成看守政府，準備於 4 月 19 日舉行議會大選。參加角逐的政黨總數達到五十四個之多。其中較有實力的三個聯盟，一是民主聯盟 (United Democratic Forces)，由保加利亞社會民主黨、保加利亞農民聯盟、民主黨和民主力量聯盟所組成；二是民主左派 (Democratic Left)，主要是由保加利亞社會黨、生態運動所組成；三是救國聯盟 (Union for National Salvation)，是由土耳其少數民族所組成的政黨。加上歐洲左派聯合、保加利亞實業家集團等。這次大選，民主力量聯盟再度上臺，贏得一百三十七席，社會黨降為五十八席，爭取權力與自由運動組織十九席，由左派更名而來的「歐洲左翼」占十四席，保加利亞實業家集團十二席。

㈢民主化的特點

從以上保國政局動盪不安和各政黨消長情勢，不難看出保加利亞在後共產主義時期國家發展的特點：

1.國會改選過於頻繁，影響政局穩定。保國國民議會在七年當中，幾乎每二、三年即舉行改選，比波蘭民主化初期更為嚴重，這對保國政經轉型力求穩定極為不利。

2.保國政局形成民主力量聯盟和社會黨兩大政黨競爭的格局。從這四次大選的經過來看，民主力量聯盟和社會黨互有消長，形成輪流執政的局面，小黨增長有限。保國選舉法因有門檻限制，並未出現政黨林立的現象。

3.大黨熱中權力鬥爭，拖延政經改革進程。民主力量聯盟和社會黨對政經改革各持己見，互不相讓，對經濟發展惡化現象推諉塞責、相互攻訐，視權力為第一要務，把改革大業置一邊，使得保加利亞的民主化發展遠落後於其他中、東歐國家。

4.民主力量聯盟和社會黨內部存在矛盾，共識不足，影響改革政策的連貫性。民主力量聯盟由十個政黨所組成，內部雜音不少，對改革措施時有分歧；社會黨由共黨蛻變以來，改革派與保守派鬥爭不斷，自然削弱本身力量與政策的推展。

後共產主義時期保加利亞的經濟體制轉軌方面重點在於私有化之進展。

保加利亞私有化負責之機構主要為部長理事會 (The Council of Ministers) 下的私有化署 (The Privatisation Agency) 以及其他相關之附屬機構，如專司外國投資事務的外資署（Bulgarian Foreign Investment Agency，保加利亞外國投資署，簡稱外資署）。保加利亞自 1992 年推行私有化以來，其推行私有化之成效，可藉由對保加利亞整體經濟的檢驗，一窺究竟。

保加利亞 1994 年經濟成長率為 1.8%、1995 年為 2.1%，但自 1996 年起則整體經濟成長由正轉負，驟降為 −10.9%，1997 年稍有起色，並較前

一年成長四個百分點（但仍為 –6.9%），1998 年 1 至 6 月則轉為正成長，且高達 11.9%。通貨膨脹方面，保加利亞在 1997 年曾高達 1,085%，次年有顯著改善，通貨膨脹得到抑制，至 1999 年降為 10.1%。根據保加利亞勞工局的失業人口登記數據顯示，1994 年至 1998 年 9 月止，保加利亞的失業率依舊超過 10%。從 1997 年起經濟得到恢復。2003 年人民生活水準有望恢復到 1990 年代前的水準。因為 1996 年到 1997 年保加利亞經濟危機，保加利亞貨幣列弗兌美元匯率劇貶，國內生產總值下降約 10%。

對外關係方面，保加利亞外交重點是維護民族利益、國家安全和領土完整；優先發展和歐美國家的友好關係，其重點是重返歐洲，加入歐盟和北約，並同時重視與巴爾幹國家的睦鄰關係，特別是經貿方面。保加利亞在 1992 年 5 月加入歐洲理事會，1993 年與歐盟簽訂〈聯繫國協定〉，於1995 年生效；並在 1993 年 3 月 29 日簽署加入歐洲自由貿易聯盟；1994 年簽署參與北約「和平伙伴關係計畫」；1996 年 5 月 31 日保加利亞正式成為東南歐倡議組織成員，並申請加入中歐自由貿易組織；1996 年 12 月 1 日正式成為世界貿易組織成員國；於 1997 年提出申請加入北約。1999 年北約以戰逼和對南斯拉夫進行轟炸時，保加利亞曾表示，願意提供空中走廊，以示支持，但無意進行直接或間接軍事行動。2004 年，保加利亞與羅馬尼亞、斯洛伐克等七國成為北約的新成員，並於 2005 年盧森堡老城區簽署協定，2007 年 1 月 1 日與羅馬尼亞正式加入歐盟，成為第二十六、二十七個成員國。

六、斯洛伐克——和平分離走向獨立自主

1989 年 11 月共黨政權發生劇變，捷共失去政權。但是隨即在三年後的 1992 年 12 月 31 日，以一種和平理性的方式，達成了國家分裂的協議，這與前南斯拉夫分裂後所產生的內戰狀況迥然不同。1993 年 1 月 1 日起，捷克與斯洛伐克分裂為兩個各自擁有獨立主權的國家。

㈠制憲背景

戰後，在共黨統治下的捷克斯洛伐克，曾先後頒行過兩部憲法：一是於 1948 年 5 月 9 日制憲國民議會通過的憲法，史稱《五九憲法》，這部憲法實行了將近十二年。該憲法於 6 月 9 日正式頒布，建立了所謂的「人民民主」體制，表面上人民民主綜合了馬克思主義和資本主義多元體制的特色，然而實際上則為蘇聯共黨專政的翻版，假民主之名只為了掩飾共黨獨裁的本質。二是於 1960 年 7 月 5 至 7 日，捷共在召開的全國代表會議上提出了〈捷克斯洛伐克社會主義共和國憲法草案〉，三天後隨即被國民議會通過，並立即生效。《五九憲法》並沒有強烈的馬列主義色彩，可以說還保留了一定程度的民主形式。但是 1960 年制訂的第二部憲法，則是共黨已足足控制捷克斯洛伐克十二年，所有民主黨派幾乎被整肅殆盡，或被迫淪為共黨的「尾巴黨」。

1990 年 3 月，修憲更改國名，兩個民族共和國更名為捷克共和國與斯洛伐克共和國；同年 4 月，聯邦議會再度通過憲法修正案，將國名改為「捷克與斯洛伐克聯邦共和國」，再為這兩個民族共和國走向分裂鋪路。

捷克和斯洛伐克聯邦共和國的分裂已成定局後，斯洛伐克國民議會在分裂前於 1992 年 9 月 1 日通過的《斯洛伐克共和國憲法》便成為斯國的現行憲法。這部憲法共分為九章，一百五十六條。從這部憲法的內容看來，值得一提的有以下幾個特點：其一，凸顯保障基本人權的重要性；其二，確立三權分立制度；其三，設憲法法庭以守護法律秩序和社會正義。

㈡政黨政治發展

在共黨極權控制下的捷克斯洛伐克，獲准登記的政黨計有：捷克斯洛伐克共產黨 (KPC)、斯洛伐琪亞共產黨 (KPS)、捷克斯洛伐克社會黨 (CSI)、捷克斯洛伐克人民黨 (CSL)、自由黨 (SSI) 和斯洛伐克復興黨 (SSO) 等六個。斯洛伐琪亞共產黨、自由黨和復興黨等三個政黨，屬地區

性，僅侷限在斯洛伐克活動。戰後，蘇聯和東歐九個社會主義國家當中，只有捷克斯洛伐克、波蘭、東德和保加利亞四國允許二至六個政黨合法存在，其餘僅准許共黨一黨合法活動，其他政黨則一概禁止。不過，儘管共黨統治下的捷克斯洛伐克容許多黨存在，美其名所謂「多黨合作」，共享權力。事實上，其他政黨根本毫無自主性可言，仍是依附共黨的尾巴黨，唯共黨馬首是瞻，產生不了制衡作用。但自 1989 年 11 月「絲絨革命」以後，斯洛伐克的政治生態煥然一新，政黨有如雨後春筍，呈現「百花齊放，百家爭鳴」的局面。根據官方公布的資料，至 2012 年合法登記的政黨和政治運動組織，約有五、六十個之多。謹就其較具影響力並在國會占有議席的主要政黨，簡要介紹如下：

　　1.斯洛伐克民主聯盟 (SDK)：該黨是由聚集反對梅恰爾的民主力量所成立的一個聯盟，這個聯盟包括原民主聯盟 (Democratic Union, DU)、斯洛伐克社會民主黨 (Social Democratic Party of Slovakia, SDSS)、基督教民主運動 (Christian Democratic Movement, KDH)、綠黨 (Green Party)、民主黨 (Democratic Party, DS)。聯盟的前身是民主黨藍色聯盟 (Blue Coalition of the Democratic Party) 和基督教民主運動 (Christian Democratic Movement)。這幾個政黨在 1997 年磋商決定成立斯洛伐克民主聯盟，並於 1998 年 2 月正式成立。聯盟的產生原因之一除了是為反梅恰爾而組成的；另外一個重要原因是為了因應選舉法規的改變。梅恰爾政府於 1998 年欲修改選舉法規（5 月〈選舉法〉通過），提高了政黨結盟得票的門檻 (10%)，逼使這些反對梅恰爾的政黨必須重新思考因應對策。職是之故，聯盟中除了有右派政黨（基督教民主運動）也有左派政黨（社會民主黨），因此，黨內成員彼此的衝突是可預期的。但是該聯盟在 1998 年 9 月的選舉表現相當良好，贏得 26.3% 的選票，獲得四十二席成為第二大黨，僅次於爭取民主斯洛伐克運動。並且聯合民主左派黨、匈牙利民族聯盟和公民和解黨共同執政。2002 年 8 月，該聯盟正式解散。聯盟成員介紹如下：

　　⑴基督教民主運動：於 1989 年 11 月 30 日成立，屬於右翼政黨，主張

在基督教理想基礎上建立公正、民主國家，強調人權，支持斯洛伐克融入歐洲，在私有化問題上，希望採取較為激進的改革政策。因此，該黨採取強烈反對梅恰爾政府的立場，時任主席為恰爾諾古爾斯基 (J. Carnogursky)，副主席為辛柯 (I. Simko)。

⑵民主黨：創建於 1944 年，屬於保守政黨，1948 年共黨掌權後被解散。「絲絨革命」後，於 1989 年重新成立，並且在 1990 年加入當時的斯洛伐克政府，該黨也是「公眾反暴力組織」(Public Against Violence, VRN) 的成員之一，在 1992 年的選舉中雖然與其他小黨聯合進行競選但沒有獲得任何議席。1994 年時，該黨又吸收了一些中間偏右的團體，並且和企業家和商人黨 (Party of Entrepreneurs and Tradesmen) 提出聯合競選名單，可是僅獲得 3.4% 的選票，沒有通過選舉門檻，2006 年 1 月併入斯洛伐克民主與基督教聯盟—民主黨。

⑶社會民主黨：它的前身是過去捷克斯洛伐克社會民主黨，1989 年該黨重新出發，隨後前共產黨領袖杜布西克加入，並獲選為黨主席。1992 年 6 月的選舉中獲得參議院五個議席，遺憾的是在國民議會選舉中，因為沒有通過門檻因此無法分得任何席次，之後杜布西克死於 1992 年 11 月的一場公路車禍中。杜布西克死後，沃夫 (J. Volf) 成為主席，他的策略是希望能與民主左派黨 (SDL) 合作，但是仍然要保留自己的獨立地位。在 1994 年的選舉中，社會民主黨與民主左派黨和綠黨合組「共同抉擇」(Common Choice)，通過政黨聯合競選的門檻限制，可是在選後「共同抉擇」便分裂了。分裂的導火線是源自於兩黨對梅恰爾個人所持的態度不同，民主左派黨部分成員選擇與梅恰爾合作，社會民主黨的意見卻與之相左，於是兩者之間互相攻訐，當然分裂也就難以避免了。這也足以解釋為何原屬左翼政黨的社會民主黨在 1997 年會加入斯洛伐克民主聯盟的原因之一。2012 年社會民主黨在國會選舉以 44.4% 的選票成為第一大黨，取得執政權。

⑷民主聯盟：民主聯盟創立於 1994 年 4 月 23 日，由當時的總理莫拉夫奇克 (J. Moravcik) 所領導，2 月才從爭取民主斯洛伐克運動 (HZDS) 分裂

出來的「政治現實選擇」(Alternative Political Realism, APR) 和另外也是於 1993 年 6 月從爭取民主斯洛伐克運動分裂出來的前副總理兼外交部長的克納斯科 (M. Knazko) 所領導的 「斯洛伐克民主聯盟」 (Alliance of Democratic of the Slovak Republic, ADSR) 在國會中擁有十八個議席。但是在 1994 年秋天舉行的選舉中僅獲得 8.6% 的選票 , 僅獲得十五個席次。1998 年加入斯洛伐克民主聯盟,為該聯盟中的第二大黨,2000 年併入斯洛代克民主與基督教聯盟。政黨本身的綱領是倡導儘快加入歐盟與北大西洋公約組織,在經濟上則主張進一步進行私有化。

⑸綠黨:成立於 1989 年 12 月。該黨於 1990 年的大選中,贏得斯洛伐克國民議會六個席次,可是在聯邦院則沒有獲得任何席次。1992 年的選舉中,一敗塗地失去所有席次。除 1994 年的大選獲得兩席,及 1998 年在斯洛伐克民主聯盟的四十二席中獲得四席,此後未能再獲得任何議席。

2.爭取民主斯洛伐克運動黨:該黨由 1989 年 11 月成立的「公眾反暴力組織」分裂而來。由於梅恰爾認為要保護斯洛伐克本身的經濟和政治利益,惟有削弱當時聯邦政府的能力。因此,他在 1991 年 4 月被罷黜的時候,便想要成立一個新黨。這個新政黨──「爭取民主斯洛伐克運動」於 1991 年 6 月 15 日正式成立。隨後在 1992 年 6 月舉行的大選中,獲得執政的地位。該黨除了在 1994 年 3 月短暫下臺外,一直是斯洛伐克的主要執政黨,也是第一大黨。其政綱主張建立多元化議會民主制國家,捍衛民主、人權,實行社會主義經濟,加入歐洲一體化進程。該黨在 1998 年 9 月的大選中失去執政地位,但仍為全國第一大反對黨。2010 年該黨僅獲 4% 的選票,失去所有席次,最終於 2014 年解散。

3.民主左派黨 (Party of the Democratic Left) : 1989 年底由原捷共地方組織斯洛伐克共產黨演變而成。該黨在 1990 年 10 月斯洛伐克共產黨解體後,由部分成員成立民主左派黨,可是實力已大不如前,過去斯洛伐克共產黨共有將近二十萬的黨員,民主左派黨則僅有一萬一千名黨員。但是該黨在 1990 年 11 月舉行的地方選舉中 , 表現良好贏得第三大黨的地位 ;

1992 年 6 月的大選，更上一層樓，獲得 14.7% 的選票，躍居第二位，僅次於爭取民主斯洛伐克運動。1994 年的大選雖然席次由原本的十四席增加到十八席，可是得票率卻跌落了四個百分點。原因除了與當時其他東歐前共產黨在「非共化」後所面臨的命運有點類似，得票率均呈下降趨勢；另外一個原因是該黨的票源與爭取民主斯洛伐克運動的票源重疊，及梅恰爾個人魅力所致。

到了 1995 年，梅恰爾邀請民主左派黨加入聯合政府，此舉造成該黨內部的大爭論，民主左派黨的前主席韋斯 (P. Weiss) 為首的一派堅決反對與梅恰爾合作，以副主席卡尼斯 (P. Kanis) 為首的另一派則主張進入政府，並譴責前者在 1994 年 3 月參與倒梅活動。為挽救民主左派黨的分裂，該組織在 1996 年進行了長達半年的討論，最後以米加什 (J. Migas) 取代韋斯的主席職務，決定暫不進入政府。但是米加什在後來的表現中，傾向於與爭取民主斯洛伐克運動合作，其具體表現為，他反對在 1997 年舉行決定總統直選與否的公民投票（這是爭取民主斯洛伐克運動黨堅決反對的）。1998 年 2 月，爭取民主斯洛伐克運動為了解決總統人選的憲政僵局，找過民主左派黨談過支持梅恰爾競選總統的事宜。但是由於該黨主張實行多元化民主、發展社會福利和環境保護事業的市場經濟；特別它曾提出與爭取民主斯洛伐克運動黨聯合的兩個嚴格條件：一是梅恰爾下臺；二是爭取民主斯洛伐克運動黨要真正落實民主。所以兩黨始終有點談不攏。加上民主左派黨除了主席米加什外尚有其他七位領袖，故而要取得一致的意見相當困難。該黨在 1998 年的大選中獲得二十三個席次，並加入執政聯盟。2002 年後失去所有席次，2005 年與社會民主黨合併。

4.匈牙利民主聯盟 (Hungarian Coalition)：斯洛伐克境內有超過六十萬的匈牙利裔居民，為了保護其自身的權益，在 1994 年大選前，由共同存在黨 (Coexistence)、匈牙利基督教民主運動 (Hungarian Christian Democratic Movement)、匈牙利公民黨 (Hungarian Civic Party) 共同組成匈牙利民主聯盟。1994 年大選中贏得 10.2% 的選票及十七個席次，成為國會第三大黨。

1998 年 5 月〈選舉法〉通過後，6 月三個小黨便決定整合成一個政黨。該黨主張匈裔在文化及教育上爭取較大的自治權。1998 年獲得 9.1% 的選票，十四個席次。名譽主席為杜拉伊 (M. Duray)。

5. 斯洛伐克民族黨 (Slovak National Party)：於 1989 年 12 月成立，該黨具有強烈的民族主義和以反匈牙利裔的極右政黨自居（除了反對匈牙利裔外，民族黨對猶太人和吉普賽人也存有成見）。1990 年的國民議會選舉中，該黨贏得 13.9% 的選票，可說大有斬獲。可是在 1992 年的選舉選票便有所滑落，只獲得 7.9% 的選票，但是獲得入閣的邀請，與爭取民主斯洛伐克運動黨及斯洛伐克工人聯盟合組聯合內閣。1994 年 2 月發生分裂，3 月轉而反對梅恰爾，並造成梅恰爾下臺。5 月，該黨中央委員會 (Central Council) 決定惟有血統純正的斯洛伐克人才能成為民族黨的成員。1994 年民族黨在大選中獲得九個席次；1998 年 9 月選舉，獲得十四個席次，成為反對黨。該黨主張斯洛伐克獨立和建立多元化議會制國家，但是反對斯國加入北大西洋公約組織，並且贊同梅恰爾所提出的與匈牙利互換少數民族的提議。

6. 公民和解黨 (Party of Civil Understanding)：由前外交部長哈姆日克 (P. Hamzik) 和科西契 (Košice) 市長舒斯特爾 (R. Schuster) 於 1998 年 2 月建立。該黨主張建立一個公民社會，在政治上要求停止政黨之間的爭論，爭取加入歐盟與北大西洋公約組織；在社會福利上，落實提高學生、工人及老年人的生活條件；但是不贊成無條件的私有化措施，因此獲得相當多企業家的支持（儘管舒斯特爾過去是一個共產黨員）。該黨在政黨光譜上的定位為中間偏左型，而且在 1998 年的大選中表現相當良好，得到 8% 的選票及十三個國會議席，之後獲邀加入聯合政府。2002 年國會大選，該黨未獲席次，隔年解散。

7. 斯洛伐克工人協會 (Association of Worker of Slovakia)：工人協會成立於 1994 年 4 月，之前是民主左派黨的成員之一。由於在轉型過程中，該黨希望能夠避免工人遭受重大打擊，因此在政綱上主張維護工人權益，反

對外資對本國企業的控制及反對加入北大西洋公約組織。該黨在 1994 年秋天的大選中，獲得相當多工人階級的支持，得到 7.3% 的選票，分得十三個席次，與民族黨共同獲邀加入梅恰爾的聯合政府，分配到包括私有化部長在內的四個部長位子。由於工人協會與梅恰爾走得太近，遭致黨內批評主席盧普塔克 (J. Luptak) 對梅恰爾太過於屈從，沒有一點主見。於是該黨在 1997 年 2 月對國有銀行私有化問題上，便表示了反對立場，拒絕出售國內四家大型的銀行，以免這些銀行的所有權落入梅恰爾同黨之手。但是在 1998 年 9 月舉行的選舉，工人協會僅獲得 1.3% 的選票，無法通過選舉門檻，失去所有的席次。

8. 斯洛伐克民主與基督教聯盟－民主黨 (Slovenská demokratická a krest'anská ú nia-Demokratická strana, SDKÚ-DS)：斯洛伐克自由保守主義政黨，2002 年至 2006 年，該黨為聯合政府主要政黨，米庫拉什‧祖林達 (Mikuláš Dzurinda) 出任總理，2006 年該黨與民主黨合併。

㈢國會生態的特色

自共黨政權垮臺後，斯洛伐克分別於 1990 年 6 月、1992 年 6 月、1994 年 9 月、1998 年 9 月舉行了四次國會大選。1990 年 6 月，係捷克共黨政權和平轉移後首次舉行的自由選舉。其後布拉提斯拉瓦和布拉格之間為了聯邦體制問題爭執不休，國會乃提前在 1992 年 6 月舉行大選，俾為捷克和斯洛伐克正式走向分裂鋪路。1994 年及 1998 年則是斯洛伐克分裂以後的國會大選，由於 1990 年的大選，捷克斯洛伐克剛擺脫共黨統治，各政黨仍處在政黨政治初步發展階段，亟待調適，尤其布拉格和布拉提斯拉瓦之間失和，因此，國會生態尚屬不穩定狀態。不過，從 1992 年以後的三屆國會大選看來，反映斯洛伐克各階層利益的國會生態，基本上已趨於定型，茲將其國會生態分析如下：

1. 議會政治已告確立，政黨交互執政慣例。斯洛伐克和其他東歐國家一樣，政黨須透過選舉才能取得執政的權利，議會已成為各派競逐的場

合，政黨政治的雛型宣告確立。此外，議會內也出現政黨輪流坐莊的基本情勢。左、中、右派色彩的政黨，涇渭分明，各自擁有一定的選民支持。如爭取民主斯洛伐克運動的主要支持者為領取養老金者、工人、超過四十五歲，受過基本教育，居住在鄉村者；民主左派黨的支持者為農民、科學家、國有企業職工、有較高的學歷，年紀在三十至四十四歲，住在城市者；匈牙利民族聯盟的支持者為農民、超過六十歲，受過基本教育，住在鄉村者；基督教民主運動和民主聯盟的支持者為介於十八至三十四歲的年輕人、高等學歷者、學生、科學家、專家、住在城市者；斯洛伐克工人協會的支持者為介於三十至四十四歲、工人或失業工人、學歷較低者、居住在小城市者；民族黨的支持者主要是十八至二十九歲的年輕人、中等教育、居住在大城市者。故而，中間偏左政黨，吸引了勞動階層、學歷較低、居住在鄉村和小城市者的支持；中間偏右政黨，則吸引了學生、專家學者等高級知識分子，及住在城市者的支持。至於代表匈牙利裔及極右民族主義為號召的民族黨，也擁有一定選民的擁護，跨過選舉門檻進入國會。

而且，政治人物如梅恰爾者也會尊重選民的選擇，使政權得以和平過渡，可以說斯洛伐克已出現政黨政治的雛型。

2.為取得執政地位，政黨結盟已成為普遍現象，甚至出現向單一政黨整合的趨勢。由於斯洛伐克的選舉制度採取比例代表制，一般而言，採行比例代表制的國家，除了少數例外（如奧地利）幾乎都是走向多黨政治。斯洛伐克自1990年6月「絲絨革命」後的第一次自由選舉起，到1998年9月第四次大選為止，由於單一政黨在選舉中無法取得絕對的多數，進行單獨執政，歷屆政府均是多黨聯合政府。因此，議會內在野的各黨聯合反對在朝的執政黨，在朝的執政黨共同對付反對派已成為十分正常的遊戲規則，因此議會內拉幫結派以鞏固或壯大自身權力成為普遍現象。最近因選舉規則的制約，甚至出現向單一整合的趨勢。

另外值得注意的是，意識型態的差異，已非政黨聯合的決定因素。左、中、右三派（社會民主主義、自由民主主義、基督教民主主義）之間似乎

可以任意組合，只要有利於爭取選票、議席和執政機會，盟友也是可互換的。如梅恰爾所領導的爭取民主斯洛伐克運動（中間偏左）在 1994 年選舉中，獲得六十一個議席，未超過半數（全部一百五十席），無法單獨組閣。經過兩個多月的努力和反覆磋商，終於在 12 月 14 日與斯洛伐克工人聯盟（極左）和民族黨（極右）成立聯合政府。意識型態與爭取民主斯洛伐克運動相同的民主左派黨沒有加入，卻吸引與梅恰爾在民族主義問題上意見相同、但是在加入北大西洋公約組織議題意見相左的民族黨作為聯合內閣成員；現任斯洛伐克政府 (1998) 也是由右派的民主聯盟（內含右派的基督教民主運動、民主黨及左派政黨社會民主黨）、民主左派黨（中間偏左）、匈牙利民族同盟（少數民族政黨）及公民和解黨（中間偏右）組成。在斯洛伐克風雲變幻的政黨組合中，若用西方民主國家所構築的政治模式去套，會處處發生疑惑。

　　但是在此要指出的是任何聯合政府的上下臺，在方向、制度及路線上都不會有太大的改變，尤其是在市場經濟、議會民主、回歸歐洲，加入北約及歐盟的這一大趨勢下，不會有太多的爭議。

　　3.政局紛紛擾擾，民主之路坎坷。首先，相對於兩黨制，多黨制雖然較能反映多元民意的走向，選民容易找到自己的代表。可惜的是，當一個國家採取比例代表制而逐漸走向多黨政治，除非該國的國會具有「共識型民主」的政治文化及其他相關的周邊制度性設計的配合，否則高度的政黨分化，往往也可能導致一個國家的憲政運作陷入政治僵局或不穩定的惡性循環之中。其次，雖然斯洛伐克選民的穩定度高，但是由於多數政黨成立的時間過短，加上在共黨統治之前缺乏適當的民主經驗。所以到 1998 年 9 月之前，斯洛伐克民主政治的穩定性差，且落後於波蘭、匈牙利、捷克一大截。在這三個國家，政府官員透過民主選舉產生之外，他們還必須向民選的代議士負責，此外，選舉符合自由公平的原則，政黨交替執政也開始出現，憲政改革透過正當的民主程序協商完成，政治行為受到法律的規範，反對黨負起防止政府濫權的責任，人民享有廣泛的政治權力，政治暴力幾

乎銷聲匿跡。可是梅恰爾在 1994 年底，以違反法律程序的手段阻止在野黨議員監督民營化機構、公營電視臺與秘密警察的運作。反對派對秘密警察濫權的指控，政府與國會也拒絕進行調查。再次，總統科瓦奇與總理梅恰爾之間的混戰，更成為東歐政壇上的一大醜聞。科瓦奇原本是「爭取民主斯洛伐克運動」的副主席，是梅恰爾的政治盟友，並在梅氏的支持下當選斯國總統，後因兩人政見不同，分道揚鑣。科瓦奇公開批評梅恰爾「專斷獨行」，指責梅恰爾政府已經腐敗，提請議會罷免梅氏的職務，在 1994 年 3 月聯合民主左派黨等，將梅氏趕下臺，組成了由前聯邦外長莫拉夫奇克為首的聯合政府。1994 年秋，梅恰爾在大選中再度獲勝，第三次出任總理。為報一箭之仇，在一次議會總統講話時，梅氏執政聯盟的議員紛紛離場，偌大的會場僅剩下孤零零的幾個小黨，致使科瓦奇難堪的匆匆將講稿唸完。後來，1995 年 8 月情報局還策劃了科瓦奇之子綁架案。雙方矛盾越來越深，1996 年 5 月 29 日，科瓦奇對梅恰爾以誹謗和誣陷國家元首罪，向最高檢察院提出刑事訴訟，表明二人之間的矛盾已進入不可調和的階段。1997 年 2 月，梅恰爾在議會通過削減總統府行政部門開支的議案，迫使總統辦事機構不得不大裁員。3 月底，更通過一項法律案，剝奪總統對情報首長的任命權，而將此權力交給總理任命。5 月初更以簡單多數通過了對總統科瓦奇的不信任案。但是憲法規定要罷黜總統唯有得到 60% 以上的選票才可達成（需要九十張贊成票，執政聯盟本身僅持有八十三張選票），因此科氏堅決表示不下臺。而且反對黨成員也紛紛發表講話，譴責執政聯盟的作法違反憲法。甚至科瓦奇在總統任內依憲法所賦予其職權，將直選總統提交公民投票一案，原本訂定 1998 年 4 月 19 日舉行，但是梅恰爾政府卻取消了此次投票。另外，也造成在科氏總統任期屆滿（1993 年 3 月至 1998 年 3 月）後，因無法選出繼任人選，使得總統一職空缺。

　　4.共產黨唯有改頭換面，否則難有東山再起機會。斯洛伐克共產黨自改名民主左派黨以來，除了在 1994 年的選舉，因黨內分裂選票略有下降外，一直保持著近十五個百分點的支持度，1998 年選舉結果揭曉，該黨穩

居第三大黨的地位，獲邀加入執政聯盟。在在說明了共產黨唯有徹底改頭換面，放棄馬列主義教條，方能吸引選民，再度崛起。除了民主左派黨之外，其餘例子尚有：波共改名社民黨，匈共改名社會黨，保共改名社會黨，乃至阿共也改名社會黨，它們均有復出執政的機會；反之，捷共抱殘守缺，不肯順應時代潮流、改弦易轍，致使其得票率每況愈下。這無異證明，在這一波東歐社會主義民主化的經驗來看，共產黨內部若抗拒民主潮流，不進行變革，終必被人民唾棄。

㈣經濟發展的困境

斯洛伐克自 1993 年與捷克分裂後，以往來自布拉格所提供的經濟援助宣告停止（大約占斯國 GDP 的 8%），使得政府的預算赤字逐漸升高；加上斯國政爭不休又缺乏明確的經濟來源，自然影響外資的流入。失業人口的增加，說明了無論政府如何刺激景氣，但還是無法改善勞動力閒置的問題，所以除了須從擴大內需、創造就業著手外，仍然要透過吸引外資，以加速斯國的經濟發展。

在通貨膨脹方面，斯國比起鄰近的中東歐國家如保加利亞、羅馬尼亞、阿爾巴尼亞、匈牙利等國的表現還要良好，這是由於斯洛伐克龐大的貿易赤字，造成國際經常帳赤字為二十一億美元 (1996)，為因應這種情勢，斯國內閣除採取緊縮金融政策外，同時並採取審慎的租稅政策，遂能將通貨膨脹率一直控制在個位數字的水準。

在引進外資方面，1989 到 1997 年間斯國大約總共引進九十一・二億美金，僅占所有投入中東歐及波羅的海國家所有外資總額的 2.2%。

從波蘭、匈牙利、捷克等國的政經發展狀況與外資投資之間的關係來看，唯有國內政治穩定，經濟改革明確的國家才能吸引更多外資的流入，也才能加速本國的經濟成長，因此如何創造一個穩定的政治環境與明確的改革方案，是斯國亟需努力之處。故 2001 年起，斯洛伐克成功地進行自由市場經濟的改革，主要針對企業私有化部分，外資投資金額也不斷擴大。

2002 年，斯洛伐克國民所得提高，促進國內需求的增加，克服出口量降低帶來的影響，使經濟成長率達 4.4%，為 1998 年以來的最高值。2003 年出口量回升，國內的消費緊縮問題也獲得解決，使得國家經濟成長 4.2%。2001 年的失業率曾達到 19.8%，2002 年開始，新的經濟改革奏效，使得失業率逐年降低。2004 年 6 月降低為 13.9%，2000 年的通貨膨脹率是 12.0%，2002 年降到 3.3%，2003 和 2004 年又有所增長。

對外關係方面，斯洛伐克的對外關係還是以重返歐洲為主軸：1993 年 6 月，獲准加入歐洲理事會，1994 年 12 月與歐洲聯盟簽訂〈聯繫國協定〉，1994 年 2 月 9 日與北約簽〈和平伙伴關係〉，這些外交行動證明斯國有強烈的願望回歸歐洲，加強與西歐國家的關係。2004 年加入歐盟與〈申根公約〉，2009 年 1 月 1 日，斯洛伐克正式加入歐元區，成為歐元區第十六個國家。然其經濟發展仍必須急起直追，克服種種難題，始有可能回歸歐洲社會。因此，實現「歐洲化」這個目標將成為斯洛伐克一個長期的發展目標。其次，斯洛伐克與鄰國的關係方面，由於斯國的自然資源（石油、天然氣、煤等）並不豐富，為了滿足國內能源的需求，除了大量自俄羅斯進口石油及天然氣外，發展核電也是另外一項選擇，可是設置地點容易引起鄰國之疑慮，尤其是為了莫霍夫核能電廠（地點距離奧地利僅一百二十公里）的興建引起奧地利的嚴重抗議，因為從電廠預算來看，由於安全措施費用不足，所以奧國害怕電廠運轉後會發生類似車諾比事件。即便歐盟在 2008 年同意莫霍夫核能電廠的興建，然此舉仍遭到國際環保非政府組織綠色和平 (Greenpeace) 的反對，也難保未來是否仍有變數，斯洛伐克在此一議題上不得不有所警惕。另外，與匈牙利除了少數族裔問題外，對多瑙河水利工程的爭論也是齟齬不斷，兩國甚至在 1994 年 5 月就此正式向海牙國際法庭提出訴訟。不只如此，2009 年 6 月，斯洛伐克修正了國家語言法，匈牙利認為新法律將限制占斯人口 9.5% 的匈牙利族使用自己的母語，隨後 8 月，匈牙利總統計畫前往斯洛伐克一個邊境城市參加活動，斯洛伐克卻認為此舉是有意挑釁，拒絕其入境，導致兩國關係進一步緊張。直到

2009 年底，兩國總理於斯洛伐克邊境的小城塞切尼舉行會晤並簽署聯合聲明，情勢才逐漸趨緩。然未來斯洛伐克選擇發展策略時，仍必須考量鄰國的態度，尤其因為爭端引起的國際事件，不利於斯洛伐克的「歐洲化」進程，因此睦鄰政策的實施，是斯國政府拓展對外關係所必須考量的因素之一。第三，斯、捷兩國的關係，過去因為克勞斯政府與梅恰爾政府之間的心結難解，造成兩國關係發展上的障礙，現在斯、捷兩國政府均已改朝換代，兩國的互動關係必然有所進展。

七、阿爾巴尼亞——民主化步履維艱

在東歐各國當中，阿爾巴尼亞可以說是實施共產主義最為徹底的國家，由霍查個人獨裁統治阿國長達四十一年 (1944–1985)，統治期間阿國境內毫無言論、新聞、出版等自由，成為「一言堂」；並推動個人崇拜，唯「霍」獨尊，在經濟上全國幾乎沒有私有財產的存在；加上在對外政策上，採取閉關自守政策，影響其邁向現代化的腳步，導致阿國成為歐洲最落後貧窮的國家。造成其在非共化之後，政經發展上的困境。

㈠制憲背景

1990 年底，阿爾巴尼亞隨著東歐走向非共化的潮流，改變一黨獨裁體制，開始實行多黨制，因此明令廢止於 1976 年所制訂的《阿爾巴尼亞社會主義人民共和國憲法》。1991 年 5 月，阿國首屆多黨議會通過〈憲法要則〉(*Law on Major Constitution Provisions*)，全文共分為四章，四十六條。1997 年 6 月由阿共改名而來的社會黨取得議會主導權，於是在歐安組織人員的協助下，開始起草新憲法，共分十八個部分，一百八十三條，於 1998 年 8 月 4 日完成。隨後於 11 月 22 日舉行公民投票，儘管在民主黨揚言抵制下，仍以法定絕對多數獲得通過（投票率 50.6%，93.5% 贊成）。阿國總統邁達尼 (R. Meidani) 於 1998 年 11 月 28 日簽署總統令，宣布憲法正

式生效。

(二)政黨政治的發展

　　阿爾巴尼亞在 1990 年底開始實行民主化之前，經由憲法明文規定，保障其「一黨專政」的地位，任何其他政黨均遭封殺，即使從事地下活動，也難得有生存空間。不過，自開始實行政治多元化以來，政治生態大為改觀，一方面新興政黨有如雨後春筍，至 2012 年合法登記政黨已超過三十多個，在此僅將取得議會議席的政黨簡述如下：

　　1.阿爾巴尼亞社會黨 (Socialist Party of Albania)：成立於 1991 年 6 月，由原勞工黨（共產黨）改名而來，現有黨員約十一萬人，主要成員為勞工黨黨員。主張建立多元政治，實行市場經濟，實現福利、公正的民主與人道的社會目標，尊重人權與自由，確立法制並在議會民主的範圍內同其他政治力量進行競爭和民主共處。1991 年 6 月勞工黨召開第十次代表大會，將一批高級領導人開除出黨或中央委員會，會中並通過了新的黨綱和黨章，對勞工黨進行深刻的質的更新。社會黨認為勞工黨的歷史作用和活動已經完成，擺脫一黨制時期的所有錯誤理論與實踐。

　　1991 年 11 月，社會黨召開第一次全國代表大會。會議認為過去的錯誤、失敗和罪過的責任主要由霍查承擔，但完全否定與霍查相關聯的社會活動對阿的歷史沒有好處。鑑於阿里亞已當選為總統，根據〈憲法要則〉規定，因此阿里亞辭去原有第一書記職務，會中選任納諾 (F. Nano) 擔任主席職務。

　　1992 年 3 月，社會黨在議會大選中失利，在議會中僅擁有三十八個席次，淪為在野黨，但是在議會中仍穩居全國第二大黨的地位。1993 年納諾因被指控「濫用職權，使國家蒙受重大經濟損失」為由被捕，1994 年 4 月宣判需服十二年徒刑。2001 年普選，該黨拿下七十三席，繼續維持執政黨地位。然在 2005 年時落敗。2013 年國會大選以六十六席組成聯合政府。2017 年以過半的七十四席取得完全執政。

2.阿爾巴尼亞民主黨 (Democratic Party of Albania)：1990 年 12 月 12 日成立，有黨員十多萬人，主要成員為大、中型城市中的市民、知識分子和青年學生。該黨在政治上主張建立民主國家，在經濟上主張實行私有制，並強調社會西方化，尊重多元價值。在對外關係上要奉行親西方的外交政策，發展重點以美國和歐洲聯盟為主軸。1991 年 9 月，舉行了第一次代表大會，選出領導委員會主席貝利沙 (S. Berisha)，在 1992 年 3 月議會大選中，該黨獲得議會多數席位，成為執政黨。2005 年組成執政聯盟擊敗社會黨，阿爾巴尼亞民主黨與其盟友獲得過半數的八十一席成為執政黨，該黨目前是歐洲人民黨觀察員。2013 年落敗，成為在野黨。

3.社會民主黨 (Social Democratic Party of Albania)：1991 年 1 月成立，共有黨員一萬多人，原是社會黨國際的成員之一，後於 2014 年退出。在 1992 年 3 月舉行的大選中共獲得七個議席，並成為聯合內閣的成員。隨著在 1994 年 11 月公民複決的失敗，社會民主黨宣布脫離聯合內閣，但是其在內閣的兩位成員選擇留在內閣內。2017 年大選僅獲得一個席次。

4.共和黨 (Albania Republic Party)：1991 年 1 月成立，1992 年 3 月大選，獲得一個席次，1992 年 4 月加入聯合內閣。1994 年 12 月宣布退出政府。2005 年 7 月議會大選中獲得十一個席次，為成立以來獲得最多席次的選舉。2017 年則未獲得國會議席。

另外還有國家統一黨、農民黨、保衛人權聯盟、國民陣線黨等政黨，由於其影響力甚小，在此便不再贅述。

(三)左右兩派鬥爭激烈

自由選舉是檢證東歐前社會主義國家走向民主政治不可或缺的重要指標。阿爾巴尼亞自 1990 年底開始走向民主化以來，分別在 1991 年 3–4 月、1992 年 5–6 月、1996 年 5 月、1997 年 6–7 月等舉行了四次國會大選，在 1996 年 5 月 26 日的大選中，經過兩回合的投票，民主黨在一百四十個席位中贏得一百二十二席，獲得壓倒性的勝利，社會黨僅獲得十席，其餘

由共和黨等右派小黨瓜分，但大多數反對黨不承認大選結果，指控該次選舉大部分選區有違法舞弊行為。因此，在第一回合投票尚未結束，社會黨等七個反對黨便以民主黨當局違反選舉法為由退出競選，社會黨等五個中間偏左政黨的國會候選人還以絕食抗議。隨後，同年 10 月四年一度的地方選舉，民主黨挾其執政優勢，又控制地方議會，但反對黨認為地方選舉中仍然有製造假選票等舞弊行為。從這幾次大選中基本上可以看出阿國各政黨消長大勢和國會生態。其中較令人注目者有以下三點：

1.議會政治已告確立，政黨交互執政成慣例。阿爾巴尼亞和其他東歐國家一樣，政黨須透過選舉才能取得執政的權利，議會已成為各派競逐的場合，政黨政治的雛型宣告確立。此外，議會內也出現政黨輪流坐莊的基本情勢，但是值得注意的是，選民投右派政黨（民主黨）的票，並不一定是因為相信右派的政綱，而是不滿意左派（社會黨）政府的政績，相對的選民投左派的票也同樣如此，因此可以說意識型態因素在選舉中所扮演的角色已不顯得重要，政黨主政的政績反而成為選民投票主要的抉擇因素。

例如社會黨在 1991 年間，趁著反對黨羽翼未豐的情況下，在大選中獲得了絕對多數的議席。可是在主政期間，由於阿國經濟、政治和社會形勢有不斷惡化的跡象，政府財政赤字嚴重，加上頻頻發生的反政府動亂和全國性罷工風潮，更使得政府更迭頻繁，共出現了四次改組，分別是：卡喀尼 (A. Carcani) 政府、2 月的納諾政府、6 月的布菲 (Y. Bufi) 政府及 12 月的阿赫邁迪 (V. Ahmeti) 政府。雪上加霜的是，由於社會治安不佳，人民大量外逃，造成社會黨在 1992 年 3 月大選的挫敗，也喪失了長達四十八年的執政地位。

另外，民主黨在主政四年後，也因取締非法的集資案，於 1997 年 1 月爆發嚴重的政治社會危機，而且局勢迅速惡化，甚至演變為武裝動亂，全國陷入無政府狀態，最後還得要勞駕歐洲聯盟出面排憂解困始得恢復國內秩序。在這種情勢下，造成了民主黨在隨後舉行的大選，丟掉了執政的權利。

　　故而，保持政局相對穩定的前提是人民生活的改善，這已經成為政黨能夠繼續執政的重要條件。

　　2.為取得執政地位，政黨結盟已成為普遍現象。綜觀阿國議會的發展，議會內在野的各黨聯合反對在朝的執政黨，在朝的執政黨共同對付反對派已成為十分正常的遊戲規則，因此議會內拉幫結派以鞏固或壯大自身權力成為普遍現象。

　　如以2012年阿國政府為例，便是以社會黨為首的執政聯盟（社會黨、社會民主黨、民主聯盟黨、農民黨、保衛人權聯盟）和以民主黨為首的反對聯盟（民主黨、合法派運動黨、國家統一黨、共和黨等）在議會中相互對抗。

　　但是在此要指出的是任何一派的上下臺，在方向、制度及路線上都不會有太大的改變，尤其是在市場經濟、議會民主、回歸歐洲，加入北約及歐盟的這一大趨勢下，不會有太多的爭議。若要區別各聯盟之間的差異，可以說，在政治上民主黨在權力分配的架構上，傾向於總統制；而就現今社會黨通過的憲法來看，有較多內閣制的色彩。另外在經濟上，主要表現在對私有化速度及方式上，尤其民主黨政府顯得較為激進，所以主張採取「休克療法」，而社會黨則採取較為保守的政策。

　　3.左右之間心結難解，政治保持穩定不易。阿國這幾年政黨政治發展的瓶頸主要出現在社會黨與民主黨領導人之間，因為心結難解，不能相忍為國而出現意氣之爭。首先，〈憲法要則〉規定議會任期為四年，但是從「非共化」以來，八年出現四次選舉的頻率來看，雖然透過選舉取得執政機會已屬常態，但是過於頻繁的選舉對於政局的穩定容易產生負面效應。其次，民主黨政府透過司法機構對付社會黨的領袖（阿里亞及納諾），並對其判處重刑，這跟共黨時期利用司法機構對付異議分子有何不同？因此，社會黨執政後也採取相同手段利用司法機構指控貝利沙本人參與1998年9月的陰謀政變。因此，在兩黨積怨甚深的情勢下，容易出現互扯後腿，為反對而反對的情況，在此情勢下為阿國日後的政治發展埋下不穩的因素。

此外，由於阿國選舉法雖有 2% 的門檻限制，政黨在這種情境下，為因應民主化的客觀現實，各自整合或調整，漸趨定形。但因門檻過低，以致在 1997 年擁有議席的政黨高達十個，日後新憲法門檻提升到 3% 以上的話，必會加速政黨間的排列組合。

㈣經濟發展的困窘

阿國為歐洲最為窮困的一個國家，全國經濟 60% 的產出均來自農業。加上在共黨主政時期，採取閉關自守政策，各項產業設備均無法進行更新，基本建設落後，造成阿國在非共化後，經濟轉型上的困難。

1991 年起阿國試圖從計畫經濟體制慢慢過渡到市場經濟，由於社會黨包袱嚴重，國內經濟又表現不佳，因此不管是國營企業或者是農村土地的私有化進展相當緩慢。加上政治動盪不安，政府雖頒布了土地、企業私有化及商業服務和保護經濟等法規，力圖擺脫經濟危機，但是經濟仍未見起色。

1992 年民主黨政府上臺後便採行所謂「休克療法」。其內容包括三個主要項目：⑴以修改法規加速土地的完全私有化，及建立完全符合市場的法規體系，並成立一個委員會處理前地主的補償事宜；⑵分為三階段逐漸將大部分的國有企業私有化；⑶鼓勵成立新的私人公司，減少國有企業的占有率。觀其內容，主要希望能夠透過私有化來拯救國內的經濟。可是由於阿國經濟先天體質上的不良，及後天政治不穩、社會動蕩的情況下，使外人投資卻步，因此既有的重工業無法起死回生，食品等輕工業也收效甚微，作為主力的農業在政府取消補貼之後，使得農產品價格高漲，人民大量外逃；而失業率一直處於二位數字，說明了無論政府如何刺激景氣，但是勞動力閒置還是不見起色，此即每當阿國動亂，動輒出現難民潮的一個重要原因。

從實質國民生產毛額的數字看，證明了每當國內出現大量不景氣的時候（如 1991–1992 年及 1997 年），均是改朝換代的時候，在在顯示維持經濟成長是一個政府繼續執政的最佳保證。

　　所以在國內經濟不振的情況下，只有從吸引外資著手，希望能藉此加速阿國的經濟發展以擺脫貧窮落後的命運。因此於 1997 年 6 月上臺的社會黨政府，便快馬加鞭的於 7 月 31 日參加在義大利羅馬召開「恢復阿國經濟發展」的國際會議。在取得共識後，世界銀行於 1997 年 12 月決定提供阿國二千五百萬美金的貸款，另外還提供五百萬美金的技術資金及一千萬美金資助私有工業的計畫，截至 1998 年 7 月為止，世銀已提供阿國三億五千六百萬美元的信用貸款。

　　阿爾巴尼亞步上民主化之後，一反過去的孤立政策，終於又回到歐洲社會，除了參與歐洲安全與合作會議之外，於 1994 年 2 月和北約組織簽署〈和平伙伴關係〉，1995 年 7 月又獲准加入歐洲理事會。由於受到 1997 年 1 月阿國國內取締非法集資案而引發的政治社會危機之衝擊，1998 年 10 月 30 日，歐美和有關國際組織共三十六個代表團應阿國政府的要求，參加在首都地拉納舉行解決阿國動盪不安的國際會議，來協助阿國度過難關。2009 年 4 月 1 日，阿爾巴尼亞正式加入北約，2014 年成為歐盟候選國，2020 年展開入盟談判。當前阿國的重要任務，就是能夠早日加入歐盟行列。

八、南斯拉夫——在民族激情和國際壓力夾縫中走向民主化

原由六個共和國組成的南斯拉夫社會主義聯邦共和國，於 1991 年隨著斯洛汶尼亞、克洛琪亞、馬其頓和波士尼亞‧赫塞哥維納相繼出走，宣布獨立，導致聯邦解體。次年，這個由狄托所創建的多民族組成之聯邦國家，其殘餘部分塞爾維亞和黑山兩共和國，乃另起爐灶，成立「南斯拉夫聯盟共和國」（Federal Republic of Yugoslavia，以下或簡稱南聯），仍沿用「南斯拉夫」之名。不過，其地理位置、人口、面積已今非昔比，面目全非，不僅大大縮小，而且企圖承襲前南斯拉夫國際法人地位的願望也難如願。

㈠南斯拉夫分裂的始末

南斯拉夫解體後，對剛建立的南斯拉夫聯盟共和國的國運影響最深者莫過於：

1.在大塞爾維亞主義的驅使下介入克洛琪亞和波士尼亞的民族衝突，兩面受敵，國力耗損甚大。1991 年 6 月 25 日斯洛汶尼亞和克洛琪亞宣布獨立後，原有六十萬塞族居住在克國境內的克拉伊那 (Krajina)，在貝爾格萊德暗中支持下，也於同年 12 月 25 日宣布獨立。1992 年 1 月 9 日在波士尼亞境內的塞族亦乘南斯拉夫瓦解之際，宣布成立「波士尼亞塞爾維亞共和國」，脫離薩拉耶佛政府的控制。在這種「國中有國」，統治權失控的情況下，唯有以戰爭手段解決爭端。戰火升高，民族間相互殘殺，進行種族清洗，國際輿論譁然，致使以塞族為主的南聯備受譴責，自毀形象。

2.國際社會對南聯的孤立。1991 年 12 月 23 日德國率先承認斯、克兩國的獨立；隨後，歐洲聯盟成員相繼跟進，從此巴爾幹地區的民族衝突就不再是某一國的內政問題。1992 年 4 月 6 日，歐盟又承認波士尼亞為主權獨立國家；次日，美國也正式承認斯、克、波等三國；同年 4 月 27 日，俄

羅斯和中國首先承認南聯的建立，北京政府同時亦承認斯、克兩國。1992
年 5 月 22 日，斯洛汶尼亞、克洛琪亞和波士尼亞獲准成為聯合國會員國，
馬其頓則因國名問題延至 1993 年 4 月 8 日才加入。而南聯遲至 2000 年 10
月的大選過後，隨獨裁者米洛塞維奇下臺，才得以進入聯合國和歐安組織。

　　3.國際社會的經濟制裁行動。1991 年 11 月 8 日歐洲聯盟宣布對南聯
實行經濟制裁；次日，聯合國決議對南國進行石油禁運。1992 年 5 月 27
日，當薩拉耶佛遭塞族砲火襲擊時，歐盟隨即對南聯施行貿易制裁和石油
禁運；同年 5 月 30 日，聯合國安理會通過制裁案，內容包括石油和貿易禁
運，凍結海外資產，切斷空中交通，停止體育、科技等交流，以迫使塞軍
從克、波二國境內撤退；6 月 1 日國際社會繼續響應聯合國的制裁行動，
其中美國凍結南國在美所有資產，禁止對該國的進出口，禁止南國飛機在
美降落權或經過領空；澳洲中止南國的航權，並切斷與南國的貿易，英國
銀行凍結南國所有的交易，法國凍結該國資產等等。此制裁行動直到 1995
年 12 月〈岱頓協定〉(*Dayton Peace Accord*) 簽訂之後，因波士尼亞和平出
現曙光，始逐步放鬆。

　　在南斯拉夫解體前後，一向被視為造成巴爾幹爭端的幕後黑手，就是
分裂後出任塞爾維亞共和國總統的米洛塞維奇。這位大塞爾維亞主義者在
面對四面楚歌，遭受國際社會嚴苛的孤立情況下，不得不改弦更張，重新
規劃戰略目標，乃以「和平睦鄰，重返國際社會」，作為對外政策主軸。
1995 年起，貝爾格萊德政府乃一改過去我行我素，不避諱支持大塞爾維亞
主義的立場，轉而面對現實，採取務實態度，願意與國際社會配合，逼迫
波赫族走上談判桌，使巴爾幹危機有了重大轉折。最關鍵性的變化，即
1995 年 11 月 1 日，塞爾維亞、克洛琪亞和波赫等三方在華府安排下，於
美國俄亥俄州岱頓 (Dayton) 市展開和平談判，歷時三週的協商總算達成協
議。這個決定波赫命運並促使南聯擺脫制裁的所謂〈岱頓協定〉，同年 12
月 14 日隨即在巴黎正式簽署。除了塞、克和波赫等三個當事國總統出席簽
字外，美、法、英、德、俄等國領袖也以共同促成和談身分參與簽字，以

示該和平協定更具有約束力。1996 年 9 月，波赫舉行大選後，根據〈岱頓協定〉，南聯與波赫建交，相互承認；隨後，同年 10 月 1 日聯合國安理會一致通過協議，取消為時四年餘的制裁。由此，南聯礙手礙腳以窒息經濟發展的「外患」乃告渡過第一波嚴峻難關，惟民族主義引爆的「內憂」仍在，特別反映在每次的選舉中各政黨之間的鬥爭，而更棘手的難題——科索沃阿爾巴尼亞族分離主義運動方興未艾，亦亟待解決。

　　1992 年 4 月 27 日，南斯拉夫聯盟共和國頒布第一部憲法，根據該部憲法，南斯拉夫是建立在各共和國平等基礎的主權聯盟國家；總統和總理不能來自同一個共和國。南斯拉夫聯盟共和國憲法規定聯盟國會為兩院制，包括共和國院以及公民院，兩院議員任期皆為四年。此外，塞爾維亞和黑山兩個共和國亦各有議會，議員任期也是四年。共和國院成員四十人，塞爾維亞和黑山兩個共和國各二十名代表，各共和國代表依其議會政黨所占比例來分配。公民院議員一百三十八名，其中塞爾維亞一百零八席、黑山三十席。塞爾維亞的公民院議員產生方式是單一選區多數制和比例代表制參半；黑山則是六席由單一選區多數制決定，其餘依照比例代表制選出。

㈡政黨政治的發展

　　在南聯境內先後成立的政黨有如雨後春筍，政黨林立。茲舉較具影響力的政黨簡介如下：

　　1.塞爾維亞社會黨 (Serbian Socialist Party)：1990 年 7 月創黨，由原塞爾維亞共產主義者聯盟和塞爾維亞勞動人民社會主義聯盟合併組成。主張民主社會主義、聯邦制的南斯拉夫，現代法治國家和經濟發達、文化繁榮的塞爾維亞。該黨在 1990 年 12 月塞爾維亞選舉贏得二百五十席中的一百九十四席，其黨魁米洛塞維奇擊敗其他三十名候選人，贏得 65% 的選票當選塞爾維亞總統。1992 年 5 月南斯拉夫聯盟公民院選舉，塞爾維亞社會黨和其聯盟伙伴稍逾半數，得到一百三十八席中的七十三席。5 月底，聯合國經濟制裁南斯拉夫,該黨內部反米洛塞維奇的社會民主派分子紛紛出走，

另起爐灶。然而，米洛塞維奇依舊大權在握，12 月重新選舉公民院，塞爾維亞社會黨仍然在聯盟和塞國國會受到民意支持。此後，塞爾維亞社會黨向極端民族主義的塞爾維亞激進黨靠攏，兩黨聯手將南斯拉夫聯盟共和國總統喬西奇拉下臺。

2.民主黨 (Democratic Party)：米契諾維奇於 1992 年所創立。其黨綱為致力民主多黨制、言論自由與人權的追求。政策與領導風格的衝突使得米契諾維奇出走，該黨開始傾向右派，並於 1992 年退出塞國民主行動聯盟。黨內派系出走，另組塞爾維亞民主黨，1992 年選舉僅取得五席，1993 年塞國選舉贏得二十九席，即加入社會黨政府。

3.塞爾維亞民主黨 (Democratic Party of Serbia)：1992 年選舉前不久由民主黨分裂出來組成，為民主行動聯盟的臺柱，但是後來傾向右派甚至比民主黨更為極端。1993 年塞國國會大選時，該黨堅持極右派路線，贏得 5.1% 的選票取得七席並加入社會黨領導的政府。

4.新民主黨 (New Democracy)：於 1990 年由前塞爾維亞社會主義青年組織改組而來，為民主行動聯盟重要成員。1994 年 2 月，退出聯盟並宣布支持社會黨政府。

5.塞爾維亞激進黨 (Serbian Radical Party)：1991 年 2 月建黨，係一個擁護大塞爾維亞主義、強調領袖重要性的準法西斯政黨。塞爾維亞在克洛琪亞和波士尼亞內戰的軍事行動，該黨亦涉足其中。1992 年選舉僅次於社會黨，1993 年終止與社會黨合作。1994 年 4 月，塞爾維亞激進黨解散其軍事性質的組織——塞爾維亞切特尼克行動 (Serbian Chetnik Movement)，該組織成立於 1990 年 7 月，以二次大戰期間塞族游擊隊為名。1991 年至 1992 年克洛琪亞內戰中，該組織被控犯下種族屠殺的罪行，惡名昭彰。1994 年塞爾維亞激進黨主席謝協義 (V. Seselj) 因在國會施暴被塞國政府判處緩刑，但一星期後再犯而被判處四個月的監禁。

6.塞爾維亞統一黨 (Serbia United Party)：係一極端民族主義政黨，1993 年 12 月選舉前在米洛塞維奇的支持下創立，其目的藉以抗衡塞爾維

亞激進黨。其黨魁與克洛琪亞、波赫境內血腥暴行牽連極大。1993 年選舉，塞爾維亞激進黨的表現超乎預期的好，該黨無法發揮制衡作用。

7. 人民國會黨 (Conciliar Popular Party)：1995 年 1 月創立，為塞爾維亞民主行動聯盟重新改組而成。塞爾維亞民主行動聯盟最初是在 1992 年 5 月由各反對黨包括塞爾維亞復興運動黨、民主黨以新民主黨組成聯盟方式出現。1992 年 12 月選舉前夕，塞爾維亞民主黨分裂出來加入聯盟。但是民主黨離開塞爾維亞行動黨，1994 年又有新民主黨出走，聲言加入內閣。1992 年 12 月選舉，塞爾維亞行動聯盟贏得公民院二十個席位，翌年塞國國會大選取得四十五席。然而隨著後來塞爾維亞復興運動黨傾向右派而導致 1994 年 6 月，十一名聯盟內非塞爾維亞復興運動黨的干擾。七個月後，在前塞爾維亞民主行動聯盟主席拉吉提奇 (S. Rakitic) 的領導下，人民國會黨成立。

8. 塞爾維亞復興運動黨 (Serbia Renewal Movement)：係一塞爾維亞民族主義團體，其目標與社會黨相去不遠。但是 1990 年塞國選舉時，該黨被勒令關閉，其黨魁德拉斯科維奇 (V. Draskovic) 鋃鐺入獄。該黨宣布抵抗聯盟和塞國議會。1993 年德拉斯科維奇夫婦被控攻擊國會警衛人員而再度被逮捕。不過，米洛塞維奇一紙命令將其釋放，並撤銷告訴。塞爾維亞復興運動黨是民主行動聯盟的一員，1992 年及 1993 年選舉時極力擁護大塞爾維亞的主張，將鄰近塞爾維亞人居住的土地統一，並且反對任何無法達成此一目標的波赫和平協定。該黨右傾的轉變使得民主行動聯盟的溫和派出走，而進一步分裂。

9. 共產黨暨南斯拉夫行動聯盟：常被稱為「將軍黨」，該黨是前南斯拉夫執政黨內強硬派的殘餘勢力。米洛塞維奇的妻子瑪科維奇 (M. Markoovic) 也曾是其中重要的成員。

10. 南斯拉夫左派聯盟 (Yugoslav United Left)：該聯盟於 1995 年中由塞國瑪科維奇發起成立。瑪氏以幕後影響力和雙週刊政治專欄聞名。該聯盟的前身為南斯拉夫共產主義者聯盟，以結合前南斯拉夫共和國的社會主義

政黨為目標。

　　另外還有瓦伊瓦迪納匈牙利民主共同體、瓦伊瓦迪納克洛琪亞民主聯盟、科索沃民主聯盟、科索沃國會黨、科索沃基督教民主黨、民主行動黨、黑山社會黨等，整體看來，南聯的政黨要不是民族主義色彩濃厚，就是地域性政黨，皆極為活躍，也能展現一定程度的影響力。

　　從 1992 年 12 月和 1996 年 11 月，南聯公民院兩次大選的結果比較，由共產黨改名而來的塞爾維亞社會黨和黑山社會主義者民主黨，仍可在議會中占優勢。塞爾維亞社會黨在 1992 年大選中居第一大黨地位，取得四十七席；1996 年的大選，塞爾維亞社會黨與南斯拉夫左派聯盟和新民主黨結成同一陣線，贏得六十四席，使得塞爾維亞社會黨和其相同意識型態，形同姊妹黨的黑山社會主義者民主黨（1992 年大選取得十七席；1996 年取得二十席），足可在議會掌握多數，共組聯合政府。南聯選舉法也設有政黨門檻限制，因此在議會中不至於出現政黨林立的現象，均維持在十個政黨左右。由於反對黨的力量過於分散，加上民族主義擡頭，政治人物常常牽就民族主義訴求，致使南聯在後共產主義時期民主化的腳步，遠遠落後於前南斯拉夫其他加盟共和國如斯洛汶尼亞、克洛琪亞和馬其頓等國。

㈢在內外交逼之下步上民主化

　　南斯拉夫千禧年的大選過程及結果備受世人矚目；此次選舉是根據南聯新憲法於 2000 年 7 月 6 日通過的修正案之規定所舉行的。 此次的修憲是針對 1992 年頒布的憲法進行重要修改：南聯總統今後將不再是由聯盟議會選舉，而是由公民直選。這次修憲之經過及其背後意圖，乃是由米洛塞維奇一手策劃。米氏之所以提前大選，是基於以下因素的考量：

　　1.米氏一心沉醉於權力之中，執意繼續抓權，然而限於當前憲政體制下要想繼續連任執政，莫過於修改憲法以遂行個人之貪念，所以他經由南聯憲法的修改，把原來由國會選舉並由塞爾維亞、黑山兩共和國出任總統一職，改由南聯直接選舉產生，試圖通過這種選舉程序藉以鞏固繼續擔任

總統的正當性與合法性基礎,俾作為米氏逃避國際戰犯法庭追訴的護身符。

　　2.反對黨勢力在米氏長期的籠絡和分化的情況下,四分五裂,他自以為反對陣營推不出強有力的勁敵,不足以威脅到他的連任企圖。另外,米氏之妻瑪科維奇從旁獻策,過分低估在野黨派和宗教力量的凝聚力,致使米洛塞維奇得意忘形,自認南聯大選在其掌握之中。米氏仗恃自己擁有強大的政黨基礎,此外基於反對黨聯盟未得到黑山共和國總統的支持,而且塞爾維亞最大反對黨「復興運動黨」拒絕與其他政黨結盟。有鑑於此,他深信勝利果實終將屬於自己。其實不然,他小覷反對黨聯盟的實力,種下他一敗塗地之因。

　　3.支持米氏的社會黨和左翼聯盟掌握了競選利器——新聞媒體,南聯內的重要媒體均表態支持米氏。此一舉動無意間更增添米氏的信心。由此觀之,種種現狀的優勢使米氏加緊腳步提前國會與總統大選,妄想著享受勝選的甜蜜滋味,殊不知大選將是提早終結他政治生命的嚴重致命傷。

　　南聯修憲後的首次「三合一」選舉定於 9 月 24 日舉行,根據選前各項民意測驗調查顯示,由十八個反對黨合組的「在野民主聯盟」(DOS) 所推出的候選人柯斯圖尼查 (V. Kostunica) ,其支持率領先米洛塞維奇高達 6–20% 不等。

　　25 日,兩方人馬均不約而同地宣稱在此次的大選中獲勝。此次估計投票率為74%,官方的選舉結果尚未公布,「在野民主聯盟」即表示,柯氏以 53% 的得票率遙遙領先米氏的 36%;反觀米洛塞維奇所屬之「南斯拉夫左派」的說法,米氏以 56.3% 的得票率領先柯氏的 31.4%;不過根據歐盟在所有已知的資訊中表示,米洛塞維奇宣稱獲勝,顯為不實。26 日稍晚,南斯拉夫國家選舉委員會根據初步開票結果宣布,現任總統米洛塞維奇獲得 40.23% 的選票,柯斯圖尼查贏得 48.22% 居於領先;兩人得票均未過半,必須進入第二回合的決選;但反對黨聯盟則擔心米洛塞維奇可能作票,限期政府在 27 日前公告選舉結果,否則將逕自宣布柯斯圖尼查勝選;9 月 28 日選委會公布總統選舉最後結果,得票率 48.96% 的柯斯圖尼查領先米

洛塞維奇的 38.62%。但由於此數據與反對黨自行統計之數字差距甚遠，柯斯圖尼查揚言不參加 10 月 8 日舉行的決選，並發動全國大罷工以逼迫米氏交出政權。隨後，高達五十萬的南斯拉夫民眾聚集在首都貝爾格萊德廣場，展開一連串的抗議集會暨全國大罷工，以迫使米氏承認敗選，並交出政權。惟處於罷工壓力下的米洛塞維奇仍執意要在 10 月 8 日舉行第二輪的決選，並拒絕國際間任何形式的調停。德國和俄羅斯隨即在 10 月 1 日發表聲明指出，認同南聯反對黨候選人柯斯圖尼查的勝選，並支持塞爾維亞人渴望民主變革的選擇。

南斯拉夫憲法法庭於 10 月 4 日晚間宣布，9 月 24 日的總統大選無效，此舉立即引來反對黨聯盟的反彈及美國和歐盟各國的同聲譴責。反對黨聯盟並對憲法法庭下最後通牒，要求憲法法庭撤銷錯誤的宣告。10 月 5 日南斯拉夫示威民眾成功占據國會大樓及國營電視臺要求米氏限時下臺，次日憲法法庭便裁定柯斯圖尼查當選總統；10 月 7 日總統當選人柯斯圖尼查在軍方支持以及前總統米洛塞維奇公開承認敗選並拍電致賀下，正式宣誓就任總統。

綜觀南聯此次總統大選，其戲劇性的變化，相當清楚反映米洛塞維奇垮臺的主因不外乎：(1)米氏帶領南聯先後引發對斯洛汶尼亞、克洛琪亞、波赫及科索沃等四次戰爭，導致南聯經濟困窘，民不聊生，他揭櫫大塞爾維亞主義，自食惡果。(2)藉其獨裁統治，建立裙帶關係、濫用國家資源，民怨沸騰。(3)飽受國際社會孤立和經濟制裁，致使國家發展受阻，舉步維艱，人民歸咎於米氏。(4)不擇手段打壓異己，促使反對黨派團結一致，同仇敵愾對抗米氏。(5)國際社會一方面精神上公開聲援反對勢力，另一方面從旁提供競選宣傳的經費，導致米氏四面楚歌，一籌莫展。(6)人民渴望民主改革，唾棄由共黨改頭換面而來的社會黨，卻未脫胎換骨轉化成真正的民主政黨。

柯氏之所以在此次大選脫穎而出，開啟他政治生涯的顛峰，最重要的關鍵因素在於：(1)反對黨空前大聯合，凝聚力量，對抗共同敵手米洛塞維

奇，使其腹背受敵，益顯孤單。⑵國際社會異口同聲支持南聯邁向民主。
⑶人民無法忍受經濟遭長期制裁所帶來的困境，渴望改變現狀。⑷贏得學
生和工人的支持，以及東正教會公開聲援。⑸反對勢力在大選中發揮組織
動員力，同時運用西方選戰宣傳技巧，文宣深入民間，競選策略奏效，嚴
密監督選舉之計票過程，使米氏政府無法一手遮天，為所欲為。⑹軍警在
緊要關頭，保持中立。⑺媒體最後倒戈，使選舉相關訊息和反對勢力造勢
活動，得以暢通無阻。

前南斯拉夫獨裁者米洛塞維奇，於 1941 年出生於塞爾維亞，是塞爾維
亞族人，畢業於貝爾格萊德大學法律系，曾任貝爾格萊德市長經濟參事和
貝爾格萊德銀行董事長。1984 年當選貝爾格萊德市共盟主席，1986 年任塞
爾維亞共和國共盟主席，1989 年初任塞爾維亞總統，在 1992 年 12 月舉行
的多黨制大選中再次當選塞爾維亞總統，1997 年當選南聯總統，2000 年競
選南聯總統落敗，2001 年 6 月米洛塞維奇被送交海牙國際戰犯法庭受審，
並於 2006 年 3 月因不堪受辱，而在獄中畏罪自殺。

領導南聯突破重圍邁向民主化的五十六歲柯斯圖尼查原為法律系教
授，1974 年因表態反共而被逐出貝爾格萊德法學院，1974 年初其開始活躍
於剛剛萌芽的南聯反對陣營，並於 1992 年創立了塞爾維亞民主黨。他的個
人與政治立場始終如一，並主張塞爾維亞民族主義，使一般選民對他特別
有親切感。在動亂頻仍的巴爾幹半島政壇上，向來唯有具領袖魅力的政治
人物才能獲得人民崇拜，因此，作風務實的柯斯圖尼查令外界費解。柯斯
圖尼查行事低調而不做作，或許正是因為他的誠實，才贏得對米洛塞維奇
政府的貪污陋習及好戰嗜血作風倒足胃口的選民青睞。

㈣介入戰爭耗損，國力極需外援

在前社會主義國家當中，最早引進市場機制，採行計畫經濟和市場經
濟兼備的國家是前南斯拉夫。1948 年狄托與史達林關係決裂後，從 50 年
代起，這個巴爾幹多民族國家就開始進行經濟改革，一時使所謂的「市場

社會主義」(Market Socialism) 引起西方世界的側目。惟這種「南斯拉夫模式」的改革，僅是在社會主義的架構內運用一些市場機能，仍跳不出意識型態和「一黨專政」的窠臼。要不是狄托適時把握東、西方冷戰時機，與印度、埃及共同倡導不結盟運動，左右逢源，相當程度得到西方國家的貿易優惠，但其績效也是極其有限的。1985 年世界銀行的統計資料，當時南斯拉夫國民平均所得也才二千零七十美元，還遠不如捷克斯洛伐克、保加利亞和羅馬尼亞等鄰近國家。可見老是堅持社會主義道路而不徹底進行政經改革，終告事倍功半，無法突破難關。再者，歷史經驗證明，任何一個國家涉入戰爭事端，又飽受國際社會孤立，其經濟勢必一蹶不振，不可能指望步上正常發展，南聯即是最明顯的例證。

　　聯合國通過對南聯經濟制裁的第一年，包括產值和商品勞務的損失，高達二百億美元，國民平均所得由 1989 年的三千美元，至 1993 年降為三百至五百美元，生活水準回到 60 年代。工業生產嚴重下滑 43%，失業率猛升至 50%，通貨膨脹每日平均約 10% 以上，年通脹率幾乎是天文數字，高達一萬九千八百一十 (1992)，創下世界最高紀錄。物價上漲驚人，光是麵包就漲了八百倍，牛乳更漲一千多倍。貨幣從一馬克兌換八十二第納爾 (Tinar) 的匯率開始急速貶值，不及一年，一馬克即可兌換三十七萬第納爾。1993 年 10 月 1 日，南斯拉夫銀行開始發行新第納爾，把舊第納爾去掉六個零，到了 1993 年 12 月，曾發行過面值五百億和五千億元的鈔票。再加上石油禁運的重擊 (南聯自產石油只能滿足正常需求的五分之一)，交通工具寸步難行、工廠停擺，公路上行車也不多見，《貝爾格萊德晚報》形容，南聯大難當頭，「苦難和飢餓開始敲每個家庭的大門」，全國陷入因戰爭波及的大災難。總之，巴爾幹的民族衝突所付出的代價，據官方統計顯示，國際社會對南聯的制裁使得南聯蒙受的經濟損失高達一千四百七十多億美元。加上南聯政府為了支援波赫境內的塞族同胞，每年需花費國民收入的五分之一或四十到五十億美元投入戰爭。

　　90 年代初期，南斯拉夫與國際間的接觸是在受到國際組織的制裁下度

過的；1991 年南斯拉夫內戰時，聯合國安理會曾在 9 月 25 日通過對南斯拉夫禁運武器的決議，11 月 8 日聯合國決議對南國實施經濟制裁，直到 1996 年 10 月 1 日聯合國安理會才一致通過決議，取消對南聯近五年的經濟制裁。1999 年南聯入侵科索沃，同年 3 月 24 日北約對南聯展開大規模、長達七十八天的轟炸，直到 6 月 9 日南聯才與北約達成停火協議；並在同年 7 月 30 日，世界四十多國領袖於波赫首府薩拉耶佛簽訂〈巴爾幹重建計畫〉。正當 2000 年南斯拉夫總統大選結果即將明朗化之時，9 月 30 日，歐盟執委會前主席普洛迪 (R. Prodi) 聲稱，歐盟擬解除對南聯的制裁，並重建南國基礎建設；南聯新總統柯斯圖尼查宣誓就職後，10 月 9 日歐盟已同意放寬若干經濟制裁。同年 10 月 25 日，柯氏參加在馬其頓首都斯科普耶舉行的「巴爾幹高峰會議」，翌日，在羅馬尼亞首都布加勒斯特召開〈東南歐穩定公約〉簽約國會議，會中南聯正式加入，成為簽約國一員。在新政府主政，重新起步下的南斯拉夫，在 2000 年 11 月 2 日即通過聯合國大會的批准，正式加入聯合國；11 月 3 日，歐洲理事會在羅馬召開年度會議，同意讓南聯申請加入該組織 ；並受邀參加 12 月 7 日於法國尼斯舉行的歐盟高峰會，又在 12 月受邀參加在克洛琪亞首都札格瑞伯舉行的巴爾幹重建高峰會。從此，南聯終結近十年被孤立和制裁的遭遇。2008 年 4 月塞爾維亞同歐盟簽署〈穩定與聯繫協議〉，向歐盟叩關邁出一大步。

(五)南斯拉夫聯邦崩解

1992 年 4 月塞爾維亞與黑山的七十三名前南斯拉夫聯盟共和國議員在未達法定人數，又未經公開討論的情況下，匆促通過塞、黑兩共和國組成南斯拉夫聯盟共和國的憲法。這部憲法與塞、黑兩共和國憲法多所衝突。例如有關邊界與領土的問題，聯盟憲法第七十八條規定聯盟議會決定南斯拉夫聯盟共和國任何疆域的變更。而黑山共和國憲法明訂共和國地位、政府型態或疆界的任何異動均須由公民投票的方式來決定。塞爾維亞共和國的憲法則指出界定與捍衛塞爾維亞主權、獨立以及領土完整，由此可見，

兩個共和國均排除聯盟憲法對領土的主權。又如國防問題，三部憲法之間存有極大落差。根據南國聯盟憲法，防衛南斯拉夫聯盟是所有公民的權利義務。塞爾維亞憲法重複這項條文，不過對於塞爾維亞的防衛方面則加上「任何人包括政府、總統都無權承認、簽字或接受塞爾維亞或其任何部分的投降」。黑山共和國憲法則對黑山或南斯拉夫聯盟的國防問題隻字未提。這似乎意味著南斯拉夫戰敗，可以割讓黑山而不能動到塞爾維亞。這樣缺乏合作誠意面對平等地位的聯盟關係，讓實際上僅擁有六十萬人口的黑山，小國寡民，早就想自己當家作主。

　　1991 年 10 月，歐體調停南斯拉夫衝突時，曾建議各共和國簽署草約組成鬆散的邦聯組織以解決分裂危機。黑山政府本已簽字同意，但在米洛塞維奇的壓力下，黑山總統布拉托維奇撤消簽字。1992 年 1 月塞、黑兩國決定修改聯盟關係，當時克洛琪亞和斯洛汶尼亞早已退出聯邦，隨即波赫爆發內戰。黑山共和國國會建議採行邦聯模式，亦即南斯拉夫聯邦總統的寶座由塞爾維亞和黑山每六個月輪值一次。惟貝爾格萊德當局再度施壓，迫使黑山軟化立場，屈從塞國。塞爾維亞以其面積是黑山六‧五倍大、人口十六倍多的優勢迫使黑山就範。然而，隨著國際社會長達數年的經濟制裁措施，黑山經濟亦受到拖累，陷入困境。連執政黨決策要員之一的武科維奇 (Miodrag Vukovic) 都表示黑山有參加國際組織的權利。黑山副總理德列維奇 (Slavko Drljevic) 也大力反對塞爾維亞漫無節制地發行貨幣。儘管如此，布拉托維奇仍緊緊跟隨著塞爾維亞社會黨的腳步，唯米洛塞維奇馬首是瞻。可是，布拉托維奇堅持繼續留在南聯的主張受到黑山總理久卡諾維奇的挑戰。布拉托維奇雖然先發制人在 1997 年 8 月於可拉辛 (Kolasin) 舉行黨大會，並獲提名為總統候選人，但是，久卡諾維奇已有效掌握到執政黨內派系的支持，使得布拉托維奇屈居下風。在兩派鬥爭期間，貝爾格萊德當局無所不用其極支持布拉托維奇的舉動，反遭波多戈里察 (Podgorica) 當局斥為干涉黑山內政，更招來群眾示威，而適得其反。是年 10 月，黑山總統大選久卡諾維奇當選總統，當北約對南聯進行懲罰性的空中打擊時，

黑山也蒙受其害。為此，這位親西方的久卡諾維奇總統即毫不掩飾的公開表示，黑山將通過公民投票來決定其國家定位。

2003 年兩國重組為塞爾維亞與黑山的鬆散聯邦。然而歷經 2006 年黑山經由公民投票脫離聯邦，以及 2008 年科索沃宣告獨立之後，南斯拉夫聯邦形同再度解體。

九、黑山──和平分離

2006 年 5 月 21 日，黑山（Montenegro 原意即黑色的山脈，故又意譯為黑山）在歐洲聯盟的監督下，舉行獨立公投。這個位處巴爾幹半島上的蕞爾小國，其公投結果是以絕對優勢的支持率，贊成與塞爾維亞分道揚鑣，走向獨立。由此，歐洲又出現一個新興的民主國家，在巴爾幹內部發生動亂十餘年後，用人民的自由意志選擇、決定國家的前途，開創一個極了不起的典範。

㈠地理位置、面積、人口

黑山是位於巴爾幹半島西南部，亞得里亞海東岸上的一個多山小國。其東北為塞爾維亞，東為原屬於塞爾維亞自治省但已在 2008 年宣布獨立的科索沃，東南為阿爾巴尼亞，西北為波士尼亞‧赫塞哥維納以及克羅埃西亞，西南則為地中海的一部分──亞得里亞海。黑山總面積僅一萬三千八百十二平方公里；首都在狄托統治時代曾一度被改名為狄托城 (Titograd)，現恢復原名波多戈里察。

黑山境內主要是山脈、丘陵，只有沿海地區為狹長的平原，其中西北部的科托峽灣 (Boka Kotorska) 為歐洲位置最靠邊及狹長的海灣，該峽灣東岸有古城科托，現已被聯合國教科文組織列為世界保護的文化遺產。

位於中北部的博博托夫庫克山 (Bobotov Kuk) 為境內第一高峰，海拔二千五百二十二公尺，附近的塔拉河 (Tala) 有高達一千三百公尺的峽谷，

該地亦已列為世界自然環境保護遺產。人口約六十五萬左右，境內主要為黑山族以及塞爾維亞族，他們都說塞爾維亞語。這兩個民族的定義和界限並不很明確，每次統計時，兩個民族的人口都會根據當時的政治氣氛有較大的波動，還有人會同時認同兩個民族。

根據 2003 年統計，黑山民族分布情形為：黑山族：43.16%、塞爾維亞族：31.99%、波士尼亞族：7.77%、阿爾巴尼亞族：7.09%、斯拉夫族穆斯林：3.97%、克羅埃西亞族：1.10%、吉普賽族：0.42%。黑山官方語言為塞爾維亞語，全國人口有 63% 稱自己的母語為「塞爾維亞語」，22% 為「黑山語」。

黑山 74% 人口信奉東正教，屬於塞爾維亞東正教會。1993 年又建立了一個黑山東正教會，但信徒很少，而且並未得到其他東正教會的承認。18% 的人口為穆斯林，包括阿爾巴尼亞族、波士尼亞族等。其中阿爾巴尼亞族主要居住在東部，在東部海港烏爾齊尼 (Ulcinj) 占多數，波士尼亞族則居住在北部。另外還有聚集在沿海地區，如科托峽灣 (Gulf of Kotor) 少數的天主教信徒。黑山走向獨立後，對塞爾維亞最直接的衝擊，就是塞國不再擁有出海口，成為與馬其頓一樣的內陸國家。

(二)黑山的歷史發展

黑山有獨特的歷史淵源，其祖先為伊利里亞人，西元前三世紀時被古羅馬征服。羅馬帝國衰落以後，伊利里亞落入哥德人之手，後來拜占廷帝國（東羅馬帝國）皇帝查士丁尼一世 (Flavius Petrus Sabbatius Iustinianus) 又將該地區重新納入版圖。

早期斯拉夫民族自六、七世紀起抵達巴爾幹半島，並且和當地先民融合，建立自己的國家。九世紀起，開始形成塞爾維亞、杜克里亞 (Duklja) 等國家。其中杜克里亞公國比較接近今天黑山的版圖，該國原本為拉什卡 (Raška) 大公國的附屬，於十一世紀時獨立，並由羅馬教宗額我略七世 (Gregorio VII) 封為王國。杜克里亞於十二世紀衰落的同時，拉什卡（即後

來的塞爾維亞）興起了新的尼曼雅王朝，杜克里亞又重新成為拉什卡的一部分。

在尼曼雅統治下，拉什卡地區又出現了澤塔（Zeta，其前身杜克里亞）公國，十四世紀中葉，澤塔脫離了尼曼雅的控制。十五世紀起鄂圖曼帝國征服了巴爾幹半島大部分地區，但是澤塔從未被完全控制。1516 年，澤塔世俗君主退位，黑山隨即成為以采蒂涅（Cetinje）為中心的政教合一國家，國家君王為集政教權力於一身的主教。1851 年，丹尼洛·彼德洛維奇·涅戈什二世（Danilo II Petrović Njegoš）放棄宗教權柄頭銜，黑山又成為世俗公國。1876 年黑山向鄂圖曼帝國宣戰，並奪得大片土地。黑山於 1878 年柏林會議中正式獲得承認為獨立國。1910 年，黑山大公尼古拉一世正式稱王。

第一次世界大戰期間，黑山加入了協約國以協助盟友塞爾維亞，隨即被奧匈帝國入侵。在前兩次入侵中，黑山成功抵禦奧匈帝國的軍隊，但在 1916 年 1 月的第三次入侵中，黑山被奧匈帝國完全占領。直至第一次世界大戰之後，黑山才開始進入現代國家發展的新階段。

㈢獨立建國運動緣起

1918 年之後，黑山併入了塞爾維亞，而塞爾維亞後來是 1929 年建立南斯拉夫王國的主要成員。第二次世界大戰結束後，黑山又脫離塞爾維亞，成為當時南斯拉夫社會主義聯邦共和國的六個加盟共和國之一。

1990 年代初期，因受東歐民主化浪潮的衝擊，南斯拉夫聯邦各加盟共和國斯洛汶尼亞、克羅埃西亞、馬其頓以及波士尼亞，紛紛宣布獨立。而塞、黑兩國則於 1992 年 4 月 27 日組成南斯拉夫聯盟共和國取代共黨政權的南斯拉夫。同年，南斯拉夫強人米洛塞維奇政權遭到聯合國的制裁，黑山也同樣受害。於是黑山繼其他南聯加盟國也舉行獨立公投，投票結果有 95.96% 支持繼續留在南聯之內，當時投票率為 66%，穆斯林、天主教徒以及親獨的黑山人抵制了該次公投，他們認為投票環境不夠民主，國營媒體

過多為親統一的一方宣傳。其後，黑山內部對獨立問題頗有紛爭。

1996 年，久卡諾維奇 (Mile Djukanović) 領導的政府宣布和米洛塞維奇 (Slobodan Milosević) 掌權的塞爾維亞斷絕關係。自此開始，塞、黑漸行漸遠，黑山自行制訂經濟政策，改用德國馬克 (後來德國廢除馬克採用歐元，黑山隨後也改為歐元)。從此以後，在黑山塞爾維亞貨幣第納爾無法當成法定貨幣使用，只能在一些度假村裡流通。

黑山最近兩屆政府皆傾向追求獨立，但由於多次延後獨立公投，使許多支持者對獨立運動有所存疑，多少失去了信心。在 1999 年 8 月 5 日黑山首次提議解散南斯拉夫聯盟共和國，並以一個鬆散的組織來替代。2000 年 3 月黑、塞兩國關係惡化，塞爾維亞封鎖與黑山的邊境；同年 6 月 25 日黑山對聯合國表示，不同意南聯在聯合國及其周邊組織中代表黑山。該年 7 月 6 日米洛塞維奇削減黑山在南聯中的權力。終於在同年 10 月 17 日，黑山總理久卡諾維奇呼籲國際社會承認其為一獨立國家。

2003 年 2 月 4 日，塞、黑兩國在歐盟的安排下，修改憲法，國會正式通過，將南聯重新組成鬆散的「塞爾維亞和黑山」國家共同體，並允許兩國在 2006 年以後舉行全民公投來決定其未來。黑山國會於 2004 年 7 月 12 日立法通過採用新的國旗、國慶日以及國歌，以推進獨立進程。其中國旗為前黑山王國的國旗；國慶日選定 7 月 13 日這一天，來紀念 1878 年簽訂的〈柏林條約〉，正式承認黑山為獨立國家；國歌則為黑山著名民歌，人民耳熟能詳。黑山作為一個主權獨立國家所有相關配套於焉完成。

㈣黑山公投之意義與啟示

回顧過去社會主義集團由極權體制走向民主化，其聯盟式聯邦制度都難逃解體命運，南斯拉夫、蘇聯、捷克斯洛伐克即為明證。二十世紀 90 年代初，位於巴爾幹半島的南斯拉夫聯邦，繼斯洛汶尼亞、克羅埃西亞、馬其頓和波赫經由公投宣告獨立之後，這個原由六個共和國和兩個自治省所組成的聯邦，僅剩塞爾維亞共和國及其轄區內兩個自治省和黑山，則於

1992 年 4 月合組「南斯拉夫聯盟共和國」，俗稱「殘餘南斯拉夫」。未料，十多年後，不但「南斯拉夫」從地球上消失，而且塞、黑合組的國家共同體，因黑山舉行獨立公投獲得絕對多數公民的支持，亦告終結。從 2006 年 5 月 21 日公投的結果看來，投票率高達 86.3%，支持獨立者達 55.4%，完全達到歐洲聯盟所要求的標準（投票率超過 50%，支持獨立 55%，歐盟才會承認其合法性和正當性）。此次黑山獨立公投之所以順利成功，有下列因素：

1. 2003 年 2 月 4 日頒布的憲法憲章，賦予黑山在三年內舉行公投決定其未來國家定位的權利，使黑山有足夠的時間進行宣導和強化心理建設。顯示巴爾幹已在內戰中吸取慘痛的教訓，除了塞爾維亞族痛定思痛，必須回歸「文明」思維，以和平民主手段來解決內部矛盾外，歐盟也從中斡旋，安排彼此可以接受的措施。貝爾格萊德當局對波多戈里察公投結果反應理性冷靜，未見惡言相向或以武力恫嚇，說什麼黑山是「塞國不可分割的領土」這類情緒語言，相反地，當 6 月 3 日黑山國會正式宣布獨立後，貝爾格萊德隨即於 6 月 5 日承認黑山，雙方並於 6 月 22 日正式建立外交關係。

2. 南斯拉夫解體後，對於黑山境內的族群問題，以及塞、黑的「合與分」，各族群雖有爭議但都能相互尊重，絕聽不到有所謂「一個南斯拉夫原則」或「大塞爾維亞主義」這類不切實際的論調，反而以國家利益為考量。黑山執政的社會主義者民主黨一直倡導脫離塞國的獨立運動，立場始終如一，沒有搖擺猶豫。歷經十年獨立意識深植人心，普獲境內住民的認同。

3. 南聯解體以來，黑山堅採親西方政策，在歐元誕生之前就以馬克為官方流通貨幣，歐元誕生之後，黑山則成為非歐盟國家第一個採用歐元作為官方貨幣的國家。

4. 在舉行公投之前，執政當局有效揭櫫「公投獨立是加入歐盟的捷徑」，向國人宣導，獲得支持。也透過種種管道向國內外廣為宣揚，以爭取支持，獲得廣泛的共鳴。

5. 歐洲聯盟在黑山舉行獨立公投之前，基本態度是不贊成黑山與塞國

分離，並表明歐盟不再歡迎小國加入，但後來因為黑山執政當局尋求獨立的意志堅定，不得不從善如流，轉而支持，在黑山公投後不久，即承認其獨立。計有歐盟、俄羅斯、冰島、瑞士、美國、法國、克羅埃西亞、羅馬尼亞、阿爾巴尼亞、保加利亞、埃及、中國、新加坡、日本等國給予黑山外交承認，更可望不久後陸續加入國際組織，同時成為世界第一百九十三個已獲承認的獨立國家。

㈤獨立建國靈魂人物

黑山之所以能夠順利舉行公投，走向獨立，乃歸因於這個彈丸小國有一位功不可沒的靈魂人物，即是黑山共和國現任總理米洛‧久卡諾維奇，並任黑山社會主義者民主黨主席。1962 年出生於黑山北部重要城市尼克希奇，十七歲就加入南斯拉夫共產主義者聯盟，開始了他的政治生涯。他進入黑山大學經濟系就讀後，就展現與眾不同的組織及領導能力，很快就成為黑山及南聯領導階級的青年才俊。在前南斯拉夫時代，這位以主張社會變革著稱、南共聯盟最年輕的中央委員，給人留下了極深刻的印象。他時常公開表達自己對共產主義的信仰，「我可以毫不羞愧的說，我是共產主義者，並且願意繼續為真正的共產主義思想而奮鬥。」1991 年 2 月 15 日，剛滿二十九歲的久卡諾維奇當選為黑山總理，同時也成為歐洲國家中最年輕的政治領袖。同年 6 月，黑共改名為社會主義者民主黨，他領導該黨迄今，一直穩居執政黨地位。從種種跡象顯示，久卡諾維奇雖曾表示過，他是堅定信奉共產主義者。不過他非食古不化，而是極富改革思想，勇於向黨國不分的舊思維挑戰。

久氏原先與揭櫫大塞爾維亞主義的米洛塞維奇關係密切，但 1996 年，久卡諾維奇政府宣布和米洛塞維奇掌權的塞爾維亞斷絕關係。隨後，久卡諾維奇即倡導黑山走向獨立，脫離南斯拉夫聯盟共和國。在他積極運籌帷幄，鍥而不捨的努力之下，終於贏得歐洲聯盟的首肯，從中斡旋，始自訂〈塞爾維亞和黑山憲法憲章〉。從此，南斯拉夫這個名詞走入歷史，也為黑

山走向獨立鋪平道路。

　　黑山於 2005 年 5 月 21 日就國家獨立議題進行公民投票，獲得通過，同年 6 月 3 日黑山議會宣布獨立，6 月 28 日黑山加入聯合國，在 2007 年 10 月 19 日經議會審議通過獨立後首部憲法，同年 10 月 22 日生效，正式改國名為黑山，並於 2010 年 12 月取得歐盟候選國資格。

十、科索沃──獨立運動

　　歐洲又出現一個嶄新而獨立的國家，它就是二十世紀 90 年代初南斯拉夫解體以來備受國際社會關注的科索沃。科索沃原屬前南斯拉夫社會主義聯邦共和國內兩個自治省之一，這個位處巴爾幹半島上的蕞爾小國，東、北面與塞爾維亞接壤，南臨馬其頓，西南面與阿爾巴尼亞毗鄰，西北為黑山，面積一萬零八百八十七平方公里，是前南斯拉夫六個共和國兩個自治省中，土地面積最小者；人口約兩百萬，與馬其頓、斯洛汶尼亞兩共和國的人口相當，但比黑山僅有的六十餘萬人口還多三倍以上；科索沃境內阿爾巴尼亞族約占 88%、塞爾維亞族 7%、黑山 1.9%、吉普賽 (Rome)1.7%、土耳其 1%。科索沃繼其鄰邦黑山於 2006 年宣布獨立之後，也於 2008 年 2 月 17 日宣布獨立，不讓黑山專美於前，使第二次世界大戰建立的南斯拉夫社會主義聯邦共和國分裂成七個主權獨立的國家。科索沃國旗係參考了歐洲聯盟旗幟而設計，使用藍底、黃色、五角星。黃色的圖案是科索沃的國土形狀，六顆白色五角星代表國內的六個民族。

㈠科索沃獨立過程

　　科索沃和黑山獨立建國運動，在某些地方有異曲同工之妙。只是前者較後者坎坷，未如普里什蒂納想像中那麼順利。科索沃於 1912 年，第一次巴爾幹戰爭結束時由鄂圖曼帝國劃歸塞爾維亞。其後，塞爾維亞於 1918 年加入塞爾維亞人、克羅埃西亞人和斯洛汶尼亞人王國，即 1929 年建立的南

斯拉夫王國前身。第二次大戰期間，軸心國占領了南斯拉夫，科索沃併入由義大利所控制的阿爾巴尼亞。戰爭期間，大量塞族人被阿族武裝驅逐出科索沃。二次大戰結束後，科索沃重歸南斯拉夫，狄托政權將科索沃規劃成塞爾維亞的自治區，1974 年之後提升為自治省。

如果，以數目字來描述科索沃，即「一個共和國，使用兩組字母，信奉三種宗教，有四個鄰邦，住有五種族群，南斯拉夫第六大民族，第七個實現獨立的共和國」，可見，科索沃在歷史上與地理上有其特殊性。

巴爾幹係多民族居住的地方，歷經羅馬帝國、拜占廷帝國、鄂圖曼帝國和奧匈帝國等強權統治，又分別信奉基督教、東正教和伊斯蘭教等三種不同宗教，在這種歷史背景下，境內民族的語言文字使用兩種字母，相互爭奪生存空間，難免發生誤解，升高衝突，而埋下世仇大恨。因此，長久以來，民族主義高漲，導致這個多民族的南斯拉夫終告崩潰。原本隸屬於塞爾維亞，享有自治省地位的科索沃，在南斯拉夫瓦解十五年後，終於掌握千載難逢的時機，隆重舉行獨立慶典，與黑山正式和塞爾維亞分手，走向獨立，其間相隔一年又八個月。

1989 年，揭櫫大塞爾維亞主義的總統米洛塞維奇進行修憲，隨後於1990 年 7 月，塞爾維亞共和國議會正式宣布解散要求分裂的科索沃議會，並收回其自治省地位，改成行政區，繼而引起阿族不滿；1991 年 3 月，科索沃阿族自行發表〈獨立宣言〉，宣布建立科索沃共和國，隨即得到鄰邦阿爾巴尼亞承認。阿族為使科索沃的獨立更具正當性與合法性，於同年 9 月舉行獨立公投，據普里什蒂納所公布的資料，該項公投的投票率高達87%，其中 99% 贊成科索沃獨立。但貝爾格萊德當局將科索沃一連串的行動視為非法，塞爾維亞總統米洛塞維奇乃下令鎮壓。從此，導致阿族與塞國雙方出現程度不一的零星衝突，時間長達七年。1998 年雙方武裝對抗危機升高，塞國憑藉其接管前南斯拉夫人民軍和警察的優勢，大舉鎮壓科索沃。根據媒體披露和大批難民的證實，塞族軍警幾近對阿族進行種族清洗，如同波赫內戰翻版。在國際輿論和政界領袖的呼籲下，如波蘭民主化後第

一任總理馬佐維耶斯基，當時銜命擔任聯合國協調波赫衝突高級代表，以及捷克總統哈維爾均異口同聲，援引聯合國通過的〈經濟、社會暨文化權利國際公約〉、〈公民暨政治權利國際公約〉等兩項國際人權法典的精神，主張「人權高於主權」，致使1999年3月24日北大西洋公約組織決定發動空襲，以戰逼和。在長達七十六天的轟炸下，北約迫使塞軍同意從科索沃撤出軍隊，方結束一場血腥的種族滅絕行動。而科索沃隨後受〈聯合國安理會1244號決議〉保護，並託管迄今。至此，科索沃可說是實際上的獨立自治。一般認為，貝爾格萊德當局如重新接管科索沃，可能使雙方衝突復燃；再者，大國紛紛插手巴爾幹半島，科索沃已成為俄羅斯與美歐相互較勁的地區。在民族矛盾與大國利益相互交織的情況下，雖然聯合國曾先後委託挪威和芬蘭評估情勢，或研擬科索沃問題解決方案，但因多偏向支持科索沃獨立，故塞爾維亞一方仍然很難達致妥協，致使科索沃的獨立之路一波三折而延後多年。國際社會為了解決科索沃問題，自2005年起啟動談判機制，期望塞爾維亞和科索沃雙方和平解決分歧，最終導致科索沃單方面宣布獨立。

具體而言，科索沃的獨立有其主客觀條件。就主觀條件來看：

1.科索沃境內阿族占絕對優勢，有堅定的獨立意志，與1991年斯洛汶尼亞、克羅埃西亞尋求獨立的內在條件相當，而塞爾維亞另一個自治省瓦伊瓦迪納的匈牙利裔只三十餘萬人，遠比不上科索沃阿族的優勢，故未具備獨立的主觀條件。

2.在塞國長期統治下，曾遭塞族壓迫，形同次等公民，各項建設遠不如塞族居住地區，乃凝聚強烈憂患意識，謀求當家作主。

3.周邊鄰國馬其頓和阿爾巴尼亞的阿族同胞同仇敵愾，助長獨立聲勢。

4.因地緣政治因素，從而提升科索沃在巴爾幹的戰略地位，加上阿族視科索沃為其歷史文化發祥地，具有象徵意義，不容退讓。

再就客觀條件來看：

1.南斯拉夫的解體，各共和國紛紛獨立，而提供科索沃仿效的示範。

2. 90年代遭塞族武力清洗，人權受到踐踏蹂躪，在主權和人權相互抵觸時，政治領袖主張「人權高於主權」，獲得國際社會廣泛支持。

3.境內有聯合國維和部隊一萬六千餘人駐守，受聯合國託管保護，形同一把安全傘。

4.獲得美國、歐盟等重要國家鼎力支持，更使普里什蒂納有恃無恐，堅定其邁向獨立的決心。

〈科索沃獨立宣言〉由科索沃總理哈辛・塔奇 (Hashim Thaçi) 在 2008年2月17日正式宣布，該宣言要點如下：

1.宣告科索沃為「民主、世俗且多元種族」的國家，並將繼續與塞爾維亞維繫「深厚的歷史、商業、社會關係」。

2.將努力與包括塞爾維亞在內的鄰國建立良好互動，強調「和解」(econciliation)。

3.主張融入歐洲及大西洋民主國家陣營的遠景及希望，其國旗的藍底和歐盟盟旗的相似性也展現融入歐盟的決心。

〈科索沃獨立宣言〉以十一名塞爾維亞族等少數民族議員退席抗議，一百零九位國會議員無異議地完成簽署，在下午三點四十九分通過。科索沃正式獨立，成為國家，居民在街上揮舞著科索沃及阿爾巴尼亞國旗，高呼口號慶祝科索沃獨立。

(二)科索沃獨立後的情勢變化

究竟，科索沃宣告獨立後會帶來哪些可能的後果？國際社會關注的焦點不外乎：科索沃內部各族裔的暴力衝突可能死灰復燃；科索沃的經濟脆弱無法獨立，與塞國的依存關係緊密，萬一貝爾格萊德對科索沃實行經濟制裁，衝擊堪憂；塞科雙方摩擦是否會牽動巴爾幹局勢穩定，進而助長阿族居民占四分之一的馬其頓與波赫境內的塞族追求獨立的意願？同時，會不會引起如西班牙的巴斯克 (Basque)、土耳其的庫德族 (Kurdish)、俄羅斯的車臣 (Chechnya)，或是塞普勒斯北部土裔共和國、羅馬尼亞、格魯吉亞

(Georgia) 等少數民族爭相倣效，追求獨立？俄羅斯政治觀察家葉連娜 (M. Yeljna) 甚至警告歐洲國家，科索沃獨立後將使歐洲的分裂主義 「遍地開花」，損害歐洲穩定。對俄羅斯而言，科索沃地處歐、亞交界，不僅是俄國用來制衡美歐的重要「棋子」，一旦科索沃獨立，也將引發原蘇聯分裂勢力的連鎖效應，而且，俄、塞兩民族在歷史上有傳統友誼，皆信仰東正教，為此莫斯科堅決反對科索沃獨立，而站在塞爾維亞這一邊。2008 年 2 月，俄羅斯與塞爾維亞簽署一項價值數十億美元的能源協議，此協議將使塞爾維亞成為歐洲能源供應的重要中心，增加其與西方國家的談判籌碼。

尤其科索沃的獨立運動已直接衝擊格魯吉亞境內南奧塞蒂 (South Ossetia) 和阿布哈茲 (Abkhazia) 兩自治區，俄羅斯也於 2008 年 8 月 26 日在國會一面倒的贊成下給予正式外交承認。莫斯科此一行動，宣稱援引科索沃先例，國際社會不該有雙重標準來譴責俄國的作為。其實科索沃與南奧塞蒂、阿布哈茲的獨立截然不同，最明顯的例證：

1.科國在國際社會主要國家和聯合國的默許下走向獨立；而格魯吉亞境內這兩個想分離的自治區，並未具備這個條件。

2.國際社會皆異口同聲主張尊重格國領土完整，俄軍應撤離；反觀科索沃駐有聯合國維和部隊，塞軍無從干預。

3.科索沃人口兩百萬人，具有獨立自主的條件；相反地，南奧塞蒂人口約五萬人、阿布哈茲人口約十七萬人，全要仰賴俄羅斯的援助，形同俄國的附庸。

4.最重要的一點是，俄國在承認南奧塞蒂和阿布哈茲之前即大軍壓境，進兵入侵格魯吉亞，等於大國以強欺弱，企圖控制該地區的違法行動，為國際社會所不容；而科索沃的獨立，是經由衝突雙方在國際社會居中斡旋下，雖欠周延但還可勉強接受。

基於上述的差異，南奧塞蒂與阿布哈茲要步上科索沃的獨立之路並贏得國際社會的承認，勝算很小。

目前承認科索沃獨立的國家已有穩定成長之勢，歐盟二十七個會員國

中，有三分之二以上的國家，其中包括美、日、加拿大、澳大利亞等國家，都給予科索沃正式的承認。儘管貝爾格萊德揚言，凡與塞國有邦交國家，一旦承認科索沃，隨即召回大使的反制警告，但塞爾維亞為了擺脫在國際社會的孤立，並改善與歐盟的關係，於 2008 年 7 月底又訓令其駐外大使返回任所，卻未能阻止國際社會重要國家對科索沃一波又一波的外交承認行動；塞爾維亞在科宣布獨立後，立即掀起罕見的大規模示威抗議，美國駐貝爾格萊德大使館亦遭暴力攻擊，造成一人死亡；2008 年 3 月 14 日，在科索沃北部、鄰近塞國邊界的米特羅維查 (Mitrovica) 市中心，塞族不滿分子乃攻占由聯合國管轄之法庭大樓，三日後才由聯合國維和部隊收復。然 2010 年 7 月 22 日，國際法庭以十票贊成、四票反對裁定科索沃宣布脫離塞爾維亞獨立，並不違反國際法，無疑為科索沃打下一劑強心針。至 2008 年 8 月為止，又有下列國家陸續承認科索沃。歐洲：荷蘭、立陶宛、聖馬利諾、捷克、馬爾他；非洲：布吉納法索、賴比瑞亞、獅子山；美洲：哥倫比亞、貝里斯；大洋洲：馬紹爾群島、諾魯，其中也包括臺灣。而截至 2019 年 12 月，有九十七個聯合國會員國承認其為獨立國家。

㈢政黨政治的發展

　　1980 年代末期，民族主義風行南斯拉夫，以阿爾巴尼亞人為主的科索沃作為塞爾維亞的一個自治省，希望獲得更大的自治權。而 1989 年，塞爾維亞總統米洛塞維奇突然修改憲法，收回科索沃的自治權。使得一群阿族知識分子於同年成立科索沃民主聯盟，群起對抗。因為它的民族主義和分離主義傾向，該黨被南斯拉夫當局取締，其黨員遂在議會大樓前集會時宣布科索沃從南斯拉夫和塞爾維亞獨立，但未獲國際社會承認。此後該黨曾多次呼籲阿族人抵制科索沃的議會選舉。

　　在美國的建議下，科索沃民主聯盟在科索沃解放軍與南斯拉夫衝突後 (1998–1999)，放棄尋求科索沃獨立，黨首易卜拉欣・魯戈瓦 (Ibrahim Rugova) 與米洛塞維奇在貝爾格萊德就科索沃前途問題舉行會談。然此舉

引起阿族人的不滿，科索沃民主聯盟支持率也隨之下降。北約空襲南斯拉夫後，該黨黨員參與了〈庫馬諾沃條約〉的簽署，接納〈聯合國安理會1244號決議〉。

　　在科索沃宣布脫離塞爾維亞獨立之後所舉行的首次大選中，總理塔奇宣布自己獲勝。經過初步計票結果顯示，塔奇所在的民主黨 (PDK) 獲得了超過31%的支持。右傾的民主聯盟 (LDK) 獲得約25%的選票。由此，塔奇將須建立聯合政府。三大領先政黨得票率分別是：科索沃民主黨31%、科索沃民主聯盟25%、自決黨17%。介紹目前科索沃的兩大政黨如下：

　　1.科索沃民主聯盟 (Lidhja Demokratike e Kosovës)：是科索沃的第二大政黨。在2019年10月6日舉行的議會選舉中，該黨取得一百二十席中的二十八席。

　　2.科索沃民主黨 (Partia Demokratike e Kosovës)：是科索沃最大的政黨，由前科索沃總理哈辛‧塔奇於1999年創建。前任總統帕喬利因2011年選舉被判決違憲無效而下臺，故以科索沃民主黨為首的執政聯盟和主要反對黨科索沃民主聯盟推出阿蒂費特‧亞希雅加，結果在國會中以八十票支持、零票反對擊敗其他兩名競選對手，於2011年4月就任。亞希雅加亦是科索沃自2008年獨立以來的首位女總統，原為員警部隊副總指揮，過去並無從政經驗。2016年，哈辛‧塔奇由國會選為總統。

十一、克洛琪亞——堅持獨立開創新生

　　當1989年東歐各國出現劃時代的民主化浪潮之後，長期執行狄托主義，並與其他東歐社會主義國家分道揚鑣的南斯拉夫，也難置身事外，擺脫衝擊。1990年5月，克洛琪亞不顧貝爾格萊德聯邦政府的反對，我行我素，舉行戰後首次多黨自由選舉；隨後，同年12月，由自由選舉產生的新國會通過西方模式的新憲法，宣稱克洛琪亞是主權獨立的民主國家；1991年5月，進一步舉行公民投票，絕大多數克族人民支持獨立；一個月後，

即 6 月 25 日國會通過決議正式宣布獨立，脫離南斯拉夫社會主義聯邦共
和國，隨即引起內戰；1992 年 1 月 15 日，歐體宣布承認克國的獨立，於
1992 年 5 月 22 日加入聯合國。

　　在歷史上，克洛琪亞幾乎有八個世紀是在異族統治下。到十九世紀前
半葉，克洛琪亞始出現民族覺醒運動；1918 年 12 月 1 日正式建立的「塞
爾維亞‧克洛特‧斯洛汶王國」，乃在克洛琪亞設立五個州，由於執政當局
奉行大塞爾維亞主義，歧視克洛琪亞民族，因而又激發克洛琪亞民族主義
的擡頭；1929 年由塞爾維亞、克洛琪亞和斯洛汶尼亞三民族所組成的王國
改名「南斯拉夫王國」，仍是塞族主導掌握大權，排擠克族分享政權，進而
迫害，導致克族極端民族主義者逃往國外；1941 至 1945 年，這個民族主
義組織依附納粹占領軍建立克洛琪亞獨立國，隨即對境內塞族大肆進行報
復後，又種下塞、克兩族深仇大恨，互不信任。1945 年，當狄托所領導的
共產主義者聯盟取得政權後，儘管狄托來自克族，但他採行中央集權一元
主義領導模式，並未獲得克洛琪亞民族主義者的認同。1969 年 12 月，克
洛琪亞共產主義者聯盟結合社會各團體力量，掀起反對中央集權一元主義
運動，認為「國家中央集權是發展自治的主要障礙」，同時也「扼殺了民族
的主動精神和地位」，倡議在南斯拉夫的社會發展中應考慮「民族特點」，
「肯定各民族的發展」。雖然這種「反一元主義」、「尊重各民族特點」的聲
音一度遭狄托鐵腕手段鎮壓，但其訴求也相當程度引起境內各民族的共鳴，
終於 1974 年所通過的新憲法中，一定程度反映聯邦各組成民族的自治地位
和特點。因此，當克洛琪亞準備脫離南斯拉夫邁向獨立之際，在其 1990 年
12 月 22 日的國會通過正式頒布的新憲法序言中，就相當清楚表現其民族
主義色彩。克洛琪亞現行憲法的架構分為基本條款、人和公民的基本自由
和權利、國家權力結構、克洛琪亞共和國憲法法院、地方自治和管理組織、
國際關係、憲法的修改以及過渡和結束條款等共九章一百四十二條。

　　帶領克洛琪亞走向獨立的涂吉曼 (F. Tudjman)，在他主政近十年期間，
實行總統制，大權在握；但 1999 年 12 月涂氏病故後，強人政治也在克國

劃上休止符，新國會再度修憲轉採內閣制。

㈠政黨政治的發展

　　後共產主義時期克洛琪亞的政治生態最明顯的轉變，即由共黨「一黨專政」走向多黨民主。克洛琪亞獨立後，政治性團體有如雨後春筍，紛紛成立。截至跨世紀之交，公開活動的政黨至少有一百四十個之多。惟有明顯黨綱和較嚴謹的組織結構，同時也比較具有吸引力和扮演具有影響力角色的，僅有十至二十個政黨而已。茲就在國會擁有席次的政黨簡介如下：

　　1.克洛琪亞民主共同體 (Croatian Democratic Community)：於 1989 年建黨，主張實行議會民主政治和自由市場經濟為其黨綱主軸。1990 年國會大選時，以克洛琪亞民族主義為號召，贏得多數席位，一躍成為第一大黨。1991 年，該黨領導克洛琪亞邁向獨立，1992 年再度贏得選舉，其總統候選人涂吉曼更得到 56.7% 的支持。1993 年 10 月，克洛琪亞民主共同體舉行第二次代表大會，通過新的黨綱和黨章，決定將該黨從爭取民族獨立運動轉變為基督教民主黨性質的政黨。1994 年，該黨極右派謝克斯 (V. Seks) 因意識型態不合辭去副總統職務，但隨即又當選該黨國會黨團主席。1995 年眾議院和 1997 年參議院、總統選舉，該黨仍然拔得頭籌，保持優勢。在2000 年 1 月眾議院大選時，因涂吉曼逝世、國內經濟不景氣與國際社會的外部壓力等因素，使得人心思變，議席幾乎滑落減至四十席。

　　2.克洛琪亞農民黨 (Croatian Peasant Party)：創立於 1904 年 12 月 22日，為克國歷史最悠久的政黨，在 1920 至 1930 年代甚具影響力。1941 年6 月 11 日被禁止活動，狄托當政期間，該黨被迫流亡國外。該黨於 1989年 12 月 15 日重建，並以反戰、重視地方和經濟私有化等主張為訴求，復出克國政壇。1992 年眾議院選舉，獲得三席。1993 年參議院選舉，贏得五席，並接受執政黨入閣之請。1995 年眾議院選舉更上層樓，取得十席。2000 年眾議院選舉得到十六席。

　　3.克洛琪亞獨立民主黨 (Croatian Independent Democrats)：係由克洛琪

亞民主共同體黨內近二百位中間偏左黨員於 1994 年 4 月退黨後組成。其中重要成員包括前南斯拉夫聯邦「總統委員會」主席梅西奇 (S. Mesić)，他們不滿涂吉曼總統獨裁作風以及輕易介入波赫內戰的魯莽政策。惟政治實力仍然十分薄弱，僅在 1995 年眾議院選舉有一席代表。2000 年眾議院選舉則失去政治舞臺，沒有得到任何一席。

4.克洛琪亞社會自由黨 (Croatian Social Liberal Party)：屬歐洲傳統的自由派政黨，建黨於 1989 年 5 月 20 日。1990 年大選時，表現平平。1992 年選舉取得十四個眾議院席位，一躍成為第二大黨；其總統候選人布迪沙 (D. Budisa) 亦贏得 21.9% 的選票，實力不容忽視。1993 年參議院選舉繼續保有第二大黨地位的十六個席位。不過，自 1995 年眾議院選舉至 1997 年選舉卻顯欲振乏力。但 2000 年眾議院選舉時大幅增加，得到二十四席。

5.克洛琪亞社會民主黨 (Social Democratic Party of Croatia)：於 1937 年以克洛琪亞共產黨為名創立。1952 年，改組為克洛琪亞共產主義者聯盟。1989 年 12 月克洛琪亞共產主義者聯盟與南斯拉夫共產主義者聯盟 (League of Yugoslav Communists) 決裂，並更名為民主改革暨克洛琪亞共產主義者聯盟 (League of the Croatian Communists-Party of the Democratic Changes, SKH-SDP)；又在 1990 年 11 月 3 日簡明地將黨名改為民主改革黨 (Party of Democratic Changes, SDP)。主張保護勞動人民利益，特別保護關心和幫助中下層人民的利益。該黨在 1990 年大選時表現僅次於克洛琪亞民主共同體，三百四十九席中取得七十五席。1991 年為鄭重表示與共黨劃清界限，而改為現名社會民主黨 (Social Democratic Party)，但翌年選舉依然弱勢，在一百三十八席中僅得到十一席。2000 年眾議院選舉得到議席大增，有四十四席。2007 年佐蘭‧米拉諾維奇 (Zoran Milanović) 成為該黨領袖，該年 11 月 25 日的國會選舉中，社會民主黨獲得五十六席位居第二，只差民主聯盟黨 (HDZ) 十席。在 2011 年 12 月 4 日的國會選舉中，該黨贏得一百五十一席中的八十一席成為第一大黨，佐蘭‧米拉諾維奇成為克洛琪亞總理。

6.克洛琪亞人民黨 (Croatian People's Party)：1990 年 10 月 13 日創黨，係一反傳統政黨，黨綱主張全體公民一律平等，法律至上；保護民族文化；聯合歐洲各國人民維護和平；維護個人尊嚴、信仰自由和文化自由；支持政治多元化及自由市場經濟。該黨在 1992 年選舉時贏得六席，其女性總統候選人庫嘉爾 (S. Dabcevic-Kucar) 得到 6% 的選票支持。1995 年與 2000 年眾議院選舉僅得到二席。

7.克洛琪亞基督教民主同盟 (Croatian Christian Democratic Union)：1992 年 12 月 20 日由克洛琪亞基督教民主黨 (HKDS) 和克洛琪亞民主黨 (HDS) 派系所組成。該黨曾於 1990 年加入聯合政府，1992 年選舉失利，無議會代表。1995 年選舉，加入聯盟陣線贏得一席眾議院代表。1997 年參議院選舉又喪失代表議席。2000 年眾議院選舉與 1995 年選舉一樣僅得一席。

除上述主要政黨之外，尚有右翼黨、人民黨、自由黨、伊斯塔民主議會黨也在議會擁有少數席位，影響力有限；此外，地區性政黨如由達爾馬西亞行動 (Dalmatinska Akcija, DA) 與里耶卡民主聯盟 (Rijecki Demokratski Savez, RDS) 所組成聯盟，曾在 1992 年選舉時，分得六個席位。1995 年，加入聯合陣線，取得四席。1993 及 1997 年參議院選舉乏善可陳。議會中的小黨還有原葛羅尼亞聯盟 (Primorian-Goranian Union, PGS)、克洛琪亞匈裔民主共同體 (Hungarian Democratic Community of Croatia)、克洛琪亞社會行動黨 (Croatian Social Democrats' Action)。2000 年代表克洛琪亞民主共同體參選總統的葛拉尼奇 (M. Granic)，於 4 月 2 日脫離該黨，另組民主中心黨 (Democratic Center, DC)，擔任主席。

從國會政黨生態情勢來看克洛琪亞民主共同體，在 1992 年 8 月 2 日與 1995 年 10 月 29 日的兩次眾議院選舉皆名列第一大黨，所囊獲的眾議院議席都在八十席左右，無論是總統或內閣總理，均由該黨一手包辦。在 2000 年的大選中，國會各政黨的消長有了重大的轉變。千禧年議院選舉原定於 1999 年 12 月 22 日舉行，但由於總統涂吉曼病情嚴重，未能簽署有關文件而延遲至 2000 年 1 月 3 日。

　　涂吉曼去世後，所舉行的第三次眾議院大選，共有五十個政黨和政黨聯盟以及二十個獨立候選人參加此次選舉，選民人數為三百八十萬餘人，歐安組織並且派有九百九十五名外國觀察員分別在各個投票站監督投票，整個選舉工作進展順利。

　　執政達十年的克洛琪亞民主共同體之所以失去政權，究其原因可歸納如下：

　　1.強人涂吉曼逝世後，克洛琪亞民主共同體的領導中心頓失依靠，內部陷入激烈的權力鬥爭。例如：為了 1 月 24 日舉行的總統大選遲遲推不出人選，直到 1 月 4 日才提出自己的總統候選人。克洛琪亞民主共同體的內部鬥爭對選民產生不良影響。

　　2.由於克洛琪亞民主共同體執政十年間，克國始終沒有完全擺脫經濟困境，特別是從 1998 年第四季開始，克國經濟出現負成長，工業生產效益明顯下滑，國內市場萎縮，進出口額下降。到 1999 年底，克國外債達到九十五億美元，國內生產總值比上一年度下降 1.5%，失業率高達 20.1%，經濟衰退、債務壓力、失業問題讓克洛琪亞民主共同體背上沉重的包袱，尤其過高的失業人口，相對地也造成社會的不安，人民逐漸對執政黨失去信心。

　　3.國際環境的變化也是造成克洛琪亞民主共同體失利的因素之一。由於西方國家對執政的克洛琪亞民主共同體比較重視，要求札格瑞伯當局簽署〈岱頓協定〉。但波赫戰爭結束後，不願凡事都聽從西方的克洛琪亞民主共同體，開始受到西方國家的冷落。美國曾多次指責克洛琪亞政府在執行〈岱頓協定〉並非完全合作，歐洲聯盟也頻頻要求克洛琪亞當局實行真正的民主政治，並邀請克國反對黨領導人訪問歐盟總部，藉此向執政的克洛琪亞民主共同體施加壓力。西方國家的冷落，使得克洛琪亞不能如願以償參加北約〈和平伙伴關係協定〉，甚至被暫時擋在歐盟東擴的談判伙伴大門外。克洛琪亞的國會選舉，創造了兩次歷史新紀元。1991 年 6 月 25 日國會通過決議，宣布主權獨立，脫離南斯拉夫，此為克國的「第一次民主革命」；期間，雖引爆克、塞二族之間的戰爭，付出相當代價，可是終於實現

獨立建國的宏願。2000 年 1 月的眾議院大選，可謂克國的「第二次民主革命」，政黨輪替，政權和平轉移，擺脫強人政治陰影，再向「歐洲化」跨出一大步，可望融入歐洲社會。

㈡在戰火波及下的經濟發展

克洛琪亞在前南斯拉夫各共和國中原屬經濟較發達的國家。南斯拉夫內戰爆發後，克國經濟損失慘重。戰爭的嚴重破壞、龐大的軍費支出和大批難民的安置，使得克國經濟負擔沉重，邁向自由市場經濟的步伐更為緩慢。1993 年至 1994 年之間，克國政府在戰亂中實行穩定經濟的措施，避免經濟持續惡化。再者，1999 年爆發的科索沃危機，更使克國經濟雪上加霜，觀光旅遊收入及外國投資也呈現衰退情形。克國在跨世紀之交，經濟上的特點與亟待解決問題如下：

1.私有化的落實與設置養老金體制並進。1996 年 3 月通過的〈新私有化法〉計畫採取一系列措施，完全取消社會公有企業，其中包括：私有化憑證計畫、更加靈活的定價體制和更有效的決策過程。該法還規定，公有企業在私有化之後，25% 的股份必須專門用於養老金改革，以促進向多元養老金體系過渡，新法是一個十分靈活的工具，可以有效地推動私有化的進程。1997 年 12 月 31 日為止，一千一百二十六家公司已完全私有化，一千三百十五家公司的大多數股東為私人。另外還有一百零八家公司有了一部分私人股東，這些公司大都為克洛琪亞私有化基金會和養老基金會擁有。

2.內閣政府的財經策略。1995 年克洛琪亞眾議院大選後，內閣由馬泰沙 (Z. Matesa) 出任閣揆。馬泰沙上臺後即確立經濟政策的施政方針。其一，解除國有化。這不只意味企業私有化，還包括歸還自二次世界大戰後政府沒收的人民財產。馬泰沙政府在這方面頗有成效。其二，如何刺激經濟成長而依然維持住每年 3.5% 以內的低通貨膨脹率。當務之急是減少公共支出，增加經濟重建和投資的經費。馬泰沙總理雖然決心加速民營化腳步及控制財政赤字，但是他接掌內閣時，貿易赤字高達二十九億美元，相

當於克國國內國民生產毛額的 7.5%。他面臨最大難題是 1995 年初景氣回升，經濟略見成長，但卻是曇花一現。2000 年拉昌 (I. Racan) 領銜的新聯合政府，主要由社會自由黨與社會民主黨組成，正積極試圖制訂有效的財經策略，以履行競選時給克國選民的承諾。

3.經濟政策的實踐不易。雖然 1993 至 1994 年間，克國政府維持了低通貨膨脹率和穩定的匯率，但是這些成果須靠緊縮貨幣政策配合。如此一來，民間拆放款利率勢必提高，1996 年曾高達 35% 居高不下的利率，對克國經濟發展無疑是一大阻礙。此外，生活水準依舊低落，實質工資在 1995 年上半年雖見大幅躍升，惟失業率仍達 14.5%。到了 1998 年第四季開始，克國經濟呈現負成長，國內市場萎縮，進出口額下降。依據 1999 年底的數據顯示，克國外債已達到九十五億美元，國內生產總值也下滑了 1.5%，失業人口比率竟然還創下該國的歷史記錄有 20.1%。獨立初期由於內戰，經濟發展受到嚴重影響，近年來有所復甦，旅遊業是國家經濟的重要組成部分，但失業率依然居高不下，2002 年為 21.7%。

㈢亟待克服的課題

綜觀克洛琪亞當前面臨的政治課題，較引世人側目者，基本上可歸納如下：

1.種族融合是關鍵。東斯洛汶尼亞地區雖然在國際監督下已於 1997 年 4 月參與克洛琪亞國會選舉，7 月順利併入克洛琪亞。但是，聯合國安理會曾明確指出 1995 年克國收復克拉伊那後，當地塞族受到迫害流落異鄉，日後當局又有阻撓塞族難民返鄉等違反人權的舉措。更有甚者，為防止東斯洛汶尼亞地區出現「第二個科索沃」，克國當局決定將該地區一分為二，分別劃入伏科瓦爾 (Vukovar) 省與歐西耶克 (Osijek) 省，使得塞族在當地淪為少數民族以便管理。從種種跡象看來，克國政府仍對塞族公民存有芥蒂，塞族亦不信任札格瑞伯當局的政策。克國欲與北約以及歐盟建立進一步的合作關係，除了內部政治穩定和經濟成長外，人權狀況亦是重要的考量。

在 2000 年 5 月 25 日克國已經和北大西洋公約組織簽署〈和平伙伴關係協定〉，正式進入北約成員的程序，此舉將帶領克國儘快走入歐洲主流之中。

2.民族主義分子的動作頻繁。自從 2000 年初曾由涂吉曼領導的克洛琪亞民主共同體在第三次眾議院大選與總統選舉中紛紛落敗後，克國政局就飽受一連串的右翼民族主義分子的滋擾，以及極右派的持續威脅新政府。2008 年，就有數個老兵組織共約五千名，舉行大規模的反政府示威，要求政府放棄與海牙國際法庭合作，審理有關前南斯拉夫的戰犯問題。他們認為中間偏左聯盟政府將使用前南斯拉夫的戰犯武器來對付他們，並削弱與減少他們在克國獨立戰爭中的貢獻，他們倍感威脅，決議要在即將來臨的觀光季，癱瘓街道、邊境與航空站，勢必會影響到外國觀光客旅遊的意願。

3.進行憲法的修改。梅西奇總統在競選時曾發表承諾，願意將憲法賦予總統的權限，做一定程度的縮減，把大部分總統享有的決策權轉移到國會中，將體制轉向內閣制，使得克國得以避免強人政治再現。

4.〈岱頓協定〉並無提供解決前南斯拉夫衝突的適當辦法，尤其是克國政府與穆克聯邦之間的關係。克洛琪亞與穆克聯邦維持良好關係十分重要，不僅大量的波赫難民得以返鄉，占波赫人口一半以上的穆克聯邦也可以有效地擴展克國市場而有助其經濟重建。然而，〈岱頓協定〉後，波赫的穆、克兩族雙方關係並未完全緩和，1996 年 2 月的莫斯塔爾 (Mostar) 事件危及戰禍甫平的波赫政治穩定與經濟復甦。在〈岱頓協定〉設立的克洛琪亞暨波士尼亞聯委會第一次會議上，雙方意見相當分歧。克洛琪亞政府屬意由廣泛的議題優先著手，如國防、文化和總體經濟關係等方面。而波赫政府則主張先從特定議題開始解決，尤其影響到穆克聯邦的事務，包括遷徙自由、私人財產的保障、難民的遣返、邊境問題與普洛查 (Ploce) 港的使用。克國政府真正為難之處在於波赫克族強硬派不肯讓步，仍然維持波士尼亞‧赫塞哥維納 (Bosnia and Herzegovina) 共和國。波赫克族若是一意孤行，克國恐將失去歐盟與美國的支持，其經濟重建更加困難。

克洛琪亞外交政策的主要目標是要儘早徹底解決波赫問題，實現地區

穩定與和平；在維護國家主權與利益為優先的基礎上，重視與歐美各大國發展友好關係。克國前外長葛拉尼奇曾明確指出「克洛琪亞為歐洲一部分」，目標是成為歐洲聯盟的一員，並藉由〈和平伙伴關係〉加強與北約軍事合作；總統梅西奇也保證將加強與歐洲的關係，並以參加歐盟與北約為最終目標。獨立後的克洛琪亞便致力於融入歐洲大家庭的進程，1992 年 7 月 8 日克國加入歐洲安全與合作會議，1996 年 11 月 6 日加入歐洲理事會，1997 年和北約簽署〈和平伙伴關係〉。2000 年加入世界貿易組織，該年 12 月，當南斯拉夫剛剛走向民主化不久，巴爾幹重建高峰會議選在克國首府札格瑞伯舉行。2009 年克洛琪亞成功加入北約，2013 年成為歐盟正式會員。

十二、斯洛汶尼亞──建立「小而美」的民主國度

斯洛汶尼亞共和國 (Republic of Slovenia) 為前南斯拉夫最繁榮富庶的共和國。面積二萬平方公里，位於巴爾幹半島西北端，西連義大利，北鄰奧地利與匈牙利，東部和南部與克洛琪亞接壤，西南方僅有四十六公里瀕臨亞得里亞海。人口近二百萬人，主要為斯洛汶尼亞族占 90%，其餘有克洛琪亞族、塞爾維亞族和穆斯林族等少數民族，天主教為最主要的宗教信仰。

㈠走向獨立之路

由於斯洛汶尼亞在 1950 年和 1960 年代經濟與社會的快速發展，使其自詡為並列西歐先進國家之林，因而在 1970 和 1980 年代斯洛汶尼亞亟欲脫離南斯拉夫聯邦而獨立。狄托過世後，塞爾維亞企圖集權於中央，塞爾維亞將兩個自治省瓦伊瓦迪納和科索沃收歸管轄之舉，被斯洛汶尼亞視為中央集權的前兆。為了對抗此一威脅，斯洛汶尼亞共產主義者聯盟（以下

簡稱斯共）在政治上必須獲得更廣泛的支持，因此決定開放多黨民主。

　　1989 年 9 月，斯共主導的議會重申其共和國的主權以及有脫離南斯拉夫聯邦的權利。12 月，塞爾維亞宣布抵制斯洛汶尼亞生產的貨物，因為斯洛汶尼亞批評其科索沃政策。次年 1 月南斯拉夫共黨聯盟代表大會上，斯共代表在提交改造南共的建議案遭否決時，全體步出會場以示不滿，斯、塞雙方衝突更加明顯。2 月，斯洛汶尼亞共產黨宣布脫離南斯拉夫共黨聯盟並改名為民主改革黨 (Party of Democratic Reform)。3 月，斯洛汶尼亞國會決議刪除國名當中「社會主義」的名稱，改名為「斯洛汶尼亞共和國」，成為南斯拉夫第一個非共地區，並修法將多黨制合法化，終止共黨一黨專政。4 月，舉行戰後首次多黨制國會大選，結果由中間偏右的非共聯盟，即斯洛汶尼亞民主反對聯盟 (Democratic Opposition of Slovenia, Demos) 贏得 45% 的選票。新政府由基督教民主黨 (SKD) 黨魁彼得勒 (L. Perterle) 組閣，民主改革黨黨魁庫昌 (M. Kucan) 則獲選為總統。雖然，斯國政府期望維持與南斯拉夫其他共和國的合作關係，即共和國擁有自主權的邦聯體制，但是國內獨立的呼聲日益高漲。7 月 3 日，斯國國會通過主權宣言。斯國新任總統庫昌要求南斯拉夫應轉變為由主權國組成的鬆散邦聯制，若其他共和國不接受成立邦聯的建議，斯國即宣布完全脫離南斯拉夫獨立。1990 年 12 月，斯國舉行公民投票，88.2% 的選民贊成斯洛汶尼亞成為獨立自主的國家。惟斯國高層有鑑於獨立行動必然遭到南斯拉夫聯邦阻撓的客觀情勢，不敢貿然立即宣布獨立，而保留六個月的期限予南斯拉夫各共和國能否建立一套新政治架構，為斯國取消獨立的條件。

　　1991 年 6 月 25 日斯洛汶尼亞正式宣布脫離南斯拉夫獨立，南斯拉夫聯邦武裝部隊隨即對斯國發動攻擊。斯國部隊雖為數僅二萬一千人，但裝備精良，在這場短暫僅維持一週而激烈的戰鬥中，予來犯的聯邦軍迎頭痛擊。歐體出面調停，雙方在布里歐尼 (Brioni) 島達成協議同意停火，南斯拉夫聯邦部隊撤出斯洛汶尼亞，而留布里安納當局亦承諾暫緩獨立三個月，兩造皆遵守協定。同年 10 月，斯國國會決議通過停止與南斯拉夫的所有官

方關係。斯國以發行自己的貨幣托拉爾 (Tolar)、召回在聯邦機關的斯洛汶尼亞人等方式實現其獨立自主的地位。惟斯國政府持續與各國磋商以解決繼承問題，尤其財政金融和國際債務如何分擔的問題。

1993 年，斯國國內政治環境穩定，經濟上，在彼得勒政府奠定的良好基礎之下，新政府得以使經貿持續成長並著手私有化政策。然而，1994 年內有政治紛擾再起，外與鄰國義大利、克洛琪亞失和，由經濟學者德諾夫塞克領導的政府，其穩定政策受到考驗。

1994 年選舉後，斯國政府改組，斯洛汶尼亞自由民主聯盟聯合基民黨和社會民主主義者聯合陣線合組政府。1994 和 1995 年間，基民黨與自由民主黨合作融洽，而且基於國家需要穩定的考量，所以繼續參加內閣。當然，其施政目標也有所達成，諸如恢復學校宗教課程、歸還教會財產等。

1996 年 1 月，德諾夫塞克突然解除經濟部長泰尼卡 (M. Tajnikar) 的職務，因其不當補助體質不佳但政商關係良好的企業，此舉導致泰尼卡所屬的社會民主主義者聯合陣線退出聯合政府，另一個影響社會民主主義者聯合陣線退出內閣的原因是對政府的社會福利政策不滿。政府提案刪減退休金並獲得議會的背書，自由民主聯盟與基民黨皆認為現行的退休金制度太過龐大，預計將有四十五萬名受惠者，相對於只有七十五萬勞動人口而言形成財政負擔，無意延續前斯洛汶尼亞共產黨一向支持退休人員的權益以及其他優厚的社會福利政策。社民聯合陣線出走以後，基民黨在內閣的地位更形重要，內閣兩黨共有四十五席，剛好僅達半數。情勢雖然對基民黨有利，但是聯合內閣吃力不討好，使得基民黨在民意調查中的支持度滑落至另兩個中間偏右政黨——社民黨和人民黨之後。反對黨尤其是社民黨顯現對聯合政府極度的挑戰企圖。其黨魁楊沙 (Janez Janša) 對反共產主義者極具號召力，他批評政府未能起訴在快速私有化過程中以內線交易侵占公司資產的工商業領袖。社民黨深受與過去沒有直接涉入政治關係年輕人的支持。

㈡政黨政治的發展

　　1989 年斯洛汶尼亞非共政黨紛紛成立，斯洛汶尼亞共黨亦改頭換面，其高層領導人大多掛冠求去，另組新黨，致使該黨在 1992 年選戰表現乏善可陳。新興政黨林立，舉其要者，分述如後：

　　1.斯洛汶尼亞自由民主聯盟 (Liberal Democracy of Slovenia, LDS)：其前身是斯洛汶尼亞社會主義青年聯盟，斯洛汶尼亞社會主義青年聯盟與其他共青團組織不同之處在於，該聯盟自 1980 年代以來一直是支持個人權利和自由的一個實質獨立組織，最初改名斯洛汶尼亞社會主義青年聯盟—自由黨，1990 年 11 月，再更改名稱為自由民主黨。1990 年選舉結果居次，1992 年選舉即躍占鰲頭，其黨魁德諾夫塞克出任總理。1994 年 3 月，與斯洛汶尼亞民主黨 (DSS)、斯洛汶尼亞綠黨和斯洛汶尼亞社會黨 (SSS) 合併為斯洛汶尼亞自由民主聯盟。該聯盟主張快速有效地發展市場經濟，採取綜合性措施實行企業私有化，對經濟一體化實行戰略性規劃，建立公正、保護自然環境的社會。1994 年政府改組，1996 年選舉得票雖仍居第一，但支持度已呈小幅下滑趨勢，2000 年的大選仍以 36% 的得票率，取得三十四席，在國會居第一大黨地位。

　　2.斯洛汶尼亞基督教民主黨 (Slovenian Christian Democrats)：係 1989 年 3 月由一群非神職人員的天主教知識分子組織創立，為「民主反對聯盟」的中堅團體。主張維護人權，倡導社會平等和國家團結。1990 年國會大選贏得十一席，1992 年選舉成為國會第二大黨。1994 年維持不墜，1996 年則被社民黨和人民黨超前，在 2000 年的大選僅拿下九席落居第四大黨。

　　3.社會民主主義者聯合陣線 (United List of Social-Democrats)：係由斯共轉變而來的民主改革黨，為因應 1992 年選舉而結合其中一些左派政黨如斯洛汶尼亞退休人員民主黨以及斯洛汶尼亞工人黨。1992 年與 1994 年選舉保持第三大黨的地位，但 1996 年落居第五，在 2000 年的大選中，有止

跌回升之勢，在國會中拿下十一席，重回第三大黨的地位。

4.斯洛汶尼亞社會民主黨 (Social-Democratic Party of Slovenia)：宣稱係一個具有歐洲民主和社會主義傳統的社會民主黨。雖然其總統候選人在1992年總統大選僅得 0.6% 的選票，但國會選舉仍有 3.3% 的得票率，獲得四個席位，並加入斯洛汶尼亞自由民主聯盟領導的聯合政府。1994年3月，其黨魁楊沙被撤換國防部長一職後，該黨即退出聯合政府。在 2000 年的大選中，勇奪十四席，躍升為第二大黨。曾於 2004 年 11 月到 2008 年11 月間執政。現由前總理亞內茲‧揚沙所領導，是國會最大的反對黨。該黨目前與中間偏左的積極黨是該國最大的兩個黨。在 2011 年 12 月的國會選舉中，該黨贏得九十席中的二十席，同時是歐洲人民黨 (EPP) 的成員。

5.斯洛汶尼亞人民黨 (Slovenian People's Party)：1988 年創立時以非政治性團體「斯洛汶尼亞農民聯盟」的名稱組成，1990 年 1 月開始登記成為政黨。1990 年在國會贏得十一席並加入「民主反對聯盟」，1991 年改名至今。1992 年及 1994 年選舉取得十個國會席位，1996 年大幅增加至十九席，成為國會第二大黨，在 2000 年國會大選時與基民黨結盟。

共產黨的勢力在斯洛汶尼亞可謂壽終正寢，由斯洛汶尼亞共產主義者聯盟蛻變而來的民主改革黨，雖長期曾以歐共主義者的姿態致力於內部民主改革，黨內重要人物庫昌自 1986 年即帶頭與貝爾格萊德當局對立。1990 年庫昌代表民主改革黨競選，當選斯國總統，1992 年 12 月以名義上獨立派的身分參加總統選舉，以 63.9% 的得票率當選連任。該黨在 1990 年國會大選時，政黨得票率還高居第二位。1993 年，聯合其他一些左派政黨成立社會民主主義者聯合陣線參加選舉，結果退居第三位，1996 年選舉更形衰退，至 2000 年的大選結果出爐後，共產黨的原貌已面目全非，其殘餘力量轉而由中間偏左黨派所吸收。

㈢加強睦鄰友好關係

斯洛汶尼亞於 1991 年憲法實行之前，國會 (Zbor) 係經由直選產生的

社會政治院 (Socio-Political Chamber)、勞工聯合院 (Chamber of Associated Labor) 和行政區院 (Chamber of Communes) 所構成。新憲法在 1991 年 12 月 23 日通過，共分種族、人權和基本自由、經濟關係和社會關係、國家制度、地方自治、公共財政、憲治和法治、憲法法院、修憲程序、過渡條款和最後條款等十章一百七十四條；體制採內閣制，總統採普選產生，任期五年，得連任一次。1992 年 12 月選舉時，國會改為包括參議院和眾議院的兩院制。1997 年和 2000 年兩次修憲，憲法規定斯洛汶尼亞實行行政、立法、司法三權分立。總統由人民直選，任期五年，連選得連任一次。總統可提名總理、中央銀行總裁和憲法法庭大法官等職位，經國會通過後任命。

斯國政府於 1991 年 10 月宣布獨立後，其首要目標是獲得國際承認，包括各國政府與國際組織。1992 年 1 月 15 日，歐體成員國承認斯洛汶尼亞，至同年 5 月，已有七十六國承認斯國。同時，聯合國和歐安會同意接納斯國為會員國；歐洲理事會、國際貨幣基金和世界銀行亦於 1993 年准許斯國入會；與歐盟經貿合作關係加強並準備進行加入歐盟磋商的過程中曾受到義大利貝魯斯科尼 (Silvio Berlusconi) 政府的阻撓。

1995 年，斯國在外長塔勒 (Z. Thaler) 奔走於歐盟各國之下，得以先與歐盟締約加強雙邊合作關係，其中關鍵在於塔勒主動對義大利讓步的策略。斯、義兩國關係惡化的癥結係自 1991 年斯國獨立後，雙方對於補償二次大戰後被迫離開斯國義大利人的財產問題產生嚴重分歧。義大利堅稱斯國至少必須對當時為數約三十五萬名義大利人被強制驅離負起部分責任。而留布里安納當局從未否認曾發生此一戰後悲劇，但是反對「強制驅離」的用詞，「強制驅離」一詞將衍生出嚴重的後果和更多的責任。

其次，雖然羅馬當局不斷強調志在賠償，不是土地。斯國仍唯恐義大利藉著二次大戰後的高度發展，索討失土，尤其當 1994 年保守派的貝魯斯科尼政府上臺後，內閣成員不乏新法西斯主義者，此種憂慮更加深刻。

1995 年下半年，克服義大利的反對、加入歐盟的目標，仍是斯國努力

的方向。9 月初，德諾夫塞克總理強調加入歐盟的腳步不容稍緩。9 月中旬，包括捷克、波蘭、匈牙利和斯洛伐克的中歐自由貿易協定 (CEFTA) 會員國，於捷克布爾諾一致同意斯洛汶尼亞在短時間即可加入該地區性貿易組織。這固然對斯國是一個重要聲明，但德諾夫塞克認為參加中歐自由貿易協定並不能取代加入歐盟的目標。

斯、義兩國關係在 1996 年義國狄尼 (L. Dini) 新政府不再反對斯國與歐盟的諮商而出現轉機。5 月，斯、義兩國同意西班牙提議的妥協方案，斯國允許歐盟國家的國民在斯國購置土地房產，而斯國則得到將於四年內成為歐盟準會員國的承諾。6 月，斯國與歐盟簽署準會員國協定，同時也提出加入歐盟的申請。

斯洛汶尼亞是前南斯拉夫經濟改革的先驅。早在 50 年代末，斯國即施行計畫經濟與市場經濟的雙軌制，允許規模不大的企業私有化，60 年代，部分商品的價格已經由市場決定，留布里安納當局早在 1990 年獨立之前就已制訂獨立的經濟政策。換言之，斯國實際上在政治上宣布獨立之前已經在經濟上具有一切自主權。

斯洛汶尼亞獨立後，立即採行一系列經濟改革措施，包括金融財稅、企業私有化和對外貿易方面進行重大改革。首先建立獨立執行貨幣政策的中央銀行和效率高、井然有序的金融市場為基礎。同時，發行新貨幣托拉爾 (Tolar) 並實行貨幣緊縮政策，凍結工資增長，俟托拉爾穩定之後，再開放貨幣市場公開買賣。由於斯國政府有效控制總體經濟，使得通貨膨脹率由 1990 年的 102% 逐步下降到 1995 年 9.3%，到 1998 年已降至 7.9%。

獨立前斯洛汶尼亞外銷市場 50% 集中在南斯拉夫其他各共和國上。獨立之後，立即轉向西歐市場，其產品迅速進軍德國、義大利、法國和奧地利等國，並且與波蘭、捷克、匈牙利、斯洛伐克簽訂〈中歐自由貿易協定〉。不僅進出口貿易限制取消、降低關稅，並以各種優惠措施吸引外貿。截至 1996 年斯洛汶尼亞經濟突飛猛進，平均國民所得已超過九千美元，躍居東歐國家的第一位，相當歐盟國家中希臘和葡萄牙的水準。然而，斯洛

汶尼亞亦面臨經濟發展的瓶頸，在 1998 年失業率高達 14.5%；但後來已有顯著改善，同時也為世界貿易組織 (WTO) 的創始會員國之一，在東歐國家中，其經濟轉型名列前茅。該國已於 2004 年 6 月 28 日加入匯率兌換機制 (Exchange Rate Mechanism II, ERM II)，暨 2004 年 3 月加入北約、5 月成功入歐盟後，在 2007 年 1 月正式使用歐元，同年 12 月 21 日成為申根公約會員國。

十三、北馬其頓——追求獨立和發展

馬其頓共和國 (Republic of Macedonia)，係前南斯拉夫社會主義聯邦共和國 (Socialist Federal Republic of Yugoslavia) 六個加盟共和國之一，2019 年為避免與希臘的爭議，將國號改為北馬其頓共和國 (Republic of North Macedonia)，位於巴爾幹半島中部，東部與保加利亞毗鄰，西靠阿爾巴尼亞，南部與希臘接壤，北部與南斯拉夫聯盟相連；屬內陸小型國家，面積二萬五千七百十三平方公里。

㈠制憲背景

馬其頓雖土地面積小，人口也不多，卻屬多民族國家，境內馬其頓族占 66.5%，阿爾巴尼亞族 22.9%，土耳其族 4%，吉普賽族 2.3%，塞爾維亞族 2%。1991 年 11 月 20 日，馬其頓正式宣布獨立，脫離南斯拉夫，是南斯拉夫解體後唯一未受戰爭波及的前南斯拉夫成員國。

1990 年南斯拉夫聯邦體制已呈現分崩離析跡象，克洛琪亞、斯洛汶尼亞兩共和國要求獨立相當堅定，自行舉行第二次世界大戰以後首次多黨自由選舉，並俟由民主方式產生的新國會開議之時，立刻研擬新憲法。馬其頓也緊跟其後，迎接民主潮流的來臨。在前南斯拉夫聯邦六個共和國當中，頒布新憲法的時間依序是克洛琪亞（1990 年 12 月 22 日）、馬其頓（1991 年 11 月 17 日）、斯洛汶尼亞（1991 年 12 月 23 日）、南斯拉夫聯盟（由塞

爾維亞和黑山兩共和國組成，1992 年 4 月 27 日）、波赫（1995 年 11 月）。基本上，馬其頓步上獨立之路是循序漸進，先在 1991 年 9 月 8 日舉行公民投票，來決定馬其頓的前途，隨後在同年 11 月 17 日通過新憲法，三天之後，也就是 1991 年 11 月 20 日始正式宣布獨立，脫離南斯拉夫聯邦，這部新憲法並於該年 11 月 29 日頒布實行。馬其頓可謂是前南斯拉夫解體後，各共和國走向獨立時最平和，唯一沒有發生內戰，或因涉及戰端而遭國際社會禁運制裁的國家，頗令世人感到意外。

　　馬其頓憲法共分為基本條款、個人和公民的基本自由權利、國家權力機關、憲法法院、地方自治、國際關係、共和國的防衛和戰爭以及緊急狀態、憲法修訂和過渡性條款等九章一百三十四條。1992 年 1 月 6 日馬其頓國會又對憲法進行首次修改，增訂對鄰國沒有領土要求和不干涉他國主權和內政的條款，試圖消除希臘和保加利亞的疑慮；採行類似荷蘭的責任內閣制，總統普選產生，任期五年，得連任一次；議會為單一國會制，由一百二十至一百四十名代表組成，四年改選一次。

(二)政黨政治的發展

　　在後共產主義時期馬其頓的政治生態最大的變化，莫過於由「一黨專政」走向多黨民主的格局，戰後南斯拉夫在強人狄托領導下，聯邦內只容許南斯拉夫共產主義者聯盟（簡稱南共）存在，其他政黨的活動均屬非法，至 80 年代馬其頓共和國境內，也只有馬其頓共產主義者聯盟（簡稱馬共）壟斷所有政治資源，其他政黨根本沒有容身之處。不過，1990 年以後，共黨「一統天下」的專利已一去不復返。1990 年代經過三屆國會大選後，各政黨的發展走勢漸趨明朗，茲就較具影響的主要政黨簡介如下：

　　1. 馬其頓內部革命組織－爭取馬其頓民族統一民主黨 (Internal Macedonian Revolutionary Organization-Democratic Party for Macedonian National Unity, VMRO-DPMNE)：「馬其頓內部革命組織」 的黨名取自於 1893 年一個組織的名號，該組織主要目的是對抗土耳其及尋求馬其頓的獨

立。1990 年 6 月該組織與一位旅居瑞典的工人所創立的「爭取馬其頓民族統一民主黨」聯合，約有黨員十萬人。該黨標榜是所有政治組織的「民主中心」(democratic center)，曾被懷疑涉及 1995 年 10 月 3 日暗殺總統格利葛洛夫 (K. Gligorov) 的行動。在政治上，主張建立獨立的馬其頓共和國，保障少數民族權利，反對阿爾巴尼亞族的分裂活動；在經濟上，主張通過實行市場經濟將馬國建成富裕的國家；在對外關係上，同鄰國發展睦鄰友好關係及爭取加入歐盟。該黨曾在 1990 年贏得許多選票，在 1994 年因抗議選舉過程中的不公，拒絕參加第二輪投票；1998 年與更新民主黨聯合競選，獲得六十二個席位，與更新民主黨及人民民主黨聯合執政。2002 年，該黨在大選中失敗，隨之分裂，主席柳普喬‧格奧爾耶夫斯基 (Љубчо Георгиевски) 另組馬其頓內部革命組織人民黨，尼古拉‧格魯埃夫斯基 (Никола Груевски) 接任黨首。2006 年 6 月 5 日國會大選中，該黨獲得全部一百二十議席中的四十五席，首次成為第一大黨，開始執政，而原來的第一大黨馬其頓社會民主聯盟則淪為第二。2008 年 6 月 1 日國會大選中，該黨獲得全部一百二十議席中的六十三席，再次執政。2011 年 6 月 5 日，該黨獲得總共一百二十三席中的五十六席，仍為第一大黨，開始第三次執政。而社會民主聯盟則獲得四十二席，為第二大黨。

　　2. 馬其頓社會民主聯盟 (Social Democratic Union of Macedonia)：前身為馬其頓共產主義者聯盟 (League of Communists of Macedonia)，1989 年改名為馬其頓共產主義者聯盟－民主變革黨 (Party of Democratic Change)，1993 年改為現名。在政治上，對內主張建立民主的馬其頓國家；在經濟上，主張建立遵循市場經濟規律的新經濟體制；在對外關係上，對外執行和平外交政策，致力於加入歐盟和北約，及同鄰國發展睦鄰關係。1990 年大選時，得票次於馬其頓內部革命組織－爭取馬其頓民族統一民主黨，但是在隨後的總統大選，取得勝利，成為聯合政府中的領導成員。1994 年在國會及總統大選中雙雙順利蟬連，但在 1998 年選舉失利，淪為在野黨，2002 年至 2006 年曾短暫重回執政黨，之後至 2016 年才再度取得執政權。

3.民主繁榮黨 (Party for Democratic Prosperity, PDP)： 1990 年 5 月成立，是阿爾巴尼亞族在馬其頓的主要代表。1990 年的大選，繁榮黨取得二十五席，並吸收人民民主黨加入其陣營，一時聲勢相當壯大。1992 年加入聯合政府，1994 年該黨因為意見相左，最後造成兩黨的分裂。因此，在 1994 年大選中只剩下十席，經過一番內部整合，重整旗鼓之後再度出發，於 1998 年大選，取得十四個議席，但此後支持率大幅下降，至 2011 年的國會大選喪失所有席次。該黨黨綱主張民族平等，要求修改憲法，以使阿爾巴尼亞族擁有主體民族的地位，並以阿語成為馬國第二官方語言等。

4.更新民主黨 (Democratic Alternative, DA)：成立於 1998 年 4 月。在 1998 年 10 月舉行的國會選舉中，與內部革命組織合作，共獲得六十二個議席，取得執政的機會。

5.自由民主黨 (Liberty Democratic Party, LDP)：該黨於 1997 年 1 月，由屬於中間政黨的馬其頓自由黨 (Liberal Party of Macedonia, LPM)、馬其頓民主黨 (Democratic Party of Macedonia, DPM) 聯合組成。 馬其頓自由黨的前身是馬其頓改革力量聯盟 (Alliance of Reform Forces of Macedonia)，該組織曾加入南斯拉夫聯邦改革力量聯盟 (Alliance of Yugoslav Reform Forces)， 1992 年改名為馬其頓改革力量聯盟－自由黨 (Alliance of Reform Force of Macedonia-Liberty Party, RSM-LP)。1994 年，以馬其頓自由黨的名號參與選舉，贏得二十九個議席，並加入當時的執政聯盟。然而，由於理念的不同，以至於和社會民主聯盟的摩擦愈來愈大，到了 1996 年 2 月該黨決定選擇出走，與執政聯盟分道揚鑣。主席安多夫 (S. Andov) 辭去議長一職，成為反對黨的重要成員之一。執政聯盟隨後也指責安多夫利用個人特權在私有化過程中謀取許多不法利益。 馬其頓民主黨於 1993 年 7 月正式成立，並推舉共產統治時代的前總理戈謝夫 (P. Gosev) 擔任黨魁，但是在 1994 年的選舉中，並沒有占到多少便宜。自由黨與民主黨最後於 1997 年決定合組政黨，並由戈謝夫出任新政黨的主席。該黨主張將馬其頓建立成為具有充分自由的國家，在對外關係上，支持巴爾幹與回歸歐洲大家庭。

6. 人民民主黨 (People's Democratic Party, NDP)：該黨是由民主繁榮黨分裂出來的阿爾巴尼亞少數族裔所組成。由哈利米 (I. Halimi) 所領導，在 1994 年 2 月的大選獲得四個席次，成為 1996 年 2 月馬其頓自由黨出現之前，最大的反對黨。

7. 馬其頓社會黨 (Socialist Party of Macedonia, SPM)：前身為社會聯盟－馬其頓社會黨 (Social League-Socialist Party of Macedonia)。馬其頓社會黨繼承了「人民陣線」(Popular Front)－南斯拉夫社會主義工人聯盟 (Socialist League of the Working People of Yugoslavia) 的地方組織。1990 年馬其頓社會黨與由阿布迪 (F. Abdi) 領導的「馬其頓尋求羅馬尼亞人全體解放黨」(Party of the Total Emancipation of Romanies in Macedonia) 形成部分聯盟參加競選，解放黨因社會黨之助，獲得一個議席。

另外，還有塞爾維亞族民主黨，因為塞族僅占馬其頓人口 2%，比較不容易通過國會大選門檻，較難取得議席。不過，自北約對南聯動武，科索沃難民湧進馬國劇增以來，塞族民主黨開始活躍起來，一方面與馬其頓人聯手反對阿爾巴尼亞族難民在馬國滯留，並動員示威，抗議北約入侵南聯；另一方面號召塞族捐助救濟物品，來協助正遭北約攻擊在南聯的苦難同胞，頗引起西方媒體的注意。

馬其頓步上民主化的第一次自由選舉，就有十六個政黨參與角逐。經過二輪投票（11 月 11 日和 12 月 9 日）結果，馬其頓內部革命組織－爭取馬其頓民族統一民主黨領先由馬其頓共產主義者聯盟更名的民主變革黨（現名社會民主聯盟），獲得三十八席成為第一大黨，民主變革黨得三十一席，退居第二大黨；其他依次是：民主繁榮黨十八席、改革力量聯盟（後改名自由黨）十一席。四年後，1994 年 10 月國會改選，政黨生態有了顯著的變化，由於社會民主聯盟主導的聯合政府在第一輪大選中有舞弊嫌疑，第一大黨內部革命組織－爭取馬其頓民族統一民主黨抵制選舉，退出競選，使左派勢力在該次選舉成為大贏家，也相當程度反映政黨「分與合」消長的形勢。此次大選結果，由馬共蛻變而來的社會民主聯盟大有斬獲，取得

五十八席；由改革力量聯盟改名的自由黨獲二十九席，民主繁榮黨十席，社會黨八席，從民主繁榮黨分裂出來的人民民主黨取得四席，以獨立候選人參與競選者贏得七席。

四年後，1998 年 10 月 18 日和 11 月 1 日舉行的國會改選中，內部革命組織－爭取馬其頓民族統一民主黨和當時剛成立半年的更新民主黨結盟，經過二輪激烈的選戰，馬其頓內部革命組織和更新民主黨，即以壓倒性優勢贏得大選，獲得六十二席（內部革命組織四十九席，更新民主黨十三席），它們在八十五個單一選區中即囊括四十七個選區，超過一半以上席次，社會民主聯盟比上屆減少二分之一以上席次，僅獲得二十七席，在單一選區中和以阿爾巴尼亞族為主的民主繁榮黨和人民民主黨並列，各贏得十七席；民主繁榮黨和人民民主黨在該次大選中，也採聯合陣線，取得二十五席（民主繁榮黨十四席，人民民主黨十一席），其他依次是自由民主黨四席，社會黨二席。

㈢經濟發展的困境

馬其頓自 1991 年從前南斯拉夫分裂出來之後，一路走來，經濟情勢歷盡滄桑飽受挫折。本來從計畫經濟轉軌到市場經濟，改革工程艱辛，不是短期間內所能完成。在馬國正要著手進行結構改革之際，偏偏隨之而來的外在因素帶來莫大的壓力，徒增其困難度。1992 年 6 月，波赫內戰升高，國際社會開始對始作俑者，從旁協助波境塞族的南聯實行經濟制裁，導致馬其頓喪失長期與南聯維持貿易的傳統市場，使其剛剛起步的市場經濟遭受第一波的無情打擊。緊跟而來的第二波打擊，希臘因馬其頓國名問題，於 1994 年 2 月對馬國進行禁運，封鎖馬其頓經由希臘的出海港口，使馬其頓蒙受重大的經濟損失；直到 1995 年 9 月，希、馬兩國在聯合國的斡旋下，雅典當局始同意解除對馬其頓的制裁。1995 年 12 月 14 日為解決波赫內戰的〈岱頓協定〉正式簽署，為時三年餘的巴爾幹爭端露出和平曙光，國際社會解除對南聯制裁，馬其頓自以為從此可事過境遷，乃大力推動私

有化改革。在短短二、三年工夫，馬國的經濟漸有起色，逐步回升。不料，鄰近的科索沃衝突接踵而至，第三波打擊隨之而來，大批難民潮湧進，使原本脆弱的經濟雪上加霜；在僅僅二星期之內，即收容十多萬來自科索沃的難民。這批為數可觀的不速之客，已夠斯科普耶當局疲於奔命，更遑論尚有餘力振興經濟；要不是國際社會紛紛伸出援手，慷慨解囊，捐助資金和民生用品，馬其頓即使傾全國之力，也無法處理難民潮危機。再者，由於馬其頓住有近四分之一的阿爾巴尼亞族，又集中在西部靠近科索沃邊境；當科索沃阿族獨立運動方興未艾之際，馬國境內阿族正面臨內外在因素相互激盪——內有民族歧視的不平等待遇，外有科索沃民族解放軍的鼓舞，幻想在巴爾幹建立一個單一阿爾巴尼亞民族國家，成為馬其頓獨立以來，最難應付的隱憂。2001 年 3 月 14 日，馬國西部阿族聚居最大的城鎮泰托沃 (Tetoro)，就爆發科索沃解放軍與馬國阿族游擊隊聯手攻擊馬其頓邊防警衛，並占領科馬邊界具有戰略價值的山區。為此，馬其頓會不會出現「科索沃第二」的危機，頗令國際社會擔憂。並且，由於此前聯合國對塞爾維亞展開經濟制裁、希臘於 1994 至 1995 年對馬其頓進行經濟制裁、2001 年內戰等原因拖累，馬其頓經濟乃停滯不前，直到 2002 年才開始復甦，至今該地仍是歐洲最貧窮的國家之一。

　　對外關係方面，希臘與馬其頓之間因存在著國名的爭執，曾於 1995 年在當時聯合國秘書長特使萬斯 (C. Vance) 的協調下，希臘解除了對馬其頓的經濟封鎖，並同意就國名問題繼續談判。獨立後的馬其頓，將加入歐盟作為對外政策的長遠目標，大力發展與歐盟國家的關係；於 1995 年 10 月加入歐洲安全與合作組織，同年 11 月正式成為歐洲理事會成員國和加入北約〈和平伙伴關係計畫〉；1997 年和歐盟簽訂〈經貿合作協議〉，並於 2000 年 12 月，取得歐盟聯繫國的地位。較受國際社會矚目者，是 1999 年 1 月 27 日宣布與臺灣建交，成為臺灣在歐洲除梵諦岡外的第二個邦交國，但於 2001 年 6 月斷交。2018 年馬其頓與希臘達成國名修正協議，同年 10 月通過更改國名的憲法修正案，於 2019 年正式將國名改為「北馬其頓共和

國」。2020 年北馬其頓加入北約。

十四、波赫——開創「一個國家，兩個政治實體」的先例

㈠內戰緣起

80 年代帶有民族主義色彩的各種政治勢力開始活躍起來。現任的波赫總統伊澤特貝托維奇 (A. Izetbegovic) 曾因草擬〈伊斯蘭宣言〉，鼓吹在民主政治的架構下發展穆斯林組織運動，而深陷囹圄。1989 至 1991 年他所領導的民主行動黨 (SDA) 與塞裔或克裔皆能和平共處。

然而，與此同時，一心想團結波赫塞裔並且進一步與塞爾維亞統一的塞裔組織在波赫西北部的班加盧卡 (Banja Luka) 城及鄉村地區迅速發展。1990 年 6 月，在斯洛汶尼亞和克洛琪亞相繼宣布獨立之後，波赫塞族組成「塞爾維亞民主黨」(SDS)，由卡拉季奇 (R. Kurudzic) 出任黨主席，並開始從南斯拉夫人民軍取得武器。

波赫克裔亦成立「克洛琪亞民主共同體」的波赫分部。起初在溫和派的克留奇 (S. Kljuic) 領導下有意與穆斯林合作共同建立統一的波赫，但是1992 年初，深受克洛琪亞共和國當局支持的克洛琪亞極端民族主義分子波班 (M. Boban) 取代克留奇。

波赫爆發內戰之前，南斯拉夫聯邦主席團和波赫政府成員均由三黨組成。穆斯林的「民主行動黨」並未主張獨立，而是尋求透過修憲的途徑，清楚界定各共和國間的權利義務關係以廢除共產黨一黨專制。然而，克、斯兩國先後宣告獨立，退出南斯拉夫聯盟，使得聯盟內塞爾維亞獨大的勢力缺乏制衡，波赫恐將仰賴塞爾維亞的鼻息。另一方面，若波赫獨立，則大部分的波赫塞族深怕權益受損；穆斯林與克洛琪亞族群則力求獨立及國際上的承認。1991 年 10 月波赫國會通過退出南斯拉夫聯邦的決議。由歐

體國家所組成的貝丁特委員會 (Badinter Commission) 於 1991 年底曾建議
只要波赫人民公民投票贊成獨立，歐體應承認其為獨立國家的地位。1992
年 3 月 1 日波赫如期舉行公民投票，在塞族的抵制下，仍有近三分之二選
民參與投票，其中 99% 贊成獨立。至此，波赫在大環境獨立氣氛下，不顧
少數反對聲音，毅然脫離南斯拉夫聯邦。

　　1992 年 3 月 18 日，前英國外相卡靈頓 (Lord Peter Carrington) 及當時
歐體輪值主席葡萄牙外長庫帝列羅 (J. Cutiliero)，提出波赫應分為幾個種族
自治地區，以解決波赫危機的方案。該方案並未被各方接受，波赫獨立引
發內部衝突勢所難免。

　　波赫獨立的公民投票通過，宣布獨立。隨後，相繼獲得歐體和美國的
承認。波赫塞族隨即宣布成立波赫塞爾維亞共和國，脫離波赫獨立。從此，
大規模內戰即蔓延至波赫全境，塞族民兵和南國聯邦軍隊迅速占領波赫各
地。1992 年 5 月初，非波赫本土的南國聯邦軍成員均被遣返塞爾維亞，但
南斯拉夫聯邦軍當中 80% 為波赫塞族，因而此舉仍無法改變塞族在波赫戰
場的優勢。

　　戰爭初期，穆斯林族與克族結盟受到其他不同種族人民的支持，尚能
掌握大城市的控制權，但很快地塞族攻擊城市和村莊，並以「種族清洗」
的手段驅逐非塞裔居民。到了 1992 年 8 月，波赫約有三分之二的領土已被
波赫塞族控制。政府軍所控制的城市包括首都薩拉耶佛，則處於塞族民兵
砲轟的威脅下。

　　波赫內戰大致可分為三個階段，第一階段（1992 年 3 月至 1993 年 3
月）穆、克聯盟各有後臺，實施對塞族的內戰。第二階段（1993 年 4 月至
1994 年 4 月）穆、克、塞三方展開以爭奪地盤為中心的大混戰，塞族和克
族分別已占有波赫六成和三成的土地。交戰中，先是塞、克二族聯合對付
穆斯林族，後來穆、克兩族又聯手對塞族作戰，兩軍對壘包括極為殘酷的
種族清洗行動。其間聯合國與歐體又從中斡旋和談，均未奏效。第三階段
（1994 年 5 月至 1995 年 11 月）美國介入波赫內戰。波赫戰場的地面爭奪

戰，由於大國的干預，美國參與和主導北約的十多次空中襲擊行動，使得局勢有利於穆克聯盟。英、法、德雖然對美國不滿，但最終也一致行動。

㈡國際進行干預

波赫內戰是二次世界大戰結束後在歐洲爆發的一場大規模衝突，影響深遠。對波赫國內而言，這場歷時四十四個月的內戰使得波赫遭受嚴重的損失，二十五萬人喪生戰火之中，六十多萬人受傷殘廢，二百七十萬人流離失所，淪為難民。對經濟上造成的破壞有：波赫人民平均年收入自 1990 年的一千九百美元下降到 1994 年的五百美元；1994 年波赫工業生產總值只有 1990 年的 5%；78% 的工業生產能力和 90% 的電力生產和供應遭到嚴重破壞；三分之一以上的醫院及學校被毀；公路交通、電信系統全部毀壞殆盡，造成四百五十億美元的經濟損失。同時，戰爭的爆發不僅無法改善根深蒂固的族群矛盾，反倒激化衝突。諸如彼此的種族清洗，更是加深各族裔之間的仇恨。

1994 年初，波赫和談進程出現轉機。穆克聯邦的成立使波赫衝突戰場由三方鼎立變成兩軍對壘；國際間也就波赫問題達成共識。7 月 5 日，由美、俄、歐洲聯盟和聯合國四方代表組成的國際聯絡小組，根據歐洲聯盟提出的 51：49 的領土劃分比例，推出了自波赫內戰爆發以來的第四個版圖劃分方案。

美、俄、英、法、德五國聯絡小組的版圖劃分比較「三分波赫方案」有幾項重大改變。⑴塞族讓出包括戈拉茲代 (Gorazde)、澤帕 (Zepa)、多博伊 (Doboj) 等戰略要地和穆、克兩族主要聚居區在內的二十個大小城市，連接塞族東西兩大片的通道大為縮窄。⑵東部穆斯林土地擴大並連成片，穆族在南部得到出海口，在西、北、東部得到三個出河口。對於這項方案，穆、克兩方表示全盤接受，而塞族則一口拒絕。至此，歐盟與聯合國對波赫內戰束手無策，不僅無法有效消弭戰火，巴爾幹衝突甚至有蔓延的趨勢。

1995 年 9 月，在美國居間極力斡旋之下，波赫衝突各方於日內瓦取得

共識，承認波赫獨立的地位，並同意穆克聯邦與塞族領土分配比為 51：
49。11 月，波赫交戰各方代表再於美國俄亥俄州岱頓市的萊特—派特森空
軍基地達成最後協議，同意終止長達三年八個月的血腥戰爭。同年 12 月中
旬，在法國巴黎簽署和約。〈岱頓協定〉的要點如下：

　　1.波赫維持其領土現狀不變，成為單一國家，採取「邦聯制」，由控制
波赫領土 51% 的穆克聯邦和占 49% 的塞族共和國的政治實體所組成。

　　2.中央政府設一位總統，一個兩院制的立法機構，一個法庭和一間中
央銀行。

　　3.中央政府的職責包括對外政策、外貿、海關、貨幣政策、移民、公
共和國際通訊的管理、空中交通的管理等等。

　　4.連接波赫東部和北部塞族控制區的布爾奇科在一年內由國際仲裁團
決定其未來歸屬問題。

　　5.除聯合國部隊以外，一切外國軍隊必須在三十天內撤出。北約指揮
的部隊稱為多國軍事執行部隊 (IFOR)，將獲授權用武力去防止暴力，有在
整個波赫行動的自由。

　　6.和平協議在巴黎簽署後六至九個月內，中央政府、聯邦和塞族共和
國將舉行選舉。

　　7.設立波赫人權委員會，調查波士尼亞各方違反人權的情況。

　　8.被海牙聯合國國際法庭指控為戰犯者，不得競選公職。

　　據此以觀，波赫在國際社會的安排下，遂成為現代國家體制當中，名
副其實「一個國家，兩個政治實體」的先例。

　　依據〈岱頓協定〉規定，波赫內戰結束後第一次自由選舉於 1996 年 9
月舉行總統、眾議院、穆克聯邦議會以及塞族共和國民族議會等四項選舉。
總統係由穆、塞、克三族各自選出一人，各族的總統當選人輪流出任總統
一職兩年。國會為兩院制。眾議院有四十二席由比例代表制產生，二十八
席穆克聯邦代表和十四席塞族共和國代表，共計四十二名議員。民族院則
由三族各五名代表組成。穆克聯邦議會包括聯邦眾議院和民族院。聯邦眾

議院選舉採政黨比例代表制一百四十席。民族院則由穆、克兩族代表參半組成。塞族共和國民族議會以比例代表制選出八十三席。各議會代表任期皆為兩年。

　　主席團大選結果顯示民族主義的號召仍是最強烈的訴求。根據歐洲安全暨合作組織統計，穆斯林總統候選人伊澤特貝托維奇贏得全國 32% 的選票，約為穆族選民的 82.4%；塞族候選人克拉伊什尼克 (M. Krajisnik) 得票率 30.2%，為塞族選民的 67.3%；克族候選人祖巴克 (K. Zubak) 全國得票率 14.5%，其克族選民得票率為 88.7%。各族總統當選人的民族主義色彩濃厚，深受各族人民擁護。2005 年 11 月 21 日，正是〈岱頓協定〉議定十週年之際，一方面，波赫內部有感於〈岱頓協定〉已不足規範當前政經發展的現實，另一方面，歐盟也基於巴爾幹局勢穩定的需要，有必要逐步引導其融入歐洲社會。因此，波赫如何重新制訂一部符合現實，又有利境內族群融合，走向歐洲化的新憲法，乃成為刻不容緩的課題。

(三)政黨政治的發展

　　波赫的政黨生態亦不脫離民族主義的影響，僅有強弱之別而已。舉其要者如下：

　　1.民主行動黨 (Party of Democratic Action)：係波赫穆斯林民族主義政黨，創立於 1990 年 5 月，1990 年國會與總統大選中獲得多數地位。1996 年 4 月，黨內派系出走組成波赫黨 (SBiH)，但仍不影響民主行動黨在 9 月大選的領先地位。

　　2.民主人民同盟 (Democratic People's Community)：成立於 1996 年 4 月，其前身為 1993 年創立於比哈奇 (Bihač) 西波士尼亞自治省的穆斯林民主黨 (Muslimanska Demokratska Stranka, MDS)。該黨黨魁阿布迪奇 (F. Abdic) 曾於防衛比哈奇時與塞族合作，而遭波赫政府軍逮捕過。

　　3.波赫克洛琪亞民主共同體 (Croatian Democratic Union of Bosnia and Herzegovina)：成立於 1990 年 8 月。1990 年選舉成為第三大黨並加入聯合

政府。1993 年赫爾采格－波斯那共和國獨立宣言使得該黨飽受各方阻力。1994 年 3 月在克國政府的壓力下該黨黨魁波班為祖巴克取代，並加入穆克聯邦。1996 年選舉該黨在克族選區高居第一。

4.克洛琪亞農民黨 (Croatian Peasants' Party)：與克國農民黨過從甚密，反對 1994 年 3 月穆克聯邦的成立，傾向將波赫克族聚居區與克洛琪亞合併。

5.塞爾維亞民主黨 (Serbian Democratic Party of Bosnia and Herzegovina)：成立於 1990 年 7 月，為波赫塞族最主要的政黨。1990 年選舉時以 30% 的得票率僅次於民主行動黨。 1995 年 8 月該黨黨魁卡拉季奇獲選連任黨主席，並接受黨提名為 9 月總統大選候選人，但是在美國和塞爾維亞的施壓下，迫使黨主席易人，由布哈 (A. Buha) 取代，總統選舉改由普拉夫希奇出馬角逐。

6.塞爾維亞復興運動黨 (Serbian Renewal Movement)：是塞國第二大黨在波赫的分部，雖然該黨支持波赫獨立，但是其支持群眾僅限於穆克聯邦內的塞族。

7.聯合陣線 (United List)：1996 年大選前組成的左傾多種族政黨，其中成員包括社會主義民主黨 (DSS)、波士尼亞社會民主同盟 (ZSDB)、穆斯林波赫組織 (MBO) 以及共和黨 (RS)。1996 年總統大選，該聯盟雖推出兩位候選人，但影響不大；另外，該聯盟在其他三項選舉均有斬獲。

十五、綜論東歐各國和平演變的特性

綜觀後共產主義時期東歐的發展情勢，基本上可歸納出一些輪廓。

㈠民族問題之類型

東歐諸國的民族問題，依其發展訴求可分為多種類型。有的民族要求從國家中分離出來獨立，有的則希望合併居住在他國的同種族裔，更有的基於現實考量，並以和平手段為其爭取權益。以下僅就東歐民族問題區分三種類型與特徵略加說明：

1.分離取向：前已提及，1990年代在東歐國家紛紛致力於非共化的同時，民族主義浪潮也開始在東歐地區興起，最值得關注的是東歐若干國家內部的各共和國興起一股分離主義風潮，由於境內各民族間因政經糾紛與歷史上的種族對立，造成某些民族思欲獨立，不欲受聯邦管轄，其中又以溫和分離的捷克斯洛伐克與極端暴力分離的前南斯拉夫最具有代表性。

2.合併取向：在東歐各種族所提倡的民族主義中，某些種族如塞爾維亞族、阿爾巴尼亞族或羅馬尼亞族，存在著強烈的民族情操，且企圖建立一個真正的民族國家，甚至在東歐地區出現所謂的大塞爾維亞主義、大阿爾巴尼亞主義或大羅馬尼亞主義。他們期望其他國家同種族裔的居住地能合併歸屬至自己的疆界內；在前南斯拉夫地區，占有多數比例的塞爾維亞族由於歷史因素，被分散歸屬於數個共和國中，成為該共和國的少數民族。這些成為少數民族的塞爾維亞族在其國內受到歧視與不平等待遇，例如在克洛琪亞境內，當地的塞爾維亞人經常遭到解僱、沒收財產、非法拘留與刑求甚至驅逐出境等嚴厲處分。為此，1988年當時提倡「大塞爾維亞主義」的米洛塞維奇出任塞爾維亞共和國領導人時，先後以權力鬥爭的方式使兩個自治省和黑山共和國的執政者下臺，且在1990年以血腥鎮壓科索沃境內的暴亂，並剝奪境內阿爾巴尼亞族人的權利。不但如此，當斯、克兩

國在 1991 年 6 月 25 日宣布獨立時，兩共和國境內的塞族得到貝爾格萊德當局背後的支持，自行成立自治區，並與兩共和國軍隊發生衝突，遂成為前南國爆發內戰的導火線。再者，90 年代巴爾幹半島的紛爭，特別是科索沃所爆發的民族衝突也是屬於合併取向的民族主義問題，在阿爾巴尼亞民族主義分子的心中，一個以伊斯蘭教為主幹的大阿爾巴尼亞還應該包括前南斯拉夫中的自治省科索沃，也因此爆發大規模的種族屠殺。除此之外，在羅馬尼亞，若干政治領袖也主張合併歷史上長期屬於羅馬尼亞的摩爾多瓦，甚至在國會中也有極右派政黨的大力鼓吹，充分表現出大羅馬尼亞主義的偏激情操。

　　3.現實取向：東歐的民族問題除了有前兩種現象的取向之外，也有一種屬於現實取向的民族問題。這種取向不同於前兩種者，在於他們既不主張分離主義，要求領土的分裂或獨立，也不爭取與他國同種族的人合併，而是基於一種現實的考量。冷戰結束後進入後共產主義時期，由於國際條約的簽署，如〈赫爾辛基最後文件〉與 1990 年的〈巴黎憲章〉，已使得東歐各國領土擁有不可侵犯性，在西方各國的承認下，若干東歐少數民族在現實的體制之下，以和平手段，在居住國內組成合法政黨，為其爭取平等權利，且不受歧視待遇。以匈牙利的馬札耳民族問題為例，第一次世界大戰戰敗後，匈牙利在列強的瓜分下，原屬匈牙利的馬札耳人被劃分至它國中，成為該國的少數民族，其中以居住在羅馬尼亞、斯洛伐克與塞爾維亞共和國的人數最多，其民族問題也就更加嚴重。馬札耳人在這些國家中頻頻遭受歧視與不平等待遇，而居住在斯洛伐克的馬札耳人更是捷克與斯洛伐克分裂後的受害者。以往他們只占捷克斯洛伐克全國約 3.3%，但占獨立後的斯洛伐克人口 10%，加以他們集中在斯洛伐克與匈牙利的邊界，更引起斯洛伐克的不安。礙於國際現實環境，斯國境內的馬札耳人成立了匈牙利基督民主運動 (Hungarian Christian Democratic Movement)，以獲得選票方式，進入國會為其爭取權益，要求修改少數民族法；居住在其他國家的馬札耳人也是以這種平和的手段爭取平等權益。此外，如居住在保加利亞

的土耳其人等也是同屬於現實取向。

(二)和平演變進程

大體說來，東歐前社會主義國家和平演變之後，這些在歐洲地理上屬中、東歐的新興民主國家，其進入後共產主義時期的政經發展態勢，依改革進程績效、民族主義興起程度和外在環境的評價等指標，基本上可歸納為三種類型：

1.穩健過渡型：波蘭、捷克、匈牙利三國屬之。主要特徵為改革進程穩健、績效彰顯；政黨政治發展由「一黨專政」走向多黨民主，過程和平順利；民主化程度高，成為第一批受邀加入歐洲理事會、歐洲經濟發展暨合作組織、北大西洋公約組織等機構的前社會主義國家；同時也被列名加入歐洲聯盟第一批談判伙伴國。

2.受民族主義高漲拖累型：如斯洛汶尼亞、克洛琪亞、馬其頓、波士尼亞、波赫和塞爾維亞、黑山、科索沃等巴爾幹國家。主要特徵包括，原屬同一個國家但因民族主義過度高漲引爆境內各民族流血衝突，導致南斯拉夫聯邦解體，一分為七，分裂成為七個主權獨立國家；由於內戰的波及，使得這些國家的民主化和經濟改革產生不同程度衝擊；為了維繫巴爾幹局勢穩定，國際社會進行干預，聯合國派駐維和部隊；因地區衝突仍未消除，難民無家可歸，引起歐洲國家的關切。

3.躊躇發展型：斯洛伐克、羅馬尼亞、保加利亞和阿爾巴尼亞等四國屬之。主要特徵為，在後共產主義時期一開始，對政經改革就猶豫未決，躊躇不前，欠缺全盤規劃；朝野關係矛盾尖銳化，熱中權力鬥爭，相當程度阻礙改革進展；境內都有少數民族問題，與鄰近國家也有程度不同的緊張關係；除斯洛伐克外，因歷經史達林主義的極權統治，改革思想嚴格受到禁錮，致使民主化腳步緩慢；且改革績效不彰，使其回歸歐洲社會、加入北約和歐盟的時間表推遲。

除了少數受戰火波及的國家外，後共產主義時期的東歐諸國，其政治

改革進程大勢底定，社會變遷也度過嚴峻的陣痛期。

(三)綜合結論

　　總體觀察東歐的變革，雖然各國的歷史背景、社會條件和改革模式各有所本，不盡相同，但仍可發現一些通則特性：

　　1.社會主義體制不可改造性：實踐是檢驗體制可行性不可或缺的準則，從東歐各國的實證經驗即可找到明確證據，證明「社會主義體制的不可改造性」。從 1950 年代南斯拉夫試行甚引世人側目的「市場社會主義」，60 年代匈牙利推行務實的「新經濟機制」改革模式，也一度受到西方國家矚目；乃至 80 年代中期，以「新思維」改變戰後東、西方冷戰關係的蘇聯新一代領導人戈巴契夫，試圖「改造」社會主義，來挽救蘇聯經濟停滯沉痾，以及東歐各國也曾先後進行不同程度的改革，但均告失敗；戈巴契夫甚至被他們掀起的劃時代改革浪潮所推倒，凡此事實說明了社會主義體制的不可改造性，唯有全盤搬進西方的政經制度，始能帶動東歐的生機。

　　2.集權獨裁程度愈極端，其民主化進程也相對地緩慢：觀察東歐前社會主義國家演變而來的十二個新興民主國家當中，予人有深刻的印象，共黨「一黨專政」愈徹底、愈獨裁，其轉型過程也愈顯得遲緩、較不穩定。羅馬尼亞、阿爾巴尼亞、保加利亞和南斯拉夫等國，在共黨統治時期，採史達林主義的恐怖模式，致使其民主化進程遠比其他中、東歐國家緩慢，即是明證。

　　3.愈富有改革思想或自由化運動經驗的國家，民主化進程較具穩定性；反之，民主化步伐則欠穩定性：匈牙利、波蘭和捷克在 1950 年代到 80 年代都曾先後出現自由化運動或要求改革呼聲，如 1956 年匈牙利抗暴事件，1956、70、76 和 80 年波蘭多次發生工潮，1968 年捷克的「布拉格之春」等，使改革和自由民主思想深植人心，提供爾後民主化不可或缺的民意基礎。因此，匈牙利、波蘭、捷克三國的民主化發展，要比其他東歐國家來得穩定。反觀，羅馬尼亞、保加利亞、阿爾巴尼亞等國，則欠缺改革思想，

民意屢遭踐踏，導致其邁向民主化路途較為坎坷。

　　4.信仰伊斯蘭教和東正教居多數的國家，比信仰天主教、基督教居多數的國家，民主化腳步顯得相對緩慢：羅馬尼亞、保加利亞和南斯拉夫以信仰東正教居多數，阿爾巴尼亞和波士尼亞則以信仰伊斯蘭教居多數，其民主化進展卻遠不及信天主教居多數的波蘭、捷克和匈牙利。這裡正說明，宗教與政治發展也有某種程度的關連性。

　　5.愈靠近西歐，愈和西方文化接觸頻繁的中、東歐國家，民主改革績效也就愈彰顯；反之，民主改革成就較為遜色：波蘭、捷克、匈牙利、斯洛汶尼亞等國與西歐毗鄰，宗教信仰也和西歐相似，受西方文化的影響也較深，在這種地緣因素的激盪下，使得波、捷、匈等國的民主改革穩健發展。相反的，俄羅斯、羅馬尼亞、保加利亞、阿爾巴尼亞等國位處西歐邊陲，自然與西歐較為疏遠，所受影響不深，多少削弱其推動民主改革的助力。

　　6.東歐國家民族主義浪潮的強弱與其民主化程度成反比：觀察後共產主義時期東歐民族問題的發展可以發現，境內民族主義越高漲的國家，其民主化進程就越緩慢；反之，民族主義越是平和的國家，其民主化進程也就相對的順利。南斯拉夫聯盟共和國與波赫等巴爾幹國家境內極端民族主義高漲，造成種族對立，內戰不斷，因而其民主化進程停滯不前，而斯洛伐克也因內部民族問題，其民主化程度遠不如鄰近的捷克；反觀波蘭、捷克與匈牙利境內民族問題較單純，野心政客較不容易挾民族主義推波助瀾，故其民主化進展得以不受民族主義阻礙，平和發展。不過時勢所趨，在東歐國家逐步邁向「歐洲化」進程中，極端民族主義將會在歐洲統合的制約下逐漸消退。

　　7.政治民主化有利經濟發展又得到驗證：從中、東歐的經濟改革進程檢驗比較，證明政治民主化有助經濟持續發展，波蘭、捷克、匈牙利和斯洛汶尼亞最為顯著；羅馬尼亞、保加利亞和阿爾巴尼亞等國的經濟發展之所以遠不如波、捷、匈、斯洛汶尼亞等國的表現，乃係歸因於：(1)90年代初期仍由共黨原班人馬掌權，充其量僅算是共黨改革派，猶存相當程度的

共產主義意識型態，致使改革腳步遲緩。⑵邁向市場經濟的經濟改革搖擺不定，導致績效不彰。⑶長時期在共黨高壓下，欠缺改革思想，熱中權力鬥爭。不過，這些國家歷經多年摸索和經驗教訓，在政治民主化逐漸穩定後，也勢必帶動經濟發展。

尚值得一提者，前南斯拉夫演變形同東歐的縮影。這個有「火藥庫」之稱的巴爾幹半島，分裂形成鮮明對比。深受西方文化影響並信仰天主教的斯洛汶尼亞和克洛琪亞這一方，工商業發達，更趨穩定；反觀信仰東正教和伊斯蘭教的塞爾維亞、波赫那一方則仍有內部嚴重矛盾，危機猶在。

據此以觀，東歐共黨政權得以經由民主改革邁向和平演變，是二十世紀人類史上的重要創舉，其影響所及，不僅與 1789 年法國大革命前後相輝映，樹立共黨極權統治和平轉移的典範，而且也對社會主義體制如何變革，提供前所未有的寶貴經驗。

參考書目

一、一般東歐史

Berend, I. T. & Rand, G. *Economic Development in Eastern Europe in the 19th & 20th Centuries.* N.Y.: Columbia University Press, 1974.

Brzezinski, Z. K. *The Soviet Bloc-Unity and Conflict.* Cambridge: Harvard University Press, 1960.

Byrnes, F. (ed.), *East-Central Europe under the Communists*, 7 vols. N. Y.: Federick A. Praeger, 1957.

Dawisha, K. & Harisson, S. (eds.), *Soviet East European Dilemmas.* London: Heinemann for the Royal Institute of International Affairs, 1981.

Drachhoritch, M. M. *Biographical Dictionary of the Communitern.* Redwood: Stanford University Press, 1973.

Fejtö, F. (tran. by Weisshort, D.). *History of the People's Democracies.* N. Y., Washington, London: Praeger Publishers, 1973.

Fischer-Galati, S. *Man, State & Society in East European History.* N. Y., Washington, London: Praeger Publishers, 1970.

Fischer-Galati, S. (ed.), *Eastern Europe in the Sixties.* N. Y.: Praeger Publishers, 1963.

Fischer-Galati, S. (ed.), *The Communist Parties in Eastern Europe.* N. Y.: Columbia University Press, 1979.

Griffith, W. E. (ed.), *Communism in Europe: Continuity, Change and Disputes.* N. Y.,1980.

Grzyhowski, K. *The Socialist Commonwealth of Nations.* N. Y., 1978.

Gyorgy, A. *Governments of Danubian Europe.* Westport: Greenwood Press, 1978.

Hainmond, T. T. (ed.), *The Anatomy of Communist Takeovers.* New Heaven: Yale University Press , 1975.

Halecki, O. *Borderlands of Western Civilization.* N. Y.: Simon Publications, 1952.

Kane, R. S. (ed.), *Eastern Europe, A to Z.* N. Y.: Doubleday, 1968.

Keefe, E. K. & Associates (eds.), *Area Handbook Series: Poland, Czechoslovakia, Hungary, Yugoslavia, Romania, Bulgaria, Albania, Greece etc.* Washington, D. C.: The

American University.

Kaser, M. C. *Comecon: Integration Problems of the Planned Economies*. N. Y.: Oxford University Press, 1967.

Kertesz, S. D. *East Central Europe and the World: Development in the Post-Stalin Era*. Notre Dame: Notre Dame University Press, 1962.

Kohn, H. *Panslavism*. N. Y.: Vintage Books, 1960.

Kohn, H. *The Hapsburg Empire, 1804–1918*. N. Y.: Van Nostrand, 1961.

Leonhard, W. (tran. by Vecchio, M.), *Euro-Communism: Challenge for East & West*. N. Y.: Hort & Winston, 1979.

Lownthal, R. *World Communism. The Disintegration of a Secular Faith*. N. Y.: Oxford University Press, 1964.

Lukas, J. A. *The Great Powers and Eastern Europe*. N. Y.: American Book Company, 1959.

Macartney, C. A. & Palmer, A. W. *Independent Eastern Europe*. London: Macmillan, 1962.

Macartney, C. A. & Palmer, A. W. I*ndependent Eastern Europe: A History*. N. Y.: St Martin's Press, 1960.

Milorad, M. *East-Central Europe: Yesterday, Today & Tomorrow*. Redwood: Stanford University Press, 1982.

Morris, L.P. *Eastern Europe Since 1945*. London: Heinemann Educational Books, 1984.

Nove, A. & Hohmann, H. H. (eds.), *The Eastern European Economics in the 1970s*. Oxford: Butterworth, 1982.

Obolensky, D. *The Byzantine Commonwealth: Eastern Europe, 500–1453*. N. Y.: Praeger Publishers, 1971.

Okey, R. *Eastern Europe 1740–1985*. London: Hutchinson, 1986.

Palmer, A. W. *Borderland of Europe*. London, 1960.

Palmer, A. W. *The Lands Between: A History of East-Central Europe Since the Congress of Vienna*. London: Weidenfeld and Nichoson, 1970.

Polonsky, A. *The Little Dictators: The History of Eastern Europe Since 1918*. London: Routledge & K. Paul, 1975.

Norman, Pounds and J. G. *Eastern Europe*. Chicago: Aldine, 1969.

Rakoswska-Harmstone, T. & Gvorgy, A. (eds.), *Communism in Eastern Europe*.

Bloomington: Indiana University Press, 1979.

Raymond, E. & Martin, J. S. *A Picture History of Eastern Europe.* N. Y: Crown Publishers, 1971.

Ripka, H. *Eastern Europe in the Postwar World.* London: Methuen & Co, 1961.

Roberts, H. L. *Eastern Europe: Politics, Revolutions and Diplomacy.* N. Y.: Alfred A. Knopf, 1970.

Rothschied, J. *East-Central Europe between the Two World Wars.* Seattle: University of Washington Press, 1974.

Roucek, J. S. *Central-Eastern Europe.* N. Y., 1965.

Roucek, J. S. & Lottic, K. *Behind the Iron Curtain.* Caldwell: The Caxton Printers, Ltd, 1964.

Roy and Mellor, E. H. *Eastern Europe: A Geography of the Comecon Countries.* London: MacMillian, 1975.

Schevill, F. *History of Balkan Peninsula, From the Earliest Times to the Present Day.* N.Y., 1950.

Schopflin, G. (ed.), *The Soviet Union & Eastern Europe.* N. Y.: Praeger Publishers, 1970.

Schwartz, H. *Eastern Europe in the Soviet Shadow.* N. Y.: J. Day Co, 1973.

Seton-Watson, H. *Eastern Europe Between the Wars.* Cambridge: Cambridge University Press, 1945.

Seton-Watson, H. *The East European Revolution.* London: Methuen, 1956.

Sharp, S. L. & Fedlam, F. *The Soviet Union & Eastern Europe.* Washington, 1972.

Sinanian, S., Deak, I. and Ludz, P. C. (eds.), *Eastern Europe in the 1970s.* N. Y.: Praeger Publishers, 1972.

Spulber, N. *The State and Economic Development in Eastern Europe.* N. Y.: Random House, 1966.

Staar, R. F. *Communist Regimes in Eastern Europe.* Stanford: Stanford University, 1982.

Stavrianos, L. S. *Balkan Federation: A History of the Movement toward Balkan Unity in Modern Times.* Northampton: Dept. of history of Smith college, 1942.

Steele, J. *Eastern Europe since Stalin.* N. Y.: Crane, Russak & Company, 1974.

Stehle, H. *The Independent Satellites.* N. Y.: Praeger Publishers, 1978.

Strakovsky, L. I. (ed.), *A Handbook of Slavic Studies.* Cambridge: Harvard University

Press, 1944.

Sugar & Lederer, P. (eds.), *Nationalism in Eastern Europe.* Seattle: University of Washington Press, 1978.

Sugar, P. & Treadgord, D. (eds.), *A History of East Central Europe Series.* Seattle: University of Washington Press.

Tihany, L. C. *A History of Middle Europe: From the Earliest Times to the Age of World Wars.* N. J.: Rutgers University Press, 1976.

Toma, P. A. (ed.), *The Changing Face of Communism in Eastern Europe.* Tucson: University of Arizona Press, 1970.

Ulam, A. *Expansion and Coexistence.* N. Y.: Frederick A. Praeger, 1968.

Van Brabant, J. M. Socialist Economic Integration. Cambridge: Cambridge University Press, 1980.

Vucinch, W. S. and Karchman, L. *East Central Europe since 1939.* Seattle.

二、波蘭史

Arnold, S. & Zychowski, M. *Outline History of Poland: From the Beginning of the State to the Present Times.* Warsaw: Polonia, 1962.

Ascherson, N. *The Polish Augus.* London, 1981.

Benes, V. L. & Pounds, N. J. G. *Poland.* London, 1970.

Bethell, N. *Gomulka: His Poland & His Communism.* London, 1969.

Ciechanowski, J. M. *The Warsaw Rising.* London, 1974.

Davies, N. *God's Playground: A History of Poland, 2 vols.* N. Y.: Columbia University Press, 1982.

Davies, N. *Heart of Europe: A Short History of Poland.* N. Y.: Oxford University Press, 1984.

Davies, N. *Poland: Past & Present.* Newtonville: Oriental Research Partners , 1977.

Dziewanowski, M. K. *The Communist Party of Poland: An Outline of History.* Cambridge: Harvard University Press, 1976.

Garton, T. *The Polish Revolution, Solidarity 1980−82.* London: Jonathan Cape Ltd, 1983.

Gieysztor, A. *A History of Poland.* Warsaw: Polish Scientific Publishers, 1968.

Halecki, O. *A History of Poland.* Revised ed., London, 1977.

Heymann, F. G. *Poland & Czechoslovakia.* N. J.: Prentice Hall, 1966.

Kaminski, A. *Lithuania & the Polish-Lithuanian Commonwealth, 1000–1795.* Seattle.

Knoll, P. *The Rise of the Polish Monarchy: Past Poland in East Central Europe, 1320–1370.* Chicago: Chicago University Press, 1972.

Mikolajezyk, S. *The Rape of Poland.* N. Y.: Whittlesey House, 1948.

Morrison, J. F. *The Polish People's Republic.* Baltimore: Johns Hopkins University Press, 1968.

Polonsky A. (ed.), *The great Powers & the Polish Question, 1941–45.* London: London School of Economics and Political Science, 1976.

Pounds, N. *Poland Between East & West.* Princeton: Van Nostrand, 1964.

Reddawaym, W. F. (ed.), *The Cambridge History of Poland.* Cambridge: Cambridge University Press, 1941–50.

Staar, R. Poland, *1944–62: The Sovietization of a Captive People.* Baton Rouge: Louisiana University Press, 1962.

Strong, J. W. *Gierek's Poland.* N. Y.: Praeger Publishers, 1973.

Syrop, K. Poland: *Between the Hammer and the Anvil.* London: Hale, 1968.

Szyr, E. (ed.), tran. by Lepa, E. *Twenty Years of the Polish People's Republic.* N. Y., 1964.

Wandycz, P. *The Lands of Partitioned Poland, 1795–1918.* Seattle: University of Washington Press, 1975.

Zawadny, Z. K. *Death in the Forest: The Story of the Katyn Forest Massacre.* London: MacMillian, 1971.

Zawadny, Z. K. *Nothing but Honour: History of the Warsaw Uprising, 1944.* Redwood: Stanford University Press, 1978.

Zweig, F. *Poland Between Two Wars: A Critical Study of Economic and Social Changes.* London: Secker & Warburg, 1944.

三、捷克史

Benes, E. *From Munich to New War & New Victory.* London: Houghton Mifflin, 1954.

Golan, G. *Reform Rule in Czechoslovakia, The Dubcek Era, 1968–69.* Cambridge: Cambridge University Press, 1973.

Golan, G. *The Czechoslovak Reform Movement: Communism in Crisis, 1962–68.* Cambridge: Cambridge University Press, 1971.

Hermann, A. *A History of the Czechs.* London: Allen Lane, 1975.

Kobel, J. *Twentieth Century Czechoslovakia.* Cambridge: Cambridge Universty Press, 1977.

Macek, J. *The Hussite Movement in Bohemia.* Prague: Orbis, 1965.

Mamatey, W. & Luza, R. (eds.), *A History of the Czechoslovak Republic, 1918–48.* Princeton: Princeton University Press, 1973.

Masaryk, J. *A Personal Memoir.* N. Y.: Philosophical Library, 1951.

Myant, M. *Socialism & Democracy in Czechoslovakia, 1945–48.* Cambridge: Cambridge University Press, 1981.

Ripka, C. *Czechoslovakia Enslaved.* London: Victor Gollancz Ltd, 1950.

Seton-Watson, R. W. *History of the Czechs & Slovaks.* London: Hutchinson, 1943.

Skilling, G. *Czechoslovakia's Interrupted Revolution.* Princeton: Princeton University Press, 1976.

Solomon, M. *The Strangled Revolution.* Boston, 1971.

Suda, Z. *The Czechoslovakia Socialist Republic.* Baltimore: Johns Hopkins University Press, 1969.

Szulc, T. *Czechoslovakakia Since World War II.* N. Y.: Viking Adult, 1971.

Wallace, W. V. *Czechoslovakia.* London: Ernest Benn Ltd, 1977.

四、匈牙利史

Fejio, F. *Behind the Rape of Hungary.* N. Y.: David McKay Company, 1957.

Ferge, Z. *A Society in Making: Hungarian Social & Society Policy*, Abingdon-on-Thames: Routledge, 1980.

Halasz, Z. *A Short History of Hungary.* Budapest: Corvina Press, 1975.

Helmreich, E. C. (ed.), *Hungary.* N. Y.: Praeger Publishers, 1957.

Ignotus, P. *Hungary.* London: Ernest Benn Ltd, 1972.

Kosary, D. G. *A History of Hungary.* N. Y.: Arno Press, 1971.

Kovrig, B. *Communism in Hungary from Kun to Kadar.* Stanford: Hoover Institution Press, 1979.

Kovrig, B. *The Hungarian People's Republic.* Baltimore: Johns Hopkins University Press, 1970.

Macartney, C. A. *Hungary: A Short History.* Edenburg: Edinburgh University Press, 1962.

Pamlenyi, E. (ed.), *A History of Hungary.* London: Collet's, 1975.

Robinson, W. F. *The Pattern of Reform in Hungary*. N. Y.: Praeger Publishers, 1973.

Vali, F. A. *Rift and Revolt in Hungary*. Cambridge: Harvard University Press, 1961.

Zinner, P. E. *Revolution in Hungary*. N. Y.: Columbia University Press, 1962.

五、巴爾幹史

Jelavich, C. (ed.), *The Balkans in Transition: Since the Eighteenth Century*. Hamden: Archon Books, 1974.

Jelavich, C. *The Establishment of the Balkan National States, 1804–1918*.

Lendvar, P. *Eagles in the Cobwebs: Nationalism & Communism in the Balkans*. N. Y.: Doubleday 1969.

Miller, W. *The Balkans: Romania, Bulgaria, Serbia & Montenegro*. Freeport: G. P. Putnam's Sons, 1972 Reprinted.

Schevill, F. *The History of the Balkan Peninsula*. N. Y.: Harcourt, Brace and Company, 1933.

Stavrianos, L. S. *The Balkans Since 1453*. N. Y.: Holt McDougal, 1958.

Sugar, P. F. *Southeastern Europe Under Ottoman Rule, 354–1804*. Seattle: University of Washington Press, 1977.

Vryonis, Jr., S. *Byzantium and the Balkans in the Middle Ages, 400–1453*. Seattle.

Wolff, R. L. *The Balkans in Our Time*. Cambridge: Harvard University Press, 1956.

六、南斯拉夫史

Armstrong, H. F. *Tito and Goliath*. London: Victor Gollancz Ltd, 1951.

Auty, P. *Tito*. London: Longman Group LTD, 1974.

Bass, R. & Marburg (eds.), *The Soviet-Yugoslav Controversy, 1948–58*. N. Y.: Prospect Books, 1959.

Byrnes, R. E. *Yugoslavia Under Communists*. N. Y., 1957.

Clissold, S. (ed.), *A Short History of Yugoslavia*. Cambridge: Cambridge University Press, 1966.

Dedijer, V. *Tito Speaks*. N. Y.: Simon and Schuster, 1953.

Dedijer, V. & Associates, tran. by Kveder, K. *History of Yugoslavia*. N. Y., 1974.

Djilas, M. *Conversation with Stalin*. N. Y.: Harcourt, Brace and World, 1962.

Djilas, M. *War Time*. London: Secker & Warburg, 1977.

Neal, F. W. (ed.), *Titoism in Action: The Reforms in Yugoslavia After 1948*. Berkeley &

LA: University of California Press, 1958.

Perl, L. *Yugoslavia, Romania, Bulgaria*. Camden: Thomas Nelson , 1970.

Petrovich, M. B. *A History of Modern Serbia, 1804–1918*. N. Y.: Harcourt Brace Jovanovich, 1976.

Roberts, W. R. *Tito, Mihailovich and Allies, 1941–1945*. N. J.: Rutgers University Press, 1973.

Rubinstein, A. Z. *Yugoslavia and the Non-Aligned World*. Princeton: Princeton University Press, 1970.

Rusinow, D. *The Yugoslav Experiment, 1948–1974*. London: C. Hurst for the Royal Institute of International Affairs, 1977.

Shoup, P. *Communism & the Yugoslav National Question*. N. Y.: Columbia University Press, 1968.

Singleton, F. *Twentieth Century Yugoslavia*. London: MacMillan, 1976.

Stephen, G. *A History of Croatia*. N. Y.: Philosophical Library, 1973.

Temperley, H. W. V. *History of Serbia*. N. Y.: Howard Fertig, Publisher, 1969.

Tomasevich, J. *War and Revolution in Yugoslavia, 1941–45: The Chetniks*. Redwood: Stanford University Press, 1975.

Ulam, A. *Titoism and the Cominform*. Westport: Greenwood Press, 1971.

Wilson, D. Tito's Yugoslavia. Cambridge: Cambridge University Press, 1972.

七、羅馬尼亞史

Cretzianu, A. (ed.), *Captive Romania*. N. Y.: Praeger Publishers, 1956.

Fischer-Galati, S. (ed.), *Romania*. N. Y.: Praeger Publishers, 1957.

Fischer-Galati, S. *Twentieth Century Romania*. N. Y.: Columbia University Press, 1970.

Fischer-Galai, S. *New Romania: From People's Democracies to Socialist Republic*. Cambridge: MIT Press, 1967.

Fischer-Galati, S. *The Socialist Republic of Romania*. Baltimore: Johns Hopkins University Press, 1969.

Ionescu, G. *Communism in Romania, 1944–62*. London: Oxford University Press, 1964.

Matley, I. M. *Romania: A Profile*. N. Y.: Praeger Publishers, 1970.

Nelson, D. N. (ed.), *Romania in the 1980s*. Colorado: Westview Press, 1981.

Otetea, A. (ed.), *The History of Romanian People*. N. Y.: Twayne Publishers, 1970.

Pascu, S. (ed.), *The Independence of Romania, 1877−1977*. London, 1980.

Seton-Watson, R. W. *A History of the Romanians*. Hamden: Archon Books, 1963.

八、保加利亞史

Anastasoff, C. *The Bulgarians: A Short History of Bulgaria*. N. Y., 1960.

Barker, E. Macedonia, *Its Place in Balkan Power Politics*. London & N. Y.: Royal Institute of International Affairs, 1950.

Bokov, G. *Modern Bulgaria*. Sofia: Sofia Press, 1981.

Brown, J. F. *Bulgaria Under Communist Rule*. N. Y.: Praeger Publishers,1970.

Cary, W. *Bulgaria Today*. N. Y.: Exposition Press, 1965.

Dellin, L. A. D. (ed.), *Bulgaria, East-Central Europe under the Communists*. N. Y.: Frederick A. Praeger, 1957.

Dobrin, B. *Bulgarian Economic Development since World War II*. N. Y.: Praeger Publishers, 1973.

Evans, S. G. *A Short History of Bulgaria*. Norwich: Jarrold & Sons Ltd, 1960.

Kossef, D. & Associates. *A Short History of Bulgaria*. Sofia: Foreign Languages Press, 1963.

Lang, D. M. *The Bulgarians: From Pagan Times to the Ottoman Conquest*. Colorado: Westview Press , 1976.

Macdermott, M. *A History of Bulgaria, 1393−1885*. London: George Allen & Unwin, 1962.

Rothschild, J. *The Communist Party of Bulgaria: Origins and Development*. N. Y.: Columbia University Press, 1959.

Russinov, S. *Bulgaria: A Survey*. Sofia: Sofia Press, 1969.

Todorov, N. A *Short History of Bulgaria*. London, 1977.

九、阿爾巴尼亞史

Amery, J. *Sons of the Eagle: A Study in Guerrilla War*. London: Macmillan, 1948.

Cusack, D. *Illyria Reborn*. London: Heinemann, 1966.

Joseph, S. *Albania: The Rise of a Kingdom*. London: Williams & Norgate, 1929.

Kristo, F. *The History of Albania: A Brief Survey*. Tirana, 1964.

Logoreci, A. *The Albanians: Europe's Forgotten Survivors*. Colorado, 1977.

Pano, N. C. *The People's Republic of Albania*. Baltimore, 1968.

Pollo, S. & Puto, A. *History of Albania: From Its Origin to the Present Day*. London: Routledge, 1980.

Ramadan, M. tran. by Molosavljevich, M. *Albania & the Albanians*. London, 1975.

十、希臘近代史

Baerentzen, L. *The Liberation of Greece*. Gainesville, 1983.

Campbell, J. & Sherrard, *P. Modern Greece*. London: Hurst, 1968.

Clogg, R. *A Short History of Modern Greece*. Cambridge: Cambridge University Press, 1968.

Clogg, R. *Greece in the 1980s*. London: Macmillan, 1983.

Forster, E. S. *A Short History of Modern Greece,* 1821–1956. London: Methuen & Co. LTD, 1958.

Heurtley, W. A. & Associates. *A Short History of Greece*. Cambridge: Cambridge University Press, 1965.

Woodhouse, C. M. *The Story of Modern Greece*. London: Faber & Faber, 1968.

十一、現代東歐史

Arthur S. Banks (ed.), *Political Handbook of World 1997*. N. Y.: CSA Publication, 1997.

Arthur S. Banks (ed.), *Political Handbook of World 1998*. N. Y.: CSA Publication, 1998.

Arthur S. Banks (ed.), *Political Handbook of the World 1991*. N. Y.: CSA Publication, 1991.

Artisien-Maksimenko, *Patrick. Foreign Investment in Central and Eastern Europe*. N. Y.: St. Martin's Press, 1993.

Basingstoke, Hampshire. *The Aftermath of |real existing socialism~ in Eastern Europe*. N. Y.: St. Martin's Press, 1996.

Berend, T. Ivan. *Central and Eastern Europe, 1944–1993: Detour from the Periphery to the Periphery*. N. Y.: Cambridge University Press, 1996.

Berglund, Sten. *The New Democracies in Eastern Europe: Party Systems and Political Cleavages*. Hants: Edward Elgar, 1994.

Blanchard, Olivier. *Reform in Eastern Europe*. London: MIT Press, 1994.

Bonin, John. *The Development and Reform of Financial Systems in Central and Eastern Europe*. Hants: Edward Elgar, 1994.

Brabant, Jozef M. van. *Economic Integration in Eastern Europe: a Handbook*. N. Y.:

Routledge, 1989.

Brown, J. F. *Eastern Europe and Communist Rule.* Durham: Duke University Press, 1988.

Brown, J. F. *Western Approaches to Eastern Europe.* N. Y.: Council on Foreign Relations Press, 1992.

Carlton, David. *Rising Tension in Eastern Europe and the Former Soviet Union.* Hants: Dartmouth, 1996.

Cowen Karp, *Regina. Central and Eastern Europe: the Challenge of Transition.* N. Y.: Oxford University Press, 1993.

Crampton, R. J. *Eastern Europe in the Twentieth Century.* London: Routledge, 1994.

Csaba, Laszlo. *The Capitalist Revolution in Eastern Europe: a Contribution to the Economic theory of Systemic Change.* Hants: Edward Elgar, 1995.

Debs, Richard A. *Financing Eastern Europe: a Study Group Report.* Washington: Group of Thirty, 1991.

Der Fischer Weltalmanach 1994. Frankfurt a. M.: Fischer Taschenbuch Verlag, 1993.

Der Fischer Weltalmanach 1998. Frankfurt a. M.: Fischer Taschenbuch Verlag, 1998.

Derek, Hall. *Albania and the Albanians.* N. Y.: St. Martin's Press, 1994.

Dolukhanov, Pavel Markovich. *The Early Slav: Eastern Europe from the Initial Settlement to the Kievan Rus.* London: Longman Group LTD, 1996.

Eagleburger, Lawrence S. *America's Opportunities in Eastern Europe.* Washington: U. S. Dept. of State, Bureau of Public Affairs, Office of Public Communication, 1990.

Ellman, Michael. *Economic Transition in Eastern Europe.* London: Blackwell, 1993.

Feher, Ferenc. *Crisis and Reform in Eastern Europe.* New Brunswick: Transaction Publishers, 1991.

Goldman, Minton F. *Commonwealth of Independent States and Central/Eastern Europe.* Guilford: Dushkin Publishing Group, 1992.

Gottstein, Klaus. *Integrated Europe?: Eastern and Western Perceptions of the Future.* Frankfurt a. Main: Westview Press, 1992

Graubard, Stephen Richards. *Eastern Europe-Central Europe-Europe.* Boulder: Westview Press, 1991.

Griffith, William E. *Central and Eastern Europe: the Opening Curtain?* Boulder: Westview Press, 1989.

Helmenstein, Christian. *Capital Markets in Transition Economies, vol. 1: Central and Eastern Europe.* London: Edward Elgar, 1998.

Higley, John. *Postcommunist Elites and Democracy in Eastern Europe.* N. Y.: St. Martin's Press, 1998.

Howard, A. E. Dick. *Constitution Making in Eastern Europe.* Washington: Woodrow Wilson Center Press, 1993.

Hupchick, Dennis P. *Conflict and Chaos in Eastern Europe.* N. Y.: St. Martin's Press, 1995.

Institute for East-West Security Studies. *Eastern Europe and Democracy: the Case of Poland.* N. Y.: Institute for East-West Security Studies, 1990.

Ionescu, Ghita. *The Break-up of the Soviet Empire in Eastern Europe.* Baltimore: Penguin Books, 1965.

Kupferberg, Feiwel. *The Break-up of Communism in East Germany and Eastern Europe.* N. Y.: St. Martin's Press, 1999.

Longworth, Philip. *The Making of Eastern Europe.* London: Macmillan, 1992.

Mayhew, Alan. *The European Union's Eastward Enlargement: the European Union's Policy towards Central and Eastern Europe.* N. Y.: Cambridge University Press, 1998.

McFaul, Michael, *Post-communist Politics: Democratic Prospects in Russia and Eastern Europe.* Washington: Center for Strategic and International Studies, 1993.

Morison, John. *Eastern Europe and the West: Selected Papers from the Fourth World.* N. Y.: St. Martin's Press, 1992.

Mullineux, A. W. *Economic Performance and Financial Sector Reform in Central and Eastern Europe: Capital Flows, Bank and Enterprise Restructuring.* Northampton: Edward Elgar, 1999.

Mullineux, A. W. *Financial Reform in Central and Eastern Europe.* N. Y.: Nova Science Publishers, 1996.

Olson, David M. *The New Parliaments of Central and Eastern Europe.* London: Frank Cass, 1996.

Piirainen, Timo. *Change and Continuity in Eastern Europe.* Hants: Dartmouth, 1994.

Pinder, John. *The European Community and Eastern Europe.* N. Y.: North America for the Royal Institute of International Affairs, 1991.

Pridham, Geoffrey. *Building Democracy?: the International Dimension of Democratisation in Eastern Europe.* N. Y.: St. Martin's Press, 1994.

Pridham, Geoffrey. *Democratization in Eastern Europe: Domestic and International Perspectives.* London: Routledge, 1994.

Przeworski, Adam. *Democracy and the Market: Political and Economic Reforms in Eastern Europe and Latin America.* N. Y.: Cambridge University Press, 1991.

Revesz, G. *Perestroika in Eastern Europe: Hungary's Economic Transformation, 1945–1988.* Boulder: Westview Press, 1990.

Rollo, J. M. C. *The New Eastern Europe: Western Responses.* N. Y.: Council on Foreign Relations Press, 1990.

Sarcevic, Petar. *Privatization in Central and Eastern Europe.* London: Graham & Trotman, 1992.

Saunders, Christopher Thomas. *Eastern Europe in Crisis and the Way Out.* Houndmills: Macmillan in association with the Vienna Institute for Comparative Economic Studies, 1995.

Schopflin, George. *Politics in Eastern Europe: 1945–1992.* London: Blackwell, 1993.

Solomon, Gerald B. H. *The NATO Enlargement Debate, 1990–1997: the Blessings of Liberty.* Westport: Praeger, 1998.

The Europa World Year Book 1992, vol.1.

The Europa World Year Book 1993, vol.1.

The Europa World Year Book 1997, vol.1.

The Europa World Year Book 1998, vol.1.

Union Nation, *World Economic and Social Survey 1996.* N. Y.: Union Nation Publication, 1996.

Union Nations, *World Economic and Social Survey 1998: Trends and Policies in the World Economy.* N. Y.: Union Nations, 1998.

Weil, Frederick D. *Democratization in Eastern and Western Europe.* Greenwich: JAI Press, Inc., 1993.

Whitehead, John C. *Human Rights and Change in Eastern Europe.* Washington: Bureau of Public Affairs, Office of Public Communication, 1988.

World Congress for Central and East European Studies. *The Experience of Democratization in Eastern Europe: Selected Papers from the Fifth World Congress of Central and East European Studies.* N. Y.: St. Martin's Press, 1999.

Zloch-Christy, Iliana. *Debt Problems of Eastern Europe.* N. Y.: Cambridge University Press, 1987.

Zloch-Christy, Iliana. *Eastern Europe and the World Economy: Challenges of Transition and Globalization.* Cheltenham: Edward Elgar, 1998.

Zloch-Christy, Iliana. *Eastern Europe in a Time of Change: Economic and Political Dimensions.* Westport: Praeger, 1994.

國家圖書館出版品預行編目資料

東歐諸國史(當代完備版)(下)／李邁先著；洪茂雄增
訂.－－初版一刷.－－臺北市：三民，2020
面；　公分

ISBN 978-957-14-6873-0　(平裝)
1.東歐史

740.73　　　　　　　　　　　　　109010008

東歐諸國史(當代完備版)(下)

作　　者	李邁先
增 訂 者	洪茂雄

發 行 人	劉振強
出 版 者	三民書局股份有限公司
地　　址	臺北市復興北路 386 號 (復北門市)
	臺北市重慶南路一段 61 號 (重南門市)
電　　話	(02)25006600
網　　址	三民網路書店 https://www.sanmin.com.tw

出版日期	初版一刷 2020 年 12 月
書籍編號	S740710
I S B N	978-957-14-6873-0

三民書局